新疆乌恰地区地质矿产与旅游资源调查评价

贾润幸　王寿成　方维萱　等著
杨自安　张建国　赵仕玲

北　京

冶 金 工 业 出 版 社

2022

内 容 提 要

本书为有色金属矿产地质调查中心承担的中国地质调查局"新疆乌恰县萨热克地区铜多金属矿整装勘查区矿产调查与找矿预测"项目研究成果。在对新疆乌恰县萨热克巴依、其勒坦套和喀什炼铁厂幅开展1:5万矿产调查的基础上,通过典型矿床成矿要素和区域成矿规律的研究,构建了该区砂砾岩型铜铅锌矿床综合找矿勘查模型,对该区的金属矿产资源进行了潜力评价,共圈定了9个成矿远景区和6个找矿靶区,新发现了13处矿(化)点。根据该地区特殊的地质景观和优质的生态旅游资源提出了部分开发建议。

本书可供野外地质工作者、矿山企业技术人员、自然资源管理部门人员阅读参考。

图书在版编目(CIP)数据

新疆乌恰地区地质矿产与旅游资源调查评价/贾润幸等著.—北京:冶金工业出版社,2022.8
ISBN 978-7-5024-9232-8

Ⅰ.①新… Ⅱ.①贾… Ⅲ.①矿产资源—资源调查—乌恰县 ②矿产资源—资源评价—乌恰县 ③旅游资源—资源调查—乌恰县 ④旅游资源—资源评价—乌恰县 Ⅳ.①F426.1 ②F592.745.4

中国版本图书馆 CIP 数据核字(2022)第 138784 号

新疆乌恰地区地质矿产与旅游资源调查评价

出版发行	冶金工业出版社	电 话	(010)64027926
地 址	北京市东城区嵩祝院北巷 39 号	邮 编	100009
网 址	www.mip1953.com	电子信箱	service@mip1953.com

责任编辑 张熙莹 美术编辑 彭子赫 版式设计 郑小利
责任校对 李 娜 责任印制 李玉山
北京捷迅佳彩印刷有限公司印刷
2022 年 8 月第 1 版,2022 年 8 月第 1 次印刷
787mm×1092mm 1/16;15.25 印张;368 千字;234 页
定价 149.00 元

投稿电话 (010)64027932 投稿信箱 tougao@cnmip.com.cn
营销中心电话 (010)64044283
冶金工业出版社天猫旗舰店 yjgycbs.tmall.com
(本书如有印装质量问题,本社营销中心负责退换)

前　言

　　西南天山是我国重要的多金属成矿区，为了更好地查明该地区的矿产资源及成矿规律，2014年新疆维吾尔自治区国土资源厅设立了新疆乌恰县萨热克地区铜多金属矿整装勘查区，为中国地质调查局发展研究中心"整装勘查区找矿预测与技术应用示范工程"（项目编号：0747-1761SITCN073）下设的第三批整装勘查区，也是全国上百个整装勘查区之一。本书主要基于"新疆乌恰县萨热克地区铜多金属矿整装勘查区矿产调查与找矿预测"（项目编号：121201004000150017-47；121201004000160901-67）的成果资料，同时吸收了"新疆乌恰县萨热克砂砾岩型铜多金属矿整装勘查区关键基础地质研究"和"新疆乌恰县萨热克地区铜多金属矿整装勘查区专项填图与技术应用示范"（项目编号：12120114081501）的部分成果。

　　通过新疆乌恰县萨热克地区铜多金属矿整装勘查区资源潜力评价，在萨热克巴依幅和其勒坦套幅提交了5个找矿远景区和4个找矿靶区，发现了6处矿（化）点，其中铜金矿化点3处、金矿化点1处、铜矿化点2处；在喀什炼铁厂幅圈定了4个勘查找矿远景区和2个找矿靶区，发现了7处矿（化）点，其中6处为铜矿化点、1处为铁钴矿化点。在"三位一体"思想指导下，通过对萨热克铜矿床等典型矿床研究，构建了萨热克式杂砾岩型铜矿床综合方法找矿勘查模型。通过对泽木丹—阿克然铜（金）点和铁斯给金（铜）矿化点的研究认为，铜、金等成矿物质主要来源于基底地层，由于受强烈构造—变质作用而发生活化、迁移并重新富集，铜矿化主要与石英脉中的斑铜矿和黄铜矿有关，金矿化主要与剪切变形中的黄铁矿等金属硫化物有关。通过矿床对比研究，对沉积型铜铅锌矿床的成因联系有了进一步的认识。江格结尔地区位于萨热克—乌拉根铜铅锌成矿区的过渡带，江格结尔铜矿与萨热克铜矿均产于上侏罗统库孜贡苏组杂砾岩中，江格结尔铅锌矿与乌拉根铅锌矿均产于下白垩统克孜勒苏群砂砾岩中。江格结尔地区的铜铅锌矿与萨热克铜矿和乌拉根铅锌矿具有很多相似性，表现在成矿物质主要来源于盆地周边的隆起剥蚀区，即苏鲁铁列克隆起中的中元古代长城系基底地层。该地区铜铅锌矿的形成都与油田卤水或富烃类的还原性盆地流体有关，该成矿流体通常沿断裂带上侵，并在渗透率较高的杂砾岩层或砂砾岩层中沉淀并富集成矿。通过对新疆乌恰炼铁厂地区石炭系碳酸盐岩建造中多处小型铁矿床的研究，这些铁矿床多受断层或构造裂隙控制，按照矿石矿物组构特征可划分为红山镜铁矿型铁矿和萨热塔什磁铁矿型铁矿，红山镜铁矿型铁矿石主要由镜铁矿、方解石和白云石等组成，萨热塔什磁铁矿型铁矿石主要由磁铁矿、镜铁矿、黄铁矿、方解石和石英等组成。微量元素和稀土元素特征显示红山镜铁矿型铁矿的形成主要与围岩大理岩有关；萨热塔什磁铁矿型铁矿的形成除与围岩碳酸盐岩有关外，可能还有北东向深大断裂带中基性岩浆物质成分的混入。通过对新疆乌恰地区的地质生态旅游资源潜力的调查，提出了关于地质景观旅游开发、天然经济资源利用的建议。

在项目开展中得到了中国地质调查局发展研究中心吕志成、李永胜、吕鑫等领导专家的指导与帮助，得到了新疆自然资源厅李恒海教授、王庆明教授、庄道则教授、仇银江教授等领导专家和新疆乌恰县自然资源局有关领导的指导和帮助，得到了新疆汇祥永金矿业有限公司和新疆紫金锌业有限公司等矿山领导和技术人员的大力支持与协助，得到了有色金属矿产地质调查中心李建旭、陈腾、李述国、胡玉平、侯朝勇等同事的大力支持与帮助，还得到了一些默默无闻的朋友的无私奉献与帮助，在此一并致谢。

全书共分8章，主要由贾润幸执笔撰写，参加撰写的人员还有王寿成、方维萱、杨自安、张建国、赵仕玲等。本书可供野外地质工作者、矿山企业技术人员、自然资源管理部门人员参考。

由于作者水平所限，书中不足之处，望广大读者批评指正。

作　者
2022 年 6 月

目　　录

1 绪 论

1.1 基本情况

新疆维吾尔自治区乌恰县地势东南低，西北、西南高，群山环绕，属典型山地地形，海拔高度为 1760~6146m，平均海拔 2890m，平面呈马蹄形。北接南天山山脉西端，南靠帕米尔高原、昆仑山北麓，位于喀什三角洲以西地段的楔形地带，为中—新生界褶皱山地，地貌以侵蚀断块山地为主。已有水文气象资料显示，该区属温带干旱气候区，年平均气温 7.3℃，极端最高气温 34.7℃，极端最低气温 -29.9℃；年平均日照时数 2797.2h，10℃ 及以上的积温 2529.3℃，无霜期 135 天；年平均降水量 172mm，年平均蒸发量 2564.9mm。境内有克孜勒苏河和恰克马克河两大水系，地表水资源量 9.6 亿立方米。全县总面积 2.2 万平方千米，其中山地、戈壁、荒滩占总面积的 98% 以上。境内有柯尔克孜族、汉族、维吾尔族、回族、乌孜别克族、塔吉克族等 11 个常住民族，柯尔克孜族约占全县总人口的 80%。乌恰县已发现的矿产资源有煤、石油、油页岩、铁、铜、铅、锌、锶、金、磷、盐、硫黄、石灰石、石膏、陶瓷土等。乌恰县自然条件恶劣，地震、洪水、雪灾、沙尘暴等自然灾害频繁。乌恰县位于中国最西部边陲，有着良好的区位地缘优势，东接阿图什市、南邻喀什市、西南毗阿克陶县、西北与吉尔吉斯斯坦共和国接壤；境内同时拥有两个国家一级口岸，即伊尔克什坦口岸和吐尔尕特口岸，309 省道把两个口岸与吉尔吉斯斯坦相连，交通便利，是我国连接中亚、西亚的纽带和对外开放的桥头堡。

1.2 主要矿种和矿床类型

新疆乌恰地区的矿种主要有铅锌矿、铜矿、铁矿、铜金矿、锶矿和煤矿等。铅锌矿有两种矿化类型：第一种主要分布在古生代及中元古代碳酸盐岩地层，形成细脉浸染状、角砾状、块状矿石，属沉积-改造型；第二种主要分布在白垩系—新近系底部砂砾岩中，矿化规模大，产出稳定，形成微细浸染状矿石，属沉积-改造型。铜矿可以分为两种矿化类型：第一种以砂砾岩型铜矿为主，分布于侏罗系顶部及中新统，产出规模大，形成浸染状、细脉状矿石，属陆相沉积型；第二种是产在中元古代地层中的脆韧性剪切型铜矿，伴有金矿化。铁矿分为两种矿化类型：第一种为沉积-改造型，分布于晚古生代地层中，形成块状矿石；第二种是热液型，分布于石炭系碳酸盐岩中，沿构造裂隙分布。锶矿的矿化类型是白云岩型，分布于古新统阿尔塔什组，与铅锌矿化关系密切，形成层纹状、块状矿石，属卤水沉积型。煤矿主要产于下侏罗统康苏组碳质泥岩中，属沉积型。

1.3　矿产勘查开发利用情况

　　萨热克杂砾岩型铜矿床和乌拉根砂砾岩型铅锌矿床是新疆乌恰地区最具代表性的金属矿床。萨热克杂砾岩型铜矿床由新疆汇祥永金矿业有限公司于 2011 年 11 月开工建设，2014 年 10 月建成并试产；乌拉根砂砾岩型铅锌矿床最早由新疆金旺矿业公司于 2011 年 12 月建成并试产，2012 年紫金矿业集团股份有限公司通过股权收购将其变成了旗下的全资子公司。萨热克铜矿床主要采用地下开采，乌拉根铅锌矿床主要采用地表露天开采，两者都收到了较好的经济效益和社会效益。其他小型矿床如红山铁矿床、花园铜矿床和康西铅锌矿床等主要由民间个体进行小规模开采。

1.4　以往的地质工作

1.4.1　基础地质工作

　　以往的基础地质工作有：

　　(1) 1951—1954 年，苏联专家杜可耶夫、兹科夫、马克西莫夫和乌瓦洛夫等先后在喀什地区进行了大规模地质调查工作。这些工作主要包括对喀什地区新生代地层、构造形态及含矿性进行了初步评价。

　　(2) 20 世纪 50 年代，中苏稀有金属公司在喀什地区开展过 1∶20 万区域地质调查，填制和出版了 1∶20 万区域地质图和矿产图 (J43-3 幅、J43-4 幅)。1952—1956 年，苏联地质保矿部十三航测队在喀什地区进行了 1∶20 万地质普查测量工作，编写了总结报告，并编制了喀什地区 1∶20 万地质矿产图，发现了一批矿点、矿化点，并厘定了调查区的地层层序与构造基本格架。

　　(3) 1978 年，新疆石油普查勘探指挥部 (即中国石化西北石油局前身) 通过野外地质调查工作编写了《新疆塔里木盆地喀什凹陷地质特征及含油气远景评价》报告，对该地区的地层层序研究和盆地演化等提供了基础资料。

　　(4) 90 年代以来，新疆石油管理局有限公司、新疆维吾尔自治区地质矿产勘查开发局、中国科学院、北京师范大学等单位先后对喀什凹陷中新生界进行过不同专题的研究。已出版的《新疆区域地层表》《新疆岩石地层清理》《塔里木各纪地层》《新疆塔里木盆地西部晚白垩世至早第三纪海相地层及含油性》《新疆塔里木盆地西部晚白垩世至早第三纪海相沉积特征及沉积环境》《古特提斯海北支塔里木古海湾岩相古地理》《喀什凹陷野外石油地质研究剖面丈量工作》《喀什凹陷生油岩综合评价》《喀什凹陷层序地层沉积演化及生储盖组合研究》《塔西南拗陷喀什凹陷北部石油地质综合研究》及《塔西南拗陷喀什凹陷南部石油地质综合研究》等著作成果中，对喀什凹陷的地层、古生物、构造、沉积相等进行了较详细的论述，并就层控型铅锌铜矿床的赋矿层做出了区域上的标定，奠定了地层、构造方面的坚实基础。

　　(5) 1995—1998 年，新疆维吾尔自治区地质矿产勘查开发局第一区域地质调查大队完成了奥依巴拉幅 (K43E024008)、塔尔特库里幅 (K43E024009)、阿热克托如克勃勒山口幅（K43E024010）、沙尔幅（K43E001008）、别勒克勒达克幅（K43E001009）、喀什炼铁厂幅（K43E001010）、斯木哈纳幅（K43E002008）和吉根幅（K43E002009）的区域地质调查，并提交了相应的报告和图件。

（6）2000 年期间，中国石油天然气股份有限公司塔里木油田分公司与滇黔桂油田分公司勘探开发科学研究院在塔里木盆地西北缘进行了野外地质调查工作及相关的地质总结，出版了《塔里木盆地喀什凹陷北部露头区油气地质》。

（7）2009 年 7 月，新疆维吾尔自治区地质矿产勘查开发局（简称新疆地矿局）完成了 1∶25 万萨热克巴依幅（K43C004002）、盖克力克幅（K43C004003）、库尔干幅（J43C001002）和喀什市幅（J43C001003）建造构造图，并提交了相应的报告和图件。

（8）2009—2012 年，新疆地矿局第二地质大队完成了 1∶5 万萨热克巴依幅（K43E024011）、其勒坦套幅（K43E024012）、托库依如克幅（K43E024013）的区域地质调查、矿产调查，并提交了相应的报告和图件。

1.4.2 物探工作

以往的物探工作有：

（1）20 世纪 70 年代末至 80 年代中期，地质矿产部物探局第一综合物探大队、第二综合物探大队和新疆地矿局物探大队，在新疆天山、塔里木盆地一带进行了 1∶100 万、1∶20 万、1∶10 万区域重力调查，根据这些实测重力资料，利用国家测绘局及石油等有关部门在新疆广大地区完成的小比例尺区域重力测量成果，由地质矿产部物探局编制了 1∶400 万中国布格重力异常图（含新疆布格重力异常图），新疆地矿局物探大队编制了 1∶200 万新疆区域布格重力异常图。上述布格重力成果也是研究新疆区域地球物理场特征及深部构造的基础资料。

（2）80 年代末期为研究区域地质构造在天山大部分地区进行了 1∶50 万航空磁力测量，1986 年，这些航空测量资料由地质矿产部航空物探总队编制了 1∶100 万航空磁力异常 ΔT 等值线平面图，等值线间距为 25nT。1989 年，该队出版了 1∶400 万中国及毗邻海区航空磁力异常图。这些航空物探资料为研究新疆区域地质构造、深部地质构造、地壳结构、地壳磁性块体结构、地壳活动带分布和新疆地壳分区提供了重要信息。

（3）2009—2012 年，有色金属矿产地质调查中心根据"新疆乌拉根地区铅锌铜矿远景调查"项目（编号：1212010781061）和"新疆乌恰县萨热克铜矿及外围铜矿调查评价"项目（编号：1212011120488），在乌拉根—萨热克一带进行了激电中梯扫面、激电中梯剖面、激电测深和可控源音频大地电磁测深（CSAMT）等物探工作，并进行了资料整理、数据处理和综合解释工作。

1.4.3 化探工作

以往的化探工作有：

（1）1990 年，根据 1∶20 万区域矿产及地球化学研究成果（国家 305 项目 V2-5-2 专题），包括调查区在内的吉根-乌鲁克恰提区区域地球化学特征为：1）全区以富集 Ag、As、Sb、W、Pb、Zn、Ba 为特征，其浓度克拉克值大于 1。2）古近系—新近系以富集 Sr 为特征，其浓度克拉克值大于 1。3）白垩系和古近系—新近系中 Cu 的变异系数最大，分别达 0.8 和 0.62，与这两个地层中产出有沉积型铜矿有关。4）侏罗系中 Pb、Zn 含量高，变异系数大，分别达 3.12 和 0.74。5）石炭系中以富集 Au 为特征，其平均强度最高，达 3.23×10^{-9}，变异系数达 3.4，可能与该地层中赋存有含金黄铁矿有关。6）下中泥盆统中 Pb、Zn 较为富集，可能与其中赋存有层控铅锌矿有关。7）上志留统中 Au、As、Sb、Ag 较为富集，变异系数分别为 1.13、0.63、0.34、0.29，与金矿的富集区有关。8）古元古界中 Au、As 较为富集，其变异系数分别为 0.75、0.97，具有分异作用。综合研究结果认为：在元古宇和古生界中产出众多的铜、铅锌、黄铁矿和金等矿床（点），Cu、Pb、Zn、Cd 等元素具有高背景区地球化学环境，说明作为坳陷基底的元古宇和古生界富含 Cu、Pb、Zn、Au、Cd、S 等成矿物质。新生界具 Cu、Pb、Zn、Sr、Ag、Ba 的高背景和局部富集特征，是形成层控砂（砾）岩型铅锌铜矿的有利地层及地球化学条件。所取得的主要成果阐述了矿产与异常的关系：铜矿赋存在两个地层层位中，其一为上侏罗统库孜贡苏组的杂砾岩层中，如萨热克沉积–改造型杂砾岩铜矿，其元素组合为 Cu-Ag-Bi，面积达 $16km^2$；其二为产于中新统砂岩中的砂岩铜矿，如花园、硝若布拉克铜矿等，其元素组合以 Cu-Sr-Ag 为主，面积达 $68km^2$。铅锌赋矿层位属晚白垩世，天青石、石膏主要赋存于古新统中，分布于乌恰断裂上的乌拉根次级盆地、黑孜苇次级盆地和托帕次级盆地，形成了铅锌矿点矿床，其元素组合主要为 Pb-Zn-Ag-Cd-Sr-Ba-Cu-Mn，单个综合异常的规模可达 $60km^2$，Pb-Zn-Ag-Sr 地球化学异常带呈北北西—南南东向带状，沿白垩系及古新统的接触带分布，断续长达 100km，宽 5～10km，并有石膏和天青石的产出，显示了较好的找矿前景。

（2）1996 年，国家 305 项目办公室在北纬 39°40′以北中国境内开展了 1∶20 万低密度水系沉积物金属测量，1999 年提交了《霍什布拉克成矿区 J-43-3、J-43-3 北半幅低密度化探方法应用研究及成矿区带圈定与优选地球化学图说明书》（专题代号：V2-5-2）。说明书指出该区主要成矿元素为 Au、Sr、Cu、Pb、Zn；区内存在与地层有关的以 Cu、Pb、Zn 为主的多元素异常；Cu、Pb、Zn、Sr 异常受地层及东西向和北西向断裂控制，在其交汇部位表现更为明显。

（3）2004—2008 年，有色金属矿产地质调查中心新疆地质调查所在吉根—乌鲁克恰提区、康苏区开展的"新疆乌恰—阿图什地区铅锌铜矿调查评价"项目（编号：资〔2004〕012-06）的 1∶5 万化探水系沉积物测量子项目中，基本查明了新疆乌恰—阿图什地区的元素地球化学场和异常分布情况。

（4）2009—2012 年，新疆地矿局第二地质大队完成了 1∶5 万萨热克巴依幅（K43E024011），其勒坦套幅（K43E024012）、托库依如克幅（K43E024013）的地球化学普查，并提交了相应的报告和图件。

1.4.4 矿产工作

以往的矿产工作有：

（1）1952—1953 年，中苏稀有金属公司在开展 1∶20 万区域地质调查时发现了萨热克铜矿。1960 年新疆地质矿产勘查开发局二大队在面积约 0.2km² 内进行了矿点检查工作，提交了《乌恰县萨热克铜矿区简报》，初步评价了该矿床。初步划分了三个矿体，评价了 I 号矿体，铜平均品位在 0.5% 以上，估算矿石量 36 万吨，铜金属量 1800t。1984

年，新疆地质矿产勘查开发局二大队检查了绿色砾岩顶部的两层铜矿，还发现含金和银，但投入的工作量较少。

（2）1951—1962 年，中苏稀有金属公司萨里塔什勘探队、喀什矿管处 702 队相继在乌拉根铅锌矿进行过地质勘探工作，后由新疆维吾尔自治区有色地质勘查局第二矿务局702 队工作至 1968 年，共投入工作量有钻探 6700m、坑道 4500m、1∶5000 地质填图约2km^2，局部填制了 1∶1000 地质图（约 0.21km^2），提交了《乌恰县乌拉根铅锌矿田综合地质报告》，在北矿带Ⅰ号矿体探明金属量铅 11353t、锌 17377t，铅品位为 5.8%、锌品位为 7.43%、锶品位为 33%；南矿带砂岩中探获金属量锌 48890t、锶 14780t。工作中对矿区地层作了详细划分，圈定了部分矿体，认为矿床为低温热液成因。该铅锌矿于 1958—1961 年开始试采，1961 年建矿，1963 年停产。开采范围为北矿带Ⅰ号矿体，长 200m，深120m，采出矿石 11.6 万吨，回收铅 5229t，原矿含铅 6% 以上，锌未回收。采矿深度已超过 165m，铅、锌品位计 15%~20%。

（3）1999—2002 年，有色金属矿产地质调查中心在综合分析塔里木周边中新生界含铜砂岩的成矿条件和系统对比哈萨克斯坦杰兹卡兹甘铜矿床的基础上，用沉积-改造砂砾铜矿成矿模式观点对萨热克铜矿床进行了重新认识和初步评价，取得了较大进展，认为该区具有良好的找矿前景。1）有色金属矿产地质调查中心新疆地质调查所承担的"新疆乌拉根地区铅锌铜矿远景调查"项目涵盖了萨热克矿区及外围地区，通过剖面测制、岩石组合划分、含化石特征及与区域地层单元特征对比，将萨热克一带萨热克铜矿的赋矿层位厘定为上侏罗统库孜贡苏组上段（J_3k^2）。2）2002 年，新疆鑫汇地质矿业有限责任公司与桂林矿产地质研究院开展地质大调查项目时对矿化进行了检查，控制含矿带长 3000m，宽 50~100m。灰绿色砾岩产出稳定，全岩矿化，地表主要表现为孔雀石化、硅化。矿（化）体长 3000m，水平厚 5~80m，工程控制的上部矿体水平厚 16.86m，铜平均品位为0.70%，最高品位为 6%，矿体产状为 130°~160°∠50°~64°。

（4）2001—2002 年，新疆鑫汇地质矿业有限责任公司作为牵头单位，桂林矿产地质研究院作为参加单位开展的国土资源大调查项目——新疆乌恰地区铅锌多金属矿资源潜力评价，对乌拉根矿床进行了系统的地质、物探、化探勘查工作，并投入了少量的深部钻探验证。通过工作获得如下认识：1）乌拉根铅锌矿是热卤水成因的砂砾岩型铅锌矿床，主要为锌矿化。含矿岩系为古新统乌拉根组（E_1w），是一套海侵砂、砾-泥碳酸盐岩建造，主要为细-粗粒的碎屑岩、泥岩、石膏、碳酸盐岩。成矿作用分三期：第一期为热卤水喷流沉积成矿期；第二期为热卤水叠加改造成矿期；第三期为次生富集期。2）乌拉根铅锌矿规模巨大，可分为南、北两个矿带。南矿带东段控制：矿体长 3500m，平均水平厚33.43m，铅平均品位为 0.56%、锌平均品位为 3.49%，铅、锌品位合计 4.05%；北矿带东段控制矿体长 2000m，平均水平厚 16.77m，铅平均品位为 0.31%，锌平均品位为4.73%，铅、锌品位合计 5.04%，在民采坑中可见锌品位为 40% 以上的地段；北矿带中段：地表布设了两个探槽（NTC150、NTC182）进行初步揭露，控制矿体含矿带宽 150m，获得规模较大的矿化体，结果分别为平均水平厚 23.80m、铅平均品位为 0.23%、锌平均品位为 0.23%；平均水平厚 64.68m、铅平均品位为 0.06%、锌平均品位为 0.31%。获得铅锌资源量 222 万吨（333+3341），预测矿床远景在 1000 万吨以上。

（5）1999—2003 年，新疆鑫汇地质矿业有限责任公司在乌拉根矿区及其外围进行了矿产资源调查评价。2003 年新疆鑫汇地质矿业有限责任公司（新疆地质调查所）在乌恰-阿图什-喀什地区开展了以乌拉根式矿床为重点的矿产调查工作，取得了新的成果和认识：1）喀什坳陷东到巴楚隆起，西到阿赖山，长近 300km；北到西南天山山前，南到西昆仑山山前，宽 50～150km。喀什坳陷基底是元古宙和古生代地层。中生代晚期开始沉降，古地中海海水从阿赖海峡由西向东侵入，形成广阔的半封闭-封闭型海盆，为其后形成含煤建造、含油建造、含铅锌建造提供了有利的区域古地理条件。2）沿乌恰断裂由西向东依次发育三个次级盆地：乌拉根盆地、黑孜苇盆地、托帕盆地。乌拉根盆地长 100km，平均宽 20km，面积 2000km²；黑孜苇盆地长 10km，平均宽 4km，面积为 40km²；托帕盆地长 40km，平均宽 4km，面积为 160km²。各盆地早期相对独立，晚期趋于融合，它们都是铅锌矿的有利成矿区。3）塔里木西部喀什盆地广泛分布乌拉根式的铅锌矿含矿层，沿西南天山及西昆仑山山前断裂均发育有成矿次级盆地，铅锌远景具有超大型规模，同时认为下白垩统具有寻找滇中式砂岩铜矿的潜力。4）区域内圈定了 9 个找矿远景区：杨北区、加斯南区、加斯北区、乌鲁克区、吉根南区、乌帕尔区、盖孜区、克孜勒塔格区、七美干区，有的地区已经可以确定为成矿地段。

（6）2004—2006 年，有色金属矿产地质调查中心新疆地质调查所承担了国土资源大调查项目——新疆乌恰-阿图什地区铅锌铜矿调查评价，主要成果体现在四个方面：1）在乌拉根铅锌矿区进行了深部评价，重点剖析了乌拉根铅锌矿，探求了资源量。2）对乌拉根铅锌矿带西延段的吉勒格铜铅锌矿区、乌拉根北矿带-达克铅锌矿区、托帕矿权区进行了初步评价。3）开展了吾东远景区调查工作，进行了深部验证。4）对区域、区带进行了路线调查，区域及成矿远景区研究取得了进展，找矿取得了突破，并建立起区域系列成矿的新模式。在乌拉根铅锌矿获得铅锌资源量 300 万吨（333+334），预测矿床远景在 1200 万吨以上。5）2004—2007 年，有色金属矿产地质调查中心新疆地质调查所承担的国土资源大调查项目——新疆乌恰-阿图什地区铅锌铜矿调查评价，在萨热克铜矿找矿方面取得了重大突破，投入工作量有 1∶1 万地质草测 46km²、1∶2000 地质草测 5.5km²、槽探 800m³、钻探 706m。在萨热克铜矿北矿带圈出两个矿体：1）Ⅰ号矿体长大于 1000m，平均水平厚度 5.14m，铜平均品位为 1.16%，银平均品位为 15.52g/t，矿体倾向为 150°～170°，倾角为 40°～60°；总体呈层状、似层状展布，矿体深部沿倾向延伸稳定，地表矿体厚度变异系数为 55.62%，品位变异系数为 46.77%。2）Ⅱ号矿体长大于 1350m，平均水平厚度 11.05m，铜平均品位为 0.98%，银平均品位为 13.85g/t；矿体倾向为 150°～170°，倾角为 40°～60°；总体呈层状、似层状展布，地表矿体厚度变异系数为 119%，品位变异系数为 88.74%。南矿带圈出两个矿体：1）Ⅰ号矿体长大于 1000m，平均水平厚度 2.83m，铜平均品位为 0.32%。总体呈层状、似层状展布；矿体深部沿倾向延伸稳定。2）Ⅱ号矿体长大于 100m，平均水平厚度 0.39m；铜平均品位为 0.13%。估算（333+334）铜资源量为 10.37 万吨，银资源量为 117.76t。

（7）2005—2008 年，新疆鑫汇地质矿业有限责任公司承担的新疆维吾尔自治区地质勘查中央专项资金项目——新疆乌恰县萨热克铜矿普查，投入的主要工作量有 1∶1 万地质草测 58km²、1∶2000 地质草测 5km²、1∶1 万激电剖面测量 5km、槽探 5141m³、钻探 4426m。通过这次工作，认为萨热克铜矿北矿带长大于 4km，平均宽 2～20m，可划分出 Ⅰ、Ⅱ-1、Ⅱ-2、Ⅱ-3 等矿体。初步估算，矿区北矿带铜资源量（333+334）为 12.40

万吨，银金属量（333+334）为152.78t。

（8）2007年，新疆鑫汇地质矿业有限责任公司提交了《新疆乌恰县萨热克铜矿北矿段11线－14线普查报告》，并通过新国土资储备字〔2007〕411号评审，提交推断的内蕴经济（333）铜金属资源量为159986.82t，银金属资源量为212.46t。

（9）2008年，新疆鑫汇地质矿业有限责任公司对萨热克铜矿北矿段1～10线进行详查，2009年提交了《新疆乌恰县萨热克铜矿详查报告》，2010年12月通过矿产资源储量评审意见书（新国土资储评〔2010〕号），其中北矿段探获资源量（332+333）：铜矿石量为477.62万吨，铜金属量为66553.77t，伴生银金属量（333）为51.05t。

（10）2008年，新疆宝地工程勘察院有限责任公司喀什分公司对乌恰县萨热克铜矿进行矿区水文地质工程地质详查工作。主要实物工作量有1:5万区域水文地质、工程地质及环境地质调查面积227km²，1:1万矿区水文地质、工程地质及环境地质详查面积63.3km²，13个钻孔水文地质工程地质编录进尺4773.6m、水文地质物探综合测井深度1108.3m、声波测井深度542.0m，单孔抽水试验18个台班、多孔抽水试验150个台班，采取全分析水样3组、放射性水样3组，巷道顶底板物理力学性岩石样品5组，1个泉点、1个钻孔、生产井巷道及卓尤勒苏河水10个月的水文动态观测（水量、水质、水温）。提交了《乌恰县萨热克铜矿区水文地质、工程地质详查报告》，为勘查区进行水文地质、工程地质、环境地质条件勘探提供了基础资料。

（11）2007—2010年，有色金属矿产地质调查中心新疆地质调查所承担的"新疆乌拉根地区铅锌铜矿远景调查"项目在萨热克铜矿区投入的工作量有1:1万填图51km²、1:2000填图6km²、槽探1042m³、钻探4066.45m、1:1万激电测量40.52km²、1:1万激电剖面测量3km、激电测深点55个、CSAMT 14.8km、1:2.5万沟系次生晕测量51km²。通过激电测量在萨热克地区，以视极化率背景值为1.5%～2.0%，异常下限综合确定2.5%为标准划分出8个局部异常，其中4个异常经钻探验证见到铜矿体。通过1:2.5万沟系次生晕测量共圈出以铜－银为主的综合异常15个，北部异常带由4个综合异常组成，呈北东向展布，断续长达8km；南部异常带由8个综合异常组成，呈北东东向展布，断续长达14km。通过对萨热克铜矿区14线以东部分的南矿带与北矿带槽探、钻探深部验证，共圈出了Ⅰ-1、Ⅰ-2、Ⅱ号矿体及铅+锌矿体。萨热克铜矿区新增（333+334）铜资源量为33.74万吨，新增（333+334）铅锌资源量为4.27万吨。

（12）2011年，新疆维吾尔自治区国土资源厅为新疆汇祥永金矿业有限公司办理了新疆乌恰县萨热克铜矿采矿权。新疆汇祥永金矿业有限公司重点对北矿带3～14线2670m标高以上首采区勘探。估算（331+332+333）矿石量为1335万吨，铜金属量为16.68万吨，伴生银金属量为152.3t，铜平均品位为1.25%，银平均品位为10.7g/t。其中（331+332）矿石量为640万吨，铜金属量为7.96万吨；坑道证实矿体连续稳定，品位变富。

（13）2012年，新疆汇祥永金矿业有限公司开展新疆乌恰县萨热克铜矿床北矿段地质勘探工作，投入的主要工作量有1:1万地质简测46km²、1:2000地质草测4km²、槽探6438m³、硐探1364m、钻探18320m。确定了4～8线地表至主矿体深部（走向长200m，倾向延伸580m）为首采地段范围。依据所提交的《新疆维吾尔自治区乌恰县萨热克铜矿床北矿段地质勘探报告》，估算出萨热克铜矿床北矿段累计资源量（331+332+333）：铜矿石量为1335.21万吨，铜金属量为166804t，伴生银金属量为152263kg，铜平均品位为

1.25%。其中探明的（331）资源量：铜矿石量为 229.60 万吨，铜金属量为 34414t，伴生银金属量为 25320kg，铜平均品位为 1.50%；控制的（332）资源量：铜矿石量为 410.54 万吨，铜金属量为 45215t，伴生银金属量为 43097kg，铜平均品位为 1.10%；推断的（333）资源量：铜矿石量 695.07 万吨，铜金属量为 86236t，伴生银金属量为 81160kg，铜平均品位为 1.24%。

（14）2013 年底，新疆汇祥永金矿业有限公司在萨热克建成 3500t/d 生产能力的大型铜矿山，至 2014 年 5 月达产达标，项目总投资人民币 11 亿元。根据计算的萨热克铜矿北矿段可利用矿量，按矿山生产规模计算，萨热克铜矿北矿段的服务年限为 13 年。萨热克铜矿北矿段含有可利用的有价元素为铜和银，根据矿石性质和现有的试验资料及类似矿山生产实践经验，萨热克铜矿选矿厂产品为含银铜精矿，其中铜精矿品位为 24.3%，含银 212g/t。

1.4.5　其他地质工作

2006—2010 年，有色金属矿产地质调查中心等承担的"十一五"国家科技支撑计划重点项目"新疆大型找矿远景区预测与勘查开发关键技术研究""大型沉积-变质（改造）型铅锌金铁矿床预测和靶区评价"课题（2006BAB07B04）的"乌拉根成矿带层控型铅锌大型矿床预测及找矿靶区评价技术与应用研究"专题（2006BAB07B04-02），首次重新厘定了乌拉根铅、锌、铜、铀成矿带的地层系统；首次将乌拉根式层控砂砾岩型铅锌矿的赋矿层位厘定为下白垩统克孜勒苏群（K_1kz），将萨热克式砾岩型铜矿的赋矿层位厘定为上侏罗统库孜贡苏组（J_3k），将花园式砂岩型铜矿的赋矿层位厘定为中新统安居安组（N_1a）。详细研究了乌拉根式层控砂砾岩型铅锌矿的矿床地质特征；系统地总结了研究区铅锌矿的成矿条件、控矿因素、成矿规律和找矿标志；首次建立了研究区乌拉根式层控砂砾岩型铅锌矿的成矿模式。将研究区的铅锌成矿划分为 4 期，即原始矿源层的形成、大规模油田卤水叠加改造、断裂活动富集和氧化淋滤。找矿标志有层位与岩性标志——K_1kz^5 灰白色砂砾岩与石膏、褪色蚀变标志、坍塌角砾岩标志、断裂标志，围岩蚀变标志——天青石化、黄铁矿化、黄钾铁矾化。并且建立了乌拉根式层控砂砾岩型铅锌矿的找矿模型，指出区域构造交汇部位是成矿有利的构造环境，来自陆源的铅锌元素高背景的剥蚀区物质和巨量海水中的铅锌于海陆交互环境下的沉积为有利的物源区和地球化学障环境，高浓度的海湾相卤水形成的石膏层的直接盖压为有利的上覆环境，赋矿层位之下的侏罗系煤层为成矿有利的"衬垫"，古隆起区为后期油田卤水运移聚集的地区，渗透性较好的三角洲相砂砾岩和砾岩为有利的岩性组合和储集层。

2014—2015 年，有色金属矿产地质调查中心联合昆明理工大学和中南大学先后承担了"新疆乌恰县萨热克砂砾岩型铜多金属矿整装勘查区关键基础地质研究"和"新疆乌恰县萨热克地区铜多金属矿整装勘查区专项填图与技术应用示范"（编号：12120114081501）。

2 区域地质背景

2.1 建造构造特征

2.1.1 大地构造位置

调查区位于塔拉斯—费尔干纳断裂与塔里木盆地西南中新生代坳陷西北缘的次级盆地——托云盆地的交汇部位。区域基本构造格架主要由北西、北东东和近东西向的塔里木古基底断裂构造和帕米尔突刺状弧形构造（俗称构造结）组成。帕米尔突刺状弧形构造由前弧地带的推覆构造和侧翼的走滑断裂带组成（见图2-1）。西半部分属巴基斯坦、阿富汗、塔吉克斯坦等中亚诸国；东半部分位于中国境内，从北向南由外帕米尔弧、北帕尔弧

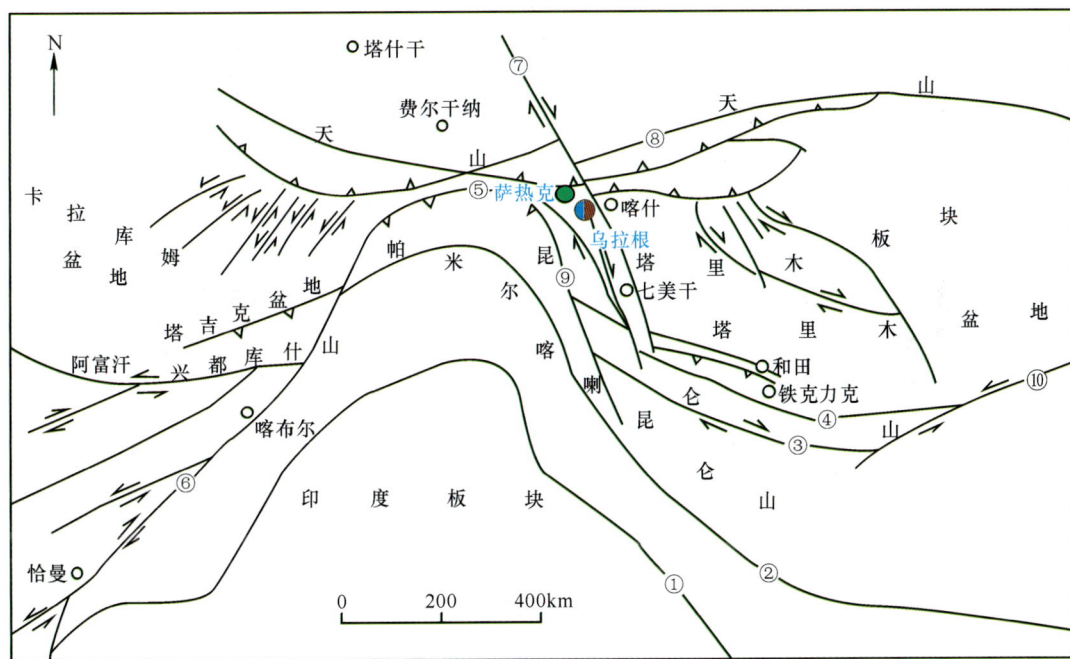

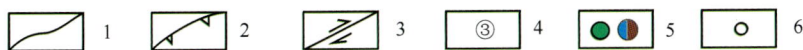

图 2-1 塔里木西南缘及邻区构造略图[1]

1—构造缝合带；2—逆冲推覆构造带；3—走滑构造带；4—构造带编号；5—铜铅锌矿床；6—地名

①—喜马拉雅—印度河缝合带；②—双湖—空喀山口缝合带；③—康西瓦右行走滑断裂系；④—库地北缝合带；
⑤—帕米尔前缘逆冲推覆构造带；⑥—恰曼左行走滑构造带；⑦—塔拉斯—费尔干纳右行走滑构造带；
⑧—中天山缝合带；⑨—塔什库尔干右行走滑构造带；⑩—阿尔金左行走滑断裂带

（西昆仑山）和南帕米尔弧（喀喇昆仑）3条弧形构造带组成。北西向的断裂带以塔拉斯—费尔干纳右行走滑构造带为代表，北东东向构造带为中天山缝合带，近东西向构造带由一系列推覆构造、逆掩推覆构造和褶皱冲构造组成。

2.1.2 构造单元划分

区域构造整体特征是一带一缘，即北部为西南天山造山带，南部为塔里木地块的北部边缘。构造形式在空间分布上对比明显；造山带以逆冲-逆掩断层和紧闭-倒转褶皱为主要形式，地块边缘以坳陷-隆起-断陷为主要形式。依此划分构造单元，并分析区域构造演化。按新疆地矿局张良臣的划分方案，以乌恰断裂及塔拉斯—费尔干纳断裂带为界，东北部为南天山晚古生代陆缘盆地、东南部为柯坪古生代前陆盆地、西南部为塔里木中央地块。依照槽台观点，以乌恰断裂为界可划分出南天山冒地槽褶皱带和塔里木地台，可进一步划分出东阿赖褶皱带、托云坳陷、巴什索贡复背斜、迈丹塔格复向斜、阔克沙勒岭复背斜及塔西南坳陷喀什凹陷等次级构造单元（见图2-2）。乌拉根铅锌矿、萨热克铜矿、花园

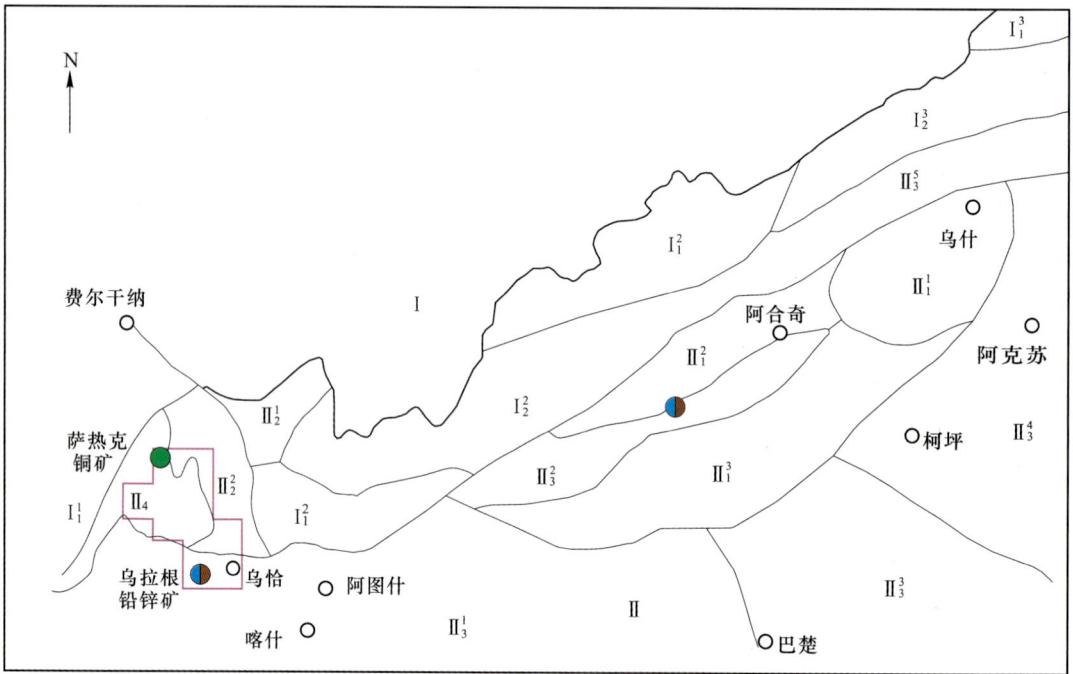

图2-2 区域大地构造单元划分图
（紫色为整装勘查区范围）

I—西南天山造山带（天山南脉地槽褶皱带）：I_1—东阿赖—阔克沙勒岭早古生代沟弧系（东阿赖—阔克沙勒岭褶皱带）：I_1^1—东阿赖冲断-褶皱区；I_1^2—阔克沙勒岭复背斜；I_1^3—哈尔克山复背斜；I_2—乌鲁克恰提—迈丹—库瓦特晚古生代裂陷槽（迈丹塔格—巴什苏洪褶皱带）：I_2^1—塔什齐托—巴什苏洪复背斜；I_2^2—迈丹塔格复向斜；I_2^3—库玛力克复背斜；II—塔里木板块西北缘边缘断坳带（塔里木台坳）：II_1—柯坪板块边缘活动带（柯坪断隆）：II_1^1—库鲁克居木穹隆；II_1^2—柯坪板块北部断褶区；II_1^3—柯坪板块南部断褶区；II_2—切列克苏—托云中—新生代断陷带（托云山间坳陷）：II_2^1—托云第三纪坳陷区；II_2^2—切列克辛侏罗纪坳陷区；II_3—塔里木板块北缘新生代断坳带（塔里木盆地西南坳陷）：II_3^1—喀什凹陷区；II_3^2—喀拉铁热克坳陷区；II_3^3—巴楚台隆区；II_3^4—阿瓦提断陷区；II_3^5—托什罕河断陷区；II_4—苏鲁铁列克隆起区

铜矿等均位于塔里木盆地西段喀什凹陷的北缘。

造山带与塔里木板块的界线在切列克辛侏罗纪坳陷以西，以吉根—萨瓦亚尔顿蛇绿杂岩带为标志的缝合线复合断裂带等作为界线，向东沿迈丹地层南部的二叠系南缘断裂，如卡拉塔什断裂、布拉塔格大断裂、奥依布拉克大断裂，延伸至乌什一带的托什罕河断陷，至库瓦特河与托什罕河断裂复合至木扎尔特南。总体趋势是自西向东，沿新生代台缘断陷带（喀什凹陷区、喀拉铁热克坳陷区、托什罕河断陷区）之北界，以北为褶皱造山带，以南为塔里木台坳。

造山带内划分出 2 个褶皱带，即北部的早华力西褶皱带和南部的晚华力西褶皱带。塔里木板块北缘带划分出 4 个三级构造单元，即苏鲁铁列克隆起区、柯坪板块，托云中新生代断陷带和塔北缘新生代断陷带。苏鲁铁列克隆起区以中生代与长城系变质岩之间的不整合界线为界线与塔北缘新生代断陷带及托云中新生代断陷带区分。柯坪板块与塔北缘新生代断陷带的边界南部为沙井子基底断裂，北部为托什罕河断陷南部的边界断裂，如索格当他乌断裂和古木别孜断裂等。中间喀拉铁热克坳陷区的界线为奥依布拉克断裂和霍什布拉克断裂。托云中新生代断陷带是费尔干纳断裂活动的产物，西部边界为切列克辛断裂，东部边界为苏约克—喀拉别克断裂。

调查区包含的三级构造单元有苏鲁铁列克隆起区（II_4）、切列克辛侏罗纪坳陷区（II_2^2）和喀什凹陷区（II_3^1），涉及的沉积盆地主要包括托云盆地和乌拉根盆地。

2.1.3 建造构造划分

结合区域地质构造背景，按照本区沉积盆地、盆地基底及侵入岩岩性的不同，根据区域深大断裂的空间分布特征，勘查区可划分为新生代—中生代沉积盆地建造、古生代沉积建造、中元古代变质建造（见图 2-3）。

2.1.3.1 沉积岩建造

本区的沉积岩建造主要为新生代—中生代沉积岩建造和古生代沉积岩建造。新生代沉积岩建造主要包括新近系砂岩建造、含铜砂岩建造、膏盐-粉砂质泥岩建造；古近系膏盐-泥岩建造、泥岩-灰岩建造、生物灰岩建造、膏盐建造。中生代沉积岩建造主要包括白垩系砂岩+膏盐建造、生屑灰岩建造、钙质泥岩-泥灰岩建造、泥岩-生屑灰岩建造、砂岩建造、砂砾岩建造；侏罗系杂砾岩建造、砂砾岩建造、含煤碎屑岩建造、泥岩+泥灰岩建造、砾岩+砂岩建造。其中新近系安居安组下段的砂岩建造是重要的含铜建造，白垩系的砂岩建造是重要的含铜建造、含铅锌建造，侏罗系的杂砾岩是重要的含铜建造。

古生代沉积岩建造组成了二叠系—志留系逆冲推覆断褶构造带。主要包括二叠系砾岩、含砾砂泥岩建造、碳质泥岩建造等；石炭系大理岩化灰岩建造、石英千枚岩-结晶灰岩建造、绿泥石石英千枚岩建造；泥盆系灰岩-绢云母片岩建造、绢云绿泥石英千枚岩建造、碳质石英绢云千枚岩建造和石英绢云千枚岩建造等；志留系绢云母千枚岩建造、碳酸盐岩建造等。

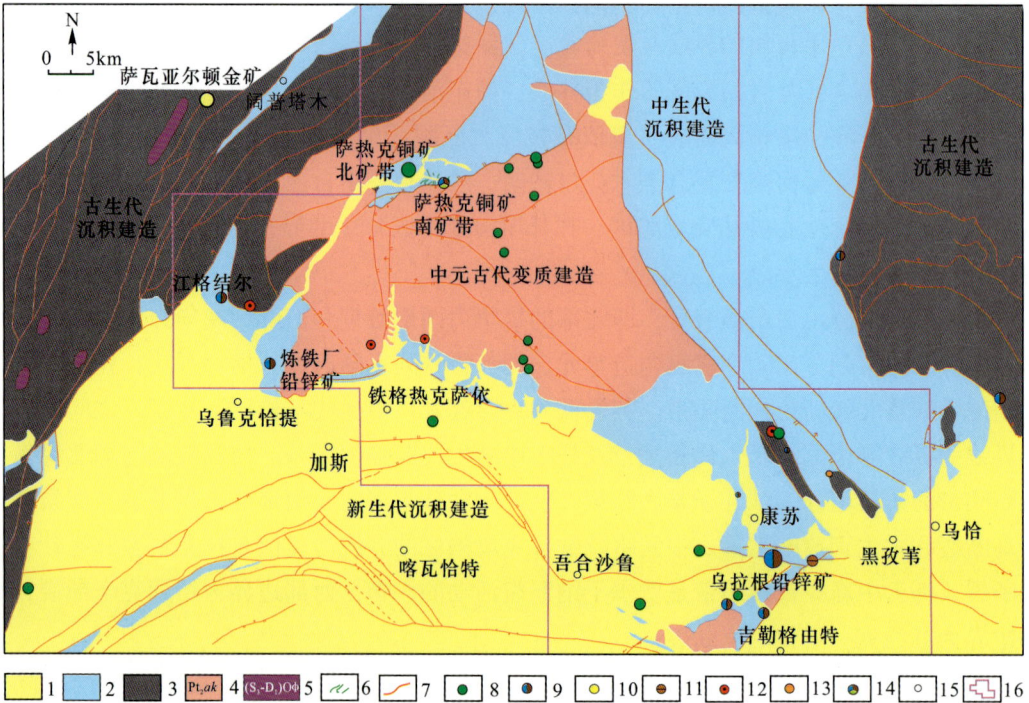

图 2-3 整装勘查区的建造构造划分

1—新生代沉积建造；2—中生代沉积建造；3—古生代沉积建造；4—中元古代变质建造；5—基性侵入岩建造；

6—基性岩脉建造；7—断层；8—铜矿点；9—铅锌矿点；10—金矿；11—锶矿点；12—铁矿点；

13—铝土矿点；14—铅锌铜矿点；15—地名；16—整装勘查区

在古生代沉积岩建造中局部发生强烈的构造变形而发育明显的褶曲、片理化、硅化、绿泥石化等，偶尔可见黄铁矿化等。

2.1.3.2 变质岩建造

本区的变质岩建造主要为中元古代变质岩建造，组成了苏鲁铁列克隆起区。中元古代变质岩建造主要为长城系阿克苏群石英片岩+大理岩建造。

在中元古代变质建造中发生强烈的构造变形而发育明显的褶曲、片理化、硅化、绿泥石化等，局部可见黄铜矿化、黄铁矿化等。

2.1.3.3 侵入岩建造

调查区内未见侵入岩，仅在萨热克铜矿区南矿带见有辉绿岩脉出露。此外，在整装勘查区西侧的上志留统—下泥盆统中可见4处超美铁质侵入岩出露，呈近北西向分布，与北西向断裂的构造方向基本一致。

2.1.4 构造

区内的断裂构造十分发育，多为逆断层，次级构造单元的界线均以逆断层为界（克尔卓勒逆冲断裂带、阔克当格逆冲断裂带、萨热克巴依南断裂、萨热克巴依北断裂)。从断层性质分析,克尔卓勒逆冲断裂带断面南倾,宏观上呈向北突出的弧形,为帕米尔突刺向北推覆的产物;阔克当格断裂带也为逆冲断裂,断面北倾,宏观上呈向南突出的弧形,为南天山向南推覆的产物;而位于萨热克中生代上叠盆地两侧的萨热克巴依南断裂、萨热克巴依北断裂为对冲性质,早期为正断层性质,为断陷盆地的边界断裂,喜马拉雅期构造运动造成其性质改变,使二者对冲,最终形成现今控制萨热克中生代上叠盆地边界的逆断层。同时在调查区中部存在一条较大规模的断面北倾的阿克托逆冲断裂,造成地层单元的重复与缺失。

2.2 地球物理、地球化学和遥感特征

2.2.1 地球物理特征

塔里木盆地西部夹持于西南天山与西昆仑山之间,布格重力场上有明显的显示。南部西昆仑山与北部西南天山的布格重力低与盆地的重力高造成两个大规模的梯度带,越往盆地中心,重力越高。重力资料研究表明,喀什凹陷发育在一个总体向西突出的近东西向的重力梯度突变带上,由东向西重力场大致以每100km下降$65\times10^{-5}\sim120\times10^{-5}$m/s^{2}的梯度从$-115\times10^{-5}$m/s^{2}下降至$-305\times10^{-5}$m/s^2;喀什凹陷南北两侧的重力梯度更陡,可达$150\times10^{-5}$m/s^2;反映了喀什凹陷发育在莫霍面深度梯度的变化带上;由东向西莫霍面深度大致从45.5km变到50km(由东向西喀什凹陷的地壳深度加厚),而在南北方向上,喀什凹陷的地壳厚度较天山、昆仑山略厚;因此,喀什凹陷发育在较为平缓的地幔低隆之上,北坡平缓、南坡较陡。对重力异常和莫霍面形态的研究结果至少可以得出两点启示:(1)喀什凹陷的发展与演化受近东西向和南北向两组深大断裂的控制;(2)喀什凹陷与下伏莫霍面形态呈复杂的对应关系,它并非对应于莫霍面的隆起,而是对应于莫霍面深度梯度的变化带。

萨热克铜矿位于喀什凹陷的北部。喀什凹陷北部磁法测量的结果表明,其基底为弱磁性体,岩性为阿克苏群弱磁性的片岩与大理岩,背景值在$0\sim100$nT之间,与塔里木盆地北部的航磁特征基本一致。而南天山为磁异常低值区,西南天山因地处边界未开展航磁工作。在该低值区黑英山一带、东部柳树沟一带,由于中酸性侵入岩、火山岩发育出现明显的磁力高,反映了该区是以碳酸盐岩沉积建造为主体、岩浆活动极不发育的沉积环境。

2.2.2 地球化学特征

2.2.2.1 元素在水系沉积物中的特征

根据1:20万区域矿产及地球化学研究成果(国家305项目V2-5-2专题,1988),区内几种主要元素在主要地质单元(水系沉积物)中的特征如下:

（1）以富集 Ag、As、Sb、W、Pb、Zn、Ba 为特征，其浓度克拉克值大于 1。其中变异系数最大的元素为 Au、Pb、Sr，分别达 1.98、1.93、0.88，说明这三个元素在该区的集中分散特性较好，对形成相应的矿产极为有利，是该区的主要成矿元素。盆地基底长城系阿克苏群中显著富集 Cu、Pb、Zn、W、Sn、Bi 元素。

（2）侏罗系和古近系—新近系中，Cu 的变异系数最大，分别达 0.8 和 0.62，与这两个地层中产出沉积型铜矿有关。古近系—新近系中，以富集 Sr 为特征，其浓度克拉克值大于 1，变异系数达 0.83，具较强的分异作用，其分布与该系的陆相碎屑沉积及膏盐建造有关，并与天青石矿、石膏矿的产出部位相吻合。

（3）白垩系中，Pb、Zn 含量高，变异系数大，分别达 3.12 和 0.74。在 1：20 万化探普查中，该地层有 Pb、Zn 异常出现。

（4）石炭系中，以富集 Au 为特征，其平均强度最高，达 3.23×10^{-9}，变异系数最大达 3.4，与该地层赋存有五瓦含金黄铁矿可能有关。

（5）中下泥盆统中，Pb、Zn 较为富集，可能与其中赋存有萨里塔什型铅锌矿有关。

（6）中新生代盆地元素背景及浓集系数反映了 Au、As、Sb 等元素出现高背景。值得注意的是，Cu、Pb、Zn 的浓集系数显示强富集，其中 Cu 浓集系数 $K = 17.49$、Pb 浓集系数 $K = 1.43$、Zn 浓集系数 $K = 1.75$，可以寻找砂岩型 Cu–Pb–Zn 矿床。

2.2.2.2 地层单元微量元素含量特征

根据 1：20 万区域矿产及地球化学研究成果（国家 305 项目 V2-5-2 专题，1990），在元古宇和古生界中有众多的铜、铅锌、黄铁矿和金等矿床（点），Cu、Pb、Zn、Cd 等元素具有高背景区地球化学场，表明作为坳陷基底的元古宇和古生界富含 Cu、Pb、Zn、Au、Cd 等成矿物质。新生界具 Cu、Pb、Zn、Sr、Ag、Ba 的高背景和局部富集特征，是形成层控砂（砾）岩型铅锌矿的有利地球化学条件。不同元素的地球化学行为有较大差异，大体可分为 Pb、Zn、Ag，Cu，As、Sb、Bi，Sr、Ba，Mo、Au 等 5 组。其中，Pb、Zn、Ag 与 Cu 两组元素反映了两套地层中（可能代表两期）的卤水活动，Sr、Ba 的行为与卤水的活动存在微小的关系，而 As、Sb、Bi 似乎向更新的地层中迁移，找不到 Mo、Au 与 Pb+Zn 成矿或是与地层有关系。

2.2.2.3 综合异常特征

乌拉根成矿带区域 1：20 万低密度化探圈出的以 Pb、Zn、Cu 为主的综合异常主要特征如下：

（1）在充分分析研究区地质成矿特征，以及地球化学异常提供信息的基础上，认为成矿带中的上侏罗统、下白垩统和中新统分别是 Cu、Pb、Zn 的重要含矿层位，也是沉积-改造型 Cu、Pb、Zn 的主要产出层位，而热液型和石英脉型铜矿则与长城系阿克苏群关系密切。

（2）1：20 万低密度化探方法应用研究在圈定 Pb、Zn 单元素异常时，异常下限定得偏高，造成新生代地层中部分 Pb、Zn 异常未能圈出，致使部分综合异常未能客观全面地反映主成矿元素在成矿带中的异常表现情况。

2.2.3 遥感特征

2.2.3.1 OLI 彩色影像图地质解译方法及程序

1:5 万矿调工作中利用卫片解译填图和对矿产进行预查可以达到事半功倍的效果，尤其在通行和自然地理条件困难的地区对提高矿调工作的质量和节约成本显得更为重要。判译解读过程中主要依靠目视和借助放大镜对 1:5 万和 1:20 万 OLI 彩色影像图进行。通过影像图和对比研究，利用多级别的识别方法和野外实地观察，结合前人的地质资料，对卫片各阶段综合研究多次反复解译，最大限度地获得影像图中的可靠地质信息。通过图像解译和野外调查的有机结合，及时总结和分辨出不同地层单元。通过不同侵入体和褶皱、断裂等各种地质体及地层现象在影像图上的特征，建立直接和间接的解译标志。

在解译和使用卫片过程中采用了不同比例尺的影像图相结合，用先整体后局部、先构造后岩性、先易后难、图像解译与野外调查结合的方法和程序进行，提高了矿调的工作质量和速度。

2.2.3.2 解译标志

解译标志主要包括各类地质体和地质现象在影像图上的色调、宏观特征、影纹图案、水系类型、地貌形态和各种影像特征的明显程度等。调查区内的地层单元和标志层、不整合接触界线、褶皱和断裂构造及冰雪覆盖的解译标志见表 2-1。

2.3 主要矿产地特征

调查区内的矿产地主要包括萨热克铜矿、乌拉根铅锌矿、红山铁矿等，乌恰煤矿、疏勒煤矿、麻扎铁热克石膏矿、萨热塔什萨依硫黄矿等。

（1）铜矿。萨热克铜矿床的含矿地层主要为上侏罗统库孜贡苏组（J_3k）的砾岩，其赋矿岩性为砾岩及砂砾岩。矿体受萨热克巴依复式向斜控制，在萨热克盆地北侧的向斜转折端，矿体具有明显的变厚变富趋势。萨热克铜矿石碎裂岩化发育，多呈网脉状构造，砂砾状结构，主要由砾石（85%～90%）、少量砂屑（<5%）和填隙胶结物组成（5%～10%）。砾石成分主要为泥岩、铁质碳酸盐岩、石英细砂岩、泥质细砂岩、基性火山岩、千枚状泥质板岩、石英砂岩、石英岩、硅质板岩等，分选性较差，粒径一般在 0.3～5cm 之间，个别达到 7cm 以上，磨圆度中等，多呈次圆状，后期受构造作用发生碎裂化呈可拼接状砾石。填隙胶结物为方解石（1%～5%）、辉铜矿（0.5%～5%）和少量次生石英（0.5%～1%）等。截至 2016 年 3 月 31 日，萨热克铜矿勘查区内累计查明探明（121b+122b+331+332+333+334）铜矿石量为 3228.3730 万吨，铜金属量为 314148.12t，铜平均品位为 0.97%；伴生铅金属量为 2344.87t，伴生锌金属量为 1571.25t，伴生银金属量为 396.121t。

表 2-1 区域 OLI 彩色影像图解译标志

地层单元或地质界线名称	主要岩性	色调	宏观特征	影纹图案	影像图案	水系类型	地貌形态	明显程度
Qh	砾石，砂	黑-蓝紫黑色	细带状	曲线状	曲线状	鬃状	现代河床	明显
Qh	砾石，亚砂土	绿-蓝紫黑色	带状	曲线状	斑块状	角状	河漫滩	明显
Qp^3-Qh	砾石，砂，亚砂土	紫褐-棕色	宽带状	条带状	斑块状	蠕虫状	河流阶地	较明显
新疆群（Qp^3xn）	砾石，亚砂土	浅紫褐色	扇状，宽带状	条带状	斑块状	树枝状，扇状	山前冲积扇和河流流阶地	明显
乌苏群（Qp^2ws）	砾石，砂，亚砂土	暗褐紫色	扇状	垄状		钳状，扇状	冲积扇	明显
西域组（Qp^1x）	砾岩夹砂岩透镜体	褐黑色	宽带状，块状	垄状		似树枝状	中山	明显
阿图什组（N_2a）	砾岩夹含砾砂岩，砂岩透镜体	黑褐色	块状	垄状		似羽毛状	低-中山	明显
帕卡布拉克组（N_1p）	泥岩夹砂岩	浅褐黄色	块状	条带状	条带状	树枝状，平行状	低-中山	较明显
帕卡布拉克组第四岩性段（N_1p^4）	砂岩，泥岩夹砾岩	褐黄-黄褐色	带状	条带状	条带状	树枝状，平行状	低-中山	较明显
帕卡布拉克组第三岩性段（N_1p^3）	砾岩，砂砾岩，砂岩，泥岩	灰色	窄条状	条带状	局部有规律转折	树枝状	低-中山	较明显
帕卡布拉克组第二岩性段（N_1p^2）	砂岩，泥岩	浅黄灰色	带状	条带状	局部有规律转折	树枝状，鬃状	低山	较明显
帕卡布拉克组第一岩性段（N_1p^1）	砂岩，砂岩，泥岩	黄褐色	带状	条带状	局部有规律转折	树枝状	中山	较明显
安居安组上段（N_1a^2）	砂岩，泥岩夹砾岩透镜体	浅黄黄绿色	窄带状	有规律转折的摘条带状	有规律转折的摘条带状	树枝状	低-中山	较明显
安居安组下段（N_1a^1）	砂岩夹泥岩及砾岩透镜体	灰紫色	窄带状	有规律转折的窄条带状		树枝状	低-中山	明显
克孜洛依组上段（$(E_3-N_1)k^2$）	泥岩，砂岩	墨绿色	带状	条带状		树枝状，平行状	中-高山	较明显
克孜洛依组下段（$(E_3-N_1)k^1$）	泥岩，砂岩，石膏	浅墨绿-绿褐色	宽带-块状	条带状		树枝状，平行状	高山	不明显
巴什布拉克组（$E_{2-3}b$）	石膏，泥岩，砂岩，介壳灰岩	黄绿色，底部为白色	带状	窄条带状		树枝状	中山	明显
乌拉根组（E_2w）	钙质泥岩夹介壳灰岩	浅玫瑰红色	窄带状	窄条带状		树枝状	中山	较明显

地层单元或地质界线名称	主要岩性	影像特征					
		色调	宏观特征	影纹图案	水系类型	地貌形态	明显程度
卡拉塔尔组（E_2k）	砂屑灰岩、泥岩、砂岩、介壳灰岩	浅黄白-浅黄色	带状	条带状、垄状	树枝状	中山	较明显
齐姆根组（$E_{1-2}q$）	泥岩、砂岩夹介壳灰岩	浅紫红玫瑰红	窄带状	窄条带状	树枝状	中山	较明显
阿尔塔什组（E_1a）	石膏夹白云岩，顶部为生屑灰岩	白-浅蓝白色	带状	条带状、垄状	树枝状	中山	较明显
乌依塔克组（K_2w）	膏质泥岩，底部为石膏	蓝-深蓝色	窄条带状	条带状	树枝状、平行状	低-中山	不明显
库克拜组（K_2k）	泥岩、膏质泥岩夹介壳灰岩	黑蓝色	窄条带状	垄状	树枝状、平行状	低-中山	不明显
克孜勒苏群第五岩性段（K_1kz^5）	砾岩、砂砾岩夹泥岩	灰紫色	带状	条带状、垄状	树枝状	低山	较明显，局部不明显
克孜勒苏群第四岩性段（K_1kz^4）	含砾砂岩、砂岩、泥岩夹砾岩	褐色	带状	条带状、垄状	树枝状	低山	不明显
克孜勒苏群第三岩性段（K_1kz^3）	砾岩、含砾砂岩、砂岩泥岩	褐-绿褐色	带状	条带状、斑块状	树枝状	低山	不明显
克孜勒苏群第二岩性段（K_1kz^2）	砂岩、泥岩互层	中部为褐-灰褐色、北部为绿黄-灰褐色	带状	条带状	树枝状	低山	不明显
克孜勒苏群第一岩性段（K_1kz^1）	泥岩、砂岩、含砾砂岩	不均匀的红褐色	带状	条带状、斑块状	树枝状	低山	较明显-不明显
库孜贡苏组（J_3k）	砾岩	褐灰色	窄条状	细条带状、垄状	树枝状	低山	较明显
库孜贡苏组上段（J_3k^2）	砾岩夹砂岩	灰紫色	带状	条带状、垄状	树枝状	中山	较明显
库孜贡苏组下段（J_3k^1）	砾岩、砂岩、泥质粉砂岩	暗紫色	带状	条带状	树枝状	中山	不明显

地层单元或地质界线名称	主要岩性	色调	宏观特征	影像特征		地貌形态	明显程度
				影纹图案	水系类型		
塔尔尕组 (J_2t)	砂岩、泥质粉砂岩夹泥灰岩	中部为不均匀的浅褐-褐色，北部为浅灰色	带状、块状	条带状、斑块状	树枝状	低-中山	明显-较明显
杨叶组 (J_2y)	砂岩、泥质粉砂岩夹煤线	浅褐紫色	块状	斑块状	树枝状	中山	不明显
康苏组 (J_1k)	砂岩、泥岩、煤层	灰紫褐色	带状	细条带状	树枝状	中山	不明显
莎里塔什组 (J_1s)	砾岩夹含砾砂岩、砂岩透镜体	红褐色	窄条状	窄条带状	树枝状	中-高山	较明显
合同沙拉组 (S_2h)	千枚岩、板岩、大理岩	褐紫色	块状(小)	斑块状	蠕虫状	中山	不明显
阿克苏群第六岩性段 (Pt_2ak^6)	云母石英片岩、钙质片岩、大理岩	褐紫-绿紫色	块状、带状	条带状	树枝状	高山	较明显
阿克苏群第五岩性段 (Pt_2ak^5)	二云母石英片岩、黑云母石英片岩夹大理岩	灰紫色	块状、局部带状	斑块状、局部条带状	树枝状	高山	较明显
阿克苏群第四岩性段 (Pt_2ak^4)	绢云母石英片岩、绢云母片岩夹大理岩	红褐色夹白色条带	块状、北部为带状	中部斑块状、北部条带状	树枝状	高山	不明显-较明显
阿克苏群第三岩性段 (Pt_2ak^3)	云母片岩夹大理岩和石英岩	红褐-紫褐色	块状、局部带状	斑块状、局部条带状	树枝状	高山	不明显
阿克苏群第二岩性段 (Pt_2ak^2)	绢云母片岩、黑云母石英片岩、大理岩	紫褐色夹褐白色条带	块状、局部带状	斑块状、局部条带状	树枝状	高山	较明显
阿克苏群第一岩性段 (Pt_2ak^1)	石英片岩、黑云母片岩夹云母石英片岩	暗紫褐色	块状	斑块状	树枝状	高山	不明显

地层单元或地质界线名称		主要岩性 / 宏观特征	影像图案、色调、水系类型、地貌形态	明显程度
标志层	安居安组下段（N_1a^1）含 Cu 砂岩	位于该组中下部，既是区域内的含 Cu 层位，又可作为调查区中部地区硝若布拉克东西两侧译解该段的标志。	色调为灰紫色，呈有规律形转折的条带状，南东东—北西西向展布，延伸长约 25km，宽 50～100m。吾合吾鲁西南侧亦有断续分布。	是解译该组的标志层
	巴什布拉克组（$E_{2-3}b$）石膏	位于该组底部，色调为白色，呈直线或微弯曲状，南东东—北西西向横贯调查区中部，延伸长约 24km，常形成垄状山脊地貌。		是解译该组的标志层
	阿尔塔什组（E_1a）石膏	位于该组中下部，色调微白色，呈直线或微弯曲状，南东东—北西西向横贯调查区中部，延伸长约 24km，宽 50～200m。常形成陡坎、山脊和垄状地貌。		是解译该组与 K_2kz^5 或 K_2w 界线的标志层
不整合界线	角度不整合接触界线	主要分布于调查区中部的乌宗敦奥组东西一线，呈南东东—北西西向横贯调查区。解译依据为界限南北两侧色调不同，岩层走向线状相交，地貌上北为低—中山，南为高山。两侧岩性迥然不同。如调查区中部的 J_2t 与 K_1kz^5 角度不整合接触界线		宽 15～80m。常形成垄状山
	平行不整合接触界线	平行不整合接触界线影像特征不大明显。主要据青色色调和地层层序及沉积缺失来确定。如调查区中部沿 309 省道南北两侧的 E_1a 平行不整合于 K_1kz^5 或 K_2w 之上		
	褶皱构造	褶皱构造影像特征较明显。主要表现在不同色调、不同影像图案的地质体形成有规律圈团或两侧对称出现的特征，转折处可见明显转弯。根据影像图上形成的三角面，可分出背斜、向斜，确定岩层产状，向斜构造和判读以西串珠状分布的背斜构造及北部的背向斜构造等		
	断裂构造	断裂构造影像特征较明显。规模大的断裂呈线性影像，两侧地质体色调和影纹图案呈现明显差异，沿断裂发育平直较平直的沟谷，规模较小的平推断裂在影像图上可见地质体错断和平推断裂沿走向相交的现象。如调查区北部的萨热克巴依北东向断裂，鞍部和陡坎地形，萨热克巴依依南断裂沿断裂岩层走向错断相交的现象		
	冰雪覆盖区	位于调查区中部阿然达坂两侧的主山脊北坡，呈近东西向块状或串珠状分布，海拔在 4km 以上，色调为白—蓝白色，为常年冰雪覆盖。地质图上已剥除		

（2）铅锌矿。乌拉根铅锌矿产于下白垩统克孜勒苏群顶部第五岩性段砂砾岩与上覆阿尔塔什组底部的坍塌角砾岩中，铅锌矿体的总体产状与地层产状一致。矿体受矿区向斜构造控制明显，铅锌矿体在向斜的南北两翼对称产出，以向斜轴线为界，将其划分为南、北两个矿带。北矿带矿体走向长约3500m，平均宽100m；南矿带矿体走向长约4000m，平均宽150m。围岩蚀变具石膏化、天青石化、褐铁矿化、黄铁矿化。乌拉根铅锌矿的矿石划分为氧化矿和硫化矿，氧化矿矿石中的金属矿物以菱锌矿、水锌矿、闪锌矿为主，其次有褐铁矿、黄钾铁矾、褐铁矾类、黄铁矿、毒砂、方铅矿，少量或微量的白铅矿、铅矾、异极矿、金红石、白钛矿，偶见有赤铁矿、磁铁矿、黄铜矿等。硫化矿矿石中的金属矿物主要以闪锌矿、方铅矿为主，其次有黄铁矿、毒砂、少量磁铁矿、黄铜矿等。2011—2012年，紫金矿业集团股份有限公司通过实施钻探、坑探、槽探等工程，估算总资源/储量：（111b+122b+331+332+333）矿石量为22230.61万吨，锌金属量为5058262t，铅金属量为880089t。

（3）铁矿。调查区内的铁矿主要分布于乌鲁克恰提乡北约5.5km的炼铁厂地区，该地区曾在20世纪50—60年代进行过土法炼铁，至今依然保留有当时炼铁用的土炉遗迹。该地区的铁矿为热液型铁矿，由20多个大小不等的铁矿体组成，铁矿主要赋存于石炭系大理岩或石英片岩断层构造裂隙中。矿体长度一般为10~250m，厚度为1m至数米，呈透镜状产出。矿石矿物以赤铁矿、镜铁矿、磁铁矿、褐铁矿为主，含少量孔雀石和黄铁矿。矿石为变晶显微结构，块状构造和蜂窝状构造。围岩蚀变以大理岩化和硅化为主。热液型铁矿受地层岩性和构造控制明显，矿体数目多，形态复杂，规模大小不一，矿体主要呈脉状、透镜状、囊状，矿体与围岩界线较明显。

（4）煤矿。调查区的煤矿主要为乌恰煤矿和疏勒煤矿，位于乌鲁克恰提乡北东约47km处。煤矿产于下侏罗统康苏组中，在中侏罗统杨叶组中也可见少量的煤线产出，属湖泊、沼泽相砂、泥岩夹煤层沉积。含煤地层与上部的中侏罗统塔尔尕组和下部的下侏罗统莎里塔什组均呈整合接触。康苏组岩性为浅灰、灰色薄–中层状石英砂岩、细粒岩屑石英砂岩、泥质细砂岩、灰黑色粉砂岩、黑色碳质泥岩、煤层、煤线，下部见有较多的灰色薄层砾岩，煤层主要分布在该组的中上部。该类型煤矿的矿床地质特征为：共有煤层和煤线6层，其中可采的有4层；可采煤层呈层状或似层状产出，断续延伸长度为4300~7700m，可采厚度为0.81~3.23m；煤质均属亮煤型，凝胶化物质含量为94%，属高硫、高灰分、低磷炼焦煤，变质程度属瓦斯–焦肥煤阶段；成因类型属湖泊–沼泽相沉积型煤矿。

（5）石膏矿。麻扎铁热克石膏矿位于乌鲁克恰提乡北约2.5km处，石膏矿赋矿层位为始新统—渐新统巴什布拉克组，该组上部为泥岩、粉砂岩、长石岩屑砂岩夹介壳灰岩；下部为石膏岩层。矿体由巴什布拉克组底部的石膏层组成，产状稳定，延伸较远，剖面上呈层状、平面上呈条带状，厚度超过30m，其产状与地层的产状一致，走向为北西向，倾向为南西向，倾角为30°~50°，矿体顶板为巴什布拉克组深紫色粉砂质泥岩，底板为乌拉根组黄绿色含粉砂泥岩。矿石为软石膏，一般为白色、灰白色、灰色、灰绿色。以白色石膏为主，粒状结构，块状构造。

（6）硫黄矿。萨热塔什萨依硫黄矿位于喀什炼铁厂幅西北部萨热塔什倒转背斜北翼的康克林灰岩推覆体中。矿体在地表呈透镜状断续出露，多产于千枚岩中或千枚岩与灰岩接触带部位。矿体主要为浸染状黄铁矿化碳酸盐脉，在矿区内可见两条，西部一条长约180m，宽3~4m，产状为320°∠70°；东部一条长40m，最大厚度超过1m，两脉近于平行，脉体不平直，厚度变化较大。赋矿岩石为浅灰绿色千枚岩，矿石主要以硫黄、石膏为主，含有黄铁矿和少量黄铜矿。脉石矿物主要为方解石，次为石英。蚀变以黄铁矿化为主，局部地段见硅化、褐铁矿化，为热液型成因。

3 调查区地质概况

3.1 建造构造特征

3.1.1 沉积岩建造

调查区包括萨热克巴依幅、其勒坦套幅和喀什炼铁厂幅（见图3-1），出露的沉积地层由老到新主要有志留系、泥盆系、石炭系、侏罗系、白垩系、古近系、新近系和第四系等。在前人工作的基础上，结合以往在本地区的工作基础，通过1∶5000地质剖面测量和路线调查，对萨热克巴依幅—其勒坦套幅共划分为17个沉积建造单元（见表3-1），对喀什炼铁厂幅共划分为29个沉积建造单元（见表3-2）。

3.1.1.1 志留系

中志留统合同沙拉组（S_2h）浅变质碎屑岩建造。在萨热克西南附近偶有出露，上部为白色、浅灰色大理岩化灰岩；下部为暗色灰岩与钙质绢云母千枚岩、绿泥石及硅质岩互层，有时夹钙质砾岩。厚度大于1000m。

3.1.1.2 泥盆系

（1）中泥盆统托格买提组（D_2t）灰岩–绢云母片岩建造。广泛分布于东阿莱山地区。上部为灰岩；下部为硅质泥质云母片岩和灰岩互层，夹碎屑岩和少量基性喷出岩。含珊瑚、腕足及层孔虫化石。厚200～250m。

（2）上泥盆统克孜尔塔格组（D_3kz）。该组可进一步划分为3段：1）上泥盆统克孜尔塔格组一段（D_3kz^1）石英砂岩–石英绢云千枚岩建造，石英砂岩夹深灰色石英绢云千枚岩。2）上泥盆统克孜尔塔格组二段（D_3kz^2）千枚岩–含菱铁矿绢云石英千枚岩–微晶灰岩建造，碳质石英绢云千枚岩、含菱铁矿绢云石英千枚岩夹纹层状粉晶灰岩、微晶灰岩。3）上泥盆统克孜尔塔格组三段（D_3kz^3）千枚岩–细晶灰岩建造，绢云绿泥石英千枚岩、变质粉砂岩、厚层细晶灰岩。

3.1.1.3 石炭系

（1）下石炭统野云沟组（C_1y）绿泥石石英千枚岩建造。浅海相灰色、灰黑色灰岩，厚150～400m。在萨热克巴依幅中划分为下段和上段。下石炭统野云沟组下段（C_1y^1）绿泥石石英千枚岩建造主要由绿泥石石英千枚岩与大理岩化灰岩、微晶灰岩组成，分布于克孜勒苏河以北之中吉边境地带，为浅海相灰色、灰黑色灰岩，厚150～400m。上石炭统野云沟组上段（C_1y^2）泥质片岩+石英砂岩建造主要为泥质片岩和石英砂岩。

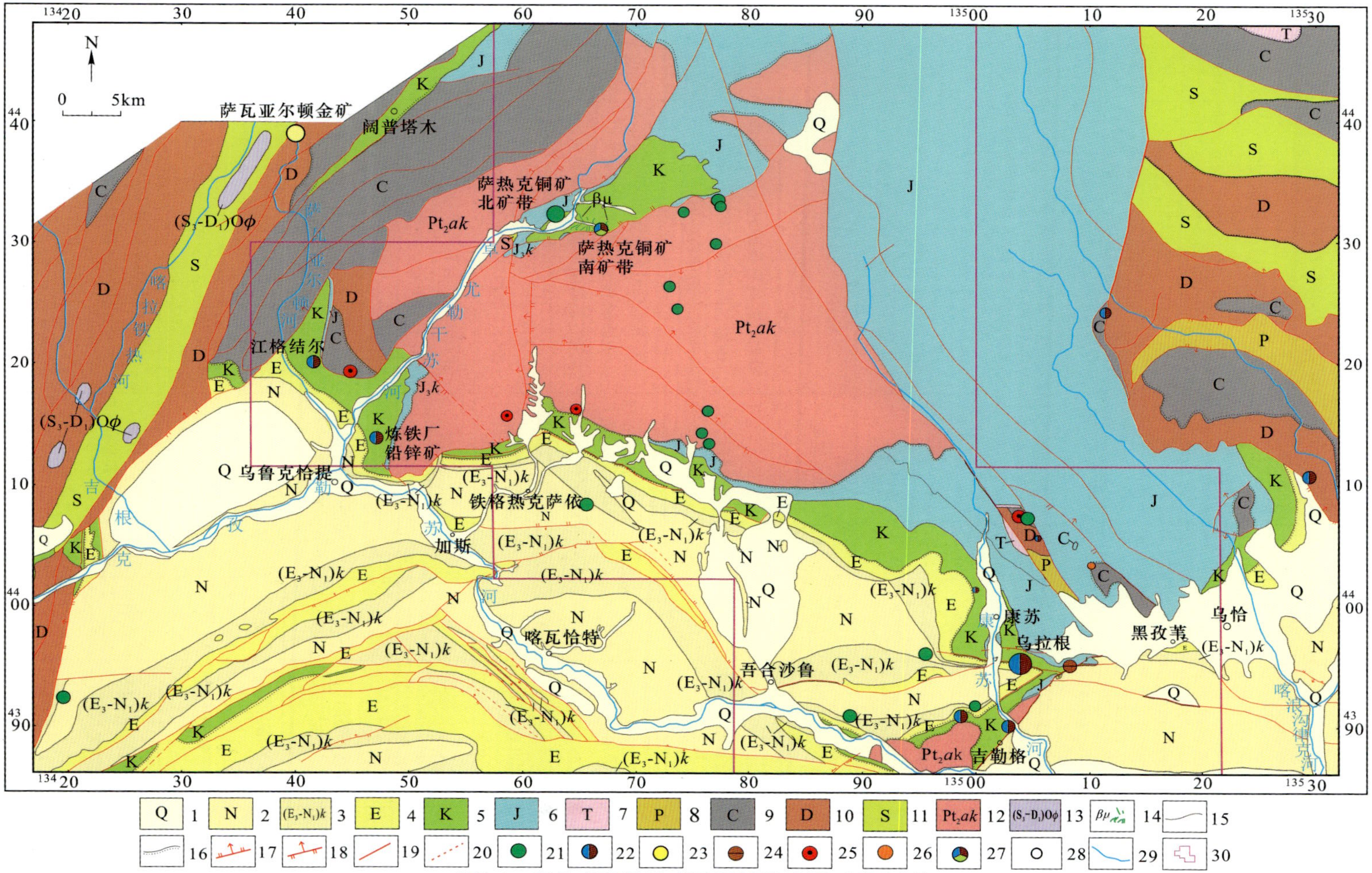

图3-1 萨热克整装勘查区区域地质图（紫色区）

1—第四系；2—新近系；3—渐新统—中新统克孜洛依组；4—古近系；5—白垩系；6—侏罗系；7—三叠系；8—二叠系；9—石炭系；10—泥盆系；11—志留系；12—中元古界长城系阿克苏群；13—晚志留世—早泥盆世超美铁质岩石；14—辉绿岩脉；15—地质界线；16—角度不整合；17—正断层；18—逆断层；19—断层；20—推测断层；21—铜矿点；22—铅锌矿点；23—锰矿点；24—锡矿点；25—铁矿点；26—铝土矿点；27—铅锌铜矿点；28—水系；29—地名；30—整装勘查区

表 3-1 萨热克巴依幅—其勒坦套幅主要沉积建造

系	统	群、组、段	地层代码	建造特征	岩性岩相特征	备注
第四系	全新统		Qh		冲积砾石、砂	
	上更新统—全新统		Qp^3-Qh		冲洪积砾石、亚砂土	
	上更新统	新疆群	Qp^3xn		冲洪积砾石、亚砂土	
	下更新统	西域组	Qp^1x	砾岩建造	灰色砾石、偶夹砂岩透镜体	
白垩系	下白垩统	克孜勒苏群第三岩性段	K_1kz^3	砂砾岩建造	灰白色、灰绿色砾岩、含砾砂岩、岩屑砂岩夹粉砂岩	
		克孜勒苏群第二岩性段	K_1kz^2	岩屑砂岩+粉砂质泥岩建造	红色长石岩屑砂岩、泥质细砂岩与褐灰色粉砂质泥岩互层	
		克孜勒苏群第一岩性段	K_1kz^1	粉砂质泥岩+岩屑砂岩建造	褐红色粉砂质泥岩、泥质岩屑砂岩，底部夹灰绿色砾岩	Cu-Pb-Zn
侏罗系	上侏罗统	库孜贡苏组上段	J_3k^2	含铜砂砾岩建造	砾岩、岩屑石英砂岩、泥质细砂岩	Cu
		库孜贡苏组下段	J_3k^1	砂砾岩建造	砾岩、岩屑石英砂岩、长石岩屑砂岩、泥质细粒岩屑粉砂岩、泥质粉砂岩	
	中侏罗统	塔尔尕组	J_2t	泥岩+泥灰岩建造	岩屑石英砂岩、泥质细砂岩、泥质粉砂岩、粉砂质泥岩及少量石英砾岩、砂砾岩夹泥灰岩	最大湖泛面
		杨叶组中段	J_2y^b	含煤碎屑岩建造	泥质粉砂岩、岩屑石英砂岩、岩屑砂岩、泥质砂岩、含泥粗砂岩	剪切变形
		杨叶组下段	J_2y^a	含煤碎屑岩建造	岩屑砂岩、岩屑石英砂岩、长石岩屑砂岩、砾岩、煤线	褶皱变形
	下侏罗统	康苏组	J_1k	含煤细碎屑岩建造	石英砂岩、岩屑石英砂岩、泥质细砂岩、灰色粉砂岩、碳质泥岩、煤层、煤线	含煤地层
		莎里塔什组	J_1s	砾岩+砂岩建造	砾岩、含砾砂岩及砂岩透镜体	
石炭系	下石炭统	野云沟组上段	C_1y^2	泥质片岩+石英砂岩建造	泥质片岩、石英砂岩	产蜓
		野云沟组下段	C_1y^1	绿泥石石英千枚岩建造	绿泥石石英千枚岩与大理岩化灰岩、微晶灰岩	Pb-Zn
志留系	中志留统	合同沙拉组	S_2h	浅变质碎屑岩建造	绢云母千枚岩、硅质板岩、大理岩化灰岩	

表 3-2 喀什炼铁厂幅主要沉积建造

系	统	群、组、段	地层代码	建造特征	岩性岩相特征	备注
第四系	全新统		Qh		砾石、砂、黏土	
	上更新统—全新统		Qp^3-Qh		冲积、冲洪积砾石、砂、淤泥	化学沉积盐类
	中更新统乌苏群		Qp^2ws		半胶结砂砾层	
	下更新统	西域组	Qp^1x	砾岩建造	灰色砾岩夹砂岩透镜体	
新近系	上新统	阿图什组	N_2a	砂砾岩建造	褐红-灰色砂岩及砾岩、泥岩	
	中新统	帕卡布拉克组	N_1p	砂岩-泥岩建造	砂岩、粉砂质泥岩、岩屑砂岩、砂砾岩	
		安居安组上段	N_1a^2	砂岩建造	石英岩屑砂岩、泥岩夹砾岩	
		安居安组下段	N_1a^1	含铜砂岩建造	石英岩屑砂岩、泥岩夹砾岩	Cu
	渐新统—中新统	克孜洛依组	$(E_3-N_1)k$	膏盐-粉砂质泥岩建造	石膏、粉砂质泥岩、砾岩夹岩屑砂岩、粉砂质泥岩	
古近系	始新统—渐新统	巴什布拉克组	$E_{2-3}b$	膏盐-泥岩建造	石膏、泥岩、岩屑石英砂岩，介壳灰岩	
	始新统	乌拉根组	E_2w	泥岩-灰岩建造	灰绿色钙质泥岩夹介壳灰岩	
		卡拉塔尔组	E_2k	介壳灰岩建造	砂屑灰岩、牡蛎灰岩、介壳灰岩、夹泥岩、钙质砂岩、粉砂岩	
	古新统—始新统	齐姆根组	$E_{1-2}q$	泥岩-泥灰岩建造	钙质泥岩、泥灰岩、石英砂岩、泥质粉砂岩	
	古新统	阿尔塔什组	E_1a	膏盐建造	石膏夹泥质白云岩，顶部为生屑灰岩	
白垩系	上白垩统	吐依洛克组	K_2t	砂岩+膏盐建造	粉砂岩、泥岩、石膏岩	
		依格孜牙组	K_2y	生屑灰岩建造	生物屑泥晶灰岩、白云质灰岩夹砂质泥岩、岩屑长石砂岩	
		乌依塔格组	K_2w	钙质泥岩-泥灰岩建造	钙质泥岩夹介壳条带及泥灰岩条带，局部夹石膏	
		库克拜组	K_2k	泥岩-生屑灰岩建造	泥岩、膏质-钙质泥岩、石英砂岩、生屑灰岩	
	下白垩统	克孜勒苏群	K_1kz^5	含铜铅锌砂砾岩建造	砂岩、含砾砂岩、砾岩、泥岩	Cu-Pb-Zn
			K_1kz^{1-4}	含铜砂岩建造	砂岩、泥岩、含砾砂岩	
侏罗系	上侏罗统	库孜贡苏组上段	J_3k^2	含铜砂砾岩建造	砾岩、岩屑石英砂岩、泥质细砂岩	Cu
		库孜贡苏组下段	J_3k^1	砂砾岩建造	砾岩、岩屑石英砂岩、长石岩屑砂岩、泥质细粒岩屑粉砂岩、泥质粉砂岩	

系	统	群、组、段	地层代码	建造特征	岩性岩相特征	备注
石炭系	上石炭统	康克林组	C_2kk	大理岩化灰岩建造	上部为泥质片岩、石英砂岩，下部为大理岩化灰岩	
		艾克提克组	C_2ak	石英千枚岩-结晶灰岩建造	长石石英砂岩、千枚岩夹灰岩	
	下石炭统	野云沟组	C_1y	绿泥石英千枚岩建造	绿泥石英千枚岩与大理岩化灰岩、微晶灰岩	Pb-Zn
泥盆系	上泥盆统	克孜尔塔格组	D_3kz^3	千枚岩-细晶灰岩建造	绢云绿泥石英千枚岩、变质粉砂岩、厚层细晶灰岩	
			D_3kz^2	千枚岩-含菱铁矿绢云石英千枚岩-微晶灰岩建造	碳质石英绢云千枚岩、含菱铁矿绢云石英千枚岩夹纹层状粉晶灰岩、微晶灰岩	
			D_3kz^1	石英砂岩-石英绢云千枚岩建造	石英砂岩夹深灰色石英绢云千枚岩	
	中泥盆统	托格买提组	D_2t	灰岩-绢云母片岩建造	灰岩、泥质绢云母片岩夹基性火山碎屑岩	

（2）上石炭统艾克提克组（C_2ak）石英千枚岩-结晶灰岩建造。主要分布于喀什炼铁厂西北部。主要由长石石英砂岩、千枚岩夹灰岩等。为浅海相碎屑岩夹碳酸岩，含腕足、介形虫等化石。

（3）上石炭统康克林组（C_2kk）大理岩化灰岩建造。上部为泥质片岩、石英砂岩；下部为大理岩化灰岩，为红山铁矿的主要含矿层位。

3.1.1.4 侏罗系

（1）下侏罗统莎里塔什组（J_1s）砾岩+砂岩建造。主要分布于康苏东北、莎里塔什背斜两翼及萨热克一带，呈北西—南东向带状展布，角度不整合超覆于不同时代地层之上，在乌拉根隆起东北坡亦有小面积分布。岩性主要为一套绿灰色砾岩夹砂岩条带或透镜体，下部多为褐红色及褐灰色，粒径较大，至顶部为砾岩与砂、泥岩不等厚互层。该组岩性及厚度侧向变化较大，在莎里塔什背斜东翼塔塔村一带发育较为完整，岩石颜色多为绿灰色及灰色、暗灰色，中部砂泥岩夹层较多，还夹有较多的碳质页岩；下部为巨砾岩，据前人资料，厚度为2480m。向南东至乌恰水泥厂附近，颜色主要为绿灰色及浅灰色，砾石粒径变小，向东南很快地变为含砾砂岩、砂岩及泥质粉砂岩，下部沉积了一套碎屑岩，夹少量煤线，产孢粉及植物化石[2]。

（2）下侏罗统康苏组（J_1k）含煤细碎屑岩建造。主要分布于乌恰—康苏以北、莎里塔什背斜两翼及萨热克一带，呈北西—南东向展布，与下伏莎里塔什组为连续过渡沉积。在康苏南乌拉根隆起东北坡也有小面积分布。岩性主要以黄灰色、浅灰色细粒石英砂岩为主，与黑灰色及黄灰色泥岩不等厚互层，自下而上沉积物粒度变细，全组夹煤线，近顶部夹有煤层，是区内重要的产煤地层。该组产较丰富的孢粉及植物化石，含煤层段中产丰富的双壳类化石[2]。

（3）中侏罗统杨叶组（J_2y）含煤碎屑岩建造。主要出露于乌恰县城以北、莎里塔什背斜东翼和西翼反修煤矿之南及康苏东北、萨热克一带，在乌拉根隆起东北坡也有小面积分布。根据岩性组合可划分为上、中、下三段，在调查区仅出露下段（J_2y^a）和中段（J_2y^b）。

1）杨叶组下段（J_2y^a）：主要为灰色、灰黑色泥岩夹砂岩、碳质泥岩及粉砂岩。产丰富的孢粉及双壳类、介形类化石。与下伏康苏组为连续沉积。

2）杨叶组中段（J_2y^b）：主要为（泥质）粉砂岩、岩屑石英砂岩、岩屑砂岩、泥质砂岩、含泥粗砂岩等。

（4）中侏罗统塔尔尕组（J_2t）泥岩+泥灰岩建造。在乌恰县城北库孜贡苏断陷东南端与下伏杨叶组为连续过渡沉积，由反修煤矿南喀拉吉勒尕向西至乌宗敦奥祖沿天山山麓呈带状断续展布，东段喀拉吉勒尕—吾合沙鲁北乌丘塔什一带与下伏杨叶组呈整合接触，西段喀拉塔勒（盐场）—乌宗敦奥祖一带超覆于元古宇之上；在萨热克一带见小范围分布。该组在乌恰县煤矿—库孜贡苏河（塔尔尕）一带发育最佳，岩性以色泽较鲜艳的灰绿色为主，紫色、少量黑灰色泥岩与绿灰色粉砂岩及细砂岩不等厚互层，下部夹黄灰色灰岩。灰岩中见叠层石（包粒构造），该组产孢粉及植物、腹足类等化石，前人在该组中还见有介形类、轮藻、双壳类化石，厚497.46m。反修煤矿南喀拉吉勒尕向西至乌宗敦奥祖该组厚度逐渐减薄，岩性变化也较明显，在乌丘塔什一带，该组顶部为一套黄灰色泥岩夹浅灰色粉砂岩，底部夹少量煤线；向西至喀拉塔勒（盐场）-库克拜一带，该组上部为一套红色碎屑岩，超覆于元古宇之上[2]；萨热克巴依剖面主要为紫红色、绿色、灰色泥岩、粉砂岩夹砂岩及泥灰岩，与下伏杨叶组呈整合接触，含介形虫化石，厚179～395.15m。

（5）上侏罗统库孜贡苏组（J_3k）砂砾岩建造。分布于乌恰县城东北库孜贡苏—小黑孜苇，以及由反修煤矿南喀拉吉勒尕向西至乌宗敦奥祖、乌鲁克恰提往北至塔什多维、乌恰县城北石膏采料场，在北部萨热克巴依也见有分布，该组与下伏中侏罗统塔尔尕组呈假整合接触或直接超覆于中元古界或古生界之上。岩性主要为暗紫红色、棕红色砾岩之红色磨拉石堆集，上部夹黄灰色、棕红色砂岩及黄红色砂质泥岩，横向上砾岩颜色可变为灰色、绿色。西南石油学院在乌恰煤矿剖面于库孜贡苏组近顶部发现孢粉、介形类和轮藻化石。从三类古生物化石的组合情况分析认为，库孜贡苏组属晚侏罗世。根据岩性组合及矿化特征进一步划分为库孜贡苏组上段（J_3k^2）和下段（J_3k^1），其中上段的杂砾岩为萨热克式铜矿的赋矿层位。

3.1.1.5　白垩系

（1）下白垩统克孜勒苏群（K_1kz）。主要分布于喀什凹陷北缘、乌恰县城北部库孜贡苏—乌鲁克恰提及萨热克一带，沿天山山麓和乌拉根隆起带呈东西向展布；西部斯木哈纳和东部塔什皮萨克一带也见有该组分布。在库孜贡苏、反修煤矿南喀拉吉勒尕—乌宗敦奥祖及乌鲁克恰提东北一带该群与下伏侏罗系呈整合接触，在塔什皮萨克、乌拉根隆起至康苏及斯木哈纳一带则直接超覆于下伏不同时代地层之上，呈角度不整合或假整合接触。在萨热克一带与下伏上侏罗统库孜贡苏组呈整合接触。克孜勒苏群主要为一套色泽较鲜艳的紫红色砂岩夹灰白色砂岩、砾岩及少量粉砂质泥岩，中上部夹少量灰绿色薄层状细砂岩。该群的砂岩质地疏松，是良好的储集层，已发现多处沥青砂岩。该群岩性及厚度横向有所变化，康苏–库克拜一带岩性较稳定，厚度均达千米以上（康苏剖面厚度为1106m，库克拜剖面厚度为1101m），塔什皮萨克、乌拉根、乌鲁克恰提剖面厚度为458～623m。乌拉根一带砾岩夹层较多，东部塔什皮萨克一带粒度变细，砾岩夹层较少，泥岩增多。分布于铁热克苏河上游和斯木哈纳一带的下白垩统克孜勒苏群，岩性为红色砂岩夹泥岩[2]。该群顶部的灰白色砂砾岩层为乌拉根式砂砾岩型铅锌矿的赋矿层位。据岩性及组合特征可将该群分为5个岩性段：

1）克孜勒苏群第一岩性段（K_1kz^1）粉砂质泥岩+岩屑砂岩建造。为一套辫状河相褐红色泥岩夹砂岩及砾岩。在萨热克一带厚57.04～70.48m，岩性为暗褐红色粉砂质泥岩、暗褐红色泥质岩屑砂岩。

2）克孜勒苏群第二岩性段（K_1kz^2）岩屑砂岩+粉砂质泥岩建造。为一套辫状河三角洲平原亚相紫灰色、暗褐红色砂岩与泥岩互层。在萨热克一带厚度大于201.93m，岩性主要为褐红色长石岩屑砂岩、细砂岩与暗褐灰色、暗褐红色薄层状粉砂质泥岩互层，砂岩底面不平，具底冲刷特征，砂岩中具大型斜层理及板状交错层理和平行层理，细砂岩中纹层理及波痕发育。

3）克孜勒苏群第三岩性段（K_1kz^3）砂砾岩建造。为一套辫状河三角洲前缘亚相灰白色厚层状含砾砂岩、岩屑石英砂岩、长石石英砂岩夹少量褐红色粉砂质泥岩，局部为砂砾岩、砾岩。在萨热克一带的岩性主要为灰白色、灰绿色砾岩、含砾砂岩、岩屑砂岩夹粉砂岩。

4）克孜勒苏群第四岩性段（K_1kz^4）砂岩+粉砂质泥岩建造。褐红色砂岩与粉砂质泥岩互层，夹含砾砂岩、砾岩。

5）克孜勒苏群第五岩性段（K_1kz^5）砂砾岩建造。灰白色、褐红色砂、砾岩夹砂岩与泥岩，为乌拉根式铅锌矿的赋矿层位。

（2）上白垩统库克拜组（K_2k）泥岩–生屑灰岩建造。主要分布于天山前沿乌鲁克恰提、库克拜及库孜贡苏河东岸，呈带状断续展布。岩性主要为灰绿色及棕红色泥岩、膏泥岩夹介壳灰岩、泥灰岩、石膏层、白云岩、粉砂岩及砂岩，产丰富的双壳类、孢粉、介形类、有孔虫、腹足、沟鞭藻等化石。与下伏克孜勒苏群呈整合接触。库克拜组的标准剖面在库克拜地区，岩性主要为一套灰绿色、棕红色泥岩、膏泥岩夹石膏岩，下部夹粉砂岩及砂岩，上部夹介壳灰岩、泥灰岩。

（3）上白垩统乌依塔克组（K_2w）钙质泥岩–泥灰岩建造。分布范围同库克拜组。岩性为灰绿色含钙质泥岩夹介壳条带及泥灰岩条带，局部见石膏层。古生物化石以双壳类与介形类为主，尚有孢粉、疑源类及藻类。与下伏库克拜组呈整合接触。

（4）上白垩统依格孜牙组（K_2y）生屑灰岩建造。分布范围不及库克拜组和乌依塔克组广泛，仅在乌鲁克恰提一带及库孜贡苏河岸见有该组分布，与下伏乌依塔克组呈整合接触。与塔西南地区以富产固着蛤灰岩为主的岩性有很大的区别。乌鲁克恰提与库孜贡苏河两地的岩性及厚度也有较大变化。在库孜贡苏河东岸的岩性为一套以暗紫红色泥岩为主，与灰绿色石膏岩不等厚互层，底部及顶部夹浅灰色白云岩，顶部白云岩中产较丰富的双壳类及有孔虫、腹足类化石，厚137.20m；乌鲁克恰提一带的岩性为紫红色、暗紫红色泥岩夹浅绿灰色膏质粉砂岩，厚度较薄，为62.51m，粒度较粗[2]。

（5）上白垩统吐依洛克组（K_2t）砂岩+膏盐建造。分布范围同依格孜牙组，两者呈整合接触。但两地岩性及厚度也有差异，库孜贡苏河东岸的岩性为紫红色、暗紫红色泥岩夹白色石膏岩及黄红色泥质石膏岩，厚88.66m；乌鲁克恰提一带的岩性为紫红色膏泥岩、泥岩与石膏岩略等厚互层，厚37.37m[2]。

3.1.1.6 古近系

在乌拉根隆起北侧康苏一带以西有较广泛的出露，沿天山山前呈带状展布，乌恰县城北库孜贡苏河东岸及塔什皮萨克一带有小范围分布；为一套正常浅海间潟湖相沉积，海相古生物化石极为丰富。自下而上可分为五个组，即阿尔塔什组、齐姆根组、卡拉塔尔组、乌拉根组和巴什布拉克组。库孜贡苏河东岸和乌鲁克恰提地区与下伏上白垩统吐依洛克组为连续过渡沉积；库克拜地区阿尔塔什组超覆于上白垩统乌依塔克组之上；康苏往西至卡拉塔尔及乌拉根隆起北侧，阿尔塔什组不同角度不整合超覆于下白垩统克孜勒苏群之上；塔什皮萨克一带则为卡拉塔尔组超覆在克孜勒苏群之上。喀什群各组间均为整合接触[2]。

（1）古新统阿尔塔什组（E_1a）膏盐建造。广泛分布于喀什凹陷内，仅东部塔什皮萨克一带缺失。该组可分为厚度极悬殊的两段，下段为白色石膏岩夹少量白云岩；上段为灰色灰岩，富产双壳类及腹足类化石，厚一般不到10m，但在塔西南十分稳定，是最易识别的区域标志层。本组最大厚度在库克拜剖面，可达228.04m，乌鲁克恰提剖面厚153.49m，乌拉根剖面厚32.83m，库孜贡苏河东岸剖面219m。在康苏附近本组与下白垩统克孜勒苏群呈微角度不整合，局部地区呈明显的角度不整合（杨叶西南）；在乌拉根隆起周缘超覆于克孜勒苏群之上，乌拉根剖面下段的石膏被溶塌角砾状灰岩取代，但残存的白色石膏岩在局部仍然可见；库孜贡苏地区及乌鲁克恰提地区与下伏上白垩统吐依洛克组连续过渡。阿尔塔什组地貌上常呈山脊或较高的陡坎[2]。本组区域标志层灰岩中产双壳类、腹足类及有孔虫化石。

（2）古新统—始新统齐姆根组（$E_{1-2}q$）泥岩-泥灰岩建造。分布范围同阿尔塔什组。岩性可分为三段，下段为灰绿色泥岩，中段为白云岩（或灰岩），上段为浅红色泥岩。三段色泽分明，下绿上红、中间夹有较硬的白云岩。本组岩性稳定，厚度小，三段特征明显，极易辨认。厚度最大的为库克拜剖面，为173.92m，乌鲁克恰提剖面厚128.91m，乌拉根剖面厚20.69m，库孜贡苏河东岸剖面厚111m，塔什皮萨克剖面缺失。齐姆根组与下伏阿尔塔什组及上覆卡拉塔尔组均为整合接触。

（3）始新统卡拉塔尔组（E_2k）介壳灰岩建造。主要在喀什凹陷内、康苏—乌拉根隆起北侧及以西广泛分布，库孜贡苏河东岸有小范围出露。本组一般与下伏齐姆根组呈整合接触，仅在东部塔什皮萨克一带上段地层超覆在下白垩统克孜勒苏群之上。该组是最稳定且较易识别的地层，是古近纪最广泛海浸的产物；主要为一套碳酸盐岩沉积。据其岩性及组合特征可分为两段，上段为灰色含介壳灰岩、介壳灰岩夹少量灰绿色钙质泥岩及泥岩；下段为浅灰绿色-灰色泥岩与灰色灰岩、介壳灰岩、泥质灰岩互层夹白色石膏岩。本组古生物化石极为丰富，以牡蛎及双壳类为主，还见腹足类、有孔虫、藻类及疑源类化石。岩性横向上较为稳定，但厚度变化较大，乌鲁克恰提剖面厚160.82m，库克拜剖面厚201.40m，克拉塔尔剖面厚111.50m(区域地层表)，乌拉根剖面厚60.55m，库孜贡苏剖面厚30m，东部塔什皮萨克剖面仅有14.68m厚的角砾灰岩及白云岩[2]。

（4）始新统乌拉根组（E_2w）泥岩-灰岩建造。分布范围同卡拉塔尔组，为正常海相灰绿色泥页岩夹灰色介壳灰岩、含生物泥灰岩，富产牡蛎、双壳类、孢粉、疑源类及腹足类等化石，与下伏卡拉塔尔组整合接触。乌拉根组岩性单一且稳定，较易识别，厚度小且变化不大，乌鲁克恰提剖面厚41.06m，库克拜剖面厚32.76m，克兹洛依剖面厚30m，塔什皮萨克剖面因上部地层剥蚀仅残存20.33m，乌拉根隆起北侧也因地层遭受剥蚀，残余仅1.35m厚的黄灰、绿灰色介壳层，与上覆克孜洛依组为平行不整合接触[2]。

(5) 始新统-渐新统巴什布拉克组（$E_{2-3}b$）膏盐-泥岩建造。主要在中西部沿天山山前呈带状展布。岩性主要为一套暗紫红色泥岩、砂质泥岩夹砂岩，中部夹灰绿色砂岩和含以牡蛎为主的泥灰岩及介壳薄层；下部为暗紫红色膏泥岩；底部为较为稳定的白色石膏层。该组产牡蛎、孢粉、腹足类、疑源类及藻类等化石。岩性及组合特征自下而上可分五段，即紫红色膏泥岩段、泥岩夹灰绿色砂岩段、泥岩夹介壳灰岩薄层段、砂泥岩互层段和下砂上泥岩段。巴什布拉克组以乌鲁克恰提和库克拜地区发育最佳，地层完整，乌鲁克恰提剖面厚482.90m，库克拜剖面厚327.75m，乌恰南克孜洛依剖面因只有下部三段地层厚仅117m，由西向东厚度变薄的趋势较明显[2]。

3.1.1.7 新近系

新近系广泛出露于研究区的喀什凹陷内，为一套以红色为主的陆相碎屑沉积，中部夹较多的灰色及灰绿色砂岩、泥岩[2]。自下而上可分为克孜洛依组、安居安组、帕卡布拉克组及阿图什组。西部普遍以石膏岩、膏泥岩与巴什布拉克组呈整合接触，中部及东部以底砾岩假整合于古近系不同层位之上，局部呈微角度不整合。

(1) 渐新统—中新统克孜洛依组 $[(E_3-N_1)k]$ 膏盐-粉砂质泥岩建造。广泛分布于喀什凹陷的西部，在东部天山前沿地带及中部也见小范围出露。岩性以紫红色泥岩为主，与黄红色、绿灰色粉砂岩及细砂岩不等厚互层；下部膏泥岩及石膏岩较发育，常以膏泥岩及石膏岩与下伏巴什布拉克组整合接触，但在黑孜苇一带与巴什布拉克组呈微角度不整合接触。该组古生物化石较为稀少，产孢粉、有孔虫及介形类化石。区域内克孜洛依组岩性变化不大，但厚度横向有较大差异，乌鲁克恰提剖面厚382.62m，库克拜剖面厚874.09m，乌拉根剖面厚721.66m，克孜洛依剖面厚422m[2]。

(2) 中新统安居安组（N_1a）砂岩建造。伴随克孜洛依组广泛分布，该组露头呈带状展布，且多为背斜核部地层。岩性主要为一套褐灰色、褐红色、灰色及黑灰色泥岩与黄灰色、绿灰色、灰绿色砂岩不等厚互层；下部以砂岩为主。向上泥岩增多，至上部为泥岩夹砂岩，具东部细而厚、西部粗而薄的特征。该组产孢粉、介形类及有孔虫化石。与下伏克孜洛依组呈整合接触[2]。安居安组一般岩性变化不大，但在南部颜色相对较单一，为紫灰色、灰绿色赋矿质砂岩与棕红色泥质粉砂岩、粉砂质泥岩不等厚互层，未发现化石。本组厚度横向上有较大差异，在南部厚度极大，一般均为1500～2000m，乌鲁克恰提剖面厚351.08m，安居安剖面厚698.06m。乌恰县的安居安剖面总厚698.06m。该组下段（N_1a_1）为花园式砂岩型铜矿的赋矿层位。

(3) 中新统帕卡布拉克组（N_1p）砂岩-泥岩建造。广泛分布于西部，在上阿图什乡北的斯尔尕特一带向西乌拉根以东呈带状展布于背斜核部安居安组的外围，塔什皮萨克一带仅在该背斜东西部见零星露头。岩性主要为一套暗紫色及褐灰色含钙质泥岩、含粉砂质泥岩与浅棕灰色细-中粒砂岩不等厚互层夹浅灰色、灰绿色粉砂岩。古生物化石稀少，发现介形类及有孔虫化石。与下伏安居安组为整合接触。帕卡布拉克组颜色较简单，且偏褐色、棕色与下伏安居安组杂色层区别，并以含少量砾岩或不含砾岩，夹绿灰色粉砂岩及地层颜色偏红的特点与上覆阿图什组区别。该组东西向岩性变化不大，但具西粗东细的特征。乌鲁克恰提剖面厚819.48m，帕卡布拉克沟剖面厚2168m（区域地层表），安居安剖面厚811.14m。但在南部岩性为一套棕色粉砂岩夹少量砂质泥岩与褐灰色、灰色砂岩、砾岩互层，未发现化石，其厚度大，一般为3000m左右[2]。

（4）上新统阿图什组（N_2a）砂砾岩建造。广泛出露，东部构成背斜的轴部，而中部及西部多为背斜翼部及向斜轴部。岩性普遍可分两段，下段为褐色、浅棕灰色砂岩夹砾岩；上段为灰色砾岩夹黄灰色砂岩，自下向上粒度变粗、砾岩增加。本组以其夹砾岩多而粗，宏观地层色偏浅，可与下伏帕卡布拉克组区别。具北薄南厚、西粗而薄、东细而厚的特征。大致沿乌鲁克恰提—克拉托背斜北—阿图什背斜近东西一线为厚度巨变带，北部安居安组剖面厚638.39m，而南至克拉托背斜南翼厚达3403m。东部上阿图什剖面厚1106.16m，岩性则变为下部以泥岩、粉砂岩为主夹膏质泥岩，上部为砾岩与砂岩互层，砾岩多为小砾岩。阿图什组与下伏帕卡布拉克组一般为连续过渡。该组内古生物化石稀少，有少量孢粉，曾有介形类及植物化石的报道[2]。

3.1.1.8 第四系

第四系主要包括下更新统西域组灰色砾岩偶夹砂岩透镜体，中更新统乌苏群—上更新统新疆群冲洪积砾石、亚砂土及上更新统—全新统冲洪积砾石、亚砂土。

3.1.2 变质岩建造

在前人工作的基础上，结合以往在本地区的工作基础，通过1:5000地质剖面测量和路线调查，对萨热克巴依幅—其勒坦套幅共划分为4个变质建造单元（见表3-3），喀什炼铁厂幅则为1个变质建造单元。

表3-3 萨热克巴依幅—其勒坦套幅变质岩建造

界	系	统	组段	地层代码	建造特征	岩性岩相特征	备注
中元古界（下基底）	长城系	阿克苏群	第六岩性段	Pt_2ak^6	石英片岩+大理岩建造	灰色云母石英片岩、钙质片岩、灰黄色大理岩	
			第五岩性段	Pt_2ak^5	石英片岩+大理岩建造	灰绿色二云母石英片岩、黑云母石英片岩、绢云母石英片岩夹灰黄色大理岩	Au（Cu）
			第四岩性段	Pt_2ak^4	石英片岩+大理岩建造	浅灰色绢云母石英片岩、云母石英片岩、二云母石英片岩夹灰黄色大理岩	Cu（Au）
			第一岩性段	Pt_2ak^1	石英片岩+大理岩建造	灰-灰绿色条带状石英片岩、深灰-灰黑色黑云母石英片岩夹少量灰黄色大理岩	

变质建造分布于：（1）康苏镇以南克孜勒苏河两岸以及苏鲁铁热克一带、乌拉根隆起核部及其附近。岩性单一，主要为变质的浅灰色绢云母细粒石英岩，此外尚有灰绿色绢云母-绿泥石片岩、绢云母-石英片岩、千枚岩、硅化细砾岩、大理岩和片理化灰岩。在乌拉根隆起核部出露最多，估计厚度在300m以上。

（2）康苏镇西部至加斯公路以北苏鲁铁热克隆起之高山区的中元古代阿克苏群（Pt_2ak）为一套石英片岩夹大理岩建造。总厚达6700m。根据岩性划分为六段：

1）第一岩性段（Pt_2ak^1）。白色薄板状绢云母石英岩，夹各种含碳酸盐岩的结晶片岩夹层；结晶片岩为黑及紫色黑云片岩及绿帘黑云片岩、绿色绿泥片岩、绿泥黑云片岩及滑石绿泥片岩，厚约2000m。

2）第二岩性段（Pt_2ak^2）。银灰色薄层状及板状绿帘黑云母片岩与云母片岩，灰色及浅绿色细粒二云钙质石英岩成薄互层，厚约1000m。

3）第三岩性段（Pt_2ak^3）。深灰色、灰色、浅绿色的含云母的石英岩，厚700~800m。

4）第四岩性段（Pt_2ak^4）。紫色、褐色的碳酸盐黑云片岩，厚约1000m。

5）第五岩性段（Pt_2ak^5）。以褐色碳酸盐黑云片岩居多，其次是黑色绿帘黑云片岩，夹杂色大理岩，厚350~400m。

6）第六岩性段（Pt_2ak^6）。灰色、紫褐色的云母片岩，次为绿黑色及紫褐色的瘤状黑云片岩、二云片岩，沿走向很不稳定，变斑状结构显著，可见到灰白色透镜状大理岩，厚度大于150m。

在萨热克巴依幅—其勒坦套幅中仅出现4个岩性段，主要为第一岩性段、第四岩性段、第五岩性段和第六岩性段。

3.1.3　侵入岩建造

调查区内未见侵入岩，仅在萨热克铜矿区南矿带见有辉绿岩脉出露，地表仅见其侵位于矿区南部下白垩统克孜勒苏群第二岩性段紫灰色、暗褐红色砂岩与泥岩中。出露宽度一般为0.1~5m、延伸长度为20~950m，延伸方向为北西、北东、近南北、近东西向，主要矿物成分为辉石、长石、角闪石。其侵位特征大多为斜切地层产出，也见顺层产出。地表辉绿岩脉分布范围约为2.4km²；脉岩成分为辉绿岩和辉绿辉长岩，局部地区向辉长岩变化；具辉绿结构或辉长结构，含较多的钛铁矿，少量黄铁矿。脉岩两侧的砂岩均存在普遍的褪色蚀变现象，岩石颜色由紫色变为灰白色，褪色带随脉岩产状的变化而变化，宽度一般为1~3m，在紫色岩屑石英砂岩中表现得更加明显一些；而在泥岩中无褪色现象；在泥质砂岩中的褪色带则较石英砂岩中的褪色带窄。辉绿岩脉与围岩界线较平直，围岩（砂岩）中存在普遍的褪色蚀变及孔雀石化现象，褪色矿化蚀变带宽度一般为1~25m。

区域资料显示，在托云盆地北部地区上白垩统顶部—古近系底部岩石中发育玄武岩[3]，并在托云地区出现辉绿岩的情况。研究发现，这类辉绿岩、玄武岩的活动是统一的，代表着地幔柱的一次上侵，其环境特征大体与板内玄武质岩浆活动相当。有关托云盆地西南部地区的基性火山岩浆活动，目前尚未有研究和报道。

3.1.4　构造特征

新生代喀什凹陷的成因可能是由岩石圈板块水平运动造成冲断叠覆，从而加厚，继而均衡补偿使造山带上升,在山前形成的凹陷。喀什凹陷北部主要受南天山和西昆仑造山带向盆地方向推覆作用的影响,因而造就了十分复杂的构造格局:有的地区以逆冲为主,有的地区以走滑为主,有的地区既有逆冲又有走滑。背斜构造几乎全由断层引起和改造。根据基底构造特点、原型盆地特征、构造变形的差异和主要的断裂构造带,可分为帕米尔前缘逆冲带、南天山山前逆冲带、克孜勒苏—托果乔尔套逆冲-走滑构造带及库孜贡苏断陷等几个构造变形单元。总体来看,北部地区(南天山山前逆冲带)以北倾的逆冲断层和北倾的断层传播褶皱为主,南部地区(克孜勒苏-托果乔尔套构造带)断层以逆冲-走滑、走滑作用为主,形成了众多的鼻状构造及少量的断背斜,但它们几乎均为表皮构造。

3.1.4.1 萨热克巴依幅—其勒坦套幅

A 断裂构造特征

a 主要断裂类型

调查区内的断裂构造以逆冲断裂为主,局部可见反冲断裂;正断层主要发育于萨热克上叠盆地的南北边缘,后被逆冲断裂改造;具有剪切性质的张性断裂见于萨热克上叠盆地。

(1)逆冲断裂。主要分布于苏鲁铁热克隆起、萨热克上叠盆地的周缘、乌恰坳陷的北部边缘,以及克尔卓勒断背斜带的北部和南部阔克托尔萨依断夹片带,为受乌恰运动、喀什运动及西域运动影响和帕米尔突刺向北的挤压以及南天山向南挤压综合作用的结果,苏鲁铁热克隆起、萨热克上叠盆地的周缘、乌恰坳陷的北部边缘逆冲断裂的断面北倾,克尔卓勒断背斜带的北部和南部阔克托尔萨依逆冲断裂的断面南倾,并呈弧形展布。

(2)反冲断裂。在向一定方向逆冲的断裂体系中常出现与总体逆冲方向相反的逆冲断裂,这种反向逆冲的断裂为反冲断裂。调查区内这种断裂仅在局部出现,如克尔卓勒断背斜带。

(3)正断层。主要发育于苏鲁铁热克隆起边缘及内部,为侏罗纪拉伸断陷时形成,但后期多被掩压或改造。如萨热克上叠盆地南北边缘断裂早期为正断层,后期演化为逆断层。

(4)张性断裂。主要发育于萨热克上叠盆地内,具有剪切性质,但多为辉绿岩脉所充填。

b 主要断裂特征

调查区内的断裂构造十分发育(见图 3-2),多为逆断层,次级构造单元的界线均以逆断层为界(萨热克巴依南断裂、萨热克巴依北断裂),断裂走向以北东东—北东向为主,其次是北北西—北西向和近东西向。

(1)北东东—北东向断裂:

1)萨热克巴依南断裂(F_1^1)。该断裂位于调查区萨热克上叠盆地南缘,走向为 250°左右,西部与 F_2^1 断裂相交,并被截切。调查区内延伸长 25km 左右,断层地貌上反映明显,以南为高山区,以北为低山区,断层上盘由中元古界长城系阿克苏群第四至第六段变质岩组成;下盘主要由侏罗系、白垩系组成,断面南倾,倾角为 50° ~ 70°,断裂总体形迹呈舒缓波状弯曲。断层效应造成的地层缺失或地表被掩压的地层有下侏罗统莎里塔什组(J_1s)、康苏组(J_1k)、中侏罗统杨叶组(J_2y)、塔尔尕组(J_2t)及上侏罗统库孜贡苏组

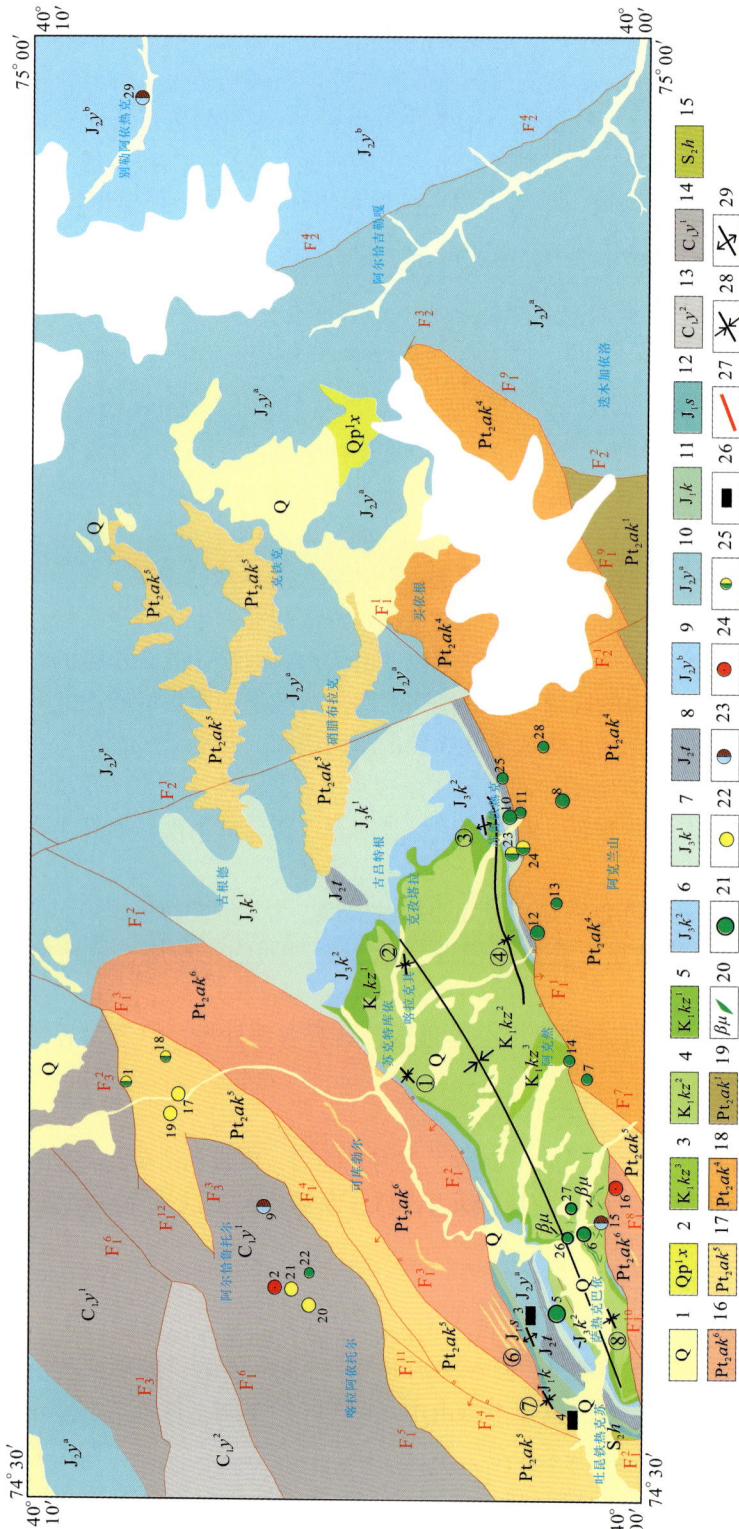

图3-2 萨热克巴依嘚—其勒坦套幅建造构造图

1—第四系；2—第四系西域组；3—下白垩统克孜勒苏群第三岩性段；4—下白垩统克孜勒苏群第二岩性段；5—下白垩统克孜勒苏群第一岩性段；6—上侏罗统库孜贡组苏贡组上段；7—上侏罗统库孜贡组苏贡组下段；8—中侏罗统塔尔尕组；9—中侏罗统杨叶组中段；10—中侏罗统杨叶组下段；11—下侏罗统康苏组；12—下侏罗统莎里塔什组；13—下石炭统野云沟组上段；14—下石炭统野云沟组下段；15—中志留统合同沙拉组；16—长城系阿克苏群第六岩性段；17—长城系阿克苏群第五岩性段；18—长城系阿克苏群第四岩性段；19—长城系阿克苏群第一岩性段；20—辉绿岩脉；21—铜矿（化）体；22—铜矿（化）体；23—铅锌矿（化）体；24—铁矿（化）体；25—铜金矿（化）体；26—煤矿；27—断层；28—向斜；29—背斜

下段（J_3k^1），局部甚至侏罗系全部被长城系阿克苏群掩压，导致长城系阿克苏群变质岩直接压覆于下白垩统克孜勒苏群第一岩性段（K_1kz^1）之上（见图3-3）。

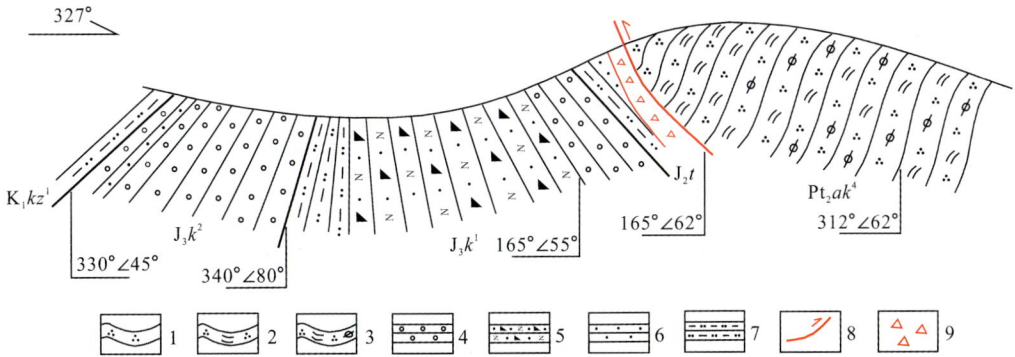

图3-3　萨热克巴依南断裂在萨热克上叠盆地的表现形式

1—石英片岩；2—云母石英片岩；3—绿帘石化云母石英片岩；4—砾岩；5—岩屑石英砂岩；
6—砂岩；7—粉砂质泥岩；8—逆冲断层；9—断裂破碎带

萨热克巴依南断裂与萨热克巴依北断裂为对冲性质，早期为控制侏罗纪断陷盆地的边界正断层，为断陷盆地的边界断裂，喜马拉雅期构造运动造成其性质改变，使二者向南北对冲，最终形成现今控制萨热克中生代上叠盆地边界的逆断层。

该断裂在苏鲁铁热克隆起区掩压 F_1^7、F_1^8、F_1^{10} 断裂，在萨热克上叠盆地的西缘错断萨热克巴依北断裂。从断裂效应影响的地层看，早期应当控制侏罗纪早期断陷，早白垩纪晚期的不均匀抬升对该断裂也有所影响，以至于萨热克上叠盆地内缺失晚白垩纪沉积；渐新世晚期的乌恰运动对该断裂也有一定的影响，自南向北有一定的推挤；而上新世晚期的喀什运动应是该断裂的强烈活动期，不仅造成其截切其他断裂，而且其强烈的推挤造成地层褶皱的进一步加剧，强烈的向北推挤造成长城系阿克苏群变质岩逆冲掩压于中生代地层之上，甚至造成侏罗纪地层完全被压覆于断裂下盘而地表未见出露；喜马拉雅晚期的西域运动也应是该断裂的强烈活动期，但其活动时限或者最后活动时限应晚于萨热克巴依北断裂。

2）萨热克巴依北断裂（F_1^2）。该断裂位于调查区萨热克上叠盆地北缘阔克当格一带，走向延伸整体呈"S"形展布。在萨热克上叠盆地北缘其走向为240°方向，断面北倾，至盆地西缘走向转至190°左右，断面西倾，切过苏鲁铁热克隆起区，至阔克当格一带走向为250°左右，断面北倾，继续向西延伸出调查区；在调查区内延伸达35km。断层地貌上反映明显，以北为高山区，以南为低山区。断层上盘主要由中元古界长城系阿克苏群第三、四、五、六段变质岩组成，下盘主要由侏罗系、白垩系组成。该断层在萨热克上叠盆地的北缘断面北倾，倾角为50°~70°；在萨热克上叠盆地的东段表现为阿克苏群第六岩性段（Pt_2ak^6）掩压于塔尔尕组（J_2t）及库孜贡苏组下段（J_3k^1）之上，断失下侏罗统莎里塔什组（J_1s）、康苏组（J_1k）、中侏罗统杨叶组（J_2y），断面北西倾，倾角为50°~70°；在萨热克上叠盆地的西段表现为阿克苏群第六岩性段（Pt_2ak^6）掩压于下侏罗统萨里塔什组（J_1s）之上，断面北西倾，倾角为60°~67°。在苏鲁铁热克一带断面西倾，倾角为50°~65°；表现为阿克苏群第三岩性段（Pt_2ak^3）掩压于阿克苏群第六岩性段（Pt_2ak^6）之上。

在阔克当格一带断面北倾，呈向南突出的弧形展布，断面北倾，倾角为23°～55°；表现为阿克苏群第三岩性段（Pt_2ak^3）掩压于下白垩统克孜勒苏群第一岩性段（K_1kz^1）之上，断失侏罗系。断裂总体形迹呈舒缓波状弯曲（见图3-4和图3-5）。

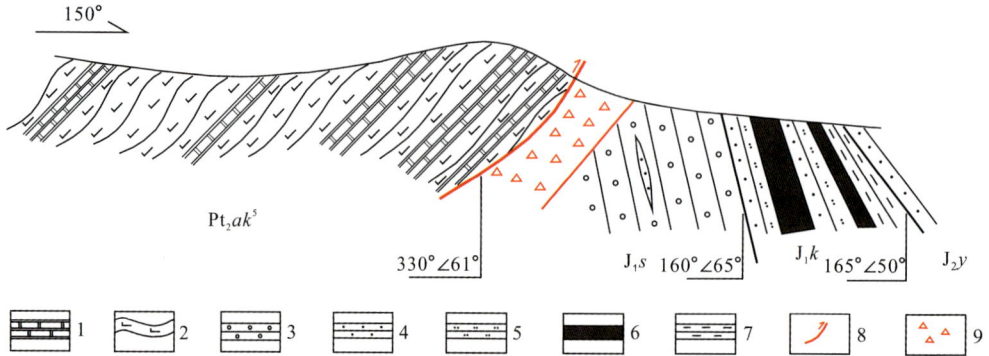

图3-4　萨热克巴依北断裂在萨热克上叠盆地的表现形式

1—大理岩；2—钙质片岩；3—砾岩；4—砂岩；5—粉砂岩；6—煤层；7—泥岩；
8—逆冲断层；9—断裂破碎带

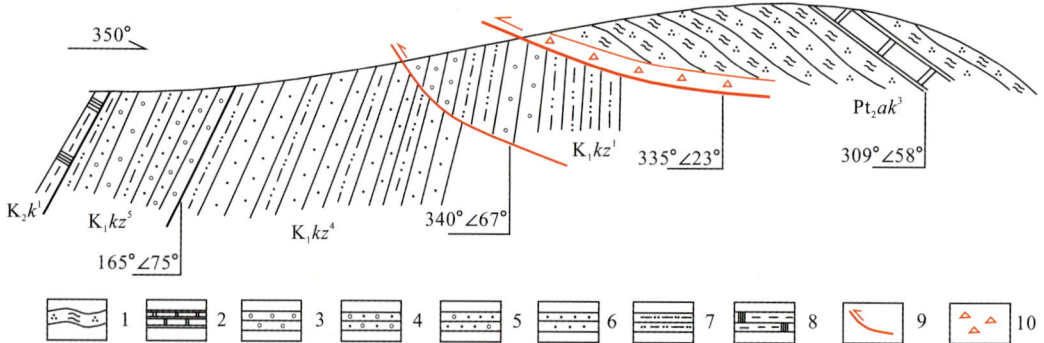

图3-5　萨热克巴依北断裂在阔克当格的表现形式

1—云母石英片岩；2—大理岩；3—砾岩；4—砂砾岩；5—含砾砂岩；6—砂岩；
7—粉砂质泥岩；8—膏质泥岩；9—逆冲断层；10—断裂破碎带

该断裂在苏鲁铁热克隆起区掩压 F_1^4、F_1^3 断裂，在萨热克上叠盆地的西缘错断萨热克巴依南断裂。从断裂效应影响的地层看，早期应当控制侏罗纪早期断陷，早白垩纪晚期的不均匀抬升对该断裂也有所影响，以至于萨热克上叠盆地内缺失晚白垩纪沉积；渐新世晚期的乌恰运动对该断裂亦有一定的影响，由于向南的挤压才造成地壳抬升，海水退出本地区，也是区域克孜洛依组 [$(E_3-N_1)k$] 与下伏巴什布拉克组（$E_{2-3}b$）之间不整合的直接原因；上新世晚期的喀什运动对该断裂亦有一定的影响，由于向南的挤压才造成地壳抬升，也是区域下更新统西域组（Qp^1x）与下伏上新统阿图什组（N_2a）之间不整合的直接原因；而喜马拉雅晚期的西域运动是该断裂的强烈活动期，不仅造成其截切其他断裂，而且其强烈的推挤造成地层褶皱的进一步加剧。该断裂早期为控制侏罗纪断裂盆地的边界正断层，由于后期挤压构造背景的影响而改造成由北向南逆冲的逆断层。该断裂的中晚期活动所造成的次级断裂形成岩石破碎带和张剪性断裂，造成辉绿岩脉的充填与萨热克式杂砾岩型铜矿的成矿有着密切的成因联系。

3）铁依希勒勒断裂（F_1^3）。该断裂位于西部铁依希勒勒—包泽尔托克，走向为20°~55°，断面北西倾，倾角为50°~65°，逆断层，延伸长度大于11km，卫星影像图上色调界线分明。地表可见中元古界长城系阿克苏群第五岩性段掩压于第六岩性段之上。被萨热克巴依北断裂截切。

4）托罗姆塔依断裂（F_1^4）。位于萨热克巴依盆地南部阿洋格塔勒德布拉克—托罗姆塔依，逆断层，延伸长度大于8km，走向为60°~65°，断面南东倾，倾角为60°~70°，并被萨热克盆地南部边界断裂F_1^1切断。

5）喀拉阿依托尔断裂（F_1^5）。逆断层，延伸长度大于9km，走向为40°~50°，断面北西倾，倾角为52°~63°，为长城系第五岩性段与下石炭统-野云沟组下段分界线。

6）F_1^6断裂。该断裂位于调查区西北部，切割下石炭统野云沟组，走向为55°，区内长12.5km。西段分叉成北东向与近东西向的两条断裂挟持的尖端指向北东的三角形下石炭统野云沟组上段断块。

7）F_1^7断裂。该断裂位于萨热克巴依盆地南侧，逆断层，走向约为40°；区内长约3km；为长城系第四与第五岩性段的分界线。

8）巴西嘎塔勒德布拉克断裂（F_1^8）。该断裂位于萨热克巴依盆地南部巴西嘎塔勒德布拉克，逆断层，延伸长度大于5km，走向为40°、断面南东倾，倾角为65°，与托罗姆塔依断裂近于平行，并被萨热克盆地南部边界断裂切断。

9）F_1^9断裂。该断裂位于其勒坦套幅东南部，阿克兰山东6km至铁木贾伊洛北约3.5km，走向约为60°，长15km，断裂南东侧长城系阿克苏群第一岩性段与北西侧长城系阿克苏群第四岩性段呈断层接触。南东侧影像色调以褐红色、紫红色为主，北西侧色调主要为褐红色，东北段影像较为清楚，南西段影像较隐晦。从东段地层分布情况分析，可能也是左行平移逆断层。在此断裂的北东向延长线上，阿尔恰吉勒嘎南侧出现能与其对应的北东向线性影像，因该地带影像的地质可解译程度低，是否连接为同一条断裂尚难判断。

其余断裂有长城系第六岩性段内断裂F_1^{10}；长城系第五岩性段内断裂F_1^{11}、下石炭统野云沟组下段与长城系第五岩性段的分界线F_1^{12}。

（2）北北西—北西向断裂：

1）硝腊布拉克断裂（F_2^1）。该断裂位于调查区中部，截断萨热克巴依—克孜塔拉向斜东仰起端，从硝腊布拉克向南延伸，长约7km，北段走向为北北西（340°），向南走向渐变为北西向（320°），平面上略呈"L"形，断裂沿线控制一个河谷，两侧影像特征不同，北西段东侧长城系阿克苏群第五岩性段与西侧中侏罗统杨叶组呈断层接触，中段错断中侏罗统杨叶组、上侏罗统库孜贡苏组第一岩性段西南侧阿克苏群第四岩性段与东北侧上侏罗统库孜贡苏组第一岩性段断层接触，断裂中段多弯曲，断面产状不明，推测为断面东倾的正断层。此断裂截断西侧北东东—北东向断裂。

2）F_2^4断裂。该断裂位于其勒坦套幅的东部，走向为330°，长约12.3km，为中侏罗统杨叶组上段与下段的分界线，断层两侧可见明显的劈理化和小型褶曲变形，杨叶组下段灰黑色粉砂质泥岩中的碳质含量具有明显增多的趋势。

其他北北西—北西向断裂出露不多，而且规模很小。

（3）近东西向断裂。近东西断裂分布于萨热克巴依幅的西北部，主要有F_3^1、F_3^2和F_3^3。

F_3^1 为下石炭统野云沟组下段与上段的分界线，为逆断层，长约 4km；F_3^2 为下石炭统野云沟组下段与长城系第五岩性段的分界线，为逆断层，长约 4km；F_3^3 为下石炭统野云沟组下段与长城系第五岩性段的分界线，为逆断层，长约 3km。

B　褶皱构造特征

调查区内褶皱构造发育。调查区的东部（萨热克巴依一带）存在一个规模较大的向斜构造，由下侏罗统莎里塔什组（J_1s）、康苏组（J_1k），中侏罗统杨叶组（J_2y）、塔尔尕组（J_2t），上侏罗统库孜贡苏组（J_3k）以及下白垩统克孜勒苏群第一至三岩性段（$K_1kz^{1\sim3}$）组成。现将调查区内的主要褶皱构造介绍如下，其他褶皱构造特征见表3-4。

表3-4　调查区褶皱特征

断裂名称	位置	几何形体	产状	活动时间	基本特征
拉塔孜克向斜	萨热克巴依东北拉塔孜克	短轴向斜	轴面北倾、轴向为 40°，北翼产状为 135°∠40°～55°、南翼产状为 320°∠12°～16°	印支期—喜马拉雅期	卷入变形的地层为 K_1kz^1，出露长度约为 4km，宽 700～800m
喀拉克其向斜	苏鲁铁热克沟喀拉克其	短轴向斜	轴面北倾、轴向近东西，北翼产状为 210°∠13°、南翼产状为 5°∠3°，向斜北西端岩层产状 255°∠5°	印支期—喜马拉雅期	卷入变形的地层为 K_1kz^1，出露长度约为 3km，宽 800～1000m
泽木丹背斜	苏鲁铁热克沟泽木丹	线性背斜	轴面南倾、轴向近东西，北翼产状为 345°∠9°、南翼产状为 150°∠12°，向斜北西端岩层产状为 225°∠17°、南东端围岩产状为 110°∠18°	印支期—喜马拉雅期	卷入变形的地层为 K_1kz^1，东西两端倾伏，轴迹向南突出。出露长度约为 5km，宽 500～600m
皮亚孜向斜	苏鲁铁热克沟皮亚孜	线性向斜	轴面南倾、轴向近东西，北翼产状为 150°∠12°、南翼产状为 330°∠42°，向斜北西端岩层产状为 275°∠7°	印支期—喜马拉雅期	卷入变形的地层为 K_1kz^1 与 J_3k^2，东西两端翘起，轴迹呈波状。出露长度约为 7.5km，宽 450～500m
乌恰煤矿背斜	萨热克巴依北乌恰煤矿	短轴褶皱	轴面南倾、轴向为 250°～277°，北翼产状为 175°∠44°、南翼产状为 150°∠42°	印支期—喜马拉雅期	卷入变形的地层为 J_2y，由 2 个向斜与 2 个背斜组成，轴迹呈波状，出露长度约为 3km，宽 500～600m
疏勒煤矿向斜	萨热克巴依西疏勒煤矿	短轴褶皱	轴面南倾、轴向为 250°，北翼产状为 165°∠60°、南翼产状为 140°∠28°	印支期—喜马拉雅期	卷入变形的地层为 J_1k，由 1 个向斜与 1 个背斜组成，轴迹呈波状，西南被 F_1^3 断裂截切，出露长度约为 2.5km，宽 500～600m
铁皮希向斜	萨热克巴依南铁皮希	短轴向斜	轴面南倾、轴向为 250°，北翼产状为 208°∠10°、南翼产状为 345°∠40°	印支期—喜马拉雅期	卷入变形的地层为 K_1kz^1、K_1kz^2 及 J_3k^2，东西两端翘起，轴迹呈直线状。核部地层为 K_1kz^2，翼部为 K_1kz^1、J_3k^2 褶皱出露长度约为 3km，宽 450～500m

萨热克巴依向斜位于调查区北部的萨热克铜矿一带，萨热克上叠盆地内，面积约为95km²。萨热克向斜总体方向为北东向，宏观轴向为北东60°，东端撒开、西端翘起。南北两翼受 F_1^1、F_1^2 限制。向斜北西端岩层产状为58°∠25°～53°、南东端围岩产状为245°∠12°～30°。向斜核部地层为下白垩统克孜勒苏群第二、三岩性段，两翼地层为下侏罗统莎里塔什组、康苏组、中侏罗统杨叶组、塔尔尕组，上侏罗统库孜贡苏组（萨热克铜矿的赋矿层位）以及下白垩统克孜勒苏群第一岩性段。该向斜具有东宽西窄、两翼陡（335°∠62°、158°∠56°）核部缓（345°∠6°、165°∠5°）、东西两端翘起、南北两翼受断层所限的特征。由于后期断裂的掩压，向斜南翼的地表出露中侏罗统塔尔尕组、上侏罗统库孜贡苏组及下白垩统克孜勒苏群第一至三岩性段。北翼局部出露较为完整，大部分地区下侏罗统莎里塔什组、康苏组和中侏罗统杨叶组被长城系变质岩掩压，可见中侏罗统塔尔尕组，上侏罗统库孜贡苏组（萨热克铜矿的赋矿层位）及下白垩统克孜勒苏群第一岩性段出露。向斜核部下白垩统克孜勒苏群第二、第三岩性段产状平缓（局部近于水平），大面积分布。尽管萨热克杂砾岩型铜矿的赋矿层位上侏罗统库孜贡苏组上段砾岩在向斜的北翼及东西转折端连续分布，但在南翼地表未见出露；而通过钻探验证层位是存在的，也赋存有铜矿；在向斜的核部通过钻探验证赋矿层位依然存在，且产有杂砾岩型铜矿。因此，萨热克杂砾岩型铜矿的赋矿层位上侏罗统库孜贡苏组上段砾岩在整个萨热克上叠盆地分布稳定。

该向斜的产状变化是有特点的，南北两翼地层由于受南北盆地边界断裂对冲的影响，侏罗系产状较陡，但仅限于很窄的条带，进而很快变缓，类似于"平底锅"式变化。向斜内断裂构造不甚发育，仅见次级规模较小的逆断层和北西、北东向的具有张剪性质的断裂，前者与成矿关系较为密切；后者内充填有辉绿岩脉，与成矿叠加关系密切。

向斜两翼次级褶皱构造较发育，可见有拉塔孜克向斜、喀拉克其向斜、泽木丹背斜、皮亚孜向斜、乌恰煤矿背斜、疏勒煤矿向斜及铁皮希向斜等，这些向斜、背斜构造与萨热克南北断裂的对冲有着较为密切的关系。从该向斜构造所卷入变形地层结合区域的构造发育分析，其初期形成于乌恰运动期，强烈变形应是受喀什运动及西域运动影响的结果。

C 不整合界线及其特征

调查区及区域内的地层接触关系十分复杂，它们代表了多期构造运动。结合区域特征，自老而新将调查区及区域内的主要不整合描述如下：

（1）上侏罗统库孜贡苏组与中侏罗统塔尔尕组、下白垩统克孜勒苏群与中侏罗统塔尔尕组及其以下地层间的不整合。

（2）下侏罗统莎里塔什组与长城系阿克苏群第六岩性段、中侏罗统杨叶组与下伏沉积基底长城系阿克苏群第一至第五岩性段、中侏罗统塔尔尕组与阿克苏群第四岩性段之间的角度不整合。

（3）中更新统新疆群与西域组之间的角度不整合。

3.1.4.2 喀什炼铁厂幅

喀什炼铁厂幅处于塔里木板块西北缘断坳带与西南天山造山带的交接部位，大致以阿尔恰阔若套山断裂为界，西北部属西南天山造山带的次级冲断-褶皱区，中部为中新生代沉积盆地，东南属塔里木板块西北缘断坳带中的苏鲁铁克隆起区（见图3-6），这三个小区的构造各具特色，具体特征如下。

（1）西南天山中的次级冲断-褶皱区。南天山次级冲断-褶皱区位于喀什炼铁厂幅的

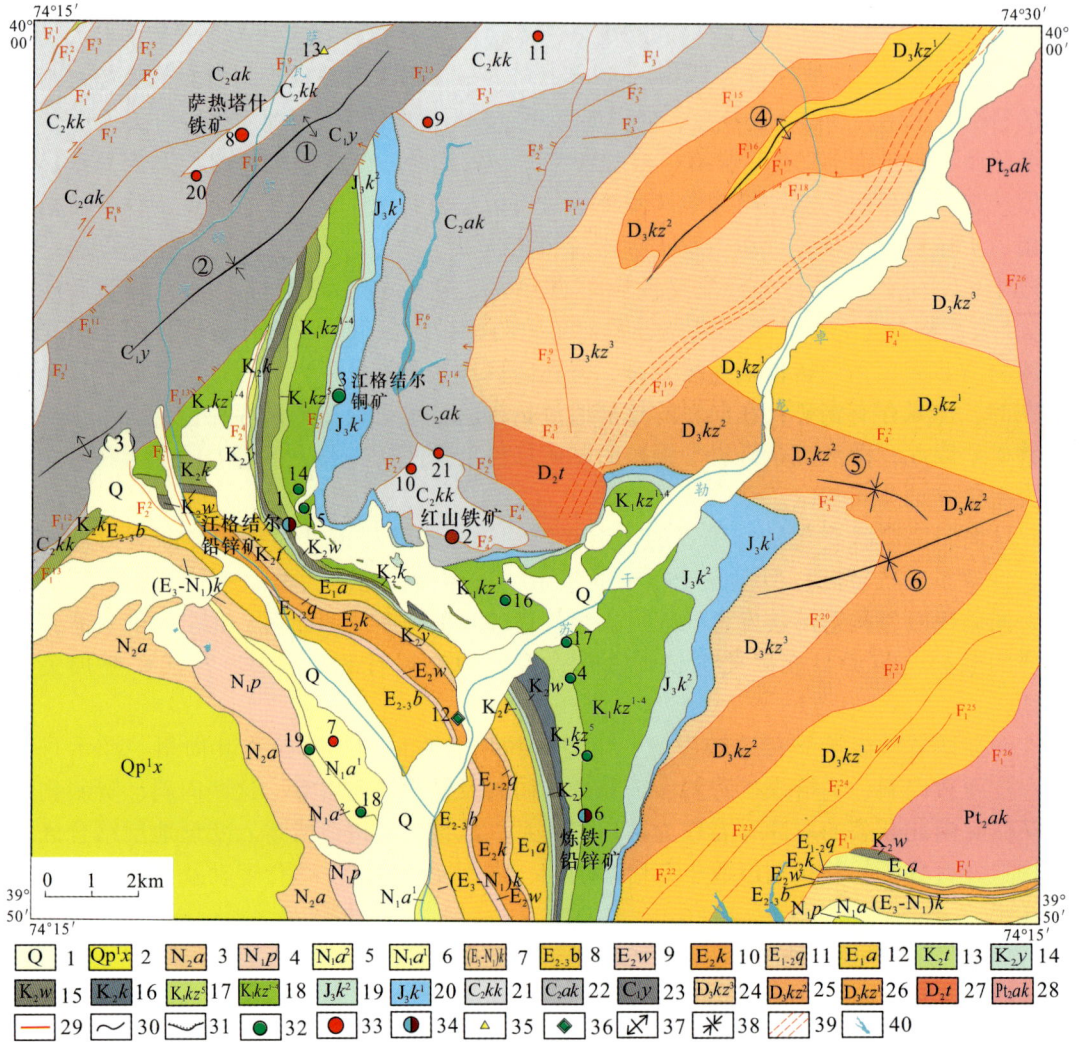

图3-6 喀什炼铁厂幅建造构造图

1—第四系；2—下更新统西域组；3—上新统阿图什组；4—中新统帕卡布拉克组；5—中新统安居安组上段；
6—中新统安居安组下段；7—渐新统—中新统克孜洛依组；8—始新统—渐新统巴什布拉克组；9—始新统乌拉根组；
10—始新统卡拉塔尔组；11—古新统—始新统齐姆根组；12—古新统阿尔塔什组；13—上白垩统吐依洛克组；
14—上白垩统依格孜牙组；15—上白垩统乌依塔格组；16—上白垩统库克拜组；17—下白垩统克孜勒苏群第五岩性段；
18—下白垩统克孜勒苏群第一到第四岩性段；19—上侏罗统库孜贡苏组上段；20—上侏罗统库孜贡苏组下段；
21—上石炭统康克林组；22—上石炭统艾克提组；23—下石炭统野云沟组；24—上泥盆统克孜尔塔格组三段；
25—上泥盆统克孜尔塔格组二段；26—上泥盆统克孜尔塔格组一段；27—中泥盆统托690买提组；28—中元古界长城系
阿克苏群；29—断层；30—地质界线；31—角度不整合接触界线；32—铜矿点；33—铁矿点；34—铅锌矿点；
35—硫黄矿；36—石膏矿；37—背斜；38—向斜；39—韧性剪切带；40—水系

西北部，东南以恰阔若套山北东向大断裂为界，与苏鲁铁克隆起区和喀什凹陷区分界。区内主要出露下石炭统野云沟组、上石炭统康克林组、上石炭统艾克提克组。以密集分布北东向左行逆断裂为特色。

（2）中新生代沉积盆地。中新生代沉积盆地位于喀什炼铁厂幅中南部大部分地区，出露地层为中新生界（新近系—侏罗系），地质构造相对简单，整体呈向南西倾的单斜构造，未见明显的断裂。

（3）苏鲁铁克隆起区。苏鲁铁克隆起区位于喀什炼铁厂幅东部，在喀什凹陷区以上侏罗统库孜贡苏组与石炭系—泥盆系的不整合面接触为界，为中新生界的沉积基底，可分为上基底和下基底，上基底由石炭系和泥盆系组成，下基地由中元古界长城系阿克苏群组成。发育北东向、北东东向、近东西向、近南北向和北西向断裂。

A　断裂构造特征

喀什炼铁厂幅内的断裂构造十分发育，多为逆断层，次级构造单元的界线均以逆断层为界。北东向断裂占大多数，少数断裂为北西向、近南北向和近东西向。

（1）北东向断裂。该断裂从左到右主要包括 $F_1^1 \sim F_1^{26}$ 等断裂，其中 F_1^{13} 和 F_1^{26} 为区域分界大断裂，F_1^9 则为萨热塔什铁矿的主要控矿构造，F_1^{14} 为石炭系与泥盆系的分界线。

1）阿尔恰阔若套山断裂（F_1^{13}）。阿尔恰阔若套山北东向大断裂是喀什炼铁厂幅内规模最大的断裂，也是西北部冲断-褶皱区与喀什凹陷区的分界线，断裂在恰阔若套山东侧通过，走向为45°左右，区内长约15km，断层北西倾，倾向陡，北西侧下石炭统野云沟组与南东侧上石炭统康克林组及中新生界断层接触，为逆断层，从旁侧伴生小断层组合分析认为，该断裂具有左行平移特征，应是左旋平移逆断层性质。其他北东向断裂与此断裂性质一致。

2）库曲克套山断裂（F_1^{14}）。该断裂位于喀什炼铁厂幅中部，为上石炭统艾克提克组与上泥盆统克孜尔塔格组的分界线，延伸超过12km。

3）F_1^{26} 断裂。该断裂位于喀什炼铁厂幅东部，为沉积盆地上基底泥盆系—石炭系与下基底中元古界阿克苏群的分界线，在喀什炼铁厂幅内断续出现，延伸超过9km。

（2）近南北向断裂。该断裂从左到右主要包括 F_2^1、F_2^2、F_2^3、F_2^4、F_2^5、F_2^6、F_2^7、F_2^8 和 F_2^9 等断裂。其中 F_2^6 和 F_2^8 断裂分布于喀什炼铁厂幅中部上石炭统艾克提克组中，F_2^6 断裂北部近南北向，南部呈北西向，延长超过8km，该断裂及其次级断裂与红山型铁矿关系密切。F_2^8 断裂延长超过6km。F_2^7 断裂为上石炭统艾克提克组与上石炭统康克林组的分界线，10号铁矿点与该断裂有关。

（3）近东西向断裂。该断裂主要分布于喀什炼铁厂幅的中上部，主要包括 F_3^1、F_3^2、F_3^3 和 F_3^4 断裂。其中 F_3^1 断裂规模较大，为上石炭统艾克提克组与上石炭统康克林组的分界线，延伸约7km，并被近南北向分布的断裂错断。

（4）北西向断裂。该断裂主要包括 F_4^1、F_4^2、F_4^3、F_4^4、F_4^5 等断裂。F_4^1 断裂为上泥盆统克孜尔塔格组一段与上泥盆统克孜尔塔格组三段的分界线，延伸超过4km。F_4^2 断裂为上泥盆统克孜尔塔格组一段与上泥盆统克孜尔塔格组二段的分界线，延伸超过7km。F_4^3 断裂为上泥盆统克孜尔塔格组三段与中泥盆统托格买提组的分界线。F_4^4 和 F_4^5 断裂为上石炭统艾克提克组与上石炭统康克林组的分界线，其中 F_4^5 断裂与红山铁矿关系密切。

B 褶皱构造特征

喀什炼铁厂幅内褶皱构造较为发育，包括背斜和向斜，褶皱的轴向总体为北东向，分述如下：

(1) ①号背斜。分布于西北部下石炭统野云沟组（C_1y）绿泥石石英千枚岩地层中，北部与上石炭统康克林组（C_2kk）大理岩化灰岩地层呈断层（F_1^3）接触。背斜核部走向大致为北东45°，北翼产状为315°∠50°~70°；南翼产状为135°~140°∠40°~55°，向北地层变陡并发生倒转。

(2) ②号向斜。分布于西北部下石炭统野云沟组（C_1y）绿泥石石英千枚岩地层中，北部与上石炭统康克林组（C_2kk）大理岩化灰岩地层呈断层（F_1^4）接触。向斜核部走向大致为北东45°，北翼产状为135°~140°∠40°~55°；南翼产状为315°∠55°。

(3) ③号颇尔多维背斜。为②号向斜南翼发育的次级小背斜，轴向延伸较短。

(4) ④号背斜。分布于东北部上泥盆统克孜尔塔格组（D_3kz）中，核部为上泥盆统克孜尔塔格组一段（D_3kz^1）石英杂砂岩夹深灰色石英绢云千枚岩，两翼为上泥盆统克孜尔塔格组二段（D_3kz^2）碳质石英绢云千枚岩和上泥盆统克孜尔塔格组三段（D_3kz^3）绢云绿泥石英千枚岩等。轴向总体近北东向，受构造挤压发生反S形扭曲。

(5) ⑤号向斜。分布于东部上泥盆统克孜尔塔格组二段（D_3kz^2）碳质石英绢云千枚岩地层中，轴向为北西西向，为⑥号向斜的次级向斜。

(6) ⑥号向斜。分布于东部上泥盆统克孜尔塔格组（D_3kz）中，轴向近北东东向，主要由上泥盆统克孜尔塔格组一段（D_3kz^1）石英杂砂岩夹深灰色石英绢云千枚岩、上泥盆统克孜尔塔格组二段（D_3kz^2）碳质石英绢云千枚岩和上泥盆统克孜尔塔格组三段（D_3kz^3）绢云绿泥石英千枚岩等组成。该向斜东部与中元古界阿克苏群（Pt_2ak）石英片岩等地层呈断层接触。

C 韧性剪切带

在卓龙勒干苏河北段的西侧中泥盆统托格买提组（D_2t）和上泥盆统克孜尔塔格组（D_3kz）中广泛发育韧性剪切带，该剪切带走向大致为35°~50°，呈S形，延伸超过11km，褶曲发育，片理化强烈，局部可见层间石英细脉。

D 不整合界线及其特征

喀什炼铁厂幅内经历了多期构造运动，结合区域特征，自老而新的主要不整合表现如下：

(1) 上侏罗统库孜贡苏组上段杂砾岩与上泥盆统克孜尔塔格组二段碳质石英绢云千枚岩等呈不整合接触，主要分布于塔什多维地区。

(2) 上侏罗统库孜贡苏组上段杂砾岩与上泥盆统克孜尔塔格组三段绢云绿泥石英千枚岩等呈不整合接触，主要分布于阿克铁克提尔地区。

(3) 上侏罗统库孜贡苏组上段与石炭系艾克提克组呈不整合接触，主要分布于喀什炼铁厂幅中部江格结尔一带地区。

(4) 古新统阿尔塔什组与上白垩统吐依洛克组及其以下地层之间的局部不整合。在乌鲁克恰提及库孜贡苏地区，阿尔塔什组与吐依洛克组之间产状正常，为整合接触。在康苏—库克拜地区，上白垩统缺失吐依洛克组、依格孜牙组，阿尔塔什组常超覆于乌依塔克组、库克拜组甚至更老的下白垩统克孜勒苏群之上，它们之间存在角度不整合。这个不整合代表了燕山晚期运动，且在康苏—库克拜地区比较剧烈。

（5）渐新统—中新统克孜洛依组与始新统—渐新统巴什布拉克组及其以下地层之间的局部不整合，克孜洛依组与巴什布拉克组间的微角度不整合分布于乌恰县城附近及其以东，如克孜洛依、库孜贡苏石膏矿等地，但在调查区内二者之间未整合接触。在该不整合接触面上下，常见克孜洛依组中发育底砾岩，巴什布拉克组常缺失第四、第五岩性段，它代表了喜马拉雅早期乌恰运动对区内的影响。

3.2 地球物理特征

调查区内未开展面积性的物探工作，仅在萨热克等地区开展过小面积大比例尺的激电扫面工作。

3.2.1 物性特征

在萨热克铜矿区内出露的地层和岩浆岩主要有长城系、侏罗系、白垩系及少量的辉绿岩脉，采集岩（矿）石标本共445块，并对其进行了电阻率和极化率参数的测定和统计。萨热克铜矿测区岩（矿）石的电性参数统计结果见表3-5。

表3-5 萨热克铜矿测区岩（矿）石标本电性参数统计

地层		标本数	电阻率/$\Omega \cdot m$				极化率/$mV \cdot V^{-1}$			
			最小值	最大值	算术平均值	几何平均值	最小值	最大值	算术平均值	几何平均值
长城系	Pt_2ak^4	32	3506.3	13541.6	6765.2	6347.4	0.550	12.698	6.746	5.422
	Pt_2ak^5	31	1079.1	31276.7	11928.7	6885.5	0.619	13.168	3.629	2.590
	Pt_2ak^6	32	203.0	26657.0	8418.3	5984.2	0.256	13.168	5.887	4.771
侏罗系	J_1k	32	341.3	8381.4	2319.3	1498.4	2.264	10.012	5.354	4.878
	J_1s	30	243.6	18017.1	6257.3	3254.7	0.606	11.404	4.027	2.752
	J_2t	30	202.1	11674.8	3538.8	2092.9	1.979	6.887	4.223	3.928
	J_2y	31	258.6	10803.3	2325.6	1116.1	0.383	6.241	3.009	2.127
	J_3k^1	31	367.9	7014.5	1502.2	969.3	0.397	61.602	7.784	2.556
	J_3k^2（不含矿）	35	877.9	3292.9	1981.2	1711.0	1.098	6.706	3.047	2.528
	J_3k^2（含矿）	35	468.1	49031.1	9409.9	4711.2	3.024	61.602	22.713	16.307
白垩系	K_1kz^1	32	310.9	2678.0	1524.4	1138.8	0.107	3.429	1.481	0.867
	K_1kz^2	32	43.5	2778.9	822.1	451.1	0.133	5.308	1.320	0.811
	K_1kz^3	31	177.0	2246.0	985.7	714.1	0.550	8.278	4.663	3.980
辉绿岩		31	303.8	11471.5	2454.1	1579.3	1.946	10.228	5.706	5.346

由表 3-5 中的电阻率测定结果可见，下白垩统克孜勒苏群（K_1kz）地层的电阻率一般低于上侏罗统库孜贡苏组地层（J_3k）；中侏罗统杨叶组的电阻率低于上侏罗统库孜贡苏组；下侏罗统地层（J_1）的电阻率应高于中侏罗统（J_2）地层；长城系变质岩地层（Pt_2ak）的电阻率应为最高。由表 3-5 中的极化率测定结果可见，上侏罗统库孜贡苏组上段（J_3k^2）含矿砾岩的极化率较高，长城系、下侏罗统康苏组（J_1k）含煤地层、中侏罗统塔尔尕组（J_2t）、下白垩统克孜勒苏群第三岩性段（K_1kz^3）以及辉绿岩等地层岩石的极化率较大，可能产生明显的激电异常，需要加以区分。其他地层包括不含矿的上侏罗统库孜贡苏组上段（J_3k^2）岩石的极化率都不高。综合分析，本区的地层岩石存在一定的电性差异，具有开展音频大地电磁测深和激电工作的前提条件。

3.2.2 物探异常

根据"新疆乌拉根地区铅锌铜矿远景调查"项目（编号：1212010781061）和"新疆乌恰县萨热克铜矿及外围铜矿调查评价"项目（编号：1212011120488）的物探工作布置，自 2009 年至 2012 年进行了激电中梯扫面、激电中梯剖面、激电测深和可控源音频大地电磁测深（CSAMT）勘探等物探工作，并相应地进行了资料整理、数据处理和综合解释工作。

3.2.2.1 激电中梯扫面成果

A 视电阻率 ρ_s 特征

视电阻率等值线平面图（见图 3-7）显示，测区 ρ_s 在 $100\sim1000\Omega\cdot m$ 之间，ρ_s 总体为西部阻值高，东部阻值低，异常呈带状，北东走向，异常等值线梯度沿测线方向变化平稳。

B 视极化率 η_s 特征

极化率等值线平面图（见图 3-8）显示，测区 η_s 在 $1\%\sim5\%$ 之间，异常主要分布于测区的中西部，尤以西部最为集中，异常以呈带状分布为主，北东走向。测区地层极化率背景不高，属低极化岩层。以 $1.5\%\sim2.0\%$ 为测区视极化率背景值，2.5% 为异常下限，共划分为 8 个激电异常，编号为 IP1～IP8（见图 3-9）。通过分析萨热克铜矿区西部地质和激电异常综合平面图（见图 3-9），对比地质地层资料认为，极化率高值区分布有一定的规律性，与出露的碳质地层、断层、含矿地层和辉绿岩脉等有空间耦合关系。

C 激电中梯扫面异常特征

（1）IP1 异常。位于测区的西北部，盆地向斜的北翼，异常呈带状分布，范围较大（2800m×400m），北东走向，η_s 峰值为 5.0%。对应于 J_2y 和 J_1k 碳质地层，推测该异常为碳质地层引起。

（2）IP2 异常。位于向斜构造北翼（沉积盆地北部），与地层走向基本一致，异常呈带状分布，北东向展布，规模为 2600m×400m，η_s 峰值为 3%～4%。对应地层有 J_3k^1、J_3k^2、K_1kz^1、K_1kz^{2-1}、K_1kz^{2-2}，其中 J_3k^2 为萨热克铜矿的赋矿层位，推测该异常可能与含矿地层有关，属铜矿化带引起的激电异常带。

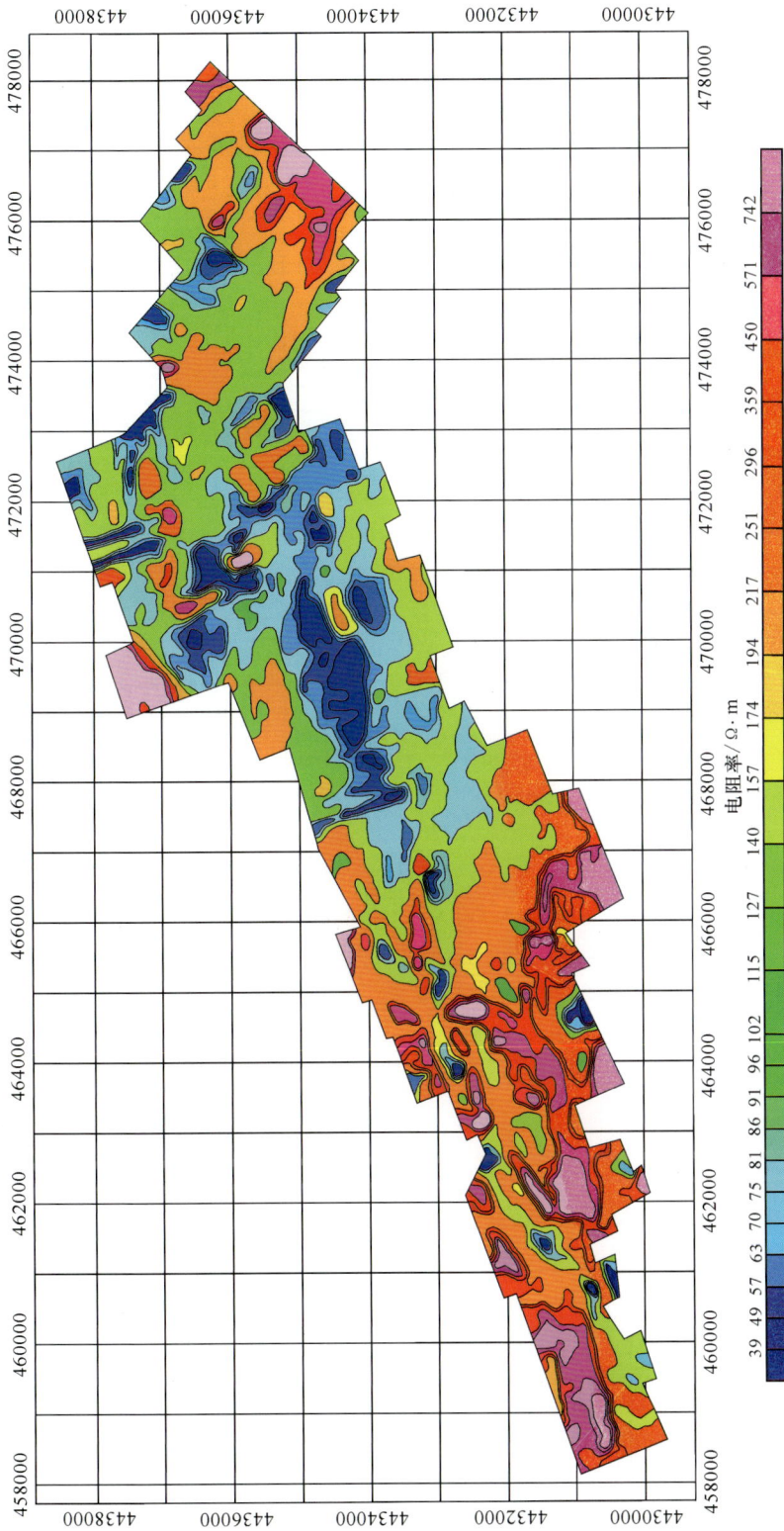

图3-7 萨热克铜矿区电阻率平面等值线图

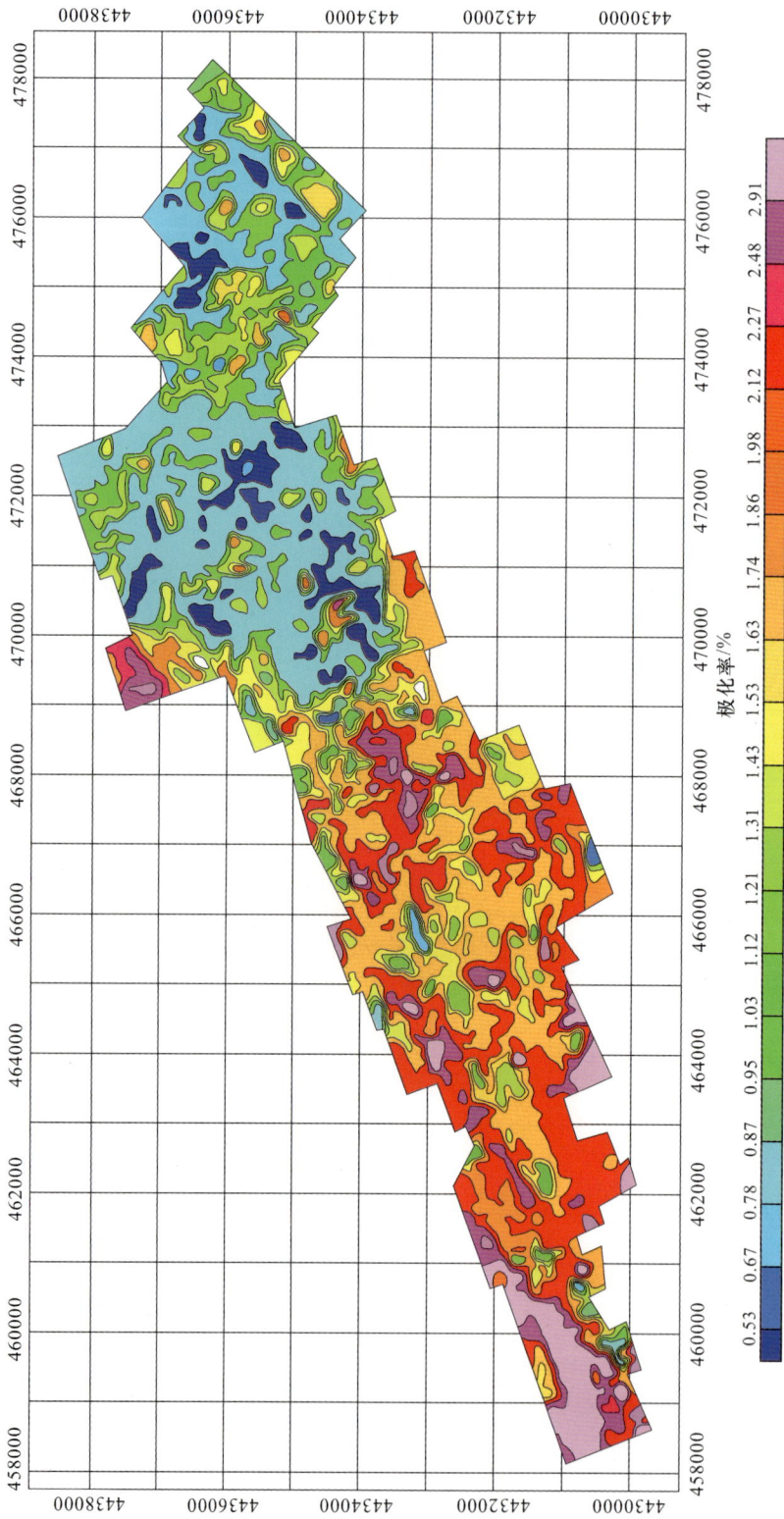

图3-8 萨热克铜矿区极化率平面等值线图

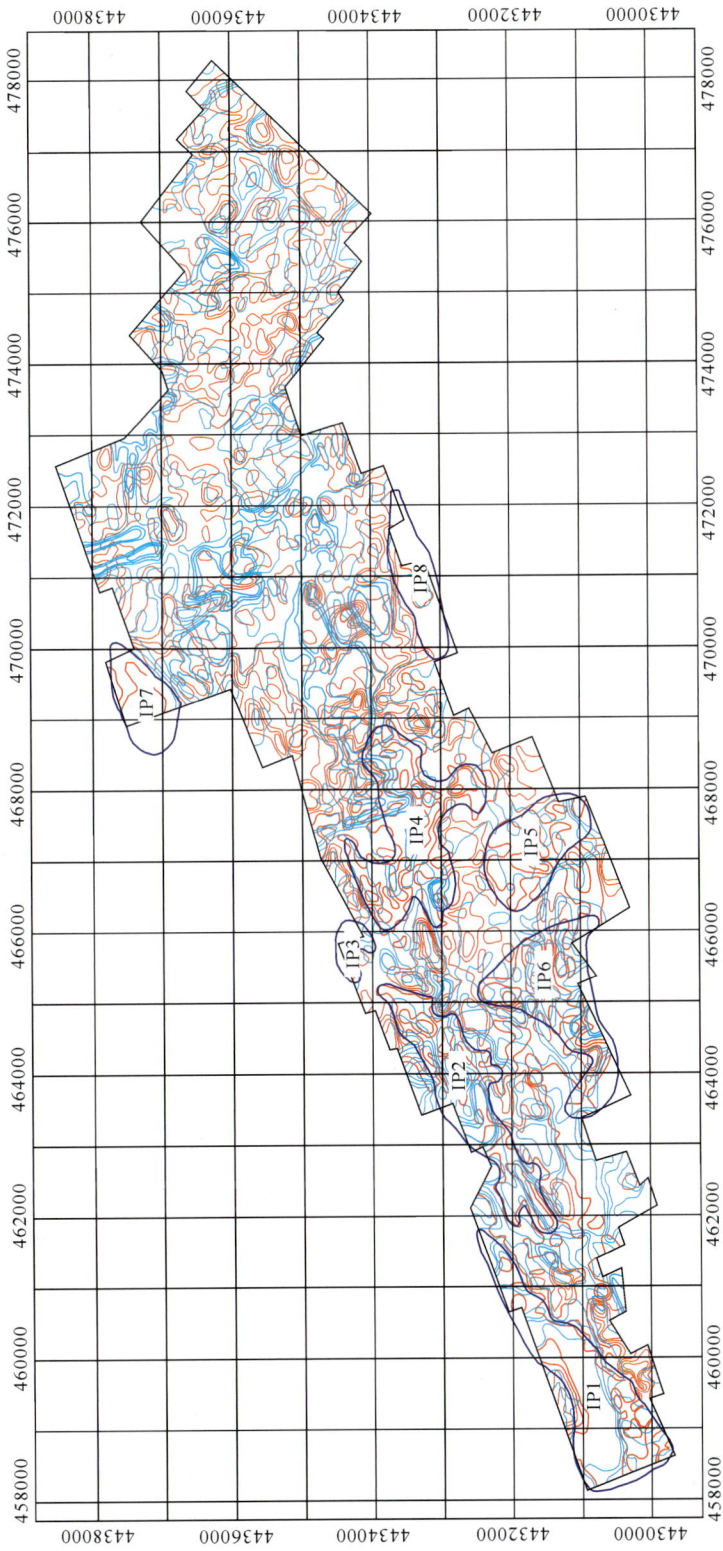

图3-9 萨热克铜矿区激电异常综合平面图

（3）IP3 异常。位于向斜构造北翼（沉积盆地北部），与地层走向基本一致，异常呈带状分布，北东向展布，受物探测区范围限制，异常没有封闭。该异常的高值区（η_s = 4%）可能为碳质地层引起。η_s 小于 4% 的激电异常区与赋矿层位对应，推测可能与含矿地层有关。

（4）IP4 异常。位于测区中部的向斜地段，在平面上呈 S 形展布。规模较大，极化率一般在 2% ~ 4% 之间，视电阻率都在 400Ω·m 以下，视极化率和视电阻率背景值分别为 2% 和 200Ω·m。IP4 异常对应地层为 K_1kz^2，为本测区赋矿层的上覆层位，该层位本身引起的极化率幅值一般较小，不会引起大规模的激电异常。说明地层下可能存在引起激电异常的物体（矿化体或地下水等）。

（5）IP5 异常。位于萨热克向斜南翼，在 IP4 异常南部，规模较 IP4 小，局部激电异常呈东西走向，极化率峰值为 5%，视电阻率都在 200Ω·m 左右，对应地层为 K^1kz^{2-2}。

（6）IP6 异常。位于萨热克向斜构造南翼、新老地层断裂接触部位。受地形影响，异常没有封闭，η_s 一般小于 4%。对应地层为 J_3k^2、K_1kz^1、K_1kz^{2-1}、K_1kz^{2-2}、Pt_2ak^6。IP6 激电异常的最大特点是与含矿地层和辉绿岩脉出露有空间耦合关系。根据 IP6 异常的分布，可以将其分为两部分，主要部分沿南矿带分布，东西走向；另一部为 IP6 向北突出部分，对应 30 线激电测深的 IP-L30-2 异常，因此与后期热液活动有关，指示了深部铜矿体侧伏范围。

（7）IP7 异常。位于向斜构造北翼，与地层走向基本一致，异常呈带状分布，这可能与 IP4 呈北东向展布，受物探测区范围限制，异常没有封闭。该异常可能为碳质地层引起。

（8）IP8 异常。位于向斜构造南翼，与地层走向基本一致，异常呈带状分布，北东向展布，受物探测区范围限制，异常没有封闭。

3.2.2.2 激电中梯异常特征

为解释这些异常，在萨热克铜矿区 4 号勘探剖面上进行了已知矿体激电异常特征的对比分析（见图 3-10）。4 号地质勘探线跨越向斜构造、IP2 和 IP6 激电异常，勘探线长 2km，方位 340°，和激电中梯的 49 线重合，视极化率和视电阻率背景值分别为 2% 和 400Ω·m。

通过 4 号勘探线激电曲线（见图 3-10）可以了解到，从左到右，极化率为两高夹一低。左边的激电异常（与图 3-9 中的 IP2 异常对应）跨度窄，约 160m，η_s 最大值为 4%，对应的电阻率从低向高过渡，与盆地向斜北含矿地层对应；右边的激电异常（与图 3-9 中的 IP6 异常西延段对应）跨度宽，η_s 峰值低于前者约 3% 左右，对应的电阻率明显高于前者，为中高阻；中间地段由于被白垩系覆盖，下伏含矿地层的信息被掩盖，没有明显的反映；剖面最右边有低阻、高极化的窄异常，与盆地向斜南含矿地层（图 3-9 中的 IP6 异常）对应。

对比中梯和测深的激电分布特征，从总体上看，两者特征基本一致，即激电中梯的电阻率和极化率的幅值高低与激电测深断面对应地段的激电特征一致。相比激电中梯，激电测深二维反演断面提供了激电异常深部的分布特征。按极化率大于 1.6% 的幅值范围，圈定了 4 个激电异常（见图 3-10）。

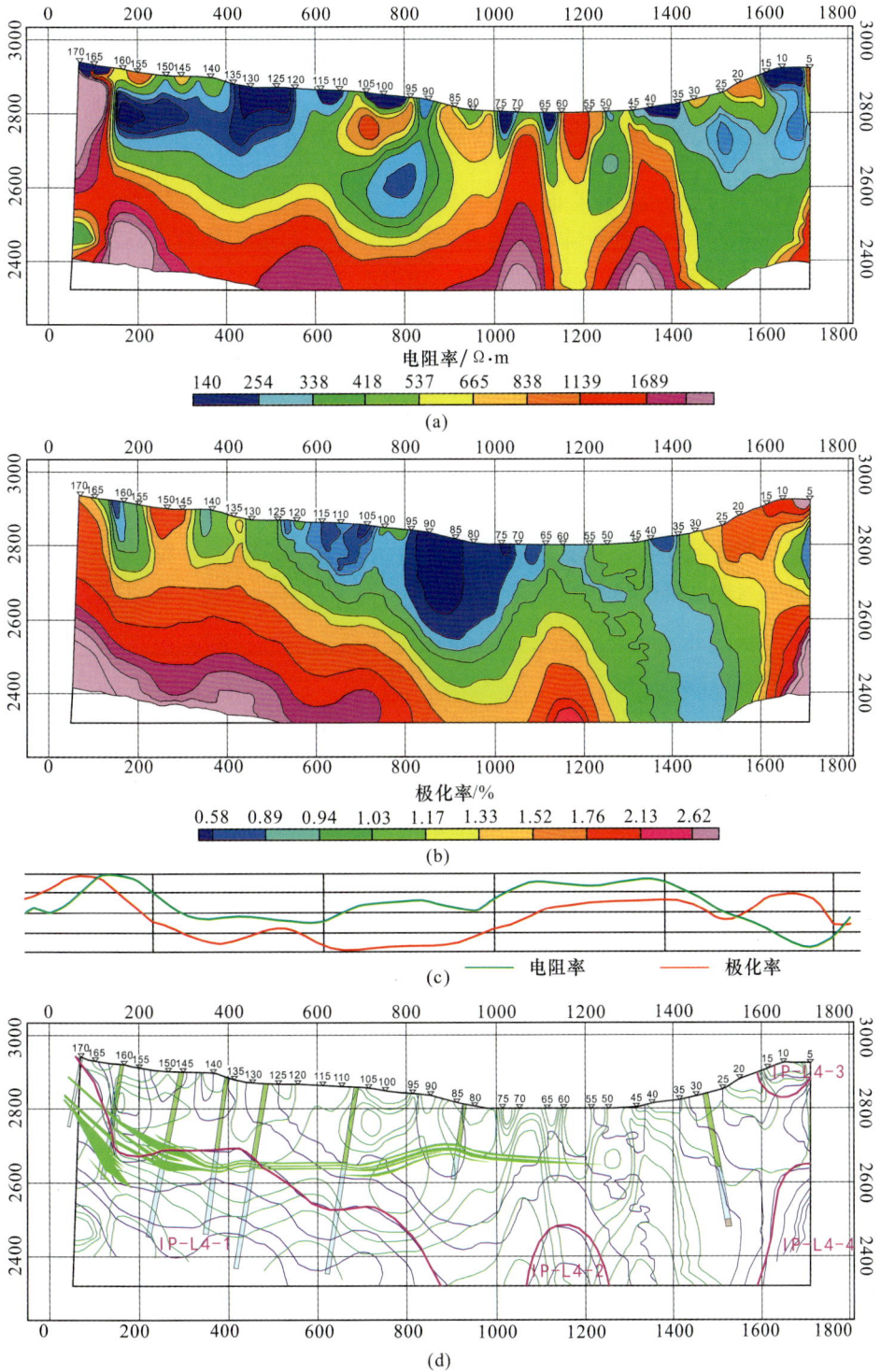

图 3-10　萨热克铜矿区 4 号勘探线激电测深、激电异常综合断面图
（a）二维反演电阻率断面图；（b）二维反演极化率断面图；
（c）激电中梯剖面曲线图；（d）地质、激电异常断面图

IP-L4-1 分布范围与已知铜矿体轮廓基本对应。已知矿体位于电阻率为 $320 \sim 560\Omega \cdot m$ 和极化率为 $1.6\% \sim 2\%$ 的过渡带上，这区间的极化率随深度加大，幅值增强，这是由激电测深特性所致。$80 \sim 85$ 号点之间，ZK407 钻孔见矿（化），但极化率并不高，大于 1%，中梯的极化率也不高，说明铜矿体硫化物含量不高，产生的激发效应不强。位于 $105 \sim 110$ 号点之间的 ZK405 钻孔资料也证实了这一点。位于 $25 \sim 30$ 号点之间的极化率不高，小于 1%，ZK408 钻孔不见矿（化）也有所验证。

IP-L4-2 分布较深，产状较陡，为低阻高极化异常，可能为断裂破碎带的反映，不排除由于后期的热液活动，金属矿物富集所致。IP-L4-3 异常分布较浅，产状向北倾斜，可能为盆地向斜南含矿地层（IP6 异常）的反映。IP-L4-4 异常分布较深，为高阻、高极化异常，可能为反演的边界效应或地层响应，但从所在位置的地层分布判断为矿（化）体反映的可能性小。

与含矿地层有关的异常为 IP2、IP3 和 IP4，各自占一部分，极化率幅值不高，一般在 $2\% \sim 4\%$ 之间，异常与地层走向基本一致。与辉绿岩（后期热液叠加）出露在空间上有关的异常为 IP4、IP5、IP6。从 4 号剖面测深结果看（详见 3.2.2.3 节），激电测深是本区圈定矿体空间分布的有效手段，极化率越高（<3%）矿体品位越高；对应矿体的反演电阻率特征为中偏低（$200 \sim 600\Omega \cdot m$）。高极化体不一定为矿体所产生，也可能为断裂破碎带或其他原因所致。

通过上述激电异常的综合分析，认为激发极化方法是本区圈定矿（化）体的主要技术方法，得出如下结论：

（1）本区可能有三种产生激电异常的因素：1）碳质地层引起较强的激电异常，极化率幅值高，一般大于 4%，容易分辨；2）含矿地层或矿（化）体均有激电异常显示，激电异常局部富集，极化率幅值不高，一般在 $2\% \sim 4\%$ 之间；3）断裂破碎带、地表盐碱或地下水等引起。

（2）根据激电测深成果可以得到：在地表覆盖浅的地区，激电异常一般为与含矿地层或矿体有关的单一异常；在覆盖区，一般存在浅部和深部的两层激电异常，指示深部存在矿体的可能。

（3）中低阻、高极化的激电异常可能与矿（化）体有关，极化率幅值（<3%）越高，矿体品位越高。

（4）后期的构造活动与矿体富集有较大的关系。辉绿岩可能是指示矿体存在的一个重要指标标志。

（5）激电测深是本区圈定矿体空间分布的有效手段；由于偶极距较大（100m），进一步改变工作装置后，可以提高横向分辨率。

综上所述，萨热克铜矿区及外围激电异常有以下特点：碳质地层引起的激电异常为 IP1、IP7 和 IP3 的一部分，极化率幅值高，一般大于 4%，异常与地层走向基本一致。与煤系地层有关的激电异常可以明显地加以区别开来。

因此，可以总结出本区产生激电异常的形成因素为含矿地层、断层（提供热液活动的通道）以及辉绿岩（提供热源的动力）。根据萨热克铜矿的成因、赋存空间以及激电分布特征的分析，认为：（1）中梯激电异常是在一定深度范围内（小于 200m）预测铜矿体可能富集空间的有效方法之一；（2）单-偶极激电测深是圈定矿体空间分布的有效手段。

3.2.2.3 CSAMT 资料解释

CSAMT 剖面的解释综合图如图 3-11 所示。各剖面的综合解释如下。

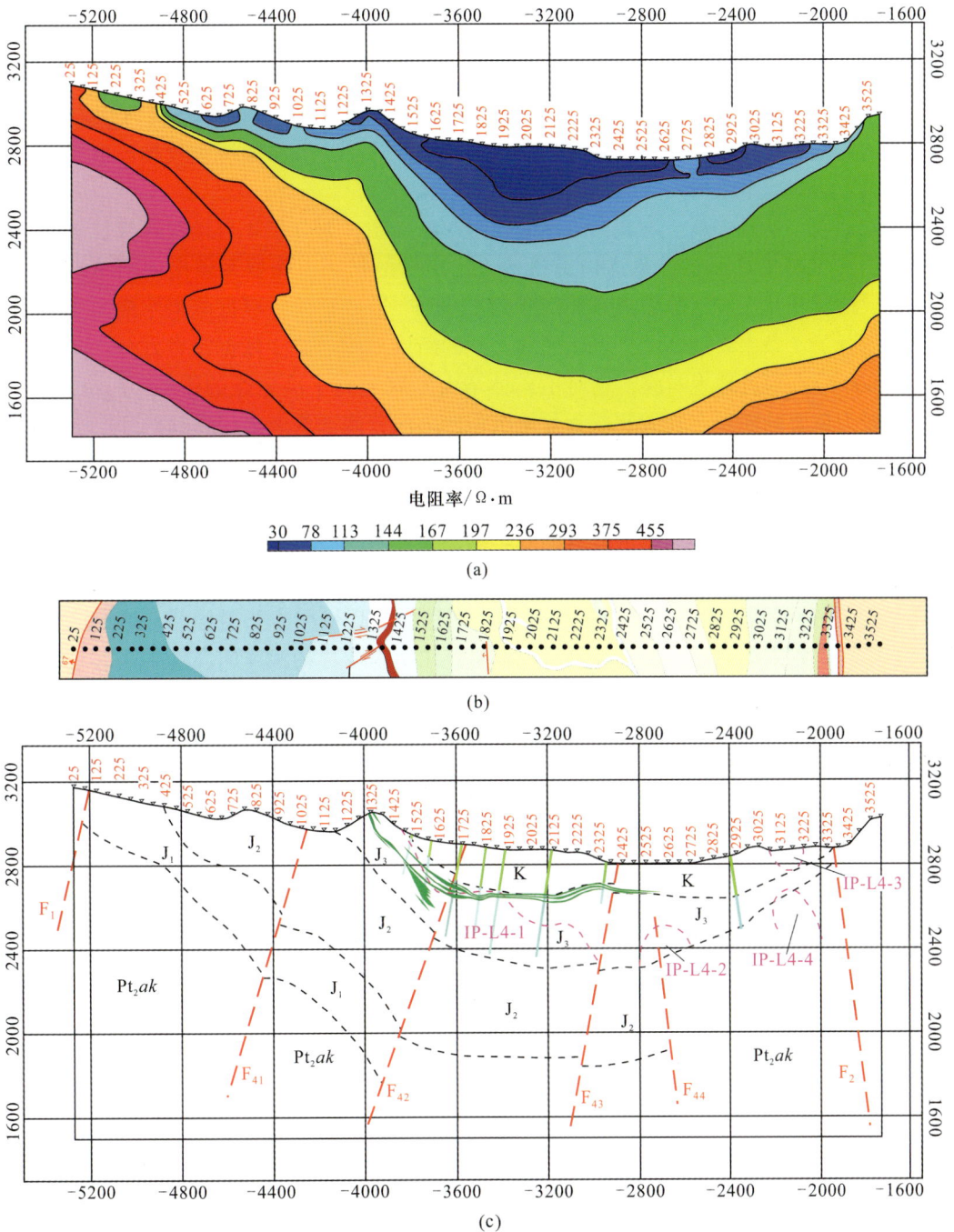

电阻率/Ω·m

图 3-11 萨热克铜矿区 4 号勘探线地质、CSAMT 二维反演解释综合图

（a）CSAMT 二维反演电阻率断面图；（b）剖面的地质平面截图；（c）地质、物探综合断面图

据二维反演电阻率断面图（见图 3-11（a））分析，电阻率断面图呈现较明显的盆状特性，两端阻值偏高，中部阻值偏低；断面左侧（小号点、盆地北部）的电阻率明显高于断面右侧（大号点、盆地南部），说明盆地两侧的地质结构存在差异。

根据勘探剖面的地质平面截图（见图 3-11（b））可以看出，盆地两侧为长城系，两条逆断层控制盆地边界（断面图上分别标示为 F_1 和 F_2），从北向南地层依次为下侏罗统、中侏罗统、上侏罗统，从 1500 号点开始向南被白垩系覆盖，浅部有第四系，南部盆地边沿（3300 号点附近）又有上侏罗统出露；从剖面上已完工的 8 个钻孔资料可以看出，除 ZK408 钻孔见到长城系基底外，其他都没有穿过上侏罗统，下白垩统克孜勒苏群和上侏罗统库孜贡苏组对应电阻率反演断面的低阻凹陷区域。

对比地质、钻孔资料，参照二维反演电阻率断面图，划分了 4 号勘探线深部地层、构造结构图（见图 3-11（c））。从北向南受西天山山脉的挤压，侏罗系依次向南单斜，在盆地中部，地层产状变缓。除盆地南北两侧的 F_1 和 F_2 逆断层外，根据电阻率横向变化等特征，又划分了 4 条主要逆断层，可能还有其他的断层，由于缺少依据没有划分；其中断层 F_{42} 与 1800 号点附近地表对应，它对主矿体增大变厚起到了决定性的作用；F_{44} 可能是盆地中部较为重要的断层，它的北部为盆地沉积凹陷区，南部为老地层隆起平台。

萨热克铜矿可能至少存在 2 期成矿作用：第一期成矿作用在晚侏罗世的萨热克次级盆地形成砂砾岩型原始矿源层，使得铜矿严格受控于上侏罗统库孜贡苏组上段冲积扇相砂砾岩中。第二期成矿作用受乌恰构造运动的影响，长城系变质岩向盆地内推覆，在向斜的纵弯过程中原始沉积的含铜矿物受构造挤压作用而活化，以流体方式向局部富集（局部的背斜隆起），断裂起到重要的导矿与储矿作用。在剖面 850 号点为背斜轴部，指示这里原来存在一个规模较大的背斜构造，在第二次成矿作用下，矿源物质在向高处运移的过程中赋存在裂隙（背斜的侧翼）中，后期的构造活动造成铜矿的富集（F_{42}）。剖面 2350 号点局部的隆起也说明了构造活动形成的局部隆起对矿体富集的作用。上述分析表明萨热克铜矿虽然是层控矿床，但矿体的富集受构造控制作用较大，有些地段矿体富集、有些地段只有矿化或不够品位。图中把单-偶极测深的激电异常与根据 CSAMT 电阻率推测的地质构造套合在一起，可以看出激电异常（IP-L4-1）除了与矿体有关外，可能还与断裂等构造有关；IP-L4-2 异常位于含矿地层中、老地层隆起的分界线附近，可能与辉绿岩侵入时期的成矿作用有关。

3.3 地球化学特征

3.3.1 地球化学分布特征

3.3.1.1 萨热克巴依幅—其勒坦套幅

2009—2012 年，新疆地矿局第二地质大队完成了萨热克巴依幅（K43E024011）、其勒坦套幅（K43E024012）1∶5 万水系沉积物测量工作。根据《西昆仑西部 1∶50 万区域化探》中的方法试验（该项成果包括调查区），结合新疆水系沉积物测量采样试验和经验粒级，水系沉积物测量采用套筛取样法采样，截取粒级为 10 ~ 80 目（1.651 ~ 0.175mm）。

1：5万地球化学普查采用水系沉积物测量，采样密度为1km²4~6个样，采样粒级参考类似景观区以往化探方法试验成果确定，分析元素不少于14种，其中Au、Ag、Cu、Pb、Zn、W、Sn、Mo、As、Bi、Sb、Cr、Ni、Co是必须分析元素，其他元素根据萨热克巴依幅—其勒坦套幅成矿特征，并结合1：20万区域化探异常元素组分确定。对区内有找矿意义的异常进行踏勘检查，优选重要异常进行Ⅲ级查证，共圈出24个异常（见图3-12）。

A 单元素异常

单元素异常是在元素地球化学图的基础上，根据各元素分析成果的统计结果，采用剔除高值（+3S）后的算术平均值加上2倍的标准差来确定异常下限，异常下限可根据各元素的地球化学背景值进行适当的调整。根据元素的异常下限值直接在地球化学图上圈出各元素的异常。表3-6列出了单元素的异常下限及异常数量。

B 单元素异常评序

按照单元素异常编号，分别计算每个异常的平均值、标准差、极大值、衬值、规模、规格化面金属量（NAP值）、浓度分带等系数，对普查区单元素异常的各参数分别评序，并把每个异常对应的序数累加，以每个异常的累加序数作为单元素异常评序依据编制单元素异常评序表。

3.3.1.2 喀什炼铁厂幅

喀什炼铁厂幅内未开展全面的化探扫面工作。2004—2008年，有色金属矿产地质调查中心新疆地质调查所在吉根—乌鲁克恰提区、康苏区开展的1：5万化探水系沉积物测量中，共圈定了单元素异常121个，综合异常11个。

A 单元素异常展布特征

（1）Sb元素在该区水系沉积物中的平均值为0.38×10^{-6}，异常下限值为1×10^{-6}，浓度克拉克值为0.25，变异系数为0.65，属弱分异型，为该区的找矿指示元素。其高背景区和高值区面积约为91km²，占全区的23%左右，呈北北东向展布与本区的构造方向和地层走向基本一致；主要分布在测区西部的下泥盆统灰黑色页岩、燧石灰岩夹基性火山岩和上志留统灰黑色碳质千枚岩、硅质千枚岩、浅变质砂岩、大理岩中；其次分布在测区中部的上白垩统紫色、灰绿色砂岩与泥页岩互层及上新统—更新统褐色砂砾岩、杂砾岩粉砂岩、洪积物和冲积物中。全区最大值11.01×10^{-6}位于AS-8的红山铁矿中，反映了热液活动的有利部位，能有效地圈定找矿靶区。

（2）As元素在该区水系沉积物中的平均值为4.11×10^{-6}，异常下限值为20×10^{-6}，浓度克拉克值为2.29，变异系数为0.56，属强富集弱分异型，为该区主要的找矿指示元素。其高背景区和高值区面积约为48km²，占全区的12%左右；主要分布在测区西部的下泥盆统灰黑色页岩、燧石灰岩夹基性火山岩和石炭系—二叠系灰-黑色灰岩、泥灰岩、局部夹安山质火山岩中；其次分布在测区西北部的上志留统灰黑色碳质千枚岩、硅质千枚岩、浅变质砂岩、大理岩及中下志留统灰色绿泥石片岩夹大理岩化灰岩中。全区最大值108.2×10^{-6}位于AS-8的红山铁矿中，反映了成矿的有利部位，能有效地圈定找矿靶区。

（3）Au元素在该区水系沉积物中的平均值为0.57×10^{-9}，异常下限值为2×10^{-9}，浓度克拉克值为0.14，变异系数为0.537，属弱分异型，可作为该区的主成矿元素之一。其高

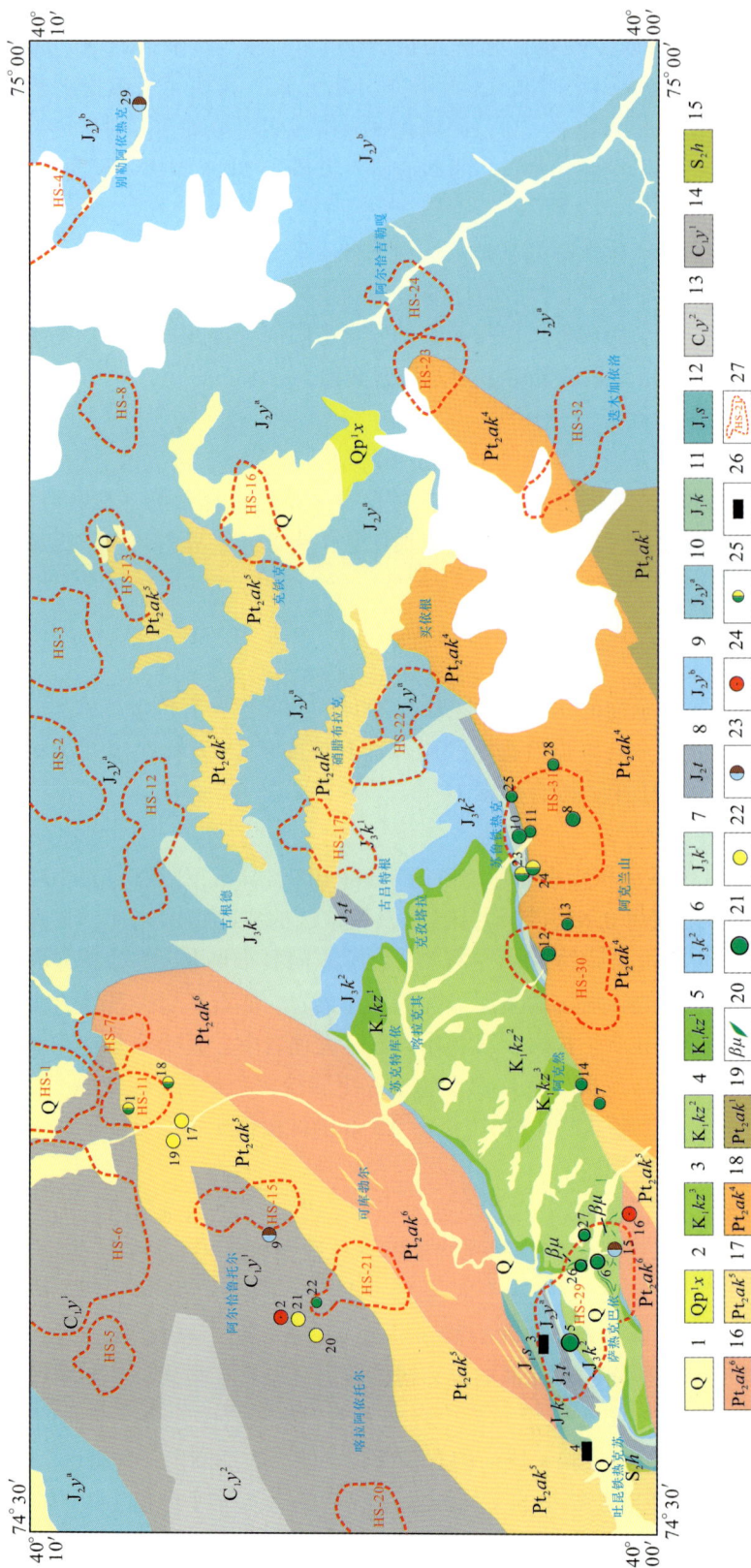

图3-12 萨热巴克巴依幅一套幅化探综合异常（化探资料来源新疆地矿局第二地质大队）

1—第四系；2—更新统西域组；3—下白垩统克孜苏群第三岩性段；4—下白垩统克孜苏群第二岩性段；5—下白垩统杨叶组第一岩性段；6—上侏罗统库孜贡苏组上段；7—上侏罗统库孜贡苏组下段；8—中侏罗统塔尔组中段；9—中侏罗统塔尔组下段；10—中侏罗统杨叶组中段；11—下侏罗统康苏组；12—下侏罗统莎里塔什组；13—下石炭统野云沟组上段；14—下石炭统野云沟组下段；15—中志留统合同沙组；16—中志留统阿克苏群第六岩性段；17—长城系阿克苏群第五岩性段；18—长城系阿克苏群第四岩性段；19—长城系阿克苏群第四岩性段；20—辉绿岩脉；21—铜矿（化）体；22—铜矿（化）体；23—铅锌矿（化）体；24—铁矿（化）体；25—铜金矿（化）体；26—煤矿；27—化探综合异常及编号

1 Q | 2 Qp¹x | 3 K₁kz | 4 K₁kz² | 5 J₃k² | 6 J₃k¹ | 7 J₂t | 8 J₂yᵇ | 9 J₂yᵃ | 10 J₃yᵃ | 11 J₂k | 12 C₁yᵇ | 13 C₁y² | 14 S₂h | 15

16 Pt₂ak⁶ | 17 Pt₂ak⁵ | 18 Pt₂ak⁴ | 19 βμ | 20 | 21 | 22 | 23 | 24 | 25 | 26 | 27

表 3-6 单元素的异常下限及异常数量统计

元素	Au	Ag	As	Sb	Cu	Pb	Zn	Cr	Ni	Co	W	Sn	Mo	Bi
算术平均值	0.53	5.93	1.88	0.37	73.97	11.82	25.31	66.42	17.15	1.27	0.24	41.02	70	2.16
标准差	0.38	3.77	1.495	0.11	52.12	6.03	15.13	29.08	6.42	0.70	0.14	27.90	28.2	1.44
异常下限计算值	1.29	13.47	4.87	0.59	178.21	23.88	55.57	124.58	29.99	2.67	0.52	96.82	126.4	5.04
异常下限使用值	1.5	20	4.0	0.80	200	25	50	120	30	4.0	0.5	100	150	5.0
异常数量	24	22	9	11	9	10	15	17	19	15	25	15	26	26

注: Au 元素含量的单位为 ng/g, 即 ×10^{-9}; 其他元素为 μg/g, 即 ×10^{-6}; 浓集系数=天山地区背景值/克拉克值。

背景区和高值区面积约为 67km², 占全区的 17% 左右; 主要分布在测区西部的下泥盆统灰黑色页岩、燧石灰岩夹基性火山岩和中部的下白垩统紫色砾岩夹砂岩中; 其次分布在测区西部的上志留统灰黑色碳质千枚岩、硅质千枚岩、浅变质砂岩、大理岩及东部的渐新统灰色中粗砾含铜砂岩夹紫色砂、页岩中。全区最大值 16.76×10^{-9} 位于 AS-11 的渐新统中, 一是反映出克孜勒套—明铁克套北北东向金成矿带, 二是反映出与渐新统有关的金矿化, 而在测区第四系中呈零星分布的点状高值区可能由元素次生富集而形成。

(4) Pb 元素在该区水系沉积物中的平均值为 7.41×10^{-6}, 异常下限值为 25×10^{-6}, 浓度克拉克值为 0.59, 变异系数为 0.7, 属弱分异型, 为该区的主成矿元素。其高背景区和高值区面积约为 39km², 占全区的 10% 左右; 主要分布在测区西部的上志留统灰黑色碳质千枚岩、硅质千枚岩、浅变质砂岩、大理岩及中下志留统灰色绿泥石片岩夹大理岩化灰岩中, 呈北东向展布, 长 9km, 宽 1~2km, 面积约为 16km²; 其次分布在测区中部的上白垩统和始新统乌拉根组紫色、灰绿色砂岩与泥页岩互层中, 呈不规则状展布, 东西长 4km, 宽 1km, 面积约为 3.8km²。主要圈出了铅锌的矿化区。

(5) Zn 元素在该区水系沉积物中的平均值为 28×10^{-6}, 异常下限值为 125×10^{-6}, 浓度克拉克值为 0.41, 变异系数为 0.83, 属弱分异型, 为该区的成矿元素。其高背景区和高值区面积约为 56.5km², 占全区的 14% 左右; 主要分布在测区西部的上志留统灰黑色碳质千枚岩、硅质千枚岩、浅变质砂岩、大理岩及中下志留统灰色绿泥石片岩夹大理岩化灰岩中, 呈北东向展布, 长 10km, 宽 1~2km, 面积约为 18km²。

(6) Cu 元素在该区水系沉积物中的平均值为 10.98×10^{-6}, 异常下限值为 40×10^{-6}, 浓度克拉克值为 0.2, 变异系数为 0.719, 属弱分异型。其高背景区和高值区面积约为 49km², 占全区的 12% 左右; 主要分布在测区西部的下泥盆统灰黑色页岩、燧石灰岩夹基性火山岩和上志留统灰黑色碳质千枚岩、硅质千枚岩、浅变质砂岩、大理岩中, 呈北东向展布, 长 9km, 宽 2~3km, 面积约为 2km²; 其次分布在测区中部的石炭系—二叠系灰-黑色灰岩、泥灰岩、局部夹安山质火山岩及中下志留统灰色绿泥石片岩夹大理岩化灰岩中。

(7) Mo 元素在该区水系沉积物中的平均值为 0.38×10^{-6}, 异常下限值为 1.0×10^{-6}, 浓度克拉克值为 0.25, 变异系数为 0.65, 属弱分异型, 为该区的找矿指示元素之一。其高背景区和高值区面积约为72km^2，占全区的18%左右。高背景区和高值区的分布与Cu元素极其相似，只是面积分布比Cu元素要大一些。

（8）Ba元素在该区水系沉积物中的平均值为375×10^{-6}，异常下限值为750×10^{-6}，浓度克拉克值为0.2，变异系数为0.49，属弱分异型。其高背景区和高值区面积约为80km^2，占全区的20%左右；主要分布在测区西部的下泥盆统灰黑色页岩、燧石灰岩夹基性火山岩和上白垩统紫色、灰绿色砂岩与泥页岩互层中，反映出与成矿作用有关的元素组合特征。

（9）Ag元素在该区水系沉积物中的平均值为0.03×10^{-6}，异常下限值为0.1×10^{-6}，浓度克拉克值为0.37，变异系数为0.74，属分异型。其高背景区和高值区主要分布在测区西部的下泥盆统灰黑色页岩、燧石灰岩夹基性火山岩和上白垩统和始新统乌拉根组紫色、灰绿色砂岩与泥页岩互层中。为该区铅锌矿、金矿的重要伴生指示元素。

B 综合异常展布特征

从宏观观察，测区内化探综合异常具有明显的分区特征，它们与主构造方向和地层走向基本一致。由西至东主要分布在五个区：

（1）克孜勒套—明铁克套北北东向金银铜钼钡异常区，由AS-1、AS-2、AS-3、AS-4、AS-5等综合异常组成；

（2）吉根乡—科克均北北东向铅锌砷锑异常区，由AS-6综合异常组成；

（3）江格结尔北北西向铅锌银异常区，由AS-7综合异常组成；

（4）红山铁矿北北西向砷锑铜钼异常区，由AS-8综合异常组成；

（5）阔克吉勒尕—阔什皮恰克萨依近南北向铅锌铜砷金异常区，由AS-9、AS-10、AS-11等综合异常组成。

3.3.2 异常评价

3.3.2.1 萨热克巴依幅—其勒坦套幅

A 异常分类

在目前所做的单元素地球化学异常图基础上，将异常元素分成四组，分别代表高、中、低温热液元素组合及铁族元素组合，即W-Sn-Bi-Mo、Cu-Pb-Zn-Ag、Au-As-Sb、Ni-Cr-Co四个元素组合，即四类组合异常。其中综合异常为Cu-Pb-Zn-Ag组合的居多，包括HS-31、HS-29、HS-11、HS-15、HS-7、HS-32、HS-22、HS-12、HS-3、HS-2、HS-8等；W-Sn-Bi-Mo组合中综合异常包括HS-28、HS-30、HS-17等；Au-As-Sb组合中综合异常包括HS-24、HS-13、HS-4等；Ni-Cr-Co组合中综合异常包括HS-10、HS-9、HS-5等。

依据元素的地球化学性质、元素组合特征，对普查区内的单元素异常进行对比分析，区分主成矿元素及伴生元素，将14种元素的单异常进行叠加组合形成综合异常，全区共圈定了23个综合异常。根据单元素异常评序表中的NAP值，计算套合于综合异常中的各元素信息总量（权重），结合单元素异常面积、强度、规模及成矿条件对各综合异常进行分类（见表3-7）。

表 3-7 萨热克巴依幅—其勒坦套综合异常特征一览表

异常编号	元素组合	NAP	NAP/10	成矿地质条件	总得分	排序	地质矿产特征	异常分类
HS-31	Au、Cu、Ag	218.18	21.82	8	29.82	1	异常中心南部有阿克兰山铜矿化点	乙
HS-29	Au、Cu、Pb、Ag、Sb	47.05	4.71	10	14.71	2	异常范围内有已知铜矿床（萨热克铜矿），东南部有铜矿化点	甲
HS-11	Cu、Ag	24.39	2.44	9	11.44	3	异常中心有铁斯给铜矿点	乙
HS-30	Au、Mo、W	21.78	2.18	5	7.18	4	出露地层为白垩系克孜勒苏群、长城系阿克苏群，F_1^2 断裂从两地层交界部位近东西向通过	乙
HS-15	Pb、Zn、As、Mo、Sb	18.42	1.84	5	6.84	5	出露地层为石炭系野云沟组、长城系阿克苏群，F_1^5、F_1^3 断裂从异常南北两端通过	乙
HS-24	Au、Pb、As、Sb、Co、Ag、Ni	38.30	3.83	3	6.83	6	出露地层为侏罗系杨叶组下段，北东部发育褶皱构造	乙
HS-7	Au、Cu、Ag	4.68	0.47	6	6.47	7	出露地层为石炭系野云沟组、长城系阿克苏岩群，F_1^3 断裂从异常北部北东向通过	乙
HS-21	Bi、Ag、Ni	13.83	1.38	5	6.38	8	出露地层为石炭系野云沟组、长城系阿克苏群，F_1^3、F_1^4、F_1^5 断裂从异常中部北东向通过	丙
HS-32	Cu、As、Sb	10.37	1.04	5	6.04	9	出露地层为侏罗系杨叶组下段、长城系阿克苏群，其中可见石英脉，F_1^9、F_2^2 断裂从异常北西部通过	丙
HS-23	Mo、Ni、Ag	8.47	0.85	5	5.85	10	出露地层为侏罗系杨叶组下段、长城系阿克苏群，其中可见石英脉，F_1^9、F_2^3 断裂通过	丙
HS-22	Au、Cu、Zn、Bi、As	16.08	1.61	4	5.61	11	出露地层为白垩系克孜勒苏群、侏罗系杨叶组下段、长城系阿克苏群	丙
HS-20	Cu、As、W	8.67	0.87	4	4.87	12	出露地层为石炭系野云沟组，F_1^6 从异常北部通过	丙
HS-13	Au、Mo、Sb	15.03	1.50	3	4.50	13	出露地层为侏罗系杨叶组下段、长城系阿克苏群	丙
HS-17	Au、Cu、W、Bi	10.11	1.01	3	4.01	14	出露地层为白垩系克孜勒苏群、侏罗系杨叶组下段、长城系阿克苏群	丙

异常编号	元素组合	NAP	NAP/10	成矿地质条件	总得分	排序	地质矿产特征	异常分类
HS-12	Au、Cu、Mo、Ag	14.07	1.41	2	3.41	16	出露地层为侏罗系杨叶组下段、西部有小平面积的长城系阿克苏群，F_2^1断裂从异常西端北东向通过	丙
HS-3	Cu、Pb、Zn、Sn、Ag、Co	22.60	2.26	1	3.26	17	出露地层为侏罗系杨叶组下段	丙
HS-4	Au、Sb、As	22.06	2.21	1	3.21	18	出露地层为侏罗系杨叶组下段	丙
HS-33	Au、Ag、Mo、W、Co、Sn、Ni	20.58	2.06	1	3.06	19	出露地层为侏罗系杨叶组中段	丙
HS-5	Au、Cu、Cr、Mo、Ni、Co、Bi	6.25	0.63	2	2.63	20	出露地层为侏罗系杨叶组下段，F_3^1断裂从异常西南方外侧通过	丙
HS-2	Pb、Ag、Sn	9.98	1.00	1	2.00	21	出露地层为侏罗系杨叶组下段	丙
HS-1	Au、Cu、Co、Sn	8.61	0.86	1	1.86	22	出露地层为石炭系艾克提克组	丁
HS-16	Cu、Zn、Bi、Ag、Sn	7.44	0.74	1	1.74	23	出露地层为侏罗系杨叶组下段，小面积的长城系阿克苏群	丁
HS-8	Cu	5.64	0.56	1	1.56	24	出露地层为侏罗系杨叶组下段	丁

资料来源：新疆地矿局第二地质大队。

分类标准按地球化学普查规范要求，根据异常所处的地质环境、地质找矿意义和地质研究程度对调查区内的23处综合异常进行分类，将化探异常分为甲、乙、丙、丁四类，矿致异常为甲类，推测矿致异常或对解决其他地质问题有重要意义的异常为乙类，性质不明异常为丙类，无找矿意义异常为丁类。依据此分类原则划分出甲类异常1处，乙类异常6处，丙类异常14处，丁类异常3处。

B 异常排序

a 评序评分标准

评价标志为地球化学异常标志（包括异常强度、面积、规模及元素组合特征）、地质控矿和显矿标志（包括构造及已知矿体、石英脉及围岩蚀变的分布和发育情况）、异常累加的规格化面金属量∑NAP值，再按每个综合异常∑NAP值排序。

b 评序结果

测区评序结果：HS-31铜银金异常名列第一，HS-29铜铅银金锑异常名列第二，HS-26铜银异常名列第三，与区内已知情况较相符，表明本次评序是合理的。

3.3.2.2 喀什炼铁厂幅

根据喀什炼铁厂幅1:5万水系沉积物的异常面积大小、异常强度，并结合异常区出露地层的岩性特征及已知矿化点分布情况，对喀什炼铁厂幅中的化探异常进行了初步排序（见表3-8）。

表 3-8 喀什炼铁厂幅化探异常评价与排序

排序	化探异常	NAP 值	异常分类	矿（化）点
1	AS-7	33.84	甲1	江格结尔
2	AS-8	49.3	甲2	红山铁矿
3	AS-9	4.59	丙	
4	AS-10	9.00	丙	
5	AS-11	49.3	丙	

从表 3-8 可以看出，喀什炼铁厂幅中的 AS-7 和 AS-8 化探异常分别与江格结尔铅锌矿和红山铁矿对应，具有较好的指示效果。

3.3.3 异常检查

3.3.3.1 萨热克巴依幅—其勒坦套幅

A 化探成果

采用 1：2000 PI、PJ、PK 地化剖面对东部的 HS16 化探异常进行了检查；采用 1：2000 PG 地化剖面对 HS23 化探异常进行了检查；采用 1：2000 PH 地化剖面对 HS24 化探异常进行了检查；采用 1：2000 PL 地化剖面对 HS32 化探异常进行了检查。化探分析结果未见明显的矿化，Ni、Ag、Co、As 等异常主要与杨叶组灰黑色含碳泥质粉砂质片岩有关。

B 高精度磁测剖面特征

在 HS23 和 HS24 异常点布设了 1 条高精度磁测剖面，以检查该部位是否存在隐伏超基性岩体。从磁测剖面结果显示，整条剖面磁异常显示在 $-10 \sim 10nT$ 之间为平稳低缓的磁异常特征，磁异常特征显示了典型的无磁性或微弱磁性的沉积岩的磁性特征。故该剖面磁异常主要反映的是侏罗系沉积岩地层。从剖面特征推断，磁测剖面位置应不存在隐伏超基性岩体。

3.3.3.2 喀什炼铁厂幅

采用 1：2000 地质剖面测量、1：1 万岩石剖面测量和路线地质调查等进行综合异常检查 3 处。主要包括 1：5 万综合异常 AS-8，AS-10 和 AS-11（见图 3-13）。

A AS-8 异常检查

通过 1：2000 PC 地质剖面和 1：1 万岩石剖面测量，对 AS-8 异常进行了检查，重点对上石炭统含矿地层（C_2kk）和下白垩统含矿地层（K_1kz）进行了地质编录和原生晕样品采集。通过地表观察，发现 C_2kk 中的大理岩化灰岩沉积厚度大（见图 3-14(a)），节理发育，通常在构造裂隙中可见明显的褐铁矿化（见图 3-14(b)）；下白垩统含矿地层中未发现明显矿化（见图 3-14 (c)(d)）。

B AS-10 异常检查

通过 1：2000 PD 地质剖面和 1：1 万岩石剖面测量，对 AS-10 异常进行了检查，重点

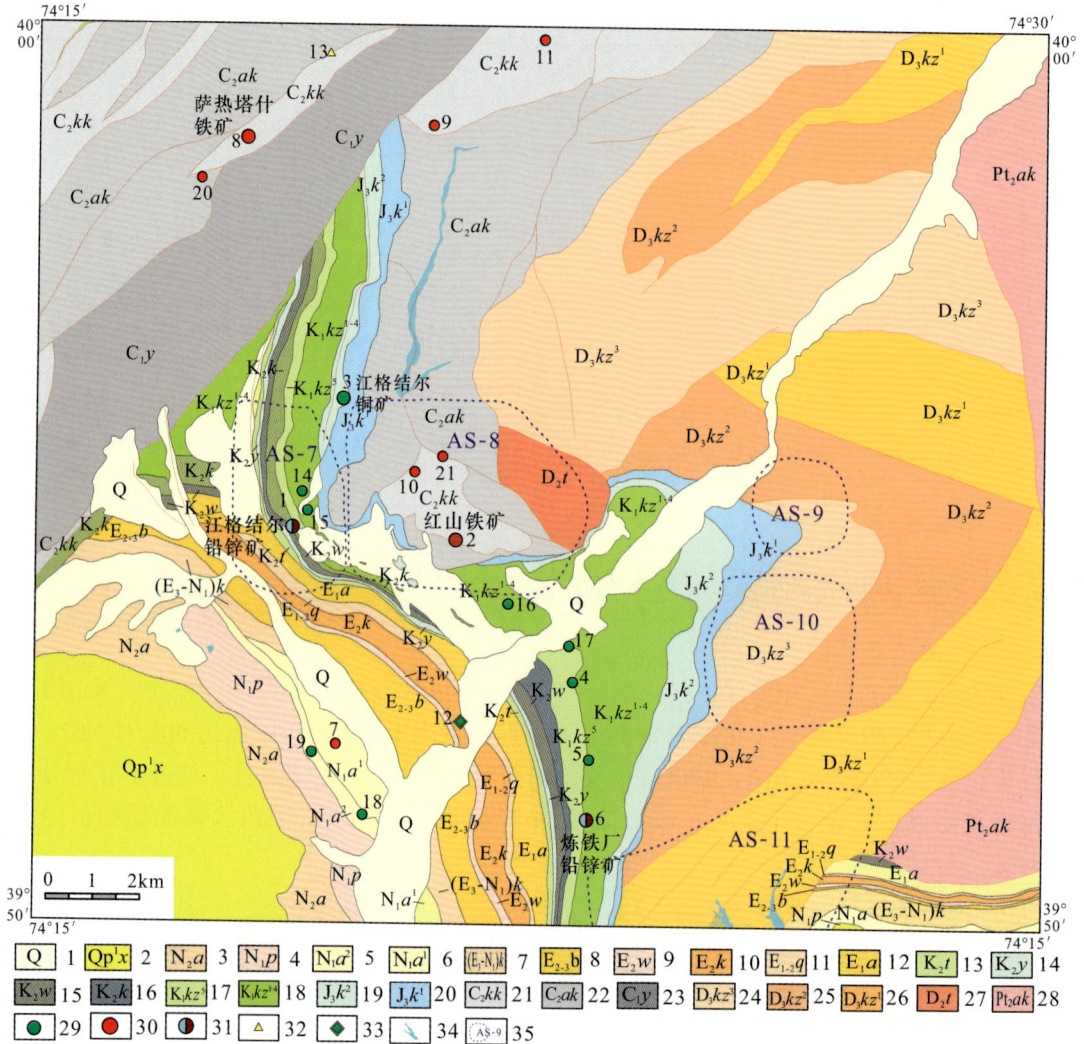

图 3-13　喀什炼铁厂幅 1:5 万化探综合异常图

1—第四系；2—下更新统西域组；3—上新统阿图什组；4—中新统帕卡布拉克组；5—中新统安居安组上段；
6—中新统安居安组下段；7—渐新统—中新统克孜洛依组；8—始新统—渐新统巴什布拉克组；
9—始新统乌拉根组；10—始新统卡拉塔尔组；11—古新统—始新统齐姆根组；12—古新统阿尔塔什组；
13—上白垩统吐依洛克组；14—上白垩统依格孜牙组；15—上白垩统乌依塔格组；16—上白垩统库克拜组；
17—下白垩统克孜勒苏群第五岩性段；18—下白垩统克孜勒苏群第一到四岩性段；
19—上侏罗统库孜贡苏组上段；20—上侏罗统库孜贡苏组下段；21—上石炭统康克林组；
22—上石炭统艾克提组；23—下石炭统野云沟组；24—上泥盆统克孜尔塔格组三段；
25—上泥盆统克孜尔塔格组二段；26—上泥盆统克孜尔塔格组一段；27—中泥盆统托格买提组；
28—中元古界长城系阿克苏群；29—铜矿点；30—铁矿点；31—铅锌矿点；32—硫黄矿；
33—石膏矿；34—水系；35—水系沉积物综合异常及编号

对下白垩统含矿地层（K_1kz）、上侏罗统库孜贡苏组含矿地层（J_3k）及上侏罗统库孜贡苏组含矿地层（J_3k）与中元古界长城系（Pt_2ak）的接触带进行了地质编录和原生晕样品采集，分析结果显示，该段未发现明显矿化（见图 3-15 和图 3-16）。

(a)

(b)

(c)

(d)

图 3-14　PC 剖面含铁建造岩石露头

图 3-15　K_1kz 与 J_3k 呈整合接触

图 3-16　J_3k 与 Pt_2ak 呈角度不整合接触

C AS-11 异常检查

通过 1：2000 PE 地质剖面测量和 1：1 万岩石剖面测量，对 AS-11 异常进行了检查，重点对下白垩统含矿地层（K_1kz）、上侏罗统库孜贡苏组含矿地层（J_3k）及与长城系（Pt_2ak）的接触带进行了地质编录和原生晕样品采集，分析结果显示，该段未发现明显矿化（见图 3-17 和图 3-18）。

图 3-17 J_3k 与 Pt_2ak 呈角度不整合接触

图 3-18 Pt_2ak 中的绢云石英片岩

3.4 遥感地质特征

3.4.1 地质构造解译工作

地质构造解译是将遥感图像作为信息源，参考已有的地质矿产资料，运用基础地质和成矿学理论，结合实践经验和对调查区的地质认识，以地质体、地质构造和地质现象对电磁波谱响应的特征影像（遥感解译标志）为依据，在建立各种岩石、地层、构造等的解译标志后，应用目视解译、人机交互解译和三维可视化等方法，先从构造解译入手，先整体后局部，从已知到未知，直接在基础遥感影像图上，解译圈定各时代的地层岩性、断裂（线性）构造、褶皱构造、岩浆岩、环形构造等地质要素，分析研究各地质体之间的关系，填绘遥感解译地质图的过程。

3.4.1.1 遥感影像解译标志

遥感影像记录的是地质体光谱反射和辐射特征，地质体性质和表面特征不同所反映出的光谱特征差异可通过色调（彩）、形状、纹形、地貌四种影像特征加以表征。其中：

（1）色调（彩）是地物光谱特性在图像中的直观表现，即以密度或亮度数值反映地物的光谱反射率特性，因此色调（彩）就是地物在遥感图像上的直接影像特征。

（2）形状是目标物在不同比例尺的遥感图像中以形状大小构成的不同形态，是界定和识别目标物的重要解译标志，各类目标物在图像中的形态特征以点、线、面等所组成的形状加以区别。

（3）纹形影像是图像上具有相同或相似的形态影像组合显示出一种特征的纹形图案。

（4）地形地貌特征在图像上的显示具有一定的规律性，即地貌类型、形态及组合形式不同，反映的岩性、岩石类型也不同。

用来区分和识别不同物体或确定物体属性的特定影像特征称之为遥感解译标志。其中遥感图像上那些能判别和识别地表的地质体及地质现象，并能说明其性质和相互关系的影像特征，称为遥感地质解译标志。建立各类地质体的解译标志，是进行遥感地质解译的基础。

A 主要岩石地层解译标志

各类岩石的矿物成分、赋存环境及抗风化强度决定了它的电磁波谱特征，岩性解译就是利用不同岩层反射光谱差异形成的形态、结构、纹理、色调等影像差异，判定出露地面的岩石的物理特性和产出特点，划分不同岩石类型或岩性组合。实际操作中，需要通过典型区段或样区的研究，取得调查区内的地层影像特征，建立岩性解译标志，从而判读岩石类型、产出状况、展布、变化及其相互关系，并尽可能解译出不同岩性的分界。

同时，在遥感图像上追索含矿赋矿地层或岩脉具有特别重要的意义，可以利用已知矿源层、赋矿地作为训练场，利用机助或目视解译加以追踪圈定。利用某些含矿地层易风化或难风化形成的特殊地貌、含矿层的特定色调和内部纹理结构等特征，均可对含矿层进行追踪。

调查区内的部分岩石地层单元的解译标志见表3-9(影像色调特征及影像截图基于美国8号陆地卫星 OLI 753 波段组合图像)。

表 3-9 调查区部分岩石地层单元遥感影像解译标志

| 序号 | 岩石地层单元 | | 岩性特征 | 影像特征 | 遥感影像 |
	地层	地层代号			
1	第四系	Q	砾石、砂、亚黏土、冰碛层等	蓝紫色、亮绿色、黄白色，光滑影纹，扇状或裙带形态	

序号	岩石地层单元		岩性特征	影像特征	遥感影像
	地层	地层代号			
2	下白垩统	K_1kz^3	灰白-灰绿色砾岩、含砾砂岩、岩屑砂岩夹粉砂岩	蓝紫色，粗糙影纹，呈明显正地形	
3		K_1kz^2	红色长石岩屑砂岩、泥质细砂岩与褐灰色粉砂质泥岩互层	黄绿色调，影纹粗糙，地形起伏较小	
4		K_1kz^1	褐红色砂质泥岩、泥质砂岩，底部夹绿色砾岩	灰褐色调，影纹粗糙，地形起伏较小	
5	上侏罗统	J_3k^2	灰绿色、紫色、褐灰色巨块状砾岩夹岩屑砂岩、泥质细砂岩透镜体，顶部为灰白色块状岩屑石英砂岩	蓝紫色调，影纹较为细腻，中等侵蚀，缓坡状	
6		J_3k^1	灰色、灰绿色砾岩与岩屑石英砂岩、长石岩屑砂岩和泥质细粒岩屑砂岩、泥质粉砂岩	浅蓝-灰白色调，影纹细腻，梳状冲沟发育，尖棱状山脊，草类植物较为发育	
7	中侏罗统	J_2t	下部为石英砂岩、细砂岩、粉砂岩、泥岩、砾岩、砂砾岩；中上部以泥岩、粉砂岩为主	粉红-浅蓝色调，影纹粗糙，草类植物较为发育	
8		J_2y	灰绿色岩屑石英砂岩、岩屑砂岩、泥质细砂岩、泥质粉砂岩、紫灰色泥质粉砂岩、灰白色石英砂岩	深蓝色调，影纹粗糙，中等侵蚀，尖棱状山脊，草类植物较为发育	
9	下侏罗统	J_1k	石英砂岩、泥质细砂岩、灰黑色粉砂岩、黑色碳质泥岩、煤层、煤线	浅-深红色调，影纹粗糙，平行纹理	

序号	岩石地层单元		岩性特征	影像特征	遥感影像
	地层	地层代号			
10	下侏罗统	J_1s	紫灰色、浅灰绿色、浅褐黄色块状砾岩	灰白色调，影纹粗糙	
11	下石炭统	C_1y^2	深灰色、灰色泥质片岩、石英砂岩、灰岩、结晶灰岩	浅钢蓝色，影纹细腻，低等侵蚀，垄岗状地形	
12		C_1y^1	以灰-灰黑色灰岩为主	深蓝色调，影纹较为细腻，坡脚植被发育	
13	中志留统	S_2h	绢云母千枚岩、硅质板岩、大理岩化灰岩	灰白色调，影纹粗糙	
14	长城系	Pt_2ak^6	云母石英片岩、钙质片岩、大理岩、绢云母石英片岩	淡紫色调，影纹粗糙，中山地貌，尖棱状山脊	
15		Pt_2ak^5	石英片岩夹大理岩	粉红色调，影纹细腻，局部草类植物发育，半圆浑山脊	
16		Pt_2ak^4	石英片岩、绢云母片岩夹大理岩	浅棕色调，影纹粗糙，尖棱状山脊，水系发育	
17		Pt_2ak^1	灰-浅灰绿色条带状石英片岩、深灰-灰黑色黑云母石英片岩	深棕色调，影纹粗糙，尖棱状山脊，水系发育，V形谷	

B   地质构造解译标志

地质构造在遥感图像上常常表现为线性与环形特征。线性形迹主要指断裂和节理等构造，它控制着岩浆活动及矿液的运移、储存，对导矿、运矿、储矿起着重要作用。环形构造多是指地球内部活动形迹在地壳中的总体表现，如隐伏岩体、火山机构、火山盆地、火山构造带等，它与热液成矿密切相关。线性、环形构造及构造交叉部位往往是成矿的重要部位，容矿构造常处于线性影像交汇处或线性影像与环形影像交汇处，而线与环两要素组合成的向斜、背斜构造等，更是成矿的有利部位。这些地质构造特征在遥感影像上多以色调、图形、水系、地貌及组合特征等显示。

调查区内的主要地质构造解译标志如下：

（1）线性构造解译标志：

1）清晰的线性色调界线、色调异常带；

2）不同地貌类型分界处直线状分布的陡崖（坎）、断层三角面、负地形等；

3）水系直线状展布、直角或同步拐弯；

4）地层不连续、发生位移、岩层走向突然改变或斜交；

5）山体、山脊线被错移或突然中断；

6）褶皱构造被破坏、岩体和地层直线状接触等。

（2）环形构造解译标志：

1）色调差异明显及轮廓清楚的环形体；

2）环形或弧形弯曲的山体、向心状或放射状水系、穹窿状地貌景观等；

3）弧形断裂、放射状断裂或多方向断裂交叉围成的环形轮廓体。

与侵入体、火山机构、断裂围限等有成因联系的环形构造，是分析和研究找矿的有利地区。

3.4.1.2   遥感地质解译原则

为了准确地进行遥感地质解译，解译者首先应具备一定的地质、遥感知识；其次应对解译区的地质基础、构造格架、地形地貌和水文情况等有粗略的了解。遥感地质解译的原则是由易到难、由表及里、由新到老、由点到线到面（遥感剖面地质解译、区域性扩展解译）。首先，从已掌握的地质情况或建立解译标志的区（点）出发，垂直地质构造走向（即沿地质剖面）进行解译，通过解译掌握地层层序与变化，了解调查区的基本地质状况；然后，再由线（剖面或路线）沿地质走向向两侧延伸解译，进而完成面的解译。区调中采用的标志点、遥感点、线及路线间的延伸解译，就是采用由点到线、由线到面的原则进行的。在实施解译中，也可根据实际情况采用点面结合、面中求点的方式。具体实现方法如下：

（1）遥感剖面地质解译。在初步掌握调查区的地质情况及遥感影像特征的基础上，选取地质构造简单、岩石地层出露较齐全、影像特征清楚的地区，垂直地层或构造走向布置多条地质剖面进行系统的遥感地质解译。通过解译，按影像组合规律划分影像单元，作为遥感解译草图的编图实体，即编图单位。

（2）区域性扩展解译。在完成标志性剖面解译后，以已知解译结果为基础，按照由点到线到面、由易到难的原则，向标志性剖面外围逐步扩展以至全区的地质解译。解译中要充分参考已有的地质资料和图件，采取编译结合的方式进行。

3.4.1.3 遥感地质解译方法

常用的遥感地质解译及分析的方法有：

（1）直判法。根据不同性质地质体在遥感图像上显示出的影像特征、规律建立遥感地质解译标志或影像单元，在遥感图像上直接解译提取出构造、岩石等地质现象信息，实现地质体解译圈定与属性划分。

（2）对比法。对未知区遥感图像上反映的地质现象，通过已知区图像特征与解译标志的对比进行解译。如图像上解译的遥感矿化蚀变异常，往往是通过已知含矿区矿化蚀变异常标志来进行对比圈定。

（3）邻比法。当图像解译标志不明显、地质细节模糊、解译困难时，可与相邻图像进行比较，将邻区的解译标志或地质细节延伸、引入，从而对困难区的图像做出解译。多组断裂交汇区或断裂带交切关系的解译采用邻比法一般可取得好的效果。

（4）综合判断法。当目标在图像上难以直接显现时，可采取对控制地区目标物有因果关系的生成条件、控制条件的解译分析，预测目标物存在的可能性。综合判断法除对图像上目标物的环境做综合分析判断外，也可收集地质、物探、化探等方面的资料进行综合判断与印证。

地质体的性质是多方面的，主要包括物理性质与化学性质两大类，遥感主要是反映地质体的光谱特征信息，对全面认识地质体有其局限之处。不言而喻，能通过地质、物探、化探多方信息认识地质体，则是更全面、可靠的。因此，在遥感图像解译中，应充分收集利用已有的地质、物探、化探等资料进行综合解译分析，有助于提高成果质量。

3.4.1.4 遥感地质构造特征

A 萨热克巴依幅—其勒坦套幅

萨热克巴依幅（K43E024011）—其勒坦套幅（K43E024012）位于我国新疆维吾尔自治区克孜勒苏柯尔克孜自治州（简称克州）乌恰县西部，西北与吉尔吉斯斯坦交界，地理坐标为东经74°30′~75°00′，北纬40°00′~40°10′，面积约为903km²。用美国8号陆地卫星B753融合全色波段数据处理的1:5万假彩色影像图，参考有色金属矿产地质调查中心编制的乌恰县萨热克地区铜多金属矿整装勘查区工作部署图进行遥感地质解译。解译区地势高，海拔在3200~4758m以上，东北高西南低，树枝状水系，东经74°50′以东海拔高，有冰雪覆盖，影像呈一片蓝色，可解译程度低（见图3-19）。

图3-19 萨热克巴依幅—其勒坦套幅 OLI 卫星影像图

B 喀什炼铁厂幅

喀什炼铁厂幅（J43E001010）位于新疆维吾尔自治区克孜勒苏柯尔克孜自治州乌恰县西部，在萨热克巴依幅的西南侧，地理坐标为东经 74°15′ ~ 74°30′，北纬 39°50′ ~ 40°00′，面积约为 383km²。用美国 8 号陆地卫星 B753 融合全色波段数据处理的 1∶5 万假彩色图像（见图 3-20），参考有色金属矿产地质调查中心 2014 年 6 月编制的 1∶10 万新疆维吾尔自治区乌恰县喀什炼铁厂区域地质矿产图进行遥感地质解译。美国 8 号陆地卫星图像色彩丰富，无云层掩盖，分辨率较高，适合于 1∶5 万的地质解译。

图 3-20 喀什炼铁厂幅 OLI 卫星影像图

3.4.2 蚀变异常提取

3.4.2.1 基本原理

地面上的各种岩石、土壤、植被及水体等均有各自独特的光谱特征，作为指示矿床和矿带存在的蚀变岩及蚀变带，也具有其独特的光谱特征。地物光谱特征的差异是遥感技术识别各类地物的主要依据，也是应用遥感技术开展资源调查的理论基础。

不同的光谱波段对某些矿物有专属性的识别性能（见表 3-10）。大量的矿物和岩石光谱特征研究结果表明，天然矿物在可见光–短波红外光谱段产生的光谱特征不是由其主要成分形成的，而是由不同形式的铁离子（Fe^{3+}、Fe^{2+}）、水（H_2O）、羟基（—OH）或碳酸根（CO_3^{2-}）基团产生的，这些结构离子的电子跃迁或分子振动过程，使富含这些离子或基团的矿物产生特征的光谱（见图 3-21 和图 3-22）。

表 3-10 光谱波段范围与可识别矿物简表[4]

波段	波长/μm	可识别矿物
可见光- 近红外光	0.40 ~ 1.20	Fe、Mn 和 Ni 的氧化物、赤铁矿、镜铁矿和植被
	0.50 ~ 0.80	
短波红外光	1.30 ~ 2.50	氢氧化物、碳酸盐和硫酸盐
	1.47 ~ 1.82	硫酸盐类：明矾石
	2.16 ~ 2.24	含 Al—OH 基团矿物：白云母、高岭石、迪开石、叶蜡石、蒙脱石、伊利石
	2.24 ~ 2.30	含 Fe—OH 基团矿物：黄钾铁矾、锂皂石
	2.26 ~ 2.32	碳酸盐类：方解石、白云石、菱镁矿
	2.30 ~ 2.40	含 Mg—OH 基团矿物：绿泥石、滑石、绿帘石
热红外光	8.0 ~ 14.0	硅酸盐类：石英、长石、辉石、橄榄石

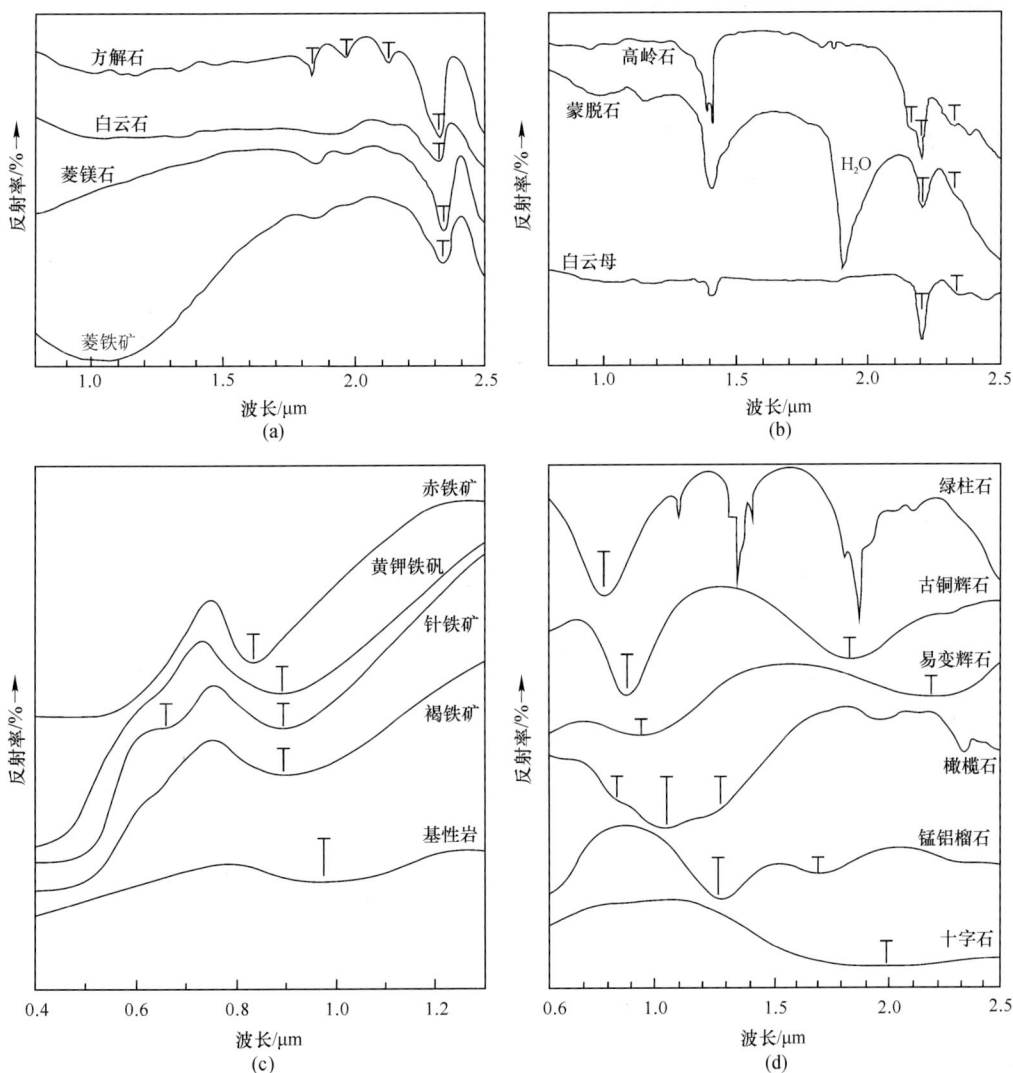

图 3-21 典型矿物反射光谱特征曲线

（a）典型碳酸盐矿物的反射光谱特征；（b）云母及黏土矿物的特征吸收光谱；

（c）含铁矿物的反射光谱特征；（d）铁氧化物和氢氧化物的反射光谱特征

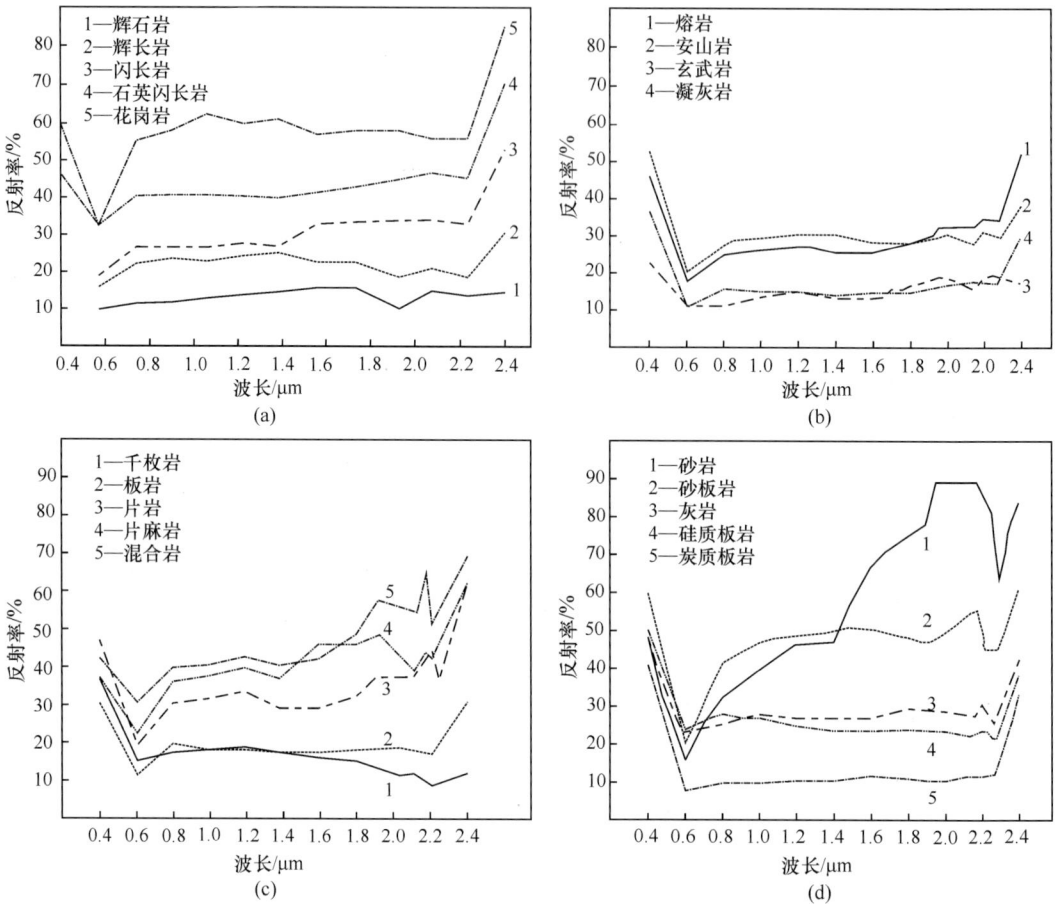

图 3-22　各类型岩石的反射光谱曲线
（a）岩浆侵入岩；（b）火山岩；（c）变质岩；（d）沉积岩

（1）铁离子的光谱吸收特征。铁离子是地壳中广泛存在的物质，它的可见光－近红外光吸收特征是晶体场效应的典型。因此铁离子的光谱吸收峰是矿物光谱分析、遥感铁染异常提取常用的波段。Fe^{3+} 的特征吸收峰位主要在 $0.6 \sim 0.8 \mu m$ 之间，中心位置在 $0.7 \mu m$ 左右，Fe^{2+} 的特征吸收峰位主要在 $0.9 \sim 1.5 \mu m$ 之间，中心位置在 $1.2 \mu m$ 左右。

（2）羟基基团的光谱吸收特征。羟基基团的分子振动并不完全符合简谐振动，而是非谐振子，因此除基频跃迁（$2.77 \mu m$ 伸展振动）外也可能发生振动能级（由基态跃迁至第二激发态）的跃迁，产生一级倍频吸收峰。其中，可见光－近红外光谱倍频吸收特征出现在 $1.4 \mu m$ 处。一些含水矿物均含有羟基基团，该类矿物在 $1.4 \mu m$ 和 $1.9 \mu m$ 附近都有吸收峰。

金属—OH 基团的光谱吸收特征：金属—OH 基团主要包括 Al—OH 和 Mg—OH。该类矿物的近红外光特征吸收峰主要是由于金属—OH 键的弯曲振动和非谐振动的合频产生的。Al—OH 矿物最显著的特征吸收峰在 $2.15 \sim 2.22 \mu m$ 之间的最大吸收峰及其两侧的一些次一级吸收峰构成"二元结构"。含有 Al—OH 的矿物吸收特征见表 3-11。Mg—OH 矿物最显著的吸收峰在 $2.30 \sim 2.39 \mu m$ 之间。含有 Mg—OH 的矿物吸收峰位置见表 3-12。

3.4 遥感地质特征 · 71 ·

表 3-11 常见的 Al—OH 矿物吸收峰位置

矿物	明矾石	伊利石	高岭石	锂绿泥石	埃洛石
特征吸收峰位置/nm	2165、2325	2215、2355	2205、2165	2175、2365	2215、2355
矿物	蒙脱石	白云母	叶蜡石	累托石	黄玉
特征吸收峰位置/nm	2205、2215	2195~2225、2355	2165、2315	2195	2085、2155

表 3-12 常见的 Mg—OH 矿物吸收峰位置

矿物	阳起石	黑云母	滑石	水镁石	绿泥石
特征吸收峰位置/nm	2315	2335	2315	2315	2330、2224、2386
矿物	锂皂石	金云母	蛇纹石	透闪石	绿帘石
特征吸收峰位置/nm	2305	2325	2325	2315	2330、2225~2226

（3）CO_3^{2-} 基团的光谱吸收特征。CO_3^{2-} 基团的振动基频吸收峰在 5.13~6.45μm 之间，在 1.88μm、2.0μm、2.16μm、2.35μm 附近有 4 处二级倍频吸收峰。其中 2.35μm 处的吸收峰为主要吸收峰，吸收深度深，而且呈现出比较特别的左缓右陡的峰形（见表 3-13）。

表 3-13 常见的碳酸盐矿物吸收峰位置

结构类型	晶体结构	矿物	化学式	$w(CO_3)$/%	特征谱带/nm 1	2	3	4	5
方解石型	三方晶系	菱镁矿	$MgCO_3$	52.19	2496	2305	—	1915	1975
		白云石	$CaMg(CO_3)_2$	47.33	2528	2315	2145	1985	1865
		方解石	$CaCO_3$	43.97	2528	2335	2165	1995	1875
		菱锰矿	$MnCO_3$	38.29	—	2365	2175	2005	1895
		菱铁矿	$FeCO_3$	37.99	2528	2345	—	1925	
文石型	斜方晶系	菱锶矿	$SrCO_3$	29.81		2345	2175	2015	1885
		毒重石	$BaCO_3$	22.30		2386	2205	2045	1915
孔雀石型	单斜晶系	蓝铜矿	$Cu(CO_3)_2(OH)_2$	25.53	2418	2365	2265	2205	—
		孔雀石	$Cu_2(CO_3)(OH)_2$	19.90	—	2355	2285	2215	2204.5

3.4.2.2 技术方法

遥感信息提取技术是遥感技术体系的重要组成部分，经过几十年的发展，研究出许多行之有效的方法，如多元统计分析、比值运算、主成分分析、IHS 变换、图像掩膜、边缘提取、滤波处理、模式识别、密度分割、小波变换、神经网络、遗传算法等，特别是针对美国系列陆地卫星数据，ASTER 数据等的多光谱遥感信息提取技术体系已日趋完善。近年来，一些主要应用于高光谱或多谱段数据的信息处理方法，如噪声调节变换、最小噪声分离（MNF）、正交空间变换、光谱匹配、光谱角、混合像元分解等也被引入多光谱的异常提取中，并取得了一定的效果。

A 技术方法

蚀变是不同矿化作用产生的重要成矿标志。矿化蚀变遥感信息的提取是以矿物岩石的光谱特征为基础，根据蚀变岩（蚀变矿物）与未蚀变岩之间的光谱差异性，通过遥感图像波段之间的组合变换，选取能够增强蚀变信息的特征因子，施以分类或分割处理，提取出与矿化有关的蚀变信息。

由于 OLI 数据波段范围相对较宽，在识别蚀变类型上有一定限度，往往将与金属矿化有关的蚀变分为铁化（如褐铁矿化）、泥化（如碳酸盐化、黏土化、绿泥石化）等类型，便可通过不同波段的组合变换得以增强识别。铁化蚀变矿物富含 Fe^{3+} 和 Fe^{2+}，在 OLI4 波段表现为相对的强反射，在 OLI2、OLI3 和 OLI5 波段表现为不同程度的相对于 OLI4 波段的吸收特征；泥化蚀变矿物富含水（H_2O）、羟基（—OH）或碳酸根（CO_3^{2-}）等基团，在 OLI7 波段都有强的吸收带，在 OLI6 波段为高反射，即在这两个波段之间存在微弱的光谱反差。

针对多光谱遥感图像，提取矿化蚀变信息常用的主要技术方法如下：

（1）比值运算。比值运算是不同波段间相同像元点相对亮度值的算术除法运算，可减弱背景而突出目标特征信息，消除地形、山影、云影等的影响。波段的选择基于对各种蚀变类型多波段光谱特征的研究。例如，根据蚀变矿物在 OLI 图像上的反映特性，利用 OLI4/2 波段可增强铁氧化物和氢氧化物类蚀变；OLI6/5 波段可增强亚铁矿物类蚀变；OLI6/7 波段可增强碳酸盐化、黏土化及绿泥石化类蚀变等。

（2）主成分分析。主成分分析（PCA）也称主分量分析（或 K-L 变换），是在统计基础上的多维正交线性变换，可去除同一地区不同时相或不同波段之间的遥感信息的相关性，充分利用地物的光谱差异信息，在图像处理中起到数据压缩和信息增强的作用。特征主成分技术（Crosta 法）是根据地物的波谱特征和主成分分析后生成的特征向量矩阵中的各波段的载荷因子大小来提取目标地物信息的方法，它对 PCA 特征向量载荷进行分析，以确定哪个主成分更集中地反映了某个波段（或某种地物）的特征波谱信息。为减少个别波段的干扰，提高工作效率，采用了 4 波段的主成分分析法。即选择与特定光谱信息有关的波段作为输入波段，去除关系不大的波段，减少干扰因素，突出目标物。例如，用于铁氧化物增强的 4 个波段采用 OLI2、OLI4、OLI5、OLI6，避免 OLI6、OLI7 波段同时参加运算，是为了排除黏土类矿物蚀变信息干扰，结果在 PC4 中氧化铁类矿物得到增强；用于增强黏土类矿物信息的 4 个波段采用 OLI2、OLI5、OLI6、OLI7，删去 OLI3、OLI4 波段，避免 3 个可见光波段同时参与运算，主要是为了排除铁氧化物的干扰，在 PC4 负值图像中绿泥石等黏土矿物将以浅色调特征突出显示。

（3）芒塞尔彩色空间变换。在计算机内定量处理色彩时通常采用 RGB（red、green、blue）表色系统，但在视觉上定性的描述色彩时，采用 HSV（hue、saturation、value）显色系统更直观些。Munsell HSV 变换就是对标准处理彩色合成图像在红（R）、绿（G）、蓝（B）编码赋色方面的一种彩色图像增强方法，它是借助改变彩色合成过程中的光学参数来扩展图像色调差异，将图像彩色坐标系中红、绿、蓝三原色组成的彩色空间（RGB）变换为由色度（hue）、饱和度（saturation）、纯度（value）三个变量构成的 HSV 色彩模型。其目的是为了更有效地抑制地形效应和增强岩石单元的波段差异，并通过彩色编码增强处理达到最佳的图像显示效果，扩展色调的动态变化范围，有利于细分。对于褐铁矿化类蚀变，利用 OLI 数据比值 4/2、6/5、2456 波段主成分分析 PC4 向量合成褐铁矿化增强图像；对于碳酸盐化及绿泥石化类蚀变，利用 OLI 数据比值 6/7、4/2、2567 波段主成分分析 PC4 向量负值合成增强图像，然后对其进行芒塞尔彩色空间变换，扩展色调分量的动态范围。

（4）光谱角填图。光谱角填图（spectral angle mapping，SAM）以实验室/野外测量的标准光谱或从图像上提取的已知点的平均光谱为参考，求图像中每一个像元矢量与参考光谱矢量的广义夹角，夹角越小相似度越大。在矿产资源勘查中，可以在遥感图像上首先选择已知矿床区为感兴趣区，然后选择与感兴趣区的光谱角度相似的光谱值作为矿化信息，其物理意义基于同种地物光谱相似。

比值法处理的结果中，高、低值区均有异常，且许多异常出现在阴影区和水域等地；光谱角填图法提取的异常，其稳定性、分布规律性及与已知矿床（点）对比性等方面，均与参考光谱的选取有密切关系，科学地选取有代表性（波谱涵盖范围）的参考光谱是取得与其他方法之间可比性的关键；主成分分析法则利用多维正交线性变换的方法，去除了各波段间的相关性，从而使获得的各主分量之间不相关，即各主分量之间信息没有重复或冗余，每一个主分量常常代表独特的地质意义。因此，本次蚀变遥感信息提取主要采用主成分分析法。

B　具体实现步骤

针对 OLI 等多光谱遥感数据，遥感图像分析与蚀变异常提取的具体操作步骤包括分析背景与大干扰地物→定位蚀变异常与小干扰地物→剔除干扰信息→提取蚀变异常→异常后处理。

（1）分析背景与大干扰地物。应用遥感图像所有波段数据进行主成分分析，统计其特征值、主成分贡献率、特征向量矩阵，累计贡献率不小于 95% 的前两个到前三个主成分，一定包含的是背景与大干扰地物信息。基于地物光谱机理，分析各主成分特征向量的分量值的大小与正负号，并且输出那些波段序偶的二维散点图，进行背景与大干扰地物光谱数据空间结构分析，以确定它们的光谱特征。

（2）定位蚀变异常与小干扰地物。矿化蚀变异常与小干扰地物的特征信息一般都包含在小特征值（即小方差）的主成分里。根据特征向量矩阵中波段序偶的光谱特征，判别蚀变矿物的大致类型或小干扰地物的属性，并根据两者的空间分布类型与反射光谱强弱，在其对应特征波段的二维散点图上进行空间定位。

（3）剔除干扰信息。当干扰信息与蚀变异常信息在二维散点图上处于同侧位置时，根据以上分析，选用合适的原始波段或某个主成分图像，应用图像阈值分割方法即可剔除干扰信息；当两者处于异侧位置时，不用剔除干扰信息，直接提取蚀变异常。

（4）提取蚀变异常。采用 Crosta 主成分分析法，选择与特定光谱信息有关的波段作为输入波段，去除关系不大的波段，减少干扰因素，突出目标物。如选用 OLI2、OLI4、OLI5、OLI6 波段进行主成分分析，提取铁富集带异常；选用 OLI2、OLI5、OLI6、OLI7 波段进行主成分分析，提取羟基蚀变带异常。

为突出异常强度的变化信息，采用 3×3 滤波处理，并利用统计方法对异常强度进行分级，即采用"均值+n 倍标准偏差"的方法确定，从高到低分为 3 级或 4 级，获得分级异常图。

根据前述的蚀变信息提取方法，铁染蚀变遥感异常提取采用 OLI2、OLI4、OLI5、OLI6 波段进行主成分分析，分析特征见表 3-14。

表 3-14　铁染蚀变信息主成分分析特征

波段	OLI2	OLI4	OLI5	OLI6
PC1	0.204665	0.368441	0.599355	0.680542
PC2	0.582947	0.650050	−0.047862	−0.485095
PC3	0.106403	0.247122	−0.798953	0.537850
PC4	0.779079	−0.616942	−0.012521	0.110737

铁染蚀变在 OLI4 波段有较强的反射作用，而在 OLI2 波段则表现为弱吸收，在主成分变换的结果中，PC4 的 OLI2 和 OLI4 波段值的符号相反，绝对值最大，结果较为理想。

综合分析，PC4 能较好地反映蚀变遥感异常，故此次铁染蚀变遥感异常提取选用 PC4，进行密度分割，完成蚀变信息提取工作。

根据前述的蚀变信息提取方法，羟基蚀变遥感异常提取采用 OLI2、OLI5、OLI6、OLI7 波段进行主成分分析，分析特征见表 3-15。

表 3-15　羟基蚀变信息主成分分析特征

波段	OLI2	OLI5	OLI6	OLI7
PC1	0.160479	0.516958	0.640136	0.545185
PC2	0.263737	0.785551	-0.295712	-0.475297
PC3	0.924017	-0.260675	-0.193312	0.202166
PC4	-0.225568	0.218433	-0.682211	0.660299

羟基蚀变在 OLI6 波段有较强的反射作用，而在 OLI7 波段则表现为弱吸收，在主成分变换的结果中，PC4 的 OLI6 和 OLI7 波段值的符号相反，绝对值最大，结果较为理想。

综合分析，PC4 能较好地反映蚀变遥感异常，故此次羟基蚀变遥感异常提取选用 PC4，进行密度分割，完成蚀变信息提取工作。提取出的遥感蚀变信息结果在 ArcGIS 软件中进行叠合。

3.4.2.3　遥感异常

根据遥感信息，在萨热克巴依幅—其勒坦套幅共提取羟基异常 10 处（见图 3-23）、铁染异常 7 处（见图 3-24）；在喀什炼铁厂幅共提取羟基异常 10 处（见图 3-25）、铁染异常 8 处（见图 3-26）。

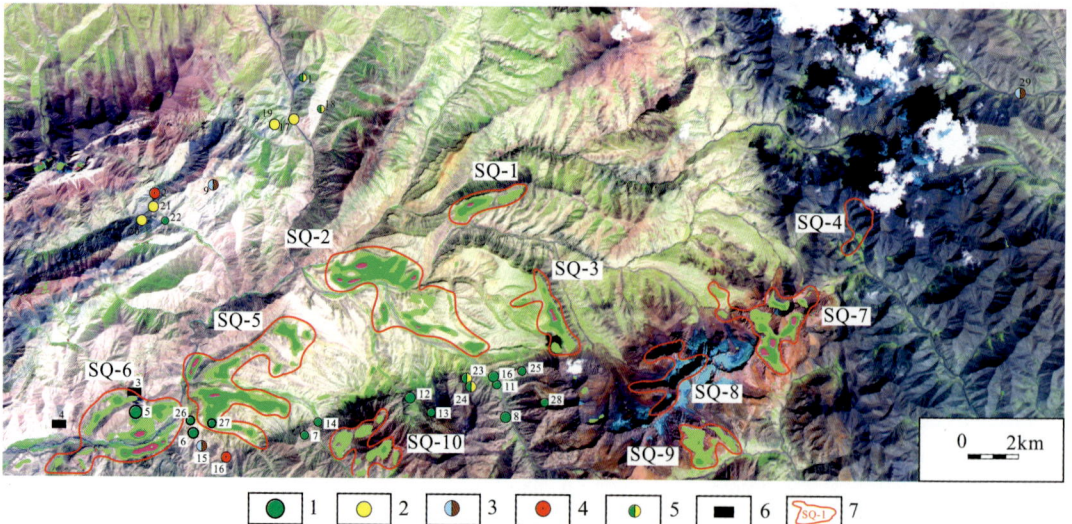

图 3-23　萨热克巴依幅—其勒坦套幅羟基蚀变遥感异常图
1—铜矿（化）点；2—金矿化点；3—铅锌矿点；4—铁矿点；5—铜金矿化点；6—煤矿；7—羟基异常及编号

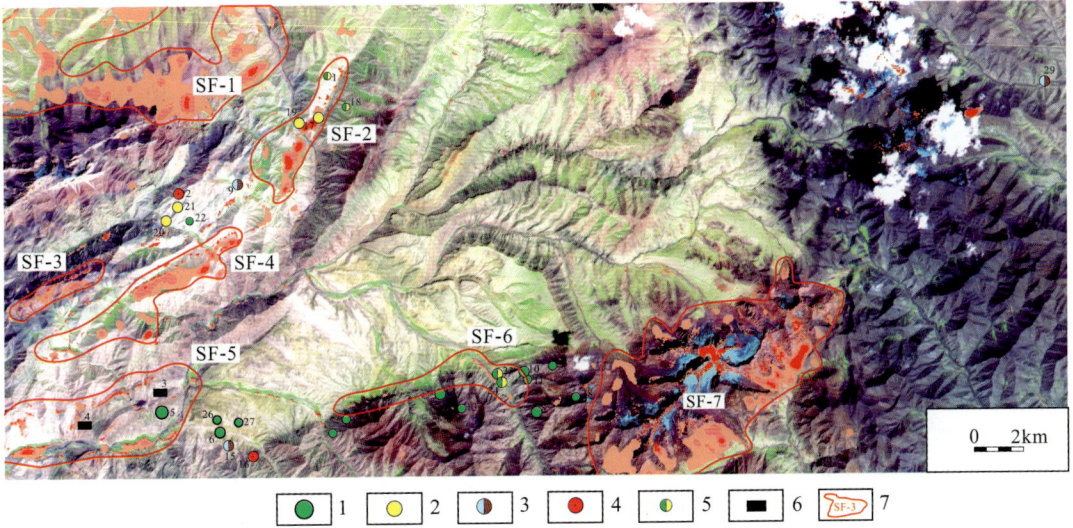

图 3-24 萨热克巴依幅—其勒坦套幅铁染蚀变遥感异常图

1—铜矿（化）点；2—金矿化点；3—铅锌矿点；4—铁矿点；5—铜金矿化点；6—煤矿；7—铁染异常及编号

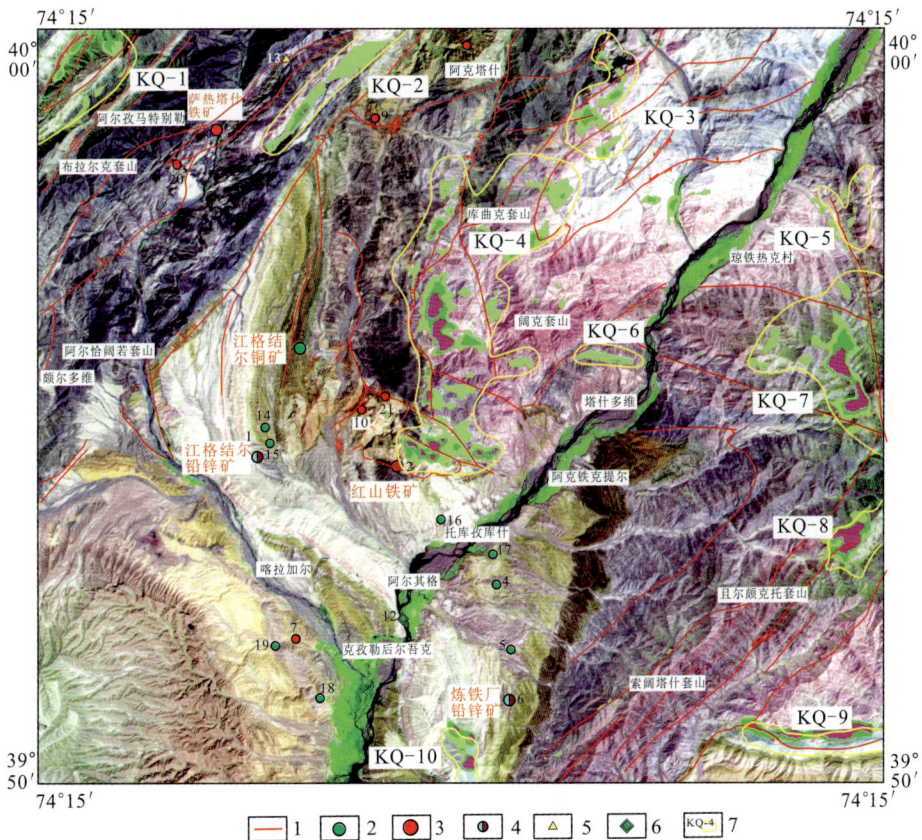

图 3-25 喀什炼铁厂幅羟基蚀变遥感异常图

1—断层；2—铜矿点；3—铁矿点；4—铅锌矿点；5—硫黄矿；6—石膏矿；7—羟基异常及编号

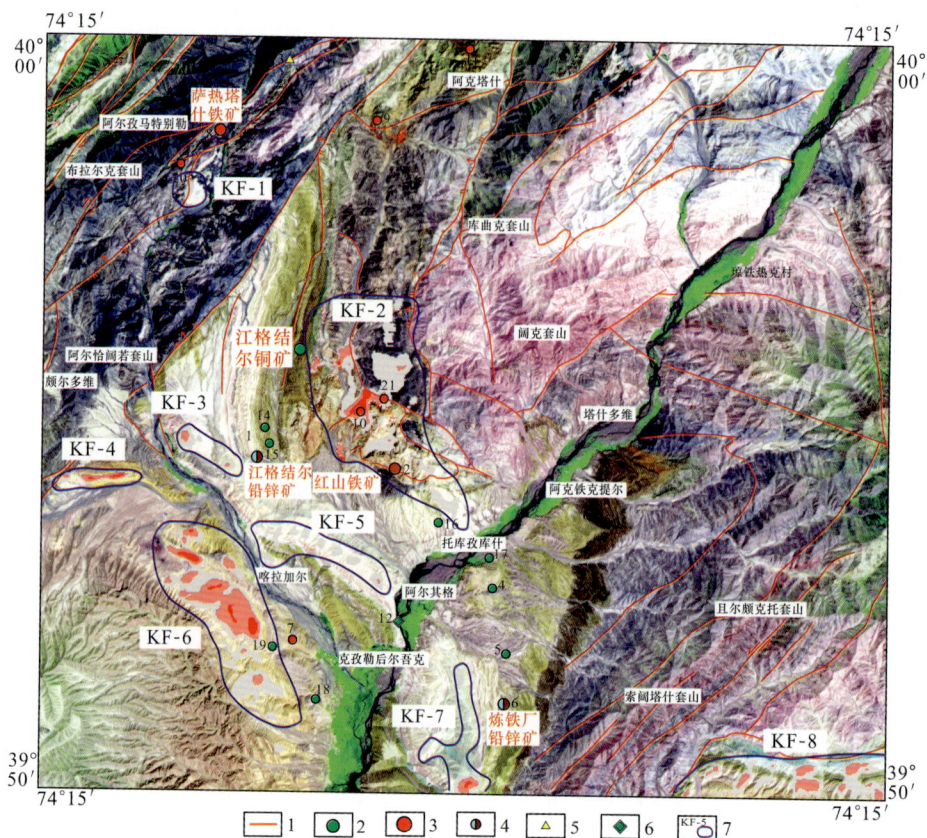

图 3-26 喀什炼铁厂幅铁染蚀变遥感异常图

1—断层；2—铜矿点；3—铁矿点；4—铅锌矿点；5—硫黄矿；6—石膏矿；7—铁染异常及编号

3.4.2.4 遥感异常地质解译

A 萨热克巴依幅—其勒坦套幅

（1）羟基异常。从图 3-23 可以看出，萨热克巴依幅—其勒坦套幅中的羟基异常主要分布在中生代沉积地层出露区，部分分布在中元古界长城系中。侏罗系—白垩系主要为碎屑岩沉积，多含有一定的泥质或碳酸质组分，部分岩石则主要由泥岩、碳质泥岩、粉砂质泥岩等组成。如下侏罗统康苏组主要为碳质泥岩，上侏罗统库孜贡苏组含矿砾岩中发育绿泥石化、铁方解石化等，下白垩统克孜勒苏群中含有大量的粉砂质泥岩、泥质粉砂岩等。在萨热克巴依沉积盆地的东南部中元古代变质岩区，部分岩石中发育黑云母化、绿泥石化等，并夹杂少量的碳酸盐脉等。

（2）铁染异常。从图 3-24 可以看出，萨热克巴依幅—其勒坦套幅中的铁染异常主要分布在萨热克巴依沉积盆地外围的中元古界长城系或中生代石炭系中，仅少数较弱的铁染异常落在中生代白垩系—侏罗系中。中元古界长城系中的岩石表面可见大量的褐铁矿化，部分地层中发育沉积变质型小型铁矿（化）点，同时由于石炭系中的铁碳酸岩在地表风化后也发生了明显的褐铁矿化。在萨热克巴依沉积盆地的不同沉积地层中，如中侏罗统塔尔尕组中常含有紫红色铁质泥岩和灰绿色粉砂质泥岩的韵律层，部分下白垩统克孜勒苏群中可见紫红色粉砂质泥岩等，由于这些富含铁质的地层在 1∶5 万遥感图像上常呈条带状分布，表现在铁染异常上也呈条带状北东向展布。

B 喀什炼铁厂幅

(1) 羟基异常。从图 3-25 可以看出，喀什炼铁厂幅中的羟基异常主要分布在上泥盆统克孜尔塔格组中，部分分布在下石炭统野云沟组或上石炭统康克林组中。上泥盆统克孜尔塔格组的三段分布中均含有云母类矿物，如上泥盆统克孜尔塔格组一段含有深灰色石英绢云千枚岩，上泥盆统克孜尔塔格组二段含有碳质石英绢云千枚岩，上泥盆统克孜尔塔格组三段含有绢云绿泥石英千枚岩。上石炭统康克林组中主要为大理岩化灰岩夹少量的泥质片岩，下石炭统野云沟组中主要为绿泥石石英千枚岩夹少量的大理岩化灰岩。

(2) 铁染异常。从图 3-26 可以看出，喀什炼铁厂幅中的铁染异常主要分布在上石炭统康克林组和中新统帕卡布拉克组、安居安组中，部分落在古新统阿尔塔什组和渐新统—中新统克孜洛依组中。上石炭统康克林组为红山铁矿的赋矿层位，在该层发育的断层或裂隙中常发育小型热液型铁矿，中新统帕卡布拉克组和安居安组中常可见少量的紫红色砂岩，局部褐铁矿化，其中中新统安居安组为花园式砂岩铜矿的赋矿地层。此外，在古新统阿尔塔什组膏岩层、始新统卡拉塔尔组介壳灰岩层、渐新统—中新统克孜洛依组膏盐-粉砂质泥岩层中也可见少量的褐铁矿化，呈团块状分布。

3.4.2.5 异常评序、优选及评价

A 萨热克巴依幅—其勒坦套幅

根据萨热克巴依幅—其勒坦套幅的遥感异常面积大小、异常强度，并结合异常区出露地层的岩性特征、1∶5 万水系沉积物异常及已知矿化点分布情况，对萨热克巴依幅—其勒坦套幅中的羟基异常和铁染异常进行了初步排序，见表 3-16 和表 3-17。

表 3-16 萨热克巴依幅—其勒坦套幅羟基异常评价

序号	羟基异常	化探异常	地层岩性	矿（化）点
1	SQ-6	AS-6	J_3k^2，K_1	5 号点
2	SQ-5	AS-6、AS-7	K_1	27 号点
3	SQ-2	AS-8	J_3k^2	
4	SQ-10	AS-8	Pt_2ak^4	
5	SQ-3		J_3k^2	
6	SQ-9		Pt_2ak^4	
7	SQ-7		Pt_2ak^4	冰川
8	SQ-8		Pt_2ak^4	冰川
9	SQ-1		J_2y^a	
10	SQ-4		J_2y^a	

表 3-17 萨热克巴依幅—其勒坦套幅铁染异常评价

序号	羟基异常	化探异常	地层岩性	矿（化）点
1	SF-5	AS-6	J_3k^2，K_1 褐铁矿化	5、3、4 号点
2	SF-6	AS-6、AS-7	Pt_2ak^4 褐铁矿化	10、11、12、23、24 号点
3	SF-2	AS-8	Pt_2ak^5 褐铁矿化	17、18 号点
4	SF-4	AS-8	Pt_2ak^5 褐铁矿化	
5	SF-1		C_1y 褐铁矿化	
6	SF-3		C_1y 褐铁矿化	
7	SF-7		Pt_2ak^4 褐铁矿化	冰川

从遥感异常与化探异常及矿化点的对应情况来看，遥感羟基异常 SQ-5 与化探异常 AS-6 及 5 号点（萨热克铜矿）较为吻合。同时，遥感羟基异常 SQ-6 与化探异常 AS-6、AS-7 及 27 号点（萨热克铜矿）具有较好的吻合度。遥感铁染异常 SF-5 与化探异常 AS-6 及 5 号点（萨热克铜矿）、3 号点（乌恰煤矿）和 4 号点（疏勒煤矿）具有较好的吻合度，但铁染异常 SF-5 的强度远不如 SF-1、SF-4 和 SF-7 强烈。从上述遥感异常圈定的效果来看，羟基异常对砂砾岩型铜矿的指示意义更为明显。

B 喀什炼铁厂幅

根据喀什炼铁厂幅的遥感异常面积大小、异常强度，并结合异常区出露地层的岩性特征、1:5 万水系沉积物异常及已知矿化点分布情况，对喀什炼铁厂幅中的羟基异常和铁染异常进行了初步排序，见表 3-18 和表 3-19。

表 3-18 炼铁厂幅羟基异常评价

序号	羟基异常	化探异常	地层岩性	矿（化）点
1	KQ-4	AS-8	D_3kz^3 和 D_2t 碳酸盐和云母化、C_2kk 碳酸盐化	
2	KQ-2		C_2kk 碳酸盐化	
3	KQ-1		C_2kk 碳酸盐化	
4	KQ-3		D_3kz^2 绿泥石化	
5	KQ-5		Pt_2ak 云母化	
6	KQ-7		D_3kz^3、Pt_2ak	
7	KQ-6		D_3kz^2 绿泥石化	
8	KQ-9		E_1a 石膏化	
9	KQ-8		D_3kz^1 绿泥石化	
10	KQ-10		E_1a 石膏化	

表 3-19 炼铁厂幅铁染异常评价

序号	羟基异常	化探异常	地层岩性	矿（化）点
1	KF-2	AS-8	C_2kk 褐铁矿化	2 号点、10 号点、22 号铁矿点、14 号煤点
2	KF-6		N_1p、N_1a 褐铁矿化	20 号点
3	KF-1		C_2kk 褐铁矿化	
4	KF-8	AS-11	$(E_3-N_1)k$ 褐铁矿化	
5	KF-3		E_1a 褐铁矿化	
6	KF-7		E_1a 褐铁矿化	
7	KF-5		E_2k 褐铁矿化	
8	KF-4		$(E_3-N_1)k$ 褐铁矿化	

从遥感异常与化探异常及矿化点的对应情况来看，遥感羟基异常 KQ-4 与化探异常 AS-8 较为吻合。该羟基异常区内主要分布在上泥盆统克孜尔塔格组三段（D_3kz^3）、中泥盆统托格买提组（D_2t）碳酸盐-云母化及上石炭统康克林组（C_2kk）大理岩化灰岩中；其余出露范围较小的羟基异常如 KQ-2 和 KQ-1 主要与上石炭统康克林组大理岩化灰岩有关；KQ-3、KQ-7、KQ-6 和 KQ-8 与上泥盆统克孜尔塔格组（D_3kz）中的云母化和绿泥石化有关；KQ-9 和 KQ-10 与古新统阿尔塔什组（E_1a）中的膏盐化有关；KQ-5 与中元古界长城系阿克苏群（Pt_2ak）中的云母化有关。

遥感铁染异常 KF-2 与化探异常 AS-8 对应，在该异常中出露的地层主要为上石炭统康克林组大理岩化灰岩，也是红山铁矿的赋矿地层，在该铁染异常区分布有 2 号点、10 号点、22 号铁矿点和 14 号煤点。KF-6 中出露的地层主要为中新统帕卡布拉克组（N_1p）和中新统安居安组（N_1a），常可见少量的紫红色砂岩，局部褐铁矿化，其中中新统安居安组为花园式砂岩铜矿的赋矿地层。其余小范围圈定的遥感铁染异常如 KF-8 和 KF-4 与 $(E_3-N_1)k$ 褐铁矿化有关；KF-3 和 KF-7 与 N_1a 中的紫红色砂岩褐铁矿化有关；KF-5 与始新统卡拉塔尔组（E_2k）介壳灰岩中出现的团块状褐铁矿化有关；KF-1 与上石炭统康克林组大理岩化灰岩中的褐铁矿化有关。

从上述遥感异常圈定的效果来看，铁染异常对本区铁矿（如红山铁矿）的指示意义更为明显。

3.5 矿产特征

3.5.1 矿产资源概况

通过 1:5 万矿产地质调查，2016 年在萨热克整装勘查区萨热克巴依幅—其勒坦套幅内共发现各类矿床、矿（化）点 29 处（见图 3-27 和表 3-20），矿种包括铜、铜金、铅锌、铁和煤等；2017 年在萨热克整装勘查区喀什炼铁厂幅内共发现各类矿床、矿（化）点 21 处（见图 3-28 和表 3-21），主要矿种为铜、铁、铅锌、石膏和硫黄等。

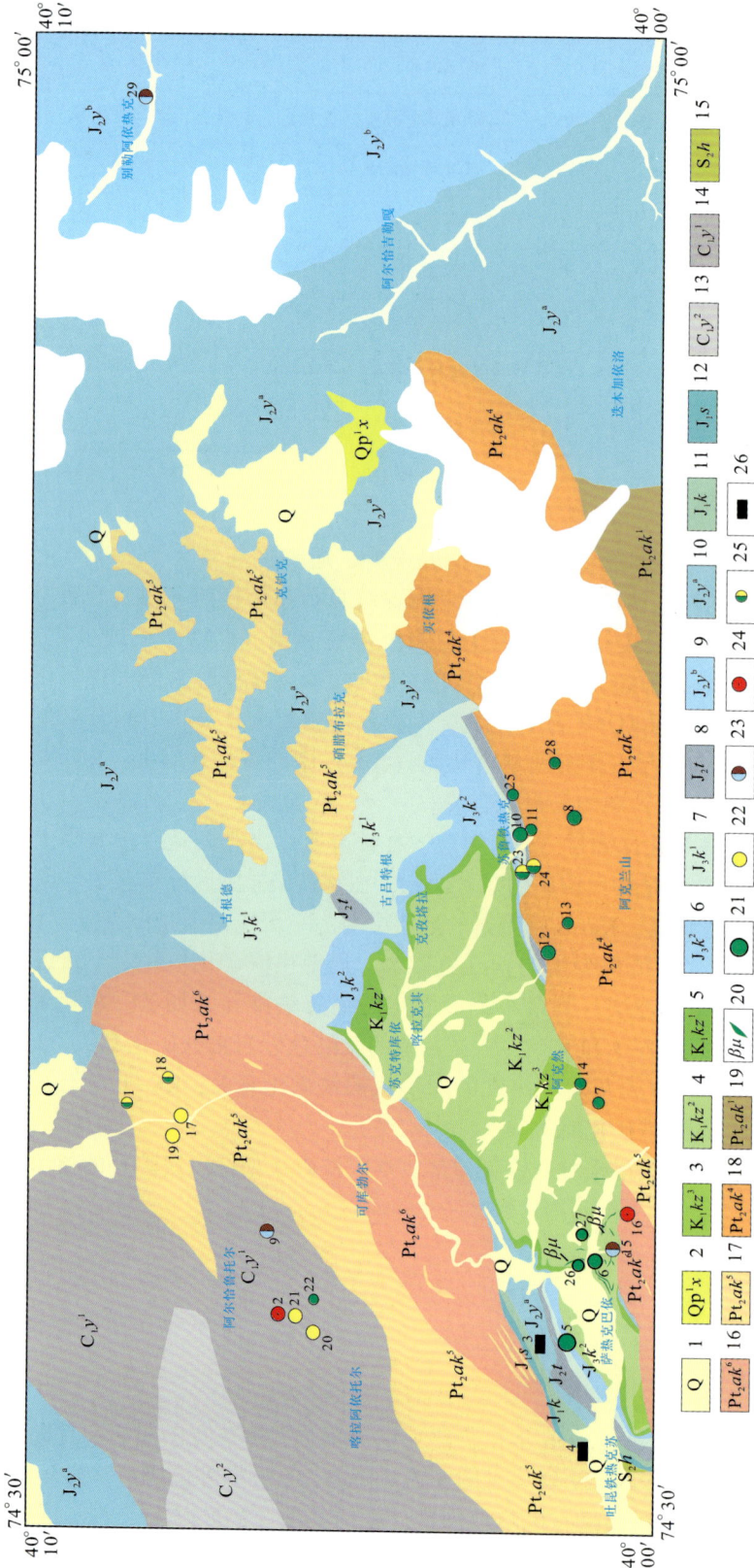

图3-27　萨热克巴依依帕—其勒担套矿（床）点分布图

1—第四系；2—下更新统西域组；3—下白垩统克孜勒苏群第三岩性段；4—下白垩统克孜勒苏群第二岩性段；5—下白垩统克孜勒苏群第一岩性段；6—上侏罗统库孜贡苏组上段；7—上侏罗统库孜贡苏组下段；8—中侏罗统塔尔尕组；9—中侏罗统杨叶组中段；10—中侏罗统杨叶组下段；11—下侏罗统莎里塔什组；12—下侏罗统康苏组；13—下石炭统野云沟组上段；14—下石炭统野云沟组下段；15—中志留统合同沙拉组；16—长城系阿克苏群第六岩性段；17—长城系阿克苏群第五岩性段；18—长城系阿克苏群第四岩性段；19—长城系阿克苏群第一岩性段；20—辉绿岩脉；21—铜矿（化）体；22—金矿（化）体；23—铜矿（化）体；24—铁矿（化）体；25—铅锌矿（化）体；26—煤矿

表3-20 萨热克巴依幅—其勒坦套幅矿产地一览表

序号	图幅名	矿产地名称	规模	矿床类型	矿种	勘查程度	是否新发现
1	萨热克	新疆维吾尔自治区乌恰县乌鲁克恰提乡铁斯给铜金矿	矿点	韧性剪切带型	铜金	调查	否
2	萨热克	新疆维吾尔自治区乌恰县乌鲁克恰提乡阿日切努条日铁矿	矿点	化学沉积型	铁	调查	否
3	萨热克	新疆维吾尔自治区乌恰县乌鲁克恰提乡乌恰煤矿	小型	沉积型	煤	普查	否
4	萨热克	新疆维吾尔自治区乌恰县乌鲁克恰提乡疏勒煤矿	小型	沉积型	煤	普查	否
5	萨热克	新疆维吾尔自治区乌恰县乌鲁克恰提乡沙里拜铜矿	中型	砂砾岩型	铜	详查	否
6	萨热克	新疆维吾尔自治区乌恰县乌鲁克恰提乡萨热克铜矿	小型	砂砾岩型	铜	普查	否
7	萨热克	新疆维吾尔自治区乌恰县乌鲁克恰提琼喀拉乔阔山铜矿	矿点	韧性剪切带型	铜	调查	否
8	萨热克	新疆维吾尔自治区乌恰县乌鲁克恰提阿克兰山铜矿	矿点	韧性剪切带型	铜	调查	否
9	萨热克	新疆维吾尔自治区乌恰县乌鲁克恰提乡阔库布拉克铅锌矿	矿点	碎屑岩喷流沉积型	铅锌	普查	否
10	萨热克	新疆维吾尔自治区乌恰县乌鲁克恰提乡泽木丹铜矿	矿点	韧性剪切带型	铜	调查	否
11	萨热克	新疆维吾尔自治区乌恰县乌鲁克恰提乡泽木丹铜矿	矿化点	韧性剪切带型	铜	调查	否
12	萨热克	新疆维吾尔自治区乌恰县乌鲁克恰提乡阿克然铜矿	矿化点	韧性剪切带型	铜	调查	否
13	萨热克	新疆维吾尔自治区乌恰县乌鲁克恰提乡阿克然铜矿	矿化点	韧性剪切带型	铜	调查	否
14	萨热克	新疆维吾尔自治区乌恰县乌鲁克恰提乡阿克然铜矿	矿化点	韧性剪切带型	铜	调查	否
15	萨热克	新疆维吾尔自治区乌恰县乌鲁克恰提萨热克铅锌矿	矿化点	砂砾岩型	铅锌	普查	否
16	萨热克	新疆维吾尔自治区乌恰县乌鲁克恰提乡陀罗姆铁矿	矿化点	化学沉积型	铁	调查	否
17	萨热克	新疆维吾尔自治区乌恰县乌鲁克恰提乡铁斯给金矿	矿化点	韧性剪切带型	金	调查	否
18	萨热克	新疆维吾尔自治区乌恰县乌鲁克恰提乡铁斯给铜金矿	矿化点	韧性剪切带型	铜金	调查	是
19	萨热克	新疆维吾尔自治区乌恰县乌鲁克恰提乡铁斯给金矿	矿化点	韧性剪切带型	金	调查	是
20	萨热克	新疆维吾尔自治区乌恰县乌鲁克恰提乡阿日切努条日金矿	矿化点	韧性剪切带型	金	调查	否
21	萨热克	新疆维吾尔自治区乌恰县乌鲁克恰提乡喀拉阿依条日金矿	矿化点	韧性剪切带型	金	调查	否
22	萨热克	新疆维吾尔自治区乌恰县乌鲁克恰提乡阔库铜矿	矿化点	韧性剪切带型	铜	调查	否
23	萨热克	新疆维吾尔自治区乌恰县乌鲁克恰提乡皮亚孜都阔诺什铜金矿	矿化点	韧性剪切带型	铜金	调查	是
24	萨热克	新疆维吾尔自治区乌恰县乌鲁克恰提乡皮亚孜都阔诺什铜金矿	矿化点	韧性剪切带型	铜金	调查	是
25	萨热克	新疆维吾尔自治区乌恰县乌鲁克恰提乡泽木丹铜（金）矿	矿化点	韧性剪切带型	铜（金）	调查	是
26	萨热克	新疆维吾尔自治区乌恰县乌鲁克恰提乡萨热克铜矿	矿化点	砂砾岩型	铜	调查	否
27	萨热克	新疆维吾尔自治区乌恰县乌鲁克恰提乡萨热克铜矿	矿化点	砂砾岩型	铜	调查	否
28	其勒坦套	新疆维吾尔自治区乌恰县乌鲁克恰提乡特罗果都莫温尔果铜矿	矿化点	韧性剪切带型	铜	调查	是

序号	图幅名	矿产地名称	规模	矿床类型	矿种	勘查程度	是否新发现
29	其勒坦套	新疆维吾尔自治区乌恰县乌鲁克恰提乡别勒阿依热克铜铅矿	矿化点	中低温热液型	铜铅	调查	否

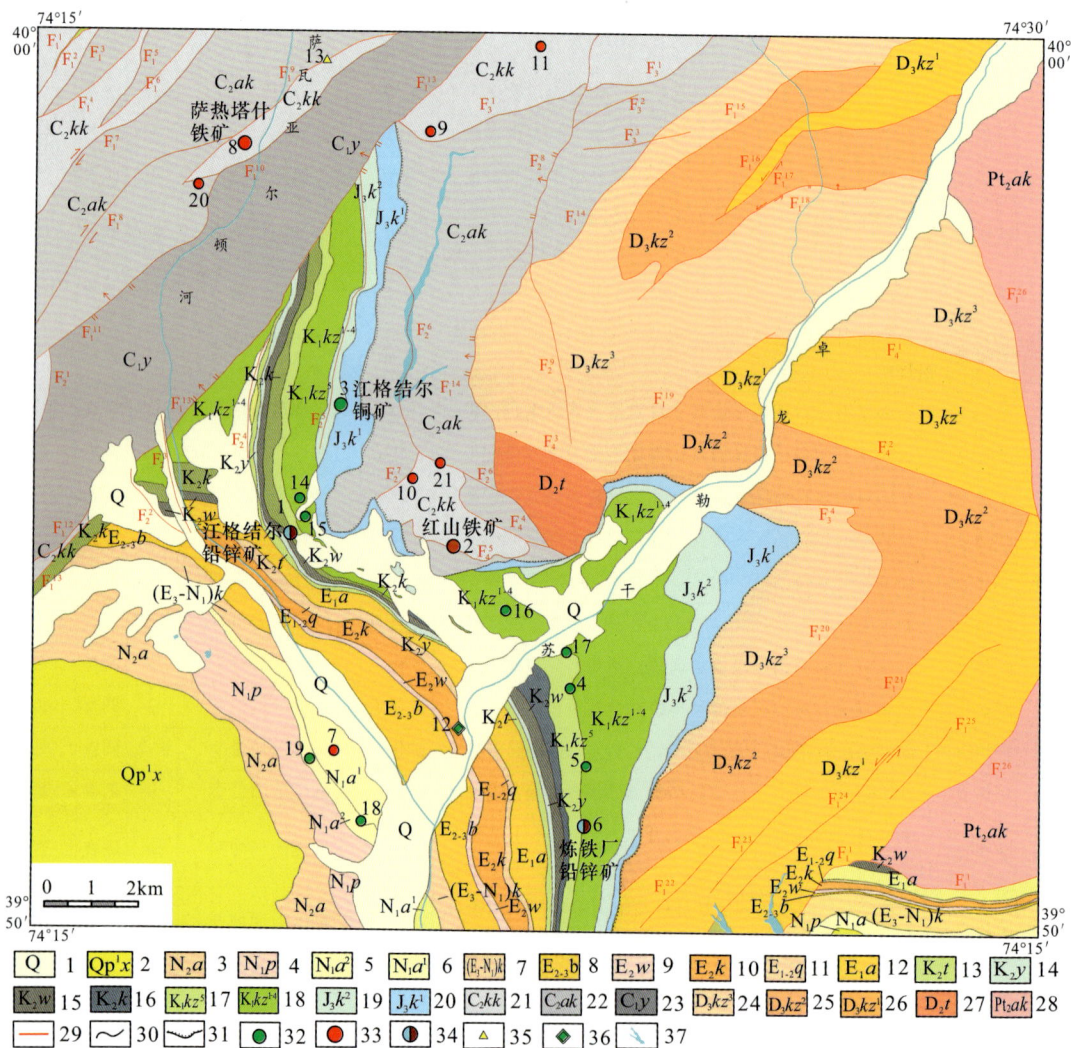

图 3-28 喀什炼铁厂幅地质矿产图

1—第四系；2—下更新统西域组；3—上新统阿图什组；4—中更新统帕卡布拉克组；5—中新统安居安组上段；
6—中新统安居安组下段；7—渐新统—中新统克孜洛依组；8—始新统—渐新统巴什布拉克组；
9—始新统乌拉根组；10—始新统卡拉塔尔组；11—古新统—始新统齐姆根组；12—古新统阿尔塔什组；
13—上白垩统吐依洛克组；14—上白垩统依格孜牙组；15—上白垩统乌依塔格组；16—上白垩统库克拜组；
17—下白垩统克孜勒苏群第五岩性段；18—下白垩统克孜勒苏群第一到四岩性段；19—上侏罗统库孜贡苏群上段；
20—上侏罗统库孜贡苏组下段；21—上石炭统康克林组；22—上石炭统艾克提组；23—下石炭统野云沟组；
24—上泥盆统克孜尔塔格组三段；25—上泥盆统克孜尔塔格组二段；26—上泥盆统克孜尔塔格组一段；
27—中泥盆统托格买提组；28—中元古界长城系阿克苏群；29—断层；30—地质界线；
31—角度不整合接触界线；32—铜矿点；33—铁矿点；34—铅锌矿点；35—硫黄矿；36—石膏矿；37—水系

表 3-21 喀什炼铁厂幅矿产地一览表

序号	矿产地名称	规模	矿床类型	勘查程度	是否新发现
1	新疆维吾尔自治区乌恰县乌鲁克恰提乡江格结尔铅锌矿	小型	砂砾岩型	普查	否
2	新疆维吾尔自治区乌恰县乌鲁克恰提乡红山铁矿	小型	非岩浆热液型（铁矿）	预查	否
3	新疆维吾尔自治区乌恰县乌鲁克恰提乡江格结尔铜矿	小型	砂砾岩型	普查	否
4	新疆维吾尔自治区乌恰县乌鲁克恰提乡铜铅锌矿点	矿点	砂砾岩型	调查	否
5	新疆维吾尔自治区乌恰县乌鲁克恰提乡铜铅锌矿点	矿点	砂砾岩型	调查	否
6	新疆维吾尔自治区乌恰县乌鲁克恰提乡卡炼铅锌矿	矿点	砂砾岩型	普查	否
7	新疆维吾尔自治区乌恰县乌鲁克恰提乡7号铁矿点	小型	非岩浆热液型（铁矿）	预查	否
8	新疆维吾尔自治区乌恰县乌鲁克恰提乡萨热塔什铁矿	小型	非岩浆热液型（铁矿）	预查	否
9	新疆维吾尔自治区乌恰县乌鲁克恰提乡小红山铁矿	小型	非岩浆热液型（铁矿）	预查	否
10	新疆维吾尔自治区乌恰县乌鲁克恰提乡铁矿点	矿点	非岩浆热液型（铁矿）	预查	否
11	新疆维吾尔自治区乌恰县乌鲁克恰提乡铁矿点	矿点	非岩浆热液型（铁矿）	预查	否
12	新疆维吾尔自治区乌恰县乌鲁克恰提乡麻扎铁热克石膏矿	大型	沉积型	调查	否
13	新疆维吾尔自治区乌恰县乌鲁克恰提乡萨热塔什萨依硫黄矿	小型	热液型	调查	否
14	新疆维吾尔自治区乌恰县乌鲁克恰提乡铜矿点	矿点	砂砾岩型	调查	否
15	新疆维吾尔自治区乌恰县乌鲁克恰提乡铜矿点	矿点	砂砾岩型	调查	是
16	新疆维吾尔自治区乌恰县乌鲁克恰提乡铜矿点	矿点	砂砾岩型	调查	是
17	新疆维吾尔自治区乌恰县乌鲁克恰提乡铜矿点	矿点	砂砾岩型	调查	是
18	新疆维吾尔自治区乌恰县乌鲁克恰提乡铜矿点	矿点	砂砾岩型	调查	是
19	新疆维吾尔自治区乌恰县乌鲁克恰提乡铜矿点	矿点	砂砾岩型	调查	是
20	新疆维吾尔自治区乌恰县乌鲁克恰提乡铁矿点	小型	非岩浆热液型（铁矿）	调查	是
21	新疆维吾尔自治区乌恰县乌鲁克恰提乡铁钴矿点	小型	非岩浆热液型（铁矿）	调查	是

3.5.2 主要矿床（点）特征

对本区矿床（点）的调查分为两个阶段，2016年对萨热克巴依幅中的泽木丹铜（金）矿点、铁斯给铜金矿和阔库布拉克铅锌矿进行了重点检查，2017年对喀什炼铁厂幅中的江格结尔铜矿、江格结尔铅锌矿、炼铁厂铅锌矿、红山铁矿和萨热塔什铁矿进行了重点检查。

3.5.2.1 泽木丹铜（金）矿化点

泽木丹铜矿点共可见3个铜（金）矿点，包括10号点、11号点和25号点（见图3-29）。其中10号点矿化规模最大，位于侏罗系与长城系的接触带，并主要产于长城系阿克苏群第四岩性段中，岩性为浅灰色绢云母石英片岩、云母石英片岩、二云母石英片岩夹灰黄色大理岩。岩石发生了多期强烈变形，已糜棱岩化。云英片岩中可见到明显的孔雀石化，并在部分云英片岩层间的石英脉中可见明显的黄铜矿化，黄铜矿化多沿石英脉的两侧分布（见图3-30）。孔雀石化多沿构造裂隙分布，表现为后期的产物，岩石中的黄铜矿化应与构造变质流体的重新活化-迁移富集有关。

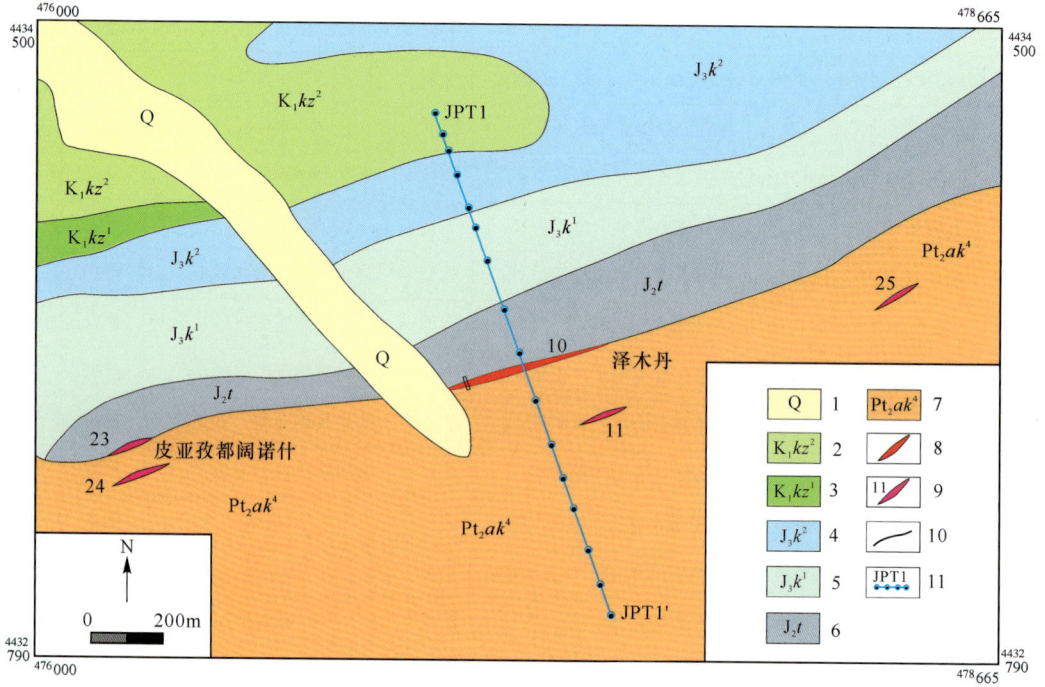

图3-29 泽木丹铜（金）矿化点地质简图

1—第四系；2—下白垩统克孜勒苏群第二岩性段；3—下白垩统克孜勒苏群第一岩性段；
4—上侏罗统库孜贡苏组上段；5—上侏罗统库孜贡苏组下段；6—中侏罗统塔尔尕组；
7—中元古界长城系阿克苏群第四岩性段；8—铜（金）矿点；9—铜（金）矿化点；
10—地质界线；11—激电测深剖面及其编号

(a)

(b)

图3-30 泽木丹铜（金）矿点的成矿特征及矿石特征

（a）糜棱岩化云英片岩；（b）孔雀石化石英脉

从泽木丹铜（金）矿点采集的9件探槽刻槽样品分析结果（见表3-22）可以看出，Cu 最高含量达0.91%，Ag 最高含量达37.3×10⁻⁶，个别样品中 Au 含量达0.12×10⁻⁶。从上述孔雀石化（黄铜矿化）的分布情况可以看出，矿化主要与长城系云英片岩中的石英脉有关，表现为变质-构造流体作用的结果，泽木丹铜（金）矿化点与阿克然铜矿（化）点间的距离超过3km，表明在该矿化带上具有进一步寻找铜（金）矿化的潜力。从该点激电测深结果（见图3-31）可以看出，电阻率断面图呈现较明显的两侧高阻中间低阻的异常特征，两端和深部电阻率偏高，中部电阻率偏低，浅部电阻率分布高低不均匀；电阻率异常总体显示向南东倾（向大号点倾）。东南部高阻异常对应浅部位置在800～1500号点之间电阻率大于3900Ω·m圈定的高阻范围与地质填图局部揭露的长城系位置对应。北西部高阻异常对应浅部位置与地质填图揭露的下白垩统克孜勒苏群第一岩性段褐红色粉砂质泥岩、泥质岩屑砂岩、底部夹灰绿色砾岩对应，高阻异常总体向北西倾。就该高阻异常的形态及电阻率大小来看，该异常是否为白垩系岩性引起尚难断定，可能为隐伏岩体的反映。在两端高阻异常之间，发育有一处低阻异常，低阻异常总体向南东倾，低阻异常对应浅部位置在100～800号点之间电阻率小于1000Ω·m圈定的低阻范围与地质填图局部揭露的侏罗系位置对应。在该低阻异常体内发育一处向南东倾的线性低阻异常带，该异常带电阻率小于100Ω·m，结合地质资料认为该异常应为断裂破碎带的反映。从极化率反演断面图上看，极化率背景值普遍较低，一般在11mV/V之下，仅在1000～1500号点之间存在局部高极化率异常体，高极化异常的极大值为38mV/V，高极化率异常体基本产于高阻异常体与低阻异常体的接触带部位，靠低阻异常体一侧即侏罗系与长城系接触带部位靠侏罗系一侧。综合分析认为，该高极化异常可能为含矿热液沿断裂构造上移，并在次级断裂或层间裂隙富集，该部位成矿地质条件较为优越，异常应为金属硫化物引起。

表 3-22　泽木丹铜（金）矿点化学分析结果

序号	样品编号	元素含量				
		×10⁻⁶		%		
		Au	Ag	Cu	Pb	Zn
1	CuTC1-H1	<0.10	2.1	0.14	<0.010	<0.010
2	CuTC1-H3	0.12	1.4	0.14	<0.010	<0.010
3	CuTC1-H4	<0.10	1.5	0.005	<0.010	<0.010
4	CuTC1-H5	<0.10	1.7	0.004	<0.010	<0.010
5	CuTC2-H1	<0.10	1.6	0.030	0.060	<0.010
6	CuTC2-H2	<0.10	1.0	0.005	0.047	<0.010
7	CuTC2-H3	<0.10	37.3	0.91	<0.010	<0.010
8	CuTC2-H4	<0.10	11.7	0.44	<0.010	<0.010
9	CuTC2-H5	<0.10	1.8	0.046	<0.010	<0.010

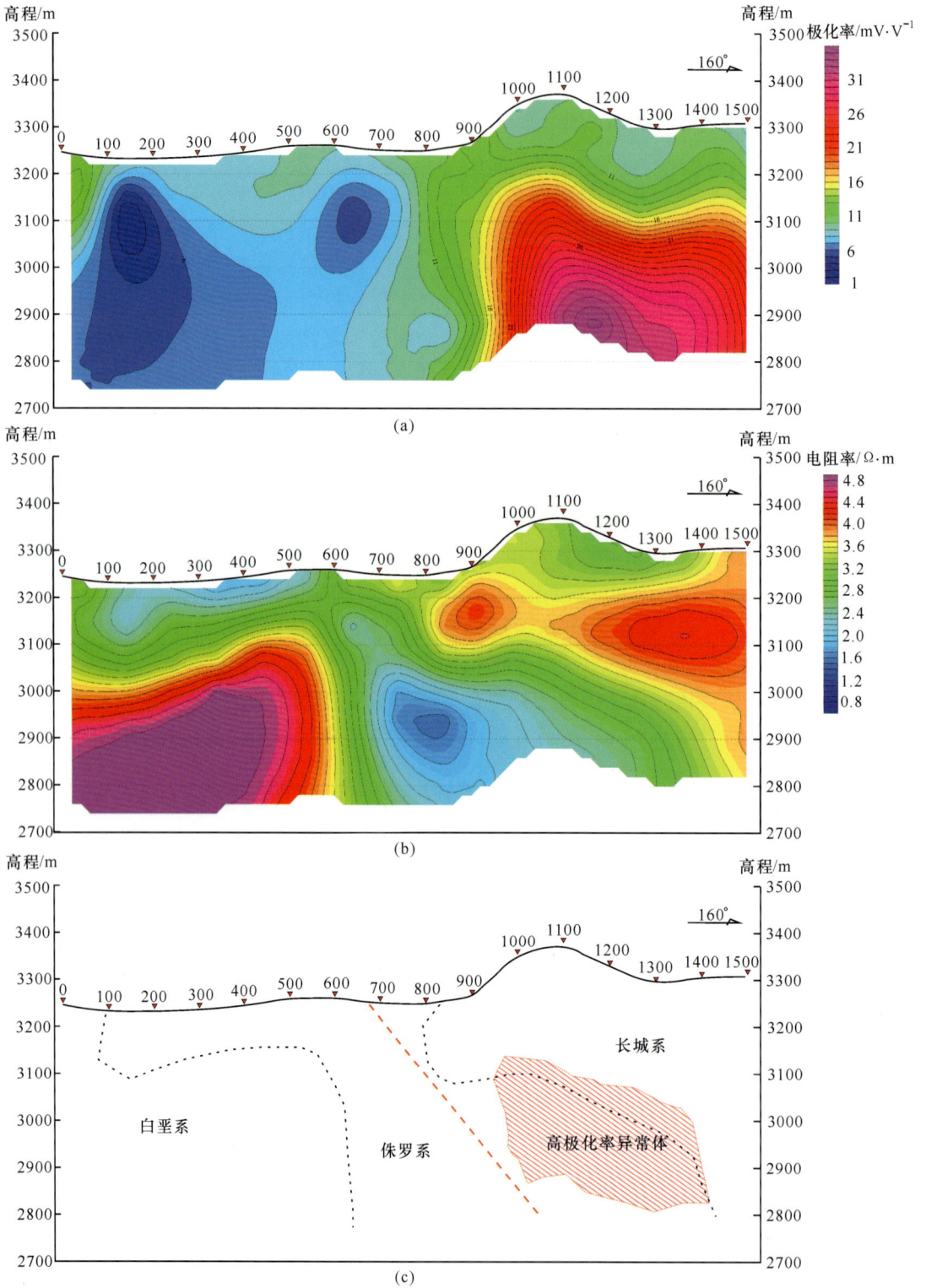

图 3-31 泽木丹铜（金）矿化点（17 号点）的激电测深剖面反演解释推断图

（a）激电测深剖面二维反演极化率断面图；（b）激电测深剖面二维反演电阻率断面图；（c）解释推断图

3.5.2.2　铁斯给金（铜）矿化点

金（铜）矿化主要分布在萨热克巴依幅的东北侧，金（铜）矿化分为两条（见图3-32）：第一条近南北向分布，宽10～20m，长约100m，金（铜）矿化与长城系阿克苏群第五岩性段灰色绢云石英片岩有关，可见明显的黄铁矿化和黄钾铁钒化，黄铁矿多较自形，主要为立方体和五角十二面体等。在该矿化带共施工2条探槽，其中AuTC1探槽中的AuTC1-H3和AuTC1-H5金含量为0.1×10^{-6}。第二条为北东向，宽3～10m，长200多米，金（铜）矿化与长城系阿克苏群第五岩性段中厚层状变质石英砂岩中的石英脉有关，金属硫化物主要为黄铜矿、黄铁矿等，岩石表面风化淋滤后可见明显的孔雀石化沿裂隙分布（见图3-33）。在该矿化带施工TC3、TC4、TC5和TC6共4条探槽，分析结果（见表3-23）显示AuTC5-H5样品中Au含量最高为0.27×10^{-6}。

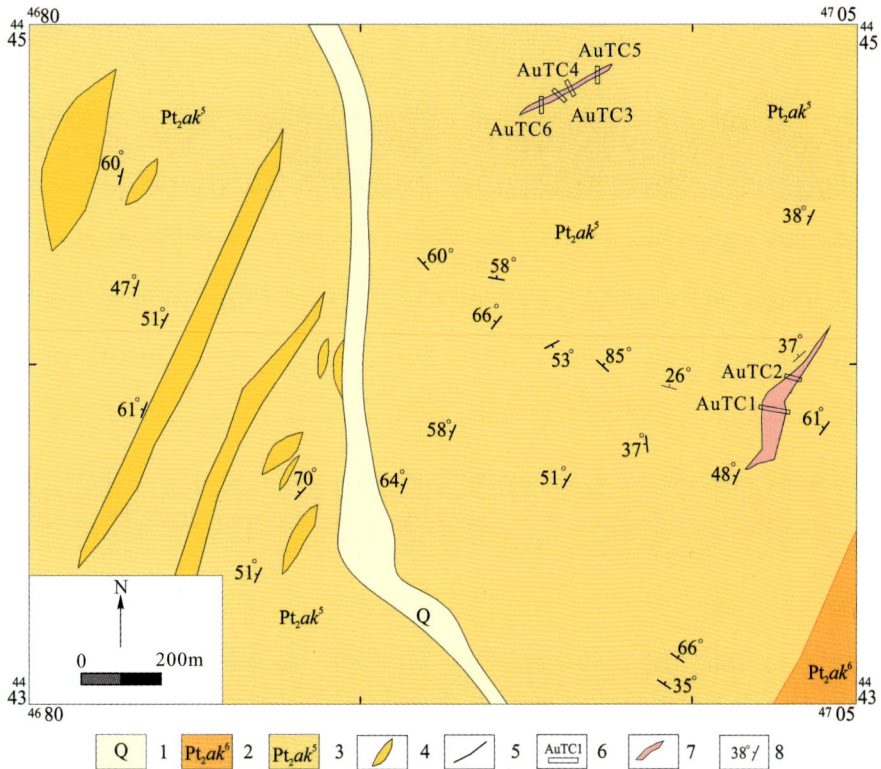

图3-32　铁斯给金（铜）矿化点地质简图

1—第四系；2—长城系阿克苏群第六岩性段；3—长城系阿克苏群第五岩性段；4—大理岩脉；
5—地质界线；6—探槽；7—蚀变硅化脉；8—地层产状

该滑脱型韧性剪切带，宽50～100m，产状为320°∠70°。原岩为泥质粉砂岩，在泥质含量较高部位（绢云母）形成韧性剪切带，顺层滑脱型韧性剪切带，发育S-C组构，A型褶皱、绢英糜棱岩、绢云糜棱岩及石香肠状硅化脉，可见斑点状褐铁矿。褐铁矿绢英糜棱岩主要限于100m的层间发育，为层间滑脱型韧性剪切带。共采集10件刻槽样品，分析结果见表3-24，从表中可以看出，6件样品金含量大于0.1×10^{-6}，最高为0.51×10^{-6}，表明本区具有进一步寻找韧性剪切带型金矿的潜力。

(a)

(b)

(c)

(d)

图 3-33 金（铜）矿化点岩（矿）石组构特征

（a）糜棱岩中的褐铁矿化露头；（b）褐铁矿化石英脉；（c）铜矿化主要产于石英片岩裂隙中；
（d）铜矿化风化后多为孔雀石化

表 3-23 金矿化点槽探工程部分分析结果

矿化带编号	探槽编号	样品编号	元素含量				
			×10⁻⁶		%		
			Au	Ag	Cu	Pb	Zn
第一条	AuTC1	AuTC1－H3	0.10	<1.0	0.002	<0.010	<0.010
		AuTC1－H4	<0.10	<1.0	0.001	<0.010	<0.010
		AuTC1－H5	0.11	<1.0	0.001	<0.010	<0.010
		AuTC1－H6	<0.10	1.8	0.42	0.016	0.042
第二条	AuTC4	AuTC4－H5	0.10	<1.0	0.025	<0.010	<0.010
	AuTC5	AuTC5－H3	0.14	1.3	0.13	<0.010	<0.010
		AuTC5－H4	<0.10	1.3	0.19	<0.010	<0.010
		AuTC5－H5	0.27	1.8	0.30	<0.010	<0.010
		AuTC5－H6	0.13	<1.0	0.097	<0.010	<0.010
		AuTC5－H7	<0.10	<1.0	0.13	<0.010	<0.010

表 3-24 萨热克整装勘查区西北部金矿化样品分析结果

序号	样品编号	元素含量				
		×10⁻⁶		%		
		Au	Ag	Cu	Pb	Zn
1	HQD32	0.51	<1.0	0.004	0.021	<0.010

序号	样品编号	元素含量				
		×10⁻⁶		%		
		Au	Ag	Cu	Pb	Zn
2	HQD33	<0.10	<1.0	0.003	0.035	<0.010
3	HQD34	0.24	1.8	0.001	0.024	<0.010
4	HQD34A	0.12	<1.0	<0.001	<0.010	<0.010
5	HQD36	<0.10	<1.0	0.004	<0.010	<0.010
6	HQD36A	0.19	1.6	0.004	0.010	<0.010
7	HQD37-1	0.11	<1.0	0.011	0.011	<0.010
8	HQD37-2	<0.10	<1.0	0.012	<0.010	<0.010
9	HQD37-3	<0.10	<1.0	0.003	0.011	<0.010
10	HQD37-4	0.13	<1.0	0.007	0.021	<0.010

3.5.2.3 阔库布拉克铅锌矿点

A 地质特征

阔库布拉克铅锌矿点（16号点）位于萨热克铜矿北偏东约8km处，该矿点曾经被开采，老硐方位为305°，坑道长约220m，坑道北东壁见刻槽取样痕迹。在石炭系灰色云英片岩中，可见方解石细脉，部分边部可见星点状黄铜矿化（见图3-34（a）（b））。

在云英片岩与大理岩化灰岩（见图3-34（c））的接触带中可见白色的大理岩出露和褐铁矿化露头（见图3-34（d）），从本区采集的方铅矿矿石（见图3-34（e））和含黄铁矿大理岩化灰岩（见图3-34（f））可以看出，矿化主要与接触带中的大理岩或大理岩化灰岩有关，由于两种岩性的差异，受后期构造变形的影响，在本区接触带形成一定的容矿空间，白色大理岩为主要的赋矿标志层位，应为构造-热液后期活动的产物。总体上看，成矿地质体为位于不同岩性-岩相界面之间的构造变形带，构造扩容空间有利于成矿流体大规模储集和形成铅锌矿。

(a)　　　　　　　　　　　　　　　　　(b)

图 3-34　阔库布拉克铅锌矿点
（a）云英片岩；（b）方解石脉边部的黄铜矿化；（c）大理岩化灰岩；
（d）接触带中的褐铁矿化露头；（e）团块状方铅矿矿石；（f）大理岩化灰岩中的黄铁矿化

在该铅锌矿预测找矿地段内，铅锌矿化产于石炭系大理岩中，围岩蚀变主要为硅化、黄铁矿化、铁白云石化和方解石化，在古硐口东侧片岩类中顺片理发育黄钾铁矾化，外围褐铁矿化强烈。其中黄铁矿化呈细脉-脉状、浸染状、团块状。

阔库布拉克铅锌矿点（16号点）受控于萨热克北推覆断裂系统中的次级断裂带，该矿点南侧约300m可见一规模较大的推覆断裂，断裂带产于石炭系变质砂岩和片岩夹黑云母片岩中，倾向为北西335°，倾角为40°～50°，与萨热克北逆冲推覆构造系统近于平行，属萨热克北逆冲推覆构造系统后缘滑脱构造带，靠近断裂带岩石强烈揉皱变形和蚀变强烈。

在该铅锌矿化硅化大理岩带中，靠近内侧的铅锌矿化带可能受硅化影响而使岩石变得完整，靠近外侧的大理岩较破碎，且片理较发育。矿石中角砾状构造特征显示大理岩角砾被黄铁矿-方铅矿胶结，表明铅锌矿化带受张剪性构造叠加。

总体上看，在滑脱型顺层脆韧性剪切带中，叠加了张剪性构造作用，并伴有较强硅化、热液角砾岩化，方铅矿等硫化物为热液胶结物。成矿结构面为脆韧性剪切构造面→张剪性构造面+硅化-铁碳酸盐化蚀变相+铅锌硫化物热液胶结物。

B 成矿作用

对石英-硫化物矿石中的石英包裹体开展了研究,包裹体主要为富液相的两相水溶液包裹体(Ⅰ型,见图3-35),其形态主要为不规则状、椭圆形、水滴状、叶片状、负晶形等,主要分布特征为单个分布、成群分布及沿裂隙呈条带状分布(次生包裹体为主)。石英硫化物阶段石英中的包裹体大小为 3 ~ 10μm,集中分布在 4 ~ 5μm 之间,在室温(20℃)下,包裹体中气液相比为10%~40%,集中分布在15%~25%之间,加热后全部均一为液相。

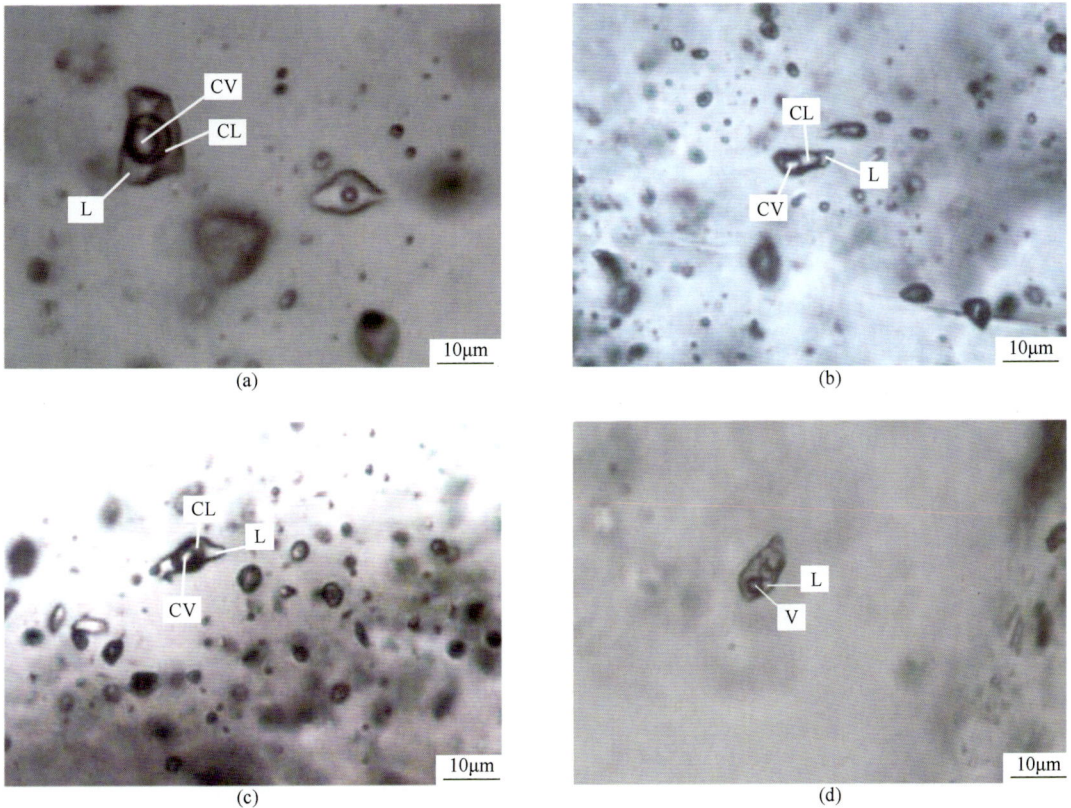

图 3-35 阔库布拉克铅锌矿点的包裹体特征
CV—CO_2气相;CL—CO_2液相;L—H_2O液相

测温结果显示(见图3-36),石英硫化物阶段流体包裹体的均一温度 T_h 介于 184 ~ 273℃之间,大部分集中在 170 ~ 220℃ 之间,平均值为 204℃;估算盐度 $w(NaCl)_{eq}$ 为 0.31% ~ 5.1%,平均值为 2.5%;流体密度介于 0.56 ~ 0.91g/cm^3 之间;压力估算值为 0.9 ~ 17.1MPa,可能代表了主成矿阶段的流体性质。从流体包裹体特征可以看出,该矿点的成矿流体具有中低温和低盐度特征。

3.5.2.4 江格结尔铜矿(萨热克式杂砾岩型铜矿)

江格结尔铜矿的含矿层为上侏罗统库孜贡苏组杂砾岩,铜矿化体呈近南北向顺层产出,走向长 300 ~ 500m,宽 3 ~ 5m(见图3-37)。地表可见明显的孔雀石化,含铜杂砾岩中

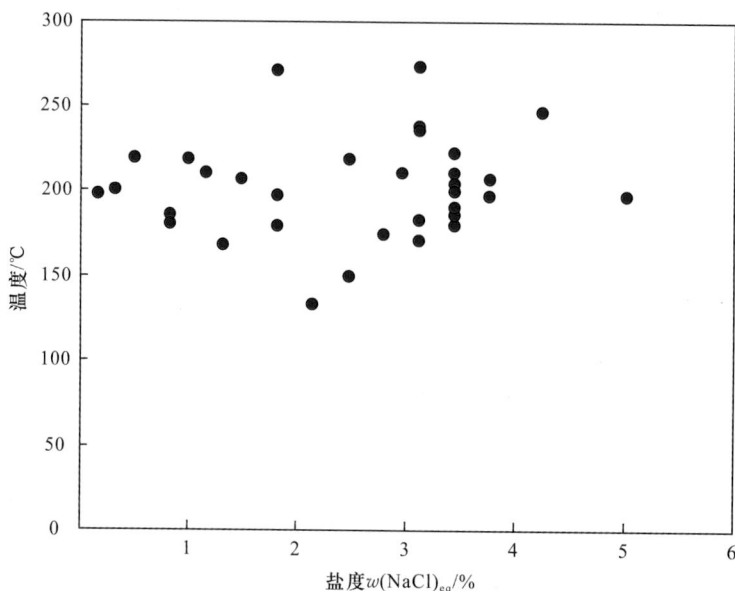

图 3-36 阔库布拉克铅锌矿点温度-盐度散点图

可见辉铜矿呈浸染状分布（见图 3-38）。在该矿点采用的技术方法主要有 PA 剖面 1∶2000 地质剖面测量、1∶1 万岩石剖面测量，在已有异常的基础上施工探槽 3 条，分析结果见表 3-25。从表中可以看出，铜矿化主要与灰绿色杂砾岩有关，铜品位一般为 0.14% ~ 1.25%，平均值为 0.43%，其他金属元素含量普遍较低，个别样品中 Ag 含量达 6.6×10^{-6}。

图 3-39 为江格结尔铜矿的激电测深剖面反演解释推断图，从图中可看出在 3550 号点深部发育激电异常，异常埋深约 350m，在该异常地表投影的北部约 150m，发育江格结尔铜矿点，该异常可能与该类铜矿有关。

3.5.2.5 江格结尔铅锌矿床（江格结尔式砂砾岩型铅锌矿）

A 地质特征

矿区出露地层主要为上侏罗统库孜贡苏组上段和下段、下白垩统克孜勒苏群第一到第五岩性段及上白垩统库克拜组等，各组、段之间均为整合接触关系。区内未见岩浆岩分布。可见一条北西向小角度斜切赋矿层位的逆断层，逆断层破碎带中可见铅锌矿化及铜矿化。赋矿层为下白垩统克孜勒苏群第五岩性段的灰白色含砾砂岩，属辫状河三角洲相沉积，与区内乌拉根铅锌矿的赋矿层位相同。

B 地球化学特征

1∶5 万化探综合异常元素组合为 Pb、Zn、Ag、Sr，异常长 5km，宽 50 ~ 100m，异常强度高，浓集中心明显，浓度分带较好，与克孜勒苏群第五岩性段的分布范围吻合（见图 3-13）。Ⅰ 号铅锌矿化带在综合异常之中。地化剖面上见有铜矿化，铜矿化部位的 Pb、Zn 含量大于 20×10^{-6}。褪色含砾砂岩中 Pb、Zn、Co、Mo、Sb 等元素的含量相对增高，同时伴有明显的 δCe 负异常，这些特点与乌拉根铅锌矿区相似。

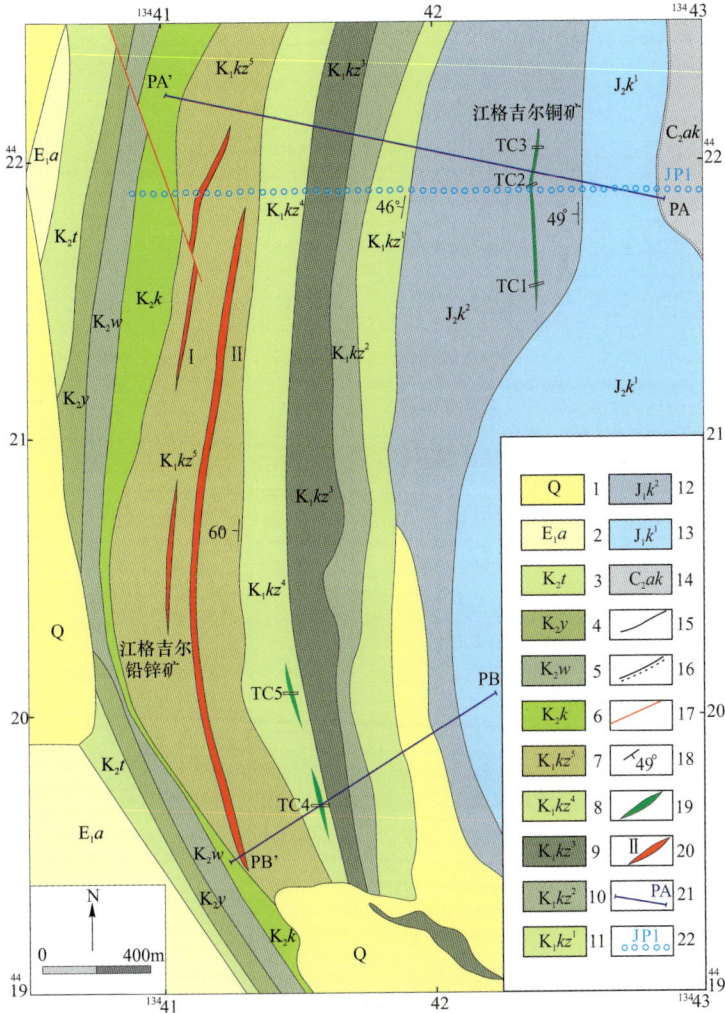

图 3-37 江格结尔地区地质简图

1—第四系；2—古新统阿尔塔什组；3—上白垩统吐依洛克组；4—上白垩统依格孜牙组；5—上白垩统乌依塔格组；
6—上白垩统库克拜组；7—下白垩统克孜勒苏群第五岩性段；8—下白垩统克孜勒苏群第四岩性段；
9—下白垩统克孜勒苏群第三岩性段；10—下白垩统克孜勒苏群第二岩性段；11—下白垩统克孜勒苏群第一岩性段；
12—上侏罗统库孜贡苏组上段；13—上侏罗统库孜贡苏组下段；14—上石炭统艾克提克组；15—地质界线；16—角度不整
合接触界线；17—断层；18—地层产状；19—铜矿化体；20—江格结尔铅锌矿化带及编号；21—地质剖面；22—激电剖面

图 3-38 江格结尔铜矿岩矿石矿物组构特征

（a）孔雀石化杂砾岩铜矿石；（b）铜矿石中的辉铜矿（单偏光）；（c）铜矿石中的辉铜矿（反射光）

表 3-25 江格结尔铜矿点槽探工程分析结果

顺序号	工程号	样品编号	样重/kg	岩性描述	元素含量				
					×10⁻⁶		%		
					Au	Ag	Cu	Pb	Zn
1	TC1	TC1-H1	10.20	褐红色杂砾岩	<0.10	1.0	0.021	0.001	0.008
2		TC1-H2	9.32	灰绿色杂砾岩	<0.10	1.0	0.80	0.002	0.004
3		TC1-H3	8.20	灰绿色杂砾岩	<0.10	<1.0	0.32	0.001	0.004
4		TC1-H4	9.60	灰绿色杂砾岩	<0.10	1.8	0.49	0.001	0.003
5		TC1-H5	9.20	灰绿色杂砾岩	0.13	2.3	0.82	0.002	0.004
6		TC1-H6	8.40	灰绿色杂砾岩	<0.10	1.8	0.51	0.001	0.003
7		TC1-H7	9.30	灰绿色杂砾岩	0.10	<1.0	0.45	0.001	0.003
8		TC1-H8	8.80	灰绿色杂砾岩	<0.10	<1.0	0.15	0.001	0.003
9		TC1-H9	9.10	褐红色杂砾岩	0.11	<1.0	0.006	0.001	0.006
10	TC2	TC2-H1	9.10	紫红色粉砂质泥岩	0.10	<1.0	0.003	0.001	0.008
11		TC2-H2	9.60	灰绿色杂砾岩	<0.10	<1.0	0.24	0.001	0.006
12		TC2-H3	9.30	灰绿色杂砾岩	<0.10	<1.0	0.47	0.001	0.005
13		TC2-H4	9.50	灰绿色杂砾岩	<0.10	1.8	0.53	0.002	0.008
14		TC2-H5	9.00	灰绿色杂砾岩	<0.10	<1.0	0.35	0.002	0.007
15		TC2-H6	10.30	褐红色杂砾岩	<0.10	1.0	0.009	0.008	0.020
16	TC3	TC3-H1	9.50	灰绿色杂砾岩	<0.10	<1.0	0.39	0.003	0.008
17		TC3-H2	8.40	灰绿色杂砾岩	<0.10	<1.0	0.26	0.002	0.009
18		TC3-H3	9.00	灰绿色杂砾岩	<0.10	<1.0	0.14	0.001	0.007
19		TC3-H4	9.00	灰绿色杂砾岩	<0.10	<1.0	0.35	0.001	0.004
20		TC3-H5	10.00	灰绿色杂砾岩	<0.10	1.5	0.78	0.001	0.003
21		TC3-H6	8.60	灰绿色杂砾岩	<0.10	<1.0	0.42	0.001	0.003
22		TC3-H7	8.80	灰绿色杂砾岩	<0.10	6.6	1.25	0.002	0.002
23		TC3-H8	8.00	灰绿色杂砾岩	<0.10	<1.0	0.66	0.001	0.003
24		TC3-H9	9.40	灰绿色杂砾岩	<0.10	<1.0	0.30	0.001	0.002
25		TC3-H10	9.30	灰绿色杂砾岩	<0.10	<1.0	0.17	0.001	0.004
26		TC3-H11	8.50	灰绿色杂砾岩	<0.10	<1.0	0.11	0.001	0.002
27		TC3-H12	8.20	灰绿色杂砾岩	<0.10	<1.0	0.11	0.001	0.004
28		TC3-H13	7.80	灰绿色杂砾岩	<0.10	1.0	0.17	0.001	0.003

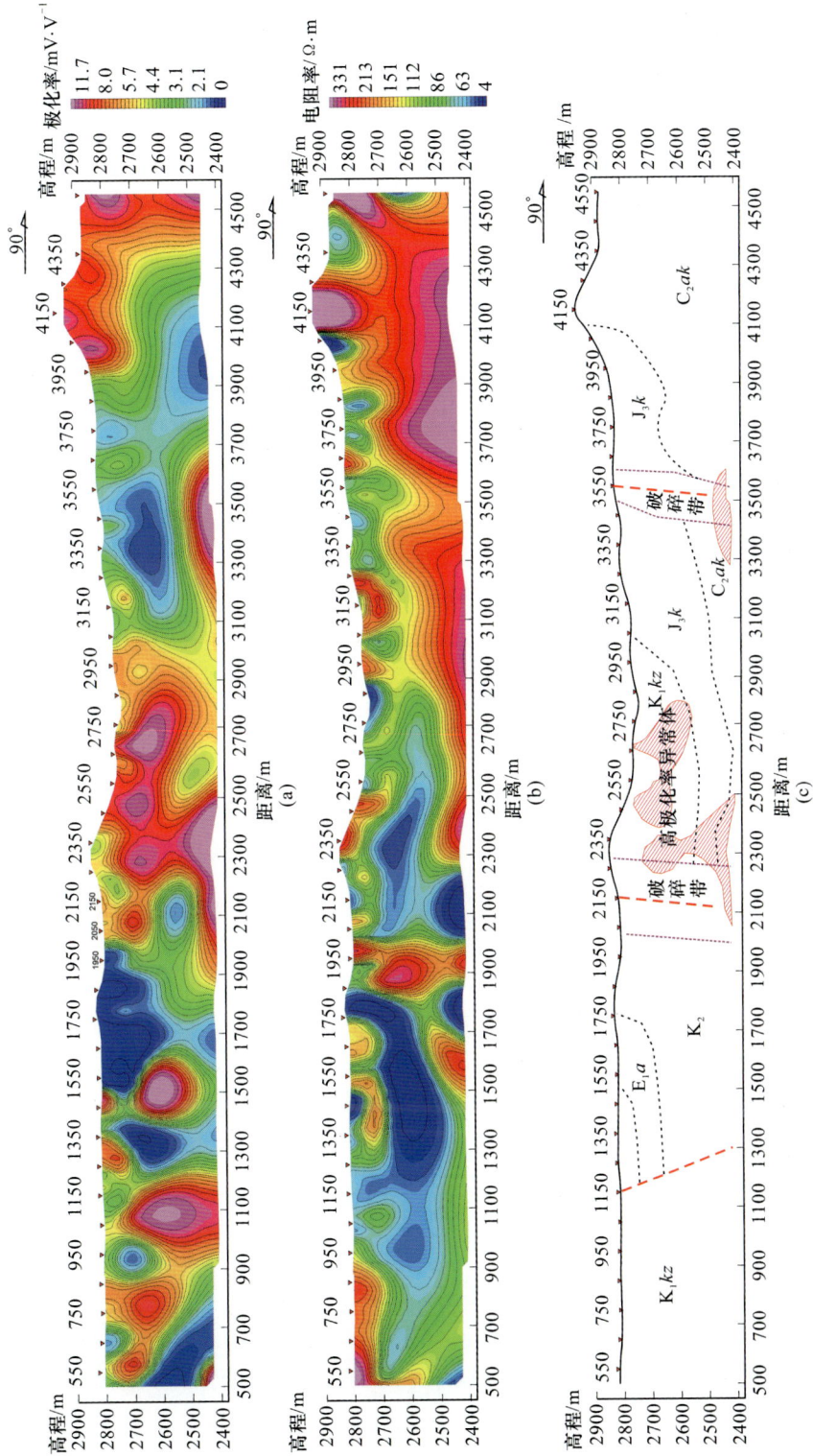

图3-39 江格结尔铜矿~激电测深剖面(JP1)反演解释推断图

(a) 激电测深剖面二维反演极化率断面图; (b) 激电测深剖面二维反演电阻率断面图; (c) 解释推断图

C 矿 (化) 体特征

地表已圈出 2 条铅锌矿化带 (见图 3-37), 延伸较为稳定, 呈层状平行产出。地表可见强烈的褪色蚀变及褐铁矿化、黄钾铁矾化、石膏化、方解石化、白云石化、黄铁矿化等, 油气显示地段蚀变增强, 赋矿砂砾岩中见有大量的油迹和沥青。Ⅰ号矿化带断续长 1.5km, 厚 12 ~ 28m; Ⅱ号矿化带断续长 2.0km, 厚 8 ~ 30m; Ⅰ号矿化带内的Ⅰ-1 号矿体呈似层状南北向产出, 长 600m, 平均厚度为 3.9m, Zn 平均品位为 3.36%, Pb 平均品位为 0.08%。Ⅱ号矿化带内的Ⅱ-4 号矿体呈似层状南北向产出, 长 700m, 平均厚度为 1.1m, Zn 平均品位为 2.01%, Pb 平均品位为 0.07%。钻探验证深部见 2 层铅锌盲矿 (化) 体, 厚度分别为 2m 和 3.1m, Pb、Zn 平均品位分别为 0.22%、0.36% 和 2.08%、0.20%。成因类型属层控砂砾岩型。估算的铅锌资源量 (333+334) 为 8.1 万吨, 有进一步扩大资源量的潜力。

D 矿石矿物组合及特征

铅锌矿石的结构有粒状结构、结晶结构、角砾状、交代溶蚀结构等; 矿石构造以稠密浸染状、细脉状为主。矿石中的金属硫化物主要为方铅矿、闪锌矿和少量的黄铜矿等, 脉石矿物有白云石、方解石、石英、长石、石膏等, 部分岩矿石裂隙中可见黑色沥青物质 (见图 3-40)。从图中可以看出, 地表的铅多为白铅矿或硫酸矿。在该点采用的技术方法主要有 PB 剖面 1:2000 地质剖面测量、1:1 万岩石剖面测量, 在该剖面采集的部分原生晕样品分析结果见表 3-26。从该表中可看出, 部分样品中的 Cu 含量最高大于 0.2%, 并伴生有 Zn 矿化。从该点的激电测深剖面反演解释推断图 (见图 3-37, 图 3-39) 可以看出, 图中电阻率异常特征较好地展示了各地层的空间分布特征, 电阻率异常总体显示向西倾 (向小号点倾), 以剖面东端 4100 号点左右向小号点深部约 15° 为界, 东侧显示为相对高阻异常, 主要反映了艾克提克组薄-中层细粒长石石英砂岩、灰黑色千枚岩、泥硅质板岩夹砾质结晶灰岩、砾屑微晶灰岩的异常特征; 中部以 3000 号点为界, 西侧主要显示为低阻异常, 反映了下白垩统克孜勒苏群的岩性特征, 中部 3000 ~ 4100 号点之间相对中阻低极化异常则反映了上侏罗统库孜贡苏组的岩性特征。其中有意义的激电异常主要发育在剖面中部 2200 ~ 2800 号点之间, 异常产于下白垩统克孜勒苏群内, 由 3 个近等轴状近水平排列的异常组成, 埋深约 100m 左右, 呈低阻高极化异常特征, 推测为砂岩地层中金属硫化物相对富集引起, 该地层为层控砂砾岩型铅锌铜矿的赋矿层位, 并有 AS-7 号 1:5 万化探异常和 H-1 号 1:2.5 万化探异常, 成矿条件较为有利。

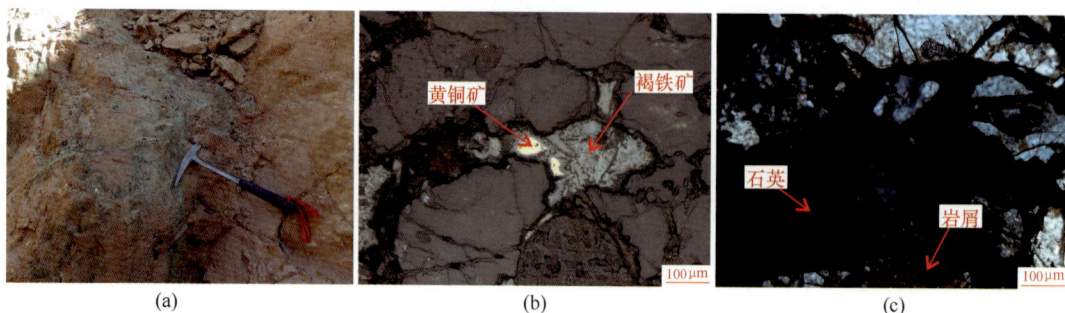

(a)   (b)   (c)

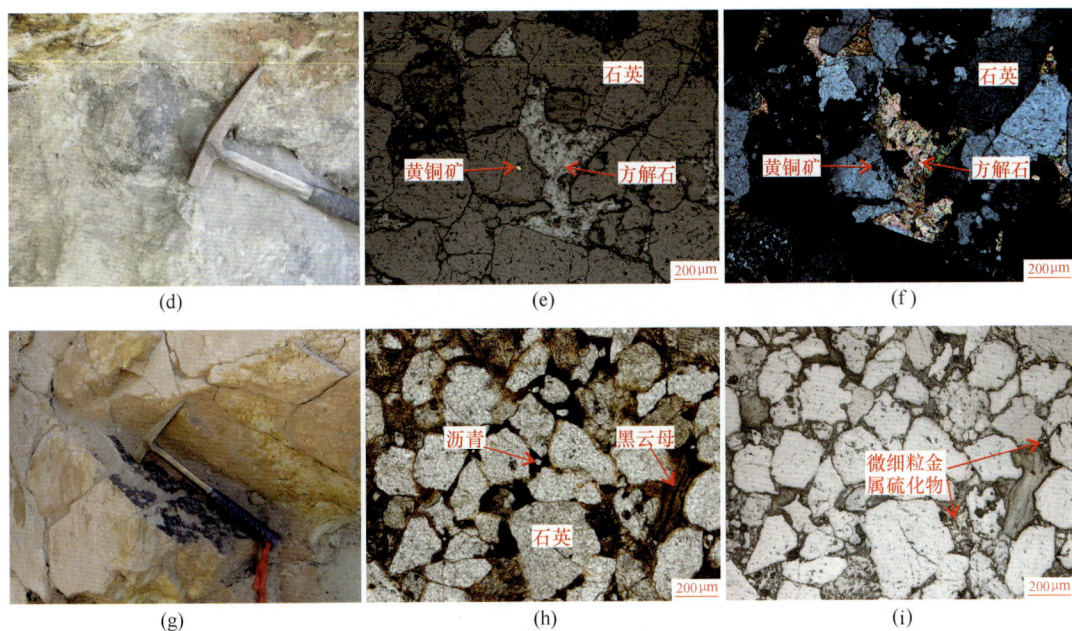

图 3-40 江格结尔铅锌矿岩矿石矿物组构特征

(a) 矿石表面的孔雀石化；(b) 褐铁矿和黄铜矿沿石英等颗粒间隙充填分布（反射光）；

(c) 砂砾岩主要由石英和少量的岩屑组成（正交光）；(d) 灰色铅锌矿石；

(e) 铅锌矿石中的方解石沿裂隙充填和微细粒硫化物（反射光）；

(f) 铅锌砂岩石中的方解石沿裂隙充填（正交光）；(g) 石英砂砾岩裂隙中的黑色沥青化；

(h) 黑色沥青物质沿石英裂隙充填（单偏光）；(i) 黑色沥青物质中的微细粒金属硫化物（反射光）

表 3-26 地球化学剖面部分原生晕样品分析结果

剖面编号	样号	地层代号	岩石名称	元素含量					
				$\times 10^{-9}$	$\times 10^{-6}$				
				Au	Ag	Cu	Pb	Zn	Ni
PA	YPA8-1	J_3k^2	孔雀石化砾岩	6.65	13.0	>2000	6.72	46.3	20.3
PA	YPA8-2	J_3k^2	紫红色泥质粉砂岩	3.10	0.33	529	9.78	39.6	30.3
PA	YPA19	K_1kz^5	石英砂岩	2.40	0.37	492	12.2	20.2	6.71
PA	YPA32	K_1kz^5	灰岩夹石膏	1.52	0.032	19.5	53.9	524	30.6
PB	YPB30-1	K_1kz^4	孔雀石化石英砂岩	5.10	0.95	>2000	9.98	23.6	13.2
PB	YPB30-2	K_1kz^4	孔雀石化石英砂岩	1.56	1.57	1733	9.94	20.1	11.7
PB	YPB35	K_1kz^5	石英砂岩	1.08	0.70	49.4	267	115	6.89
PB	YPB37	K_1kz^5	含砾石英砂岩	0.93	1.51	9.20	34.3	182	10.5
PB	YPB38	K_1kz^5	孔雀石化石英砂岩	0.61	2.74	>2000	28.2	143	5.96

3.5.2.6 炼铁厂铅锌（铜）矿（乌拉根式砂砾岩型铅锌矿）

根据该区出露的下白垩统克孜勒苏群第五岩性段中灰白-褐黄色砂砾岩、含砾砂岩等圈定为蚀变带，蚀变带宽度为250m，长度约为3500m，在图3-41中向北延伸至图外。以往通过地表槽探揭露和控制，在下白垩统克孜勒苏群第五岩性段共圈定2条铜矿体和2条铅矿体。Ⅰ号铅矿体：平均品位为1.49%，平均厚度为2.66m，延伸长度约为150m。Ⅱ号铅矿体：平均品位为2.72%，平均厚度为0.65m，延伸长度约为100m。1号铜矿（化）体自南向北断续延伸长度约为2000m，平均品位为0.68%，厚度为2.94m，单样最高品位为1.44%。主要分为南北两段铜矿体及中部铜矿化体。其中南部铜矿体的平均品位为0.70%，平均厚度为2.295m，延伸长度约为200m，厚度为1.06m；北部铜矿体平均品位为1.25%，平均厚度为4.15m，延伸长度约为350m；中部铜矿化体延伸长度约为500m。炼铁厂铅锌（铜）矿点地表可见星点状、浸染状孔雀石化，产出较稳定，蚀变以黄钾铁矾化、孔雀石化为主，钻孔岩芯中可见明显的方铅矿化和黄铜矿化（见图3-42）。

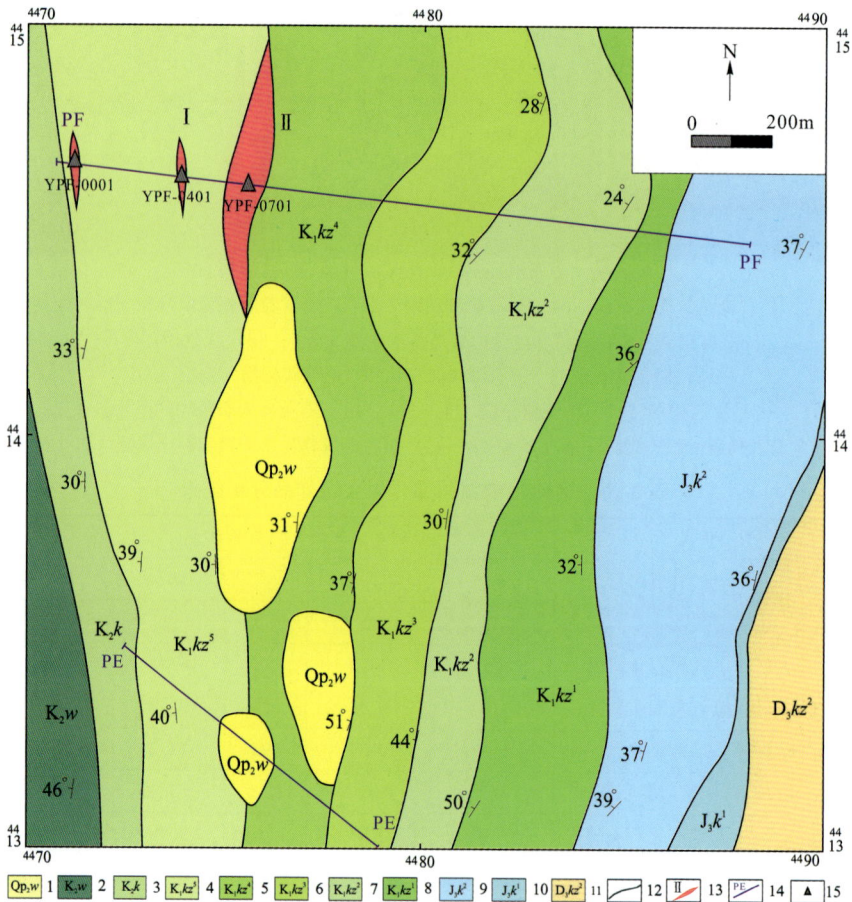

图3-41 炼铁厂铅锌矿地质简图

1—中更新统乌苏群；2—上白垩统乌依塔格组；3—上白垩统库克拜组；4—下白垩统克孜勒苏群第五岩性段；
5—下白垩统克孜勒苏群第四岩性段；6—下白垩统克孜勒苏群第三岩性段；7—下白垩统克孜勒苏群第二岩性段；
8—下白垩统克孜勒苏群第一岩性段；9—上侏罗统库孜贡组上段；10—上侏罗统库孜贡苏组下段；
11—上泥盆统克孜尔塔格组二段；12—地质界线；13—铜铅锌矿化带；14—地化剖面；15—采样点

在该点采用的技术方法主要有PE和PF剖面1:2000地质剖面测量、1:1万岩石剖面测量，在该剖面采集的部分原生晕样品分析结果见表3-27。从该表中可看出，部分样品

（YPF-0701）中的 Cu 含量最高为 $558×10^{-6}$，并伴生有 Zn 矿化。

图 3-42 炼铁厂铅锌（铜）矿矿石特征

（a）铅锌矿化体特征；（b）砂砾岩铅锌矿石；（c）砂砾岩矿石中的孔雀石化；
（d）钻孔岩芯砂砾岩中的方铅矿化；（e）钻孔岩芯砂砾岩中的黄铜化

表 3-27 PE 和 PF 剖面部分原生晕样品分析结果

样品编号	岩石名称	元素含量					
		$×10^{-9}$	$×10^{-6}$				
		Au	Ag	Cu	Pb	Zn	Ni
YPE-0203	黄绿色砂岩	2.19	0.11	29.2	19.3	42.5	20.9
YPE-0701	石英砂岩	1.36	0.54	7.33	19.1	15.2	3.69
YPE-1203	含砾石英砂岩	1.54	0.043	19.8	4.94	9.98	10.2
YPE-2701	绢云片岩	1.08	0.027	8.14	3.29	96.9	59.6

样品编号	岩石名称	元素含量					
		$\times 10^{-9}$	$\times 10^{-6}$				
		Au	Ag	Cu	Pb	Zn	Ni
YPE-2702	绢云片岩	1.46	0.051	9.14	6.55	98.8	58.2
YPE-2801	褐铁矿化石英脉	3.01	0.054	8.72	2.66	16.2	13.3
YPF-0001	膏质泥岩	3.65	0.47	507	1.93	7.92	16.1
YPF-0002	紫红色膏质泥岩	1.05	0.030	11.8	12.6	48.2	28.1
YPF-0401	石英砂岩	1.15	0.93	13.2	317	60.5	4.01
YPF-0403	灰绿色粉砂岩	1.01	0.34	8.58	20.5	50.9	30.2
YPF-0701	砾岩	0.68	0.47	558	9.46	46.4	7.73
YPF-1801	粉砂质泥岩	1.30	0.051	6.40	5.91	37.8	18.8
YPF-1802	砾岩	1.46	0.054	8.64	4.12	43.8	29.3
YPF-1901	砾岩	125	0.12	6.79	2.81	34.2	26.0

3.5.2.7　红山铁矿

A　含矿地层

矿区含矿地层为上石炭统康克林组，主要由厚层状含铁细晶灰岩和含碎屑细晶灰岩、浅灰色含粉砂泥质灰岩、绿灰色钙质泥质粉砂岩、泥质片岩组成。铁矿主要赋存于上石炭统康克林组含铁细晶灰岩中。碳酸盐岩常被镜铁矿、赤铁矿充填交代。铁矿中常有后期石英-方解石脉穿入，赤铁矿中有气孔构造（见图 3-43）。

(a)

(b)

(c)

(d)

(e)   (f)

图 3-43　红山铁矿矿石地质特征

(a)(b) PB 剖面含铁建造岩石露头；(c) 铁矿体沿构造裂隙分布；
(d) 镜铁矿–赤铁矿石；(e) 矿石中发育石英–方解石细脉；(f) 镜铁矿沿构造裂隙分布

B　控矿构造

矿区内褶皱和断裂构造较发育，总体构造线为北东向。整个矿区为背斜构造，背斜向南西倾伏，背斜轴向为 21°~28°，东翼倾角为 70°，西翼倾角为 60°，为成矿前构造，矿区断裂以逆断层为主，平推断层次之。矿体受构造控制明显，规模较大的矿体受北东向断层控制，规模较小矿体受北西向和南北向断裂控制。

C　矿体形态

矿区内矿体数目多，形态复杂，规模大小不一，矿体主要呈脉状、透镜状和囊状，矿体与围岩界线较明显。红山铁矿区主要由大红山、小红山、库孜卡 3 个矿段、8 个矿带、23 个矿体组成。主要矿体特征如下：

(1) Ⅳ号矿体位于大红山，长度为 200m，最大厚度为 70m，最小厚度为 5.6m，平均厚度为 47.6m，地表呈不规则透镜状，矿体总体走向为北东向，倾向北西，倾角为 56°~84°，局部近直立。TFe 品位一般为 27.31%~67.89%，平均品位为 56.91%。矿石以赤铁矿为主，有少量镜铁矿，为富铁矿石。

(2) Ⅴ号矿体位于小红山，呈脉状，长度为 100m，宽度为 2~8m，走向为北西向，倾角近于直立。TFe 品位一般为 25.15%~66.72%，平均品位为 55.82%。

(3) Ⅰ号矿带位于库孜卡北部，由 3 个小矿体组成，矿体走向均为北东向，倾向北西，最大矿体呈囊状，长度约为 70m，宽度约为 50m。TFe 品位一般为 26.18%~56.60%，平均品位为 39.31%。矿石质量均一，以鳞片状镜铁矿为主，赤铁矿次之。

其他矿体规模较小，长 10~60m，宽 1~4m，最厚达 9m。TFe 品位一般为 29.37%~64.57%，平均品位为 49.28%，均为富铁矿石。矿石中以赤铁矿为主（60%~70%），还含有菱铁矿（15%~30%）、褐铁矿（20%~40%）。有害组分中 S 含量为 0~4.88%；P 含量为 0~0.78%，As 含量为 0~0.15%，Sb 含量为 0~0.01%，Sn 含量为 0~0.003%。矿石结构主要为半自形–他形粒状结构、鳞片结构和交代残余结构；矿石构造主要有块状构造、细脉浸染状和浸染状构造（见图 3-44）。

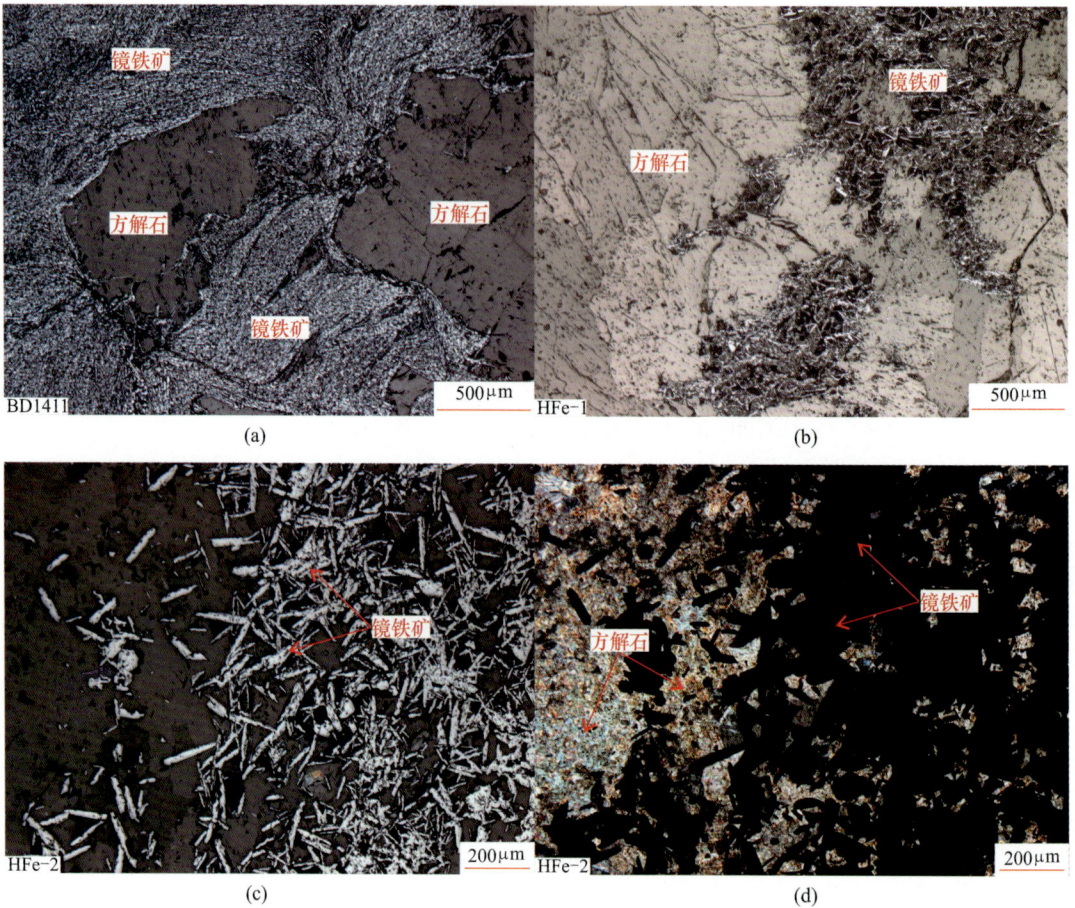

图3-44 红山铁矿岩矿石矿物组构镜下特征

（a）铁矿石中的放射状镜铁矿（反射光）；（b）铁矿石中的鳞片状镜铁矿（反射光）；

（c）铁矿石中的长柱状镜铁矿（反射光）；（d）铁矿石中的镜铁矿和方解石（反射光）

D 围岩蚀变

围岩蚀变较弱，仅在近矿围岩中有蚀变，主要有大理岩化、白云岩化、绿泥石化、黄铁矿化及叶蜡石化等。

3.5.2.8 萨热塔什铁矿

萨热塔什铁矿明显受断裂带控制，通过1：5000地质剖面测量和1：5000磁法剖面测量对萨热塔什铁矿进行了地质调查，该矿点分布在喀什炼铁厂幅的东北部，主要出露地层为上石炭统康克林组，矿化带位于灰岩、石英绢云片岩接触带，长3～4km，沿北东向断裂带产出。矿石呈块状构造、细脉−条带状构造，主要蚀变为硅化，可见硅化磁铁石英岩（见图3-45），主要矿物为磁铁矿、黄铁矿、镜铁矿、黄铜矿（见图3-46）；可见几处废弃的民采痕迹，目估品位为15%～20%。

从该点1：5000磁法剖面测量结果（见图3-47）可见，萨热塔什铁矿位于正磁与负磁的转换部位（断裂带），在1400～1600号点之间正磁与负磁的转换部位与F_1^{10}断层对应，在2600号点附近正磁与负磁的转换部位与F_1^9断裂相对应。

(a)   (b)

(c)   (d)

图 3-45　萨热塔什铁矿岩矿石矿物组构特征

（a）磁铁矿石沿断层带分布；（b）断层破碎带角砾岩；（c）团块状磁铁矿石；（d）条带状磁铁矿石

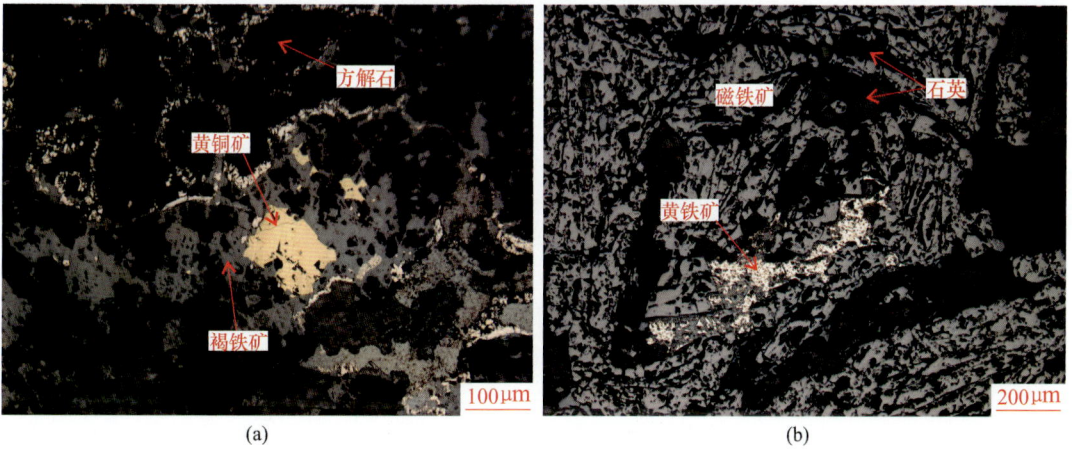

(a)   (b)

图 3-46　萨热塔什铁矿矿石镜下特征

（a）铁矿石中的黄铜矿和褐铁矿化；（b）铁矿石中主要为磁铁矿和少量的黄铁矿

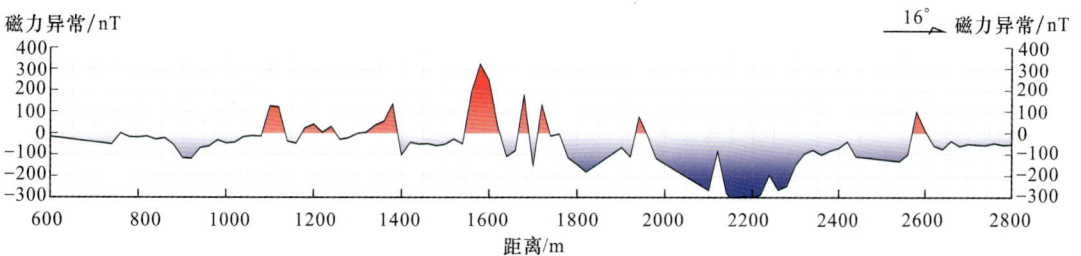

图 3-47　萨热塔什铁矿磁力异常剖面图

3.5.3 新发现矿化点

3.5.3.1 萨热克巴依幅—其勒坦套幅

在萨热克巴依幅—其勒坦套幅内共发现 6 处矿化点，其中铜金矿化点 3 处、金矿化点 1 处、铜矿化点 2 处。

A 18 号铜金矿化点

18 号铜金矿化点位于苏鲁铁列克隆起区。出露地层为长城系阿克苏群第五岩性段，主要岩性为石英黑云母片岩、石榴子石-阳起石片岩，原岩为石英砂岩、粉砂岩等。断裂主要为北西向和北东向，主要为脆韧性剪切带。矿化体产于北东向脆韧性剪切带中，矿化带长 200m，宽 2~10m，石英脉发育，黄铁矿化、黄钾铁钒、泥化发育，主要矿物为黄铁矿，少量黄铜矿（见图 3-48），刻槽采样 AuTC1-H6 的分析结果中含铜 0.42%、金 0.11×10⁻⁶。

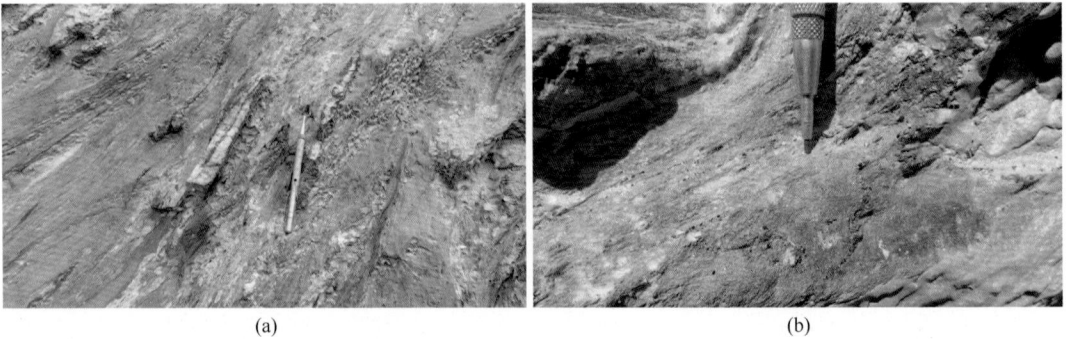

图 3-48 18 号铜金矿化点中的石英脉（a）和黄铁矿（b）

B 19 号铁斯给金矿化点

19 号铁斯给金矿化点位于萨热克巴依幅北侧的 PB52（$X=468593$，$Y=4443784$，$Z=3182$）点。出露地层为长城系阿克苏群第五岩性段，主要岩性为石英黑云母片岩、石榴子石-阳起石片岩，原岩为石英砂岩、粉砂岩、大理岩和少量火山岩等。断裂主要为北西向和北东向，主要为脆韧性剪切带，矿化体产于北东向脆韧性剪切带中，金属硫化物主要为黄铁矿等，地球化学剖面中 YPB52 样品的分析结果中含 Au 0.77×10⁻⁶。

C 23 号铜矿化点

23 号铜矿化点位于苏鲁铁列克隆起区，出露地层为长城系阿克苏群第四岩性段，主要岩性为石英黑云母片岩、石榴子石-阳起石片岩，原岩为石英砂岩、粉砂岩和少量火山岩等。北部与上侏罗统沉积砂砾岩呈断层接触。断裂主要为北西向和北东向，为脆韧性剪切带。矿化主要产于断裂带中，发育碎裂岩化、硅化、黄铁矿化。地球化学剖面中 YPD04 样品的分析结果中含 Cu 5529×10⁻⁶、Au 0.31×10⁻⁶、Ag 20×10⁻⁶，找矿标志为孔雀石化、碎裂岩化、硅化。

D 24 号铜矿化点

24 号铜矿化点分布在萨热克巴依幅东侧的 PD11（$X=476353$，$Y=4433228$，$Z=3721$）点，铜矿化与长城系石英片岩中的石英脉有关，在两处均可见到明显的铜矿化，金属硫化物主要为黄铜矿，呈团块状分布于石英脉中或其两侧，岩石表面可见明显的褐铁矿化和孔雀石化

（见图3-49）。地球化学剖面中 YPD11 样品的分析结果中含 Cu 9017×10^{-6}、Au 927×10^{-9}、Ag 20×10^{-6}。

图 3-49 PD11 点中的孔雀石化

E 25 号铜矿化点

25 号铜矿化点分布在萨热克巴依幅东侧的 PF13（$X=478402$，$Y=4433798$，$Z=3765$）点。出露地层为长城系阿克苏群第四岩性段，主要岩性为石英黑云母片岩、石榴子石-阳起石片岩，原岩为石英砂岩、粉砂岩和少量的火山岩等。北部与上侏罗统沉积砂砾岩呈断层接触。断裂主要为北西向和北东向，为脆韧性剪切带。矿化主要产于断裂带中，发育碎裂岩化、硅化、孔雀石化（见图 3-50）。地球化学剖面中 YPF13 样品的分析结果中含 Cu 13290×10^{-6}、Ag 20×10^{-6}。

图 3-50 PF13 点中弱的孔雀石化

F 28 号铜矿化点

28 号铜矿化点主要分布在萨热克幅东侧的 D3030（$X=479320$，$Y=4432586$，$Z=4060$）点，该处构造变形强烈，常可见大型的褶皱构造带，铜矿化与长城系石英片岩中的石英脉有关，金属硫化物主要为斑铜矿，呈团块状分布于石英脉中或其两侧，岩石表面可见明显的孔雀石化（见图3-51）。样品分析结果中含 Cu 3719×10^{-6}、Ag 20×10^{-6}。

(a)

(b)

(c)

(d)

图 3-51 其勒坦套幅 28 号铜矿化点的地质特征

(a) 铜矿化点附近发育的大型褶皱；(b) 石英片岩中的孔雀石化石英脉；

(c) 石英片岩中的含团块状斑铜矿石英脉；(d) 石英片岩中的含斑铜矿石英脉

3.5.3.2 喀什炼铁厂幅

A 14 号铜矿化点

14 号铜矿化点（$X = 25441487$，$Y = 4420049$）位于喀什炼铁厂幅江格结尔铅锌矿南侧（见图 3-37），主要出露地层为白垩系克孜勒苏群第四岩性段，岩性为灰绿色砂岩，蚀变主要为褪色化，地表可见孔雀石化（见图 3-52(a)），充填于裂隙中，目估品位为 0.1% ~ 0.5%。通过地表追索，该点与 15 号矿化点位于同一矿化带，该矿化带长约 1km，宽约 6m。矿化带走向近南北向，顺层产出。在该地区施工了探槽 TC5，并采集了刻槽样（见图 3-52(b)），样品分析结果显示 Cu 含量总体较低，这可能主要与样品的采集位置有关，铜矿化主要沿地表顺层产出。

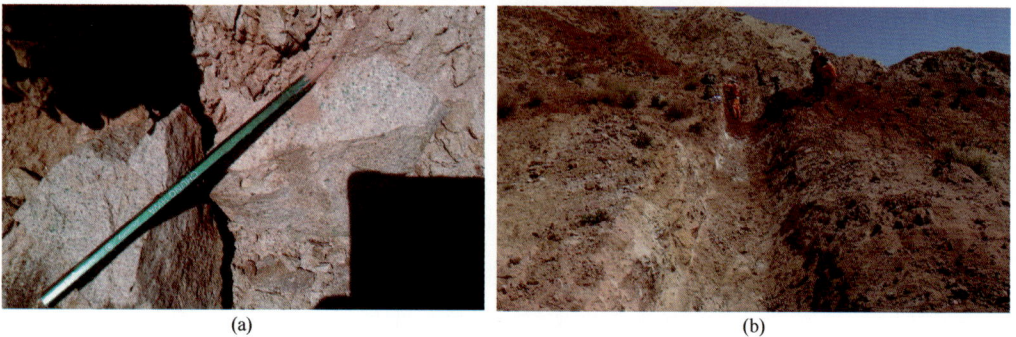

(a)

(b)

图 3-52 炼铁厂幅 14 号铜矿化点的地质特征

(a) 探槽 TC5 地表的孔雀石化；(b) 探槽 TC5 矿化点的野外照片

B 15 号铜矿化点

15 号铜矿化点（$X = 25441532$，$Y = 4419647$）位于喀什炼铁厂幅江格结尔铅锌矿南侧（见图 3-37），与 14 号铜矿化点在走向上可能为同一矿化体，主要出露地层为白垩系克孜勒苏群第四岩性段，岩性为灰绿色砂岩，蚀变主要为褪色化，主要矿物为孔雀石，充填于裂隙中，目估品位为 0.1% ~ 0.5%。在该地区施工了探槽 TC4，并采集了刻槽样（见图 3-53），其中 TC4-H6 样品中的 Cu 含量为 0.46%。

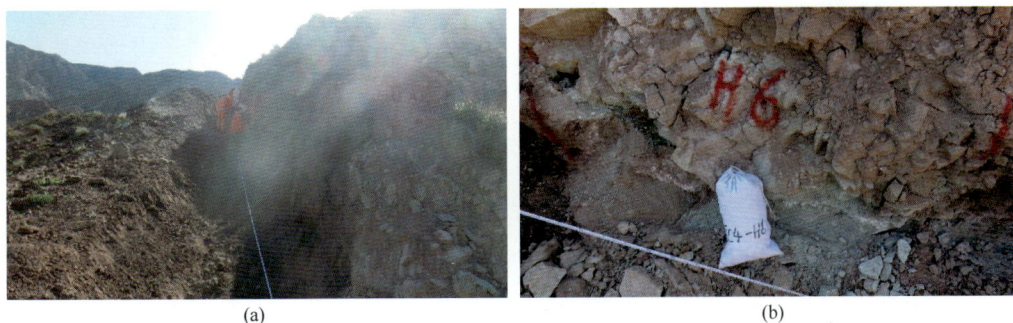

(a)   (b)

图 3-53 炼铁厂幅 15 号铜矿化点的地质特征

(a) TC4 矿化点的野外照片；(b) TC4 样品采集

C 16 号铜矿化点

16 号铜矿化点（$X = 25445842$，$Y = 4417721$）位于喀什炼铁厂幅中部，出露地层为白垩系克孜勒苏群第五岩性段，第四系覆盖严重，追索矿化带长约 1km，宽约 4.5m。矿化带走向为北西向，顺层产出。岩性为灰绿色砂砾岩，蚀变主要为褪色化、硅化，主要矿物为孔雀石，沿角砾边缘或呈浸染状分布。目估品位为 0.5% ~ 1%，该矿化点可能与 17 号铜矿化点为同一矿化带。在该点采集了刻槽样（见图 3-54），分析结果显示 2017091001-H2 样品中的 Cu 含量为 3.84%。

(a)   (b)

图 3-54 炼铁厂幅 16 号铜矿化点的地质特征

(a) 16 号铜矿化点野外照片；(b) 16 号铜矿化点野外样品采集

图 3-55 为该矿化点激电测深剖面（JP3）反演断面图，整条剖面基本都位于白垩系克孜勒苏群，整体电阻不高，呈相对低阻异常特征，极化率异常主要发育在 1900 ~ 3900 号点之间，发育于 2000 ~ 2500 号点之间的激电异常总体由 2500 号点向小号点缓倾，埋深约为 100m，呈似层状分布，异常特征与区内层控砂砾岩型铅锌铜矿的特征较为类似，推测可能为砂岩地层中金属硫化物相对富集引起，在该异常地表出露部位发育有 16 号铜矿点，该部位成矿地质条件较为有利。

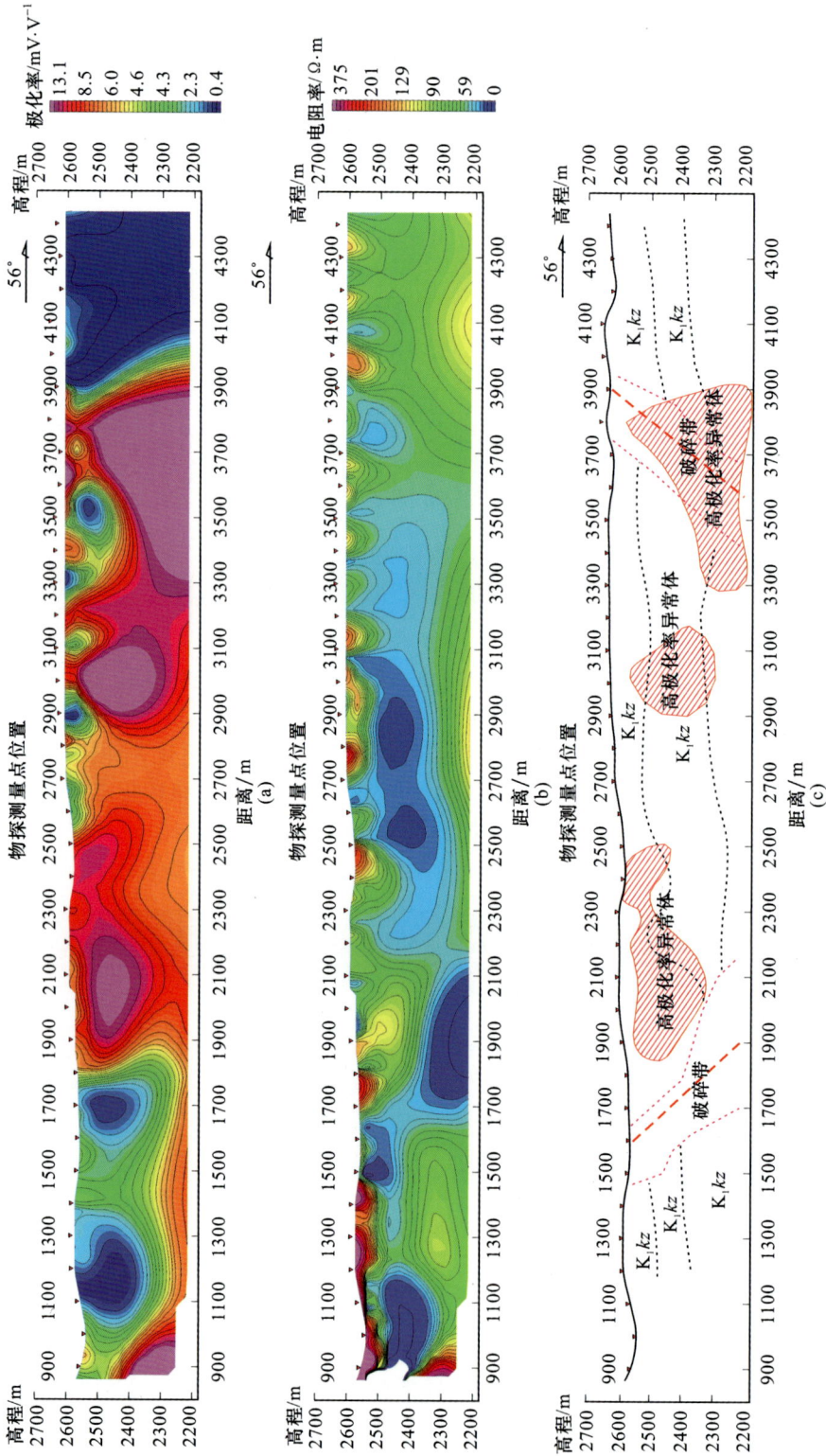

图3-55 喀什炼铁厂地区激电测深剖面(JP3)反演解释推断图

(a) 激电测深剖面二维反演激化率断面图; (b) 激电测深剖面二维反演电阻率断面图; (c) 解释推断图

D 17 号铜矿化点

17 号铜矿化点 ($X=25447116$，$Y=4416884$) 位于喀什炼铁厂幅中南部，出露地层为白垩系克孜勒苏群第五岩性段，岩性为灰绿色砂砾岩，蚀变主要为褪色化、硅化，主要矿物为孔雀石，沿角砾边缘或呈浸染状分布，铅锌矿物主要为氧化物，少量硫化物。目估铜品位为 0.5%～1%。

通过地表追索认为，该矿化点与 16 号矿化点及炼铁厂铅锌（铜）矿点为同一矿化带，该矿化带长约 4km，宽 2～4m，走向近南北向，顺层产出，其中矿化带上部为铅锌矿化，下部为铜矿化。野外照片如图 3-56 所示。在该点采集了刻槽样（见图 3-56），分析结果显示 2017092002-H2 样品中 Cu 含量为 0.84%。

(a)   (b)

图 3-56   炼铁厂幅 17 号铜矿化点的地质特征
(a) 17 号铜矿化点野外照片；(b) 17 号铜矿化点野外样品采集

E 18 号铜矿化点

18 号铜矿化点 ($X=25442629$，$Y=4413592$) 位于喀什炼铁厂幅西南部，出露地层为中新统安居安组下段，岩性为灰绿色岩屑石英砂岩，该矿化点与 19 号铜矿化点为同一矿化带，长约 3km，宽 1～2m，矿化带走向为北西向，顺层产出。矿物主要为赤铜矿、孔雀石，蚀变为硅化、褐铁矿化；呈细脉状、脉状，宽 0.1～1cm，目估铜品位为 0.1%～0.5%。该矿化点在路线 L0303 中的地质点 D0003 处的野外照片如图 3-57 所示。

图 3-57   炼铁厂幅 18 号铜矿化点的地质特征

F 19 号铜矿化点

19 号铜矿化点 ($X=25441626$，$Y=4414670$) 位于喀什炼铁厂幅西南部，出露地层为中新统安居安组上段，岩性为灰绿色岩屑石英砂岩，该含矿层与花园砂岩铜矿为同一层位。该矿化点与18号铜矿化点为同一矿化带，长3km，宽1~2m，矿化带走向为北西向，顺层产出。矿物主要为赤铜矿、孔雀石，蚀变为硅化、褐铁矿化；呈细脉状、脉状，宽0.1~1cm，目估铜品位为0.1%~0.5%。该矿化点在路线L0304中的地质点野外照片如图3-58所示。

图3-58 炼铁厂幅19号铜矿化点的地质特征

G 20号磁铁矿化点

通过实测1:5000 P4地质剖面发现了20号磁铁矿化点（$X=25439054$，$Y=4426264$），该点位于喀什炼铁厂幅的西北部，主要出露地层为石炭系艾克提克组，岩性主要为石英片岩、绢云片岩，褶曲构造及片理化发育，该处可见明显的断层角砾岩及磁铁矿化，通过地表追索，认为其与萨热塔什铁矿应该为同一矿化带。其中在P4剖面的P4-15点采集的原生晕样品中，分析结果显示含较高的Co、Pb异常，其中钴含量为692×10^{-6}，铅含量大于2000×10^{-6}。刻槽取样分析结果显示P4-H2样品中Co含量为270×10^{-6}，野外照片如图3-59所示，经岩矿鉴定后金属硫化物主要为黄铁矿，部分已褐铁矿化（见图3-60），从该点磁测剖面（见图3-61）结果可以看出，局部出现的相对高磁异常主要与断裂构造或铁矿有关。

(a)

(b)

图 3-59　褐铁矿化点岩石组构特征

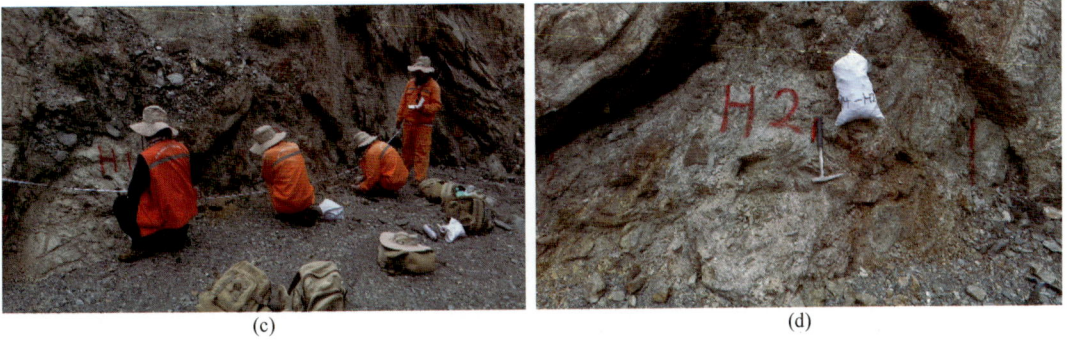

（a）该点附近的断层角砾岩；（b）构造裂隙中的磁铁矿化；
（c）P4 剖面中的 P4-15 点的地质特征；（d）P4 剖面中的 P4-15 点的褐铁矿化

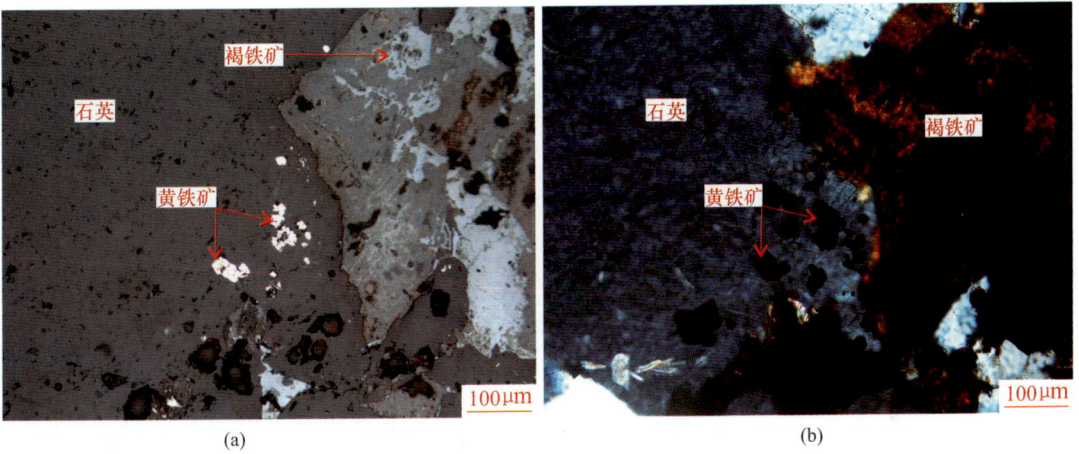

图 3-60　褐铁矿化点岩石镜下特征

（a）黄铁矿发生褐铁矿化（反射光）；（b）矿石中的褐铁矿和黄铁矿（正交光）

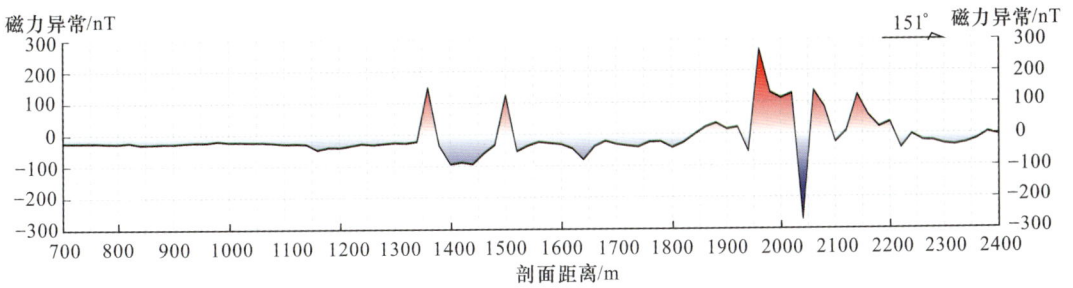

图 3-61　喀什炼铁厂测区 1 线磁力异常剖面图

4 典型矿床

从区域成矿规律来看，萨热克式铜矿和乌拉根式铅锌矿都受地层和沉积相类型控制，断裂构造是成矿流体的上升通道，褶皱构造有利于矿体的进一步富集，成矿流体主要来源于下伏地层，矿体的上部都有不透水层形成的圈闭层，矿体赋存在透水性较好的杂砾岩或砂砾岩地层中。两者的成矿特征见表 4-1。

表 4-1 萨热克式铜矿与乌拉根式铅锌矿的成矿特征对照

研究内容	典型矿床	
	萨热克式杂砾岩铜矿	乌拉根式砂砾岩铅锌矿
成矿地质背景	山间断陷盆地	凹陷盆地
沉积环境	扇中亚相	陆内河流相
成矿地质体	上侏罗统库孜贡苏组杂砾岩	下白垩统克孜勒苏群砂砾岩
成矿构造	复式向斜+切层断裂+顺层断裂	向斜+切层断裂
成矿结构面	褪色化、碎裂岩化、沥青化、拉伸线理	褪色化，垮塌角砾岩，石膏岩化、天青石化、少量沥青化
矿石矿物	主要为辉铜矿，含少量黄铜矿、斑铜矿、黄铁矿等，地表孔雀石化	主要为闪锌矿、方铅矿，含少量黄铜矿、黄铁矿
成矿流体	富烃还原性盆地流体	热卤水
烃源岩	下伏侏罗系康苏组、杨叶组煤岩、煤线	下伏侏罗系康苏组、杨叶组煤岩、煤线
硫同位素 $\delta^{34}S$	$-24.0‰ \sim -13.2‰$	$-27.9‰ \sim 24.6‰$

4.1 萨热克铜矿床

4.1.1 矿区地质特征

矿区出露的地层主要有第四系、白垩系、侏罗系、志留系和中元古界长城系阿克苏群（见图 4-1）。其中长城系阿克苏群（Pt_2ak）分布于萨热克巴依盆地的南北两侧，与上覆地层呈断层接触，可划分出绢云片岩、云母石英片岩夹大理岩段（Pt_2ak^4）、云母石英片岩段（Pt_2ak^5）、钙质片岩、云母石英片岩夹大理岩段（Pt_2ak^6）；中志留统合同沙拉组（S_2h）分为绢云母千枚岩、硅质板岩、大理岩化灰岩等；侏罗系分为下侏罗统莎里塔什组（J_1s）和康苏组（J_1k）、中侏罗统杨叶组（J_2y）和塔尔尕组（J_2t）及上侏罗统库孜贡苏组（J_3k）等 5 个组。

莎里塔什组（J_1s）为一套快速堆积的冲积扇相的砾岩夹砂岩透镜体；康苏组（J_1k）

为一套湖泊-沼泽相的煤系地层。杨叶组（J_2y）为一套灰绿色滨浅湖相砂岩和泥岩，在河湖相石英砂岩中含有两层煤。康苏组和杨叶组煤层均具有工业开采价值，以乌恰煤矿和疏勒煤矿为主。塔尔尕组（J_2t）为一套浅-半深湖相杂色泥岩、石英砂岩夹泥灰岩。上侏罗统库孜贡苏组可划分为两段，下段（J_3k^1）为冲积扇-河流相砾岩、砂岩、粉砂岩互层，上段（J_3k^2）为一套快速堆积的冲积扇相砾岩夹砂岩透镜体。

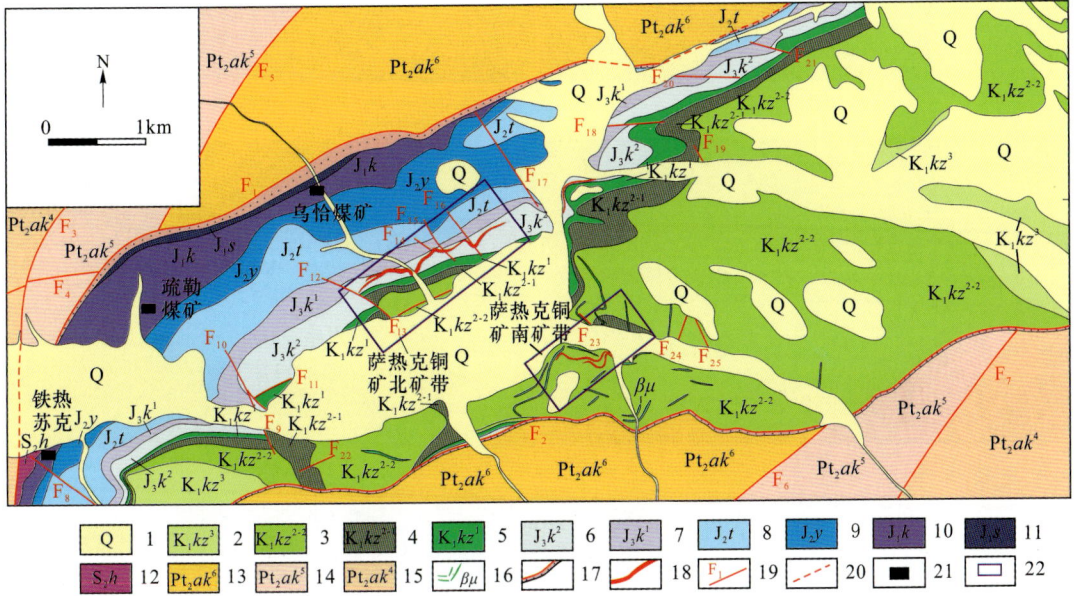

图 4-1　萨热克铜矿床地质图

1—第四系；2—下白垩统克孜勒苏群第三岩性段；3—下白垩统克孜勒苏群第二岩性段上部；
4—下白垩统克孜勒苏群第二岩性段下部；5—下白垩统克孜勒苏群第一岩性段；6—上侏罗统库孜贡苏组上段；
7—上侏罗统库孜贡苏组下段；8—中侏罗统塔尔尕组；9—中侏罗统杨叶组；10—下侏罗统康苏组；
11—下侏罗统莎里塔什组；12—中志留统合同沙拉组；13—长城系阿克苏群第六岩性段；
14—长城系阿克苏群第五岩性段；15—长城系阿克苏群第四岩性段；16—辉绿岩脉；17—破碎带；
18—铜矿体；19—断层；20—推测断层；21—煤矿；22—矿带

下白垩统克孜勒苏群（K_1kz）可划分出 3 个岩性段，第一岩性段（K_1kz^1）为一套辫状河相褐红色泥岩夹砂岩；第二岩性段（K_1kz^2）为一套辫状河相紫灰色、暗褐红色砂岩与泥岩互层，局部夹有含砾砂岩；第三岩性段（K_1kz^3）为一套辫状河相灰白色厚层状含砾砂岩、岩屑砂岩夹少量褐红色粉砂质泥岩，局部为砾岩。

萨热克巴依盆地总体为北东向的宽缓复式向斜，矿区断裂总体为北东向深大断裂（F_1和F_2）及其次级断裂（$F_8 \sim F_{25}$），次级断裂多为北西向或近东西向；矿区内岩浆岩仅发育辉绿岩，多呈岩脉的形式出露于盆地南部白垩系中，顺层和切层均有产出，辉绿岩脉及上下盘砂岩中发育褪色蚀变并常伴有铜矿化现象（见图4-2）。

4.1.1.1　矿体地质特征

萨热克铜矿床北矿段的铜矿体主要分布在11线和20线之间（见图4-3），矿体连续性

图 4-2 萨热克铜矿床中的辉绿岩脉地质特征

（a）~（g）辉绿岩脉野外照片；（h）~（i）辉绿岩脉显微照片

不好，呈断续多层分布，铜矿体厚度为 2.73 ~ 11.61m，铜品位为 0.51% ~ 3.67%，北矿段矿体倾向南，在北侧浅部较陡，向南到深部逐渐变缓，产状为 146° ~ 182°∠1° ~ 56°（见图 4-4）。

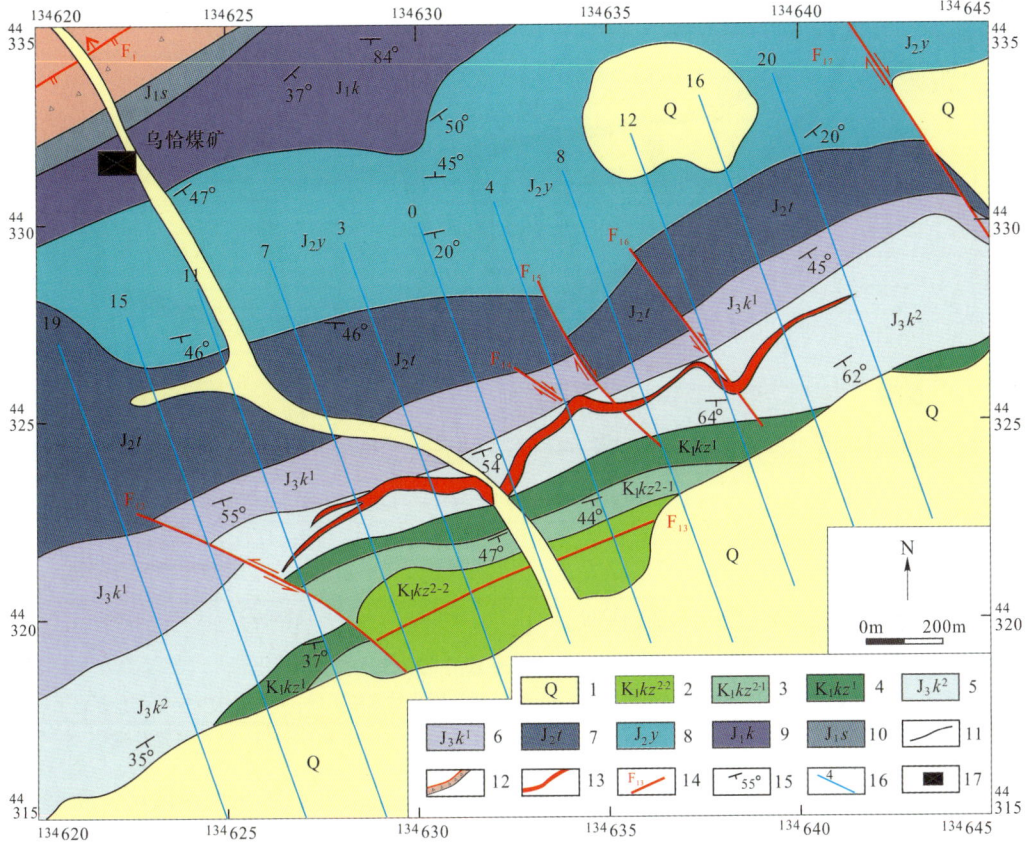

图 4-3 萨热克铜矿床北矿段地质图

1—第四系；2—下白垩统克孜勒苏群第二岩性段上部；3—下白垩统克孜勒苏群第二岩性段下部；
4—下白垩统克孜勒苏群第一岩性段；5—上侏罗统库孜贡苏组上段；6—上侏罗统库孜贡苏组下段；
7—中侏罗统塔尔尕组；8—中侏罗统杨叶组；9—下侏罗统康苏组；10—下侏罗统莎里塔什组；
11—地质界线；12—破碎带；13—铜矿体；14—断层及编号；15—地层产状；16—勘探线及编号；17—煤矿

铜矿体普遍发育碎裂岩化相，主要地质产状有 3 类：

（1）穿层分布的碎裂岩化相主要受穿层断裂带控制，一般分布在断裂带中及其附近，伴有较强的褪色化-沥青化-铁碳酸盐化蚀变，远离断裂带碎裂岩化相逐渐减弱，以褪色化-方解石化为主，正常未变形地层的碎裂岩化相消失；

（2）顺层分布的碎裂岩化相主要受层间断裂-裂隙破碎带控制，多发育在砾岩类和含砾粗砂岩中、含砾粗砂岩和粉砂质泥岩-泥质粉砂岩过渡部位，并伴有褪色化和沥青化蚀变；

（3）多组断裂-裂隙带交汇部位碎裂岩化相-沥青化最强，也是铜富集成矿最佳部位和铜-钼-银改造富集成矿最佳部位，以发育碎裂状铜矿石、细网脉状和微网脉状沥青-辉铜矿为特征。

4.1.1.2 矿石组构特征

萨热克铜矿石可分为 3 种类型：

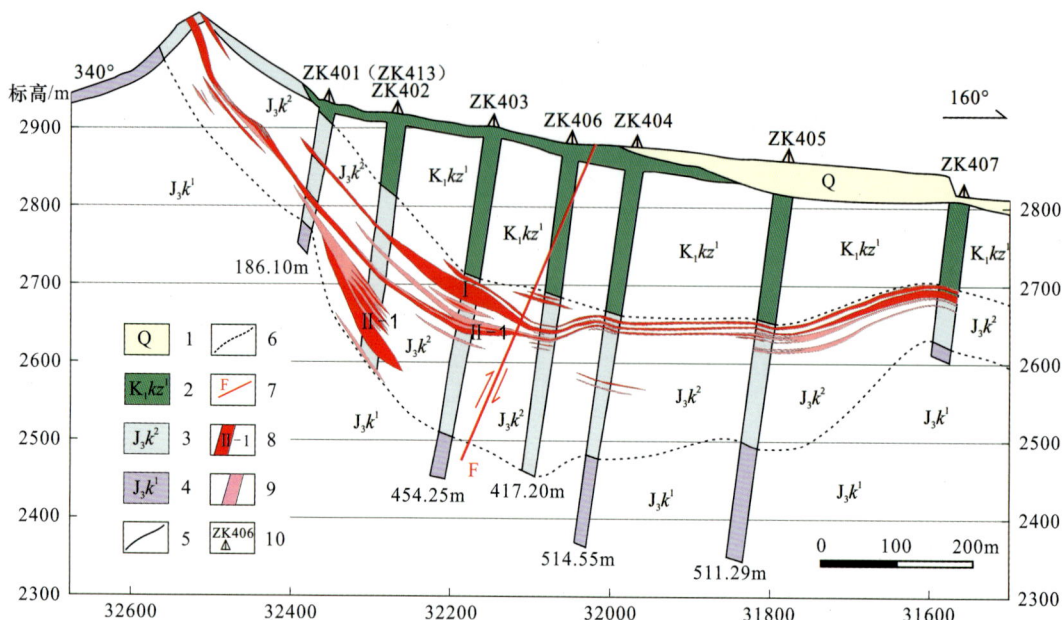

图 4-4 萨热克铜矿床北矿段 4 号勘探线剖面图

1—第四系；2—下白垩统克孜勒苏群第一岩性段；3—上侏罗统库孜贡苏组上段；4—上侏罗统库孜贡苏组下段；
5—地质界线；6—推测地质界线；7—断层；8—矿体及编号；9—矿化体；10—钻孔位置及编号

（1）切层断裂或顺层断裂中含沥青辉铜矿矿石，该处为北西向压扭性逆断层，断层宽约0.3m，产状为304°∠76°，附近次级滑动面上可见辉铜矿-方解石拉伸线理，局部可见沥青化和粉末状辉铜矿及黄铜矿等金属镜面，断层中可见黑色黏稠状沥青物质。

（2）碎裂岩化杂砾岩辉铜矿矿石呈网脉状构造，砂砾状结构，主要由砾石（85%～90%）、少量砂屑（<5%）和填隙胶结物组成（5%～10%）。砾石成分主要为泥岩、铁质碳酸盐岩、石英细砂岩、泥质细砂岩、基性火山岩、千枚状泥质板岩、石英砂岩、石英岩、硅质板岩等，分选性较差，粒径一般在0.3～5cm之间，个别达到7cm以上，磨圆度中等，多呈次圆状，后期受构造作用发生碎裂化呈可拼接状砾石。填隙胶结物为方解石（1%～5%）、辉铜矿（0.5%～5%）和少量次生石英（0.5%～1%）。

（3）细脉状白云石辉铜矿矿石呈细脉状构造，砂砾状结构，主要由白云石（75%～80%）、少量砂砾岩（20%～25%）和辉铜矿（1%～5%）组成；白云石呈全自形粒状结构，粒径在0.1～1mm之间；砂砾岩呈次棱角-次圆状，包括石英岩、变质石英细砂岩、绢云母泥质板岩、千枚岩、长石石英细砂岩、石英粉砂岩、基性火山岩等；辉铜矿粒径在0.02～1.2mm之间，呈稀疏浸染状分布于白云石之间的孔隙中。

4.1.1.3 矿石地球化学特征

A 铜矿石垂直方向变化

为了研究萨热克铜矿岩矿石中元素含量在垂向上的变化，对萨热克铜矿北矿带中2号与4号勘探线之间2790中段006穿脉、2760中段005穿脉、2730中段007穿脉和2685中段044穿脉进行样品采集，各样品的采样间距为40～50m，共采集40件样品，其中各类铜矿石样品35件、岩屑石英砂岩5件，样品采集位置如图4-5所示，不同岩矿石组构特征如图4-6所示。

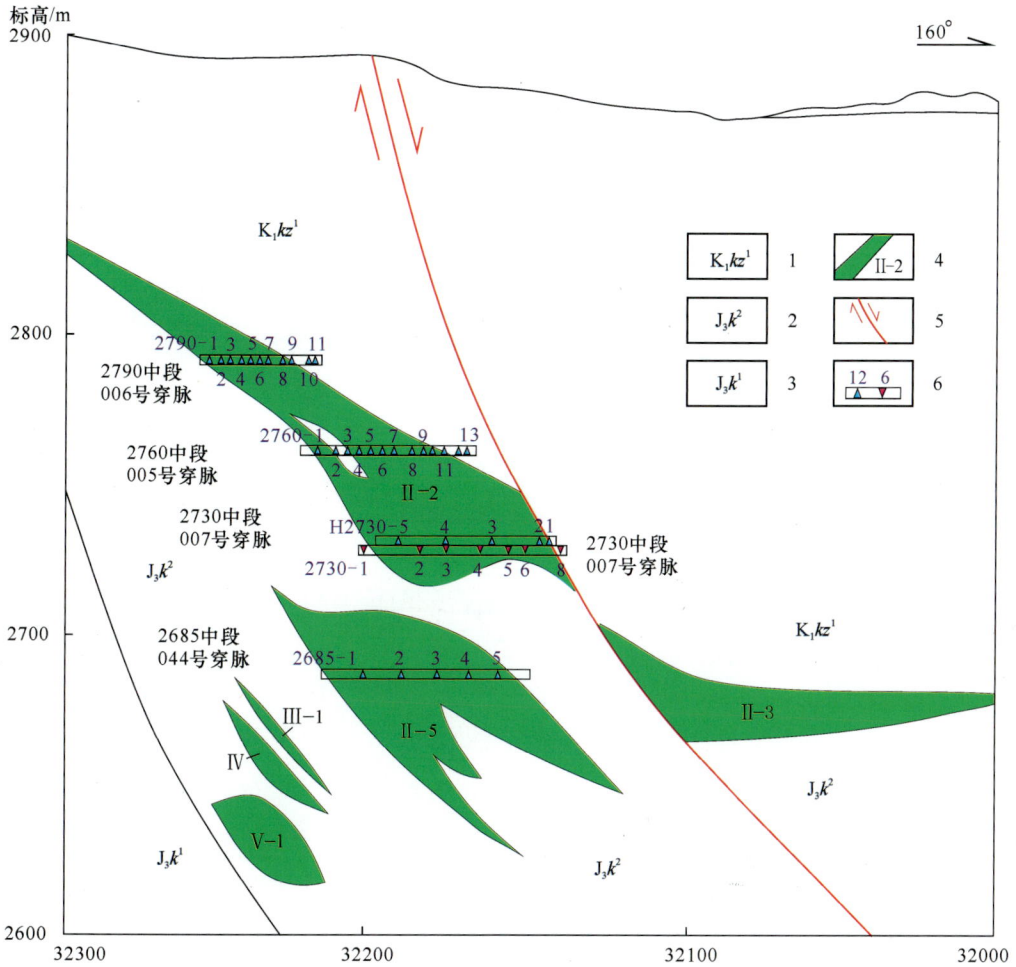

图4-5 萨热克铜矿体样品采集位置纵向投影示意图

1—下白垩统克孜勒苏群；2—上侏罗统库孜贡苏组上段；3—上侏罗统库孜贡苏组下段；
4—砂砾岩铜矿体；5—断层；6—采样位置及编号

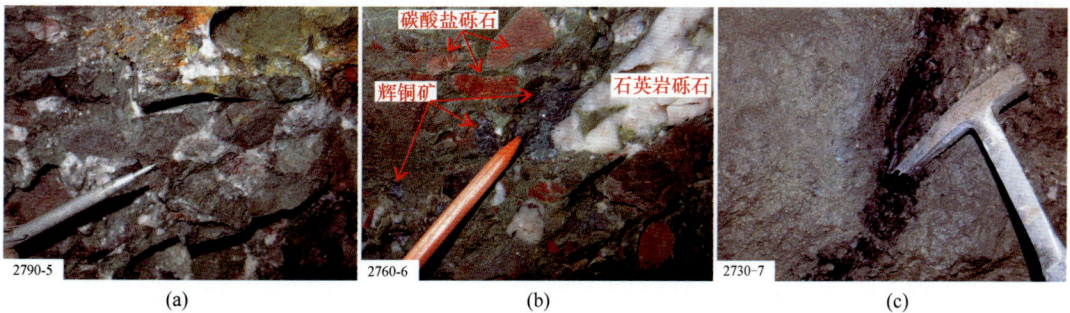

(a)　　　　　　　　　(b)　　　　　　　　　(c)

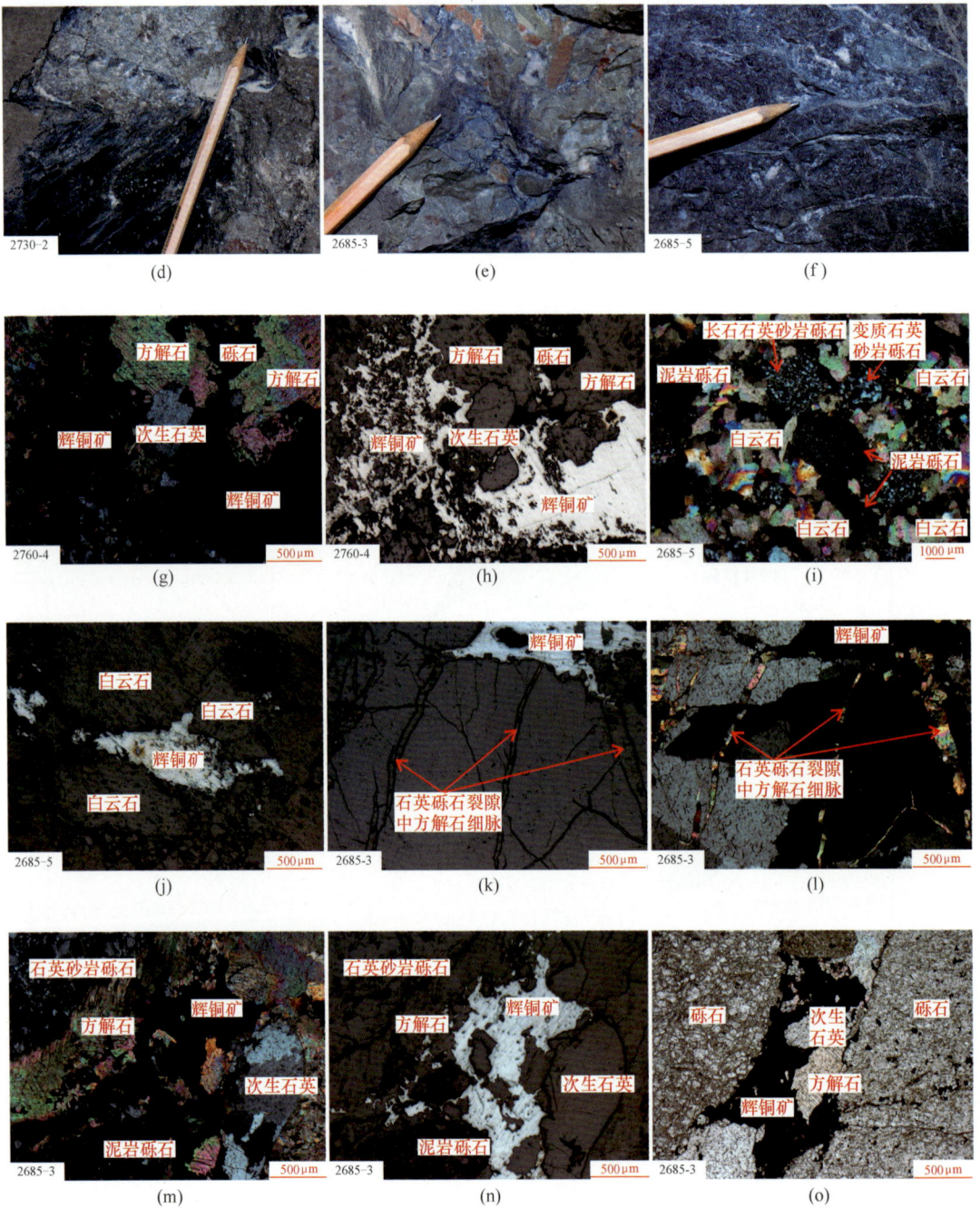

图 4-6 萨热克不同中段矿石组构特征

（a）杂砾岩中的白色胶结物；（b）碎裂化杂砾岩；（c）断层中的沥青；（d）杂砾岩中的拉伸线理；

（e）辉铜矿杂砾岩；（f）细脉状杂砾岩；（g）样品中的辉铜矿-石英-方解石胶结物（正交光）；

（h）样品中辉铜矿-石英-方解石胶结物（反射光）；（i）样品中的白云石等胶结物（正交光）；

（j）样品中的白云石和辉铜矿；（k）碎裂岩化杂砾岩（反射光）；（l）碎裂岩化杂砾岩（正交光）；

（m）杂砾岩中的辉铜矿-石英-方解石胶结物（正交光）；（n）杂砾岩中的辉铜矿-石英-方解石胶结物（反射光）；

（o）杂砾岩中的辉铜矿-石英-方解石胶结物（单偏光）

从萨热克铜矿岩（矿）石化学成分分析结果（见表 4-2）可以看出，5 件岩屑石英砂岩中 SiO_2 含量为 58.22% ~ 66.66%，平均为 62.28%；Al_2O_3 含量为 9.00% ~ 12.76%，平均为 11.58%；CaO 含量为 5.09% ~ 10.11%，平均为 6.89%；TFe 含量为 2.87% ~ 5.28%，平均为 4.12%；K_2O 含量为 1.13% ~ 2.55%，平均为 2.03%；MgO 含量为 1.69% ~ 2.41%，平均为 1.98%；MnO 含量为 0.05% ~ 0.10%，平均为 0.08%；Na_2O 含量为 1.64% ~ 2.11%，平均为 1.75%；P_2O_5 含量为 0.08% ~ 0.15%，平均为 0.13%；TiO_2 含量为 0.26% ~ 0.57%，平均为 0.49%；烧失量为 6.08% ~ 10.10%，平均为 8.20%；Cu 含量为 0.01% ~ 0.03%，平均为 0.02%；S 含量为 0.03% ~ 0.16%，平均为 0.06%；有机碳含量为 0.11% ~ 0.25%，平均为 0.15%。

35 件杂砾岩铜矿石中 SiO_2 含量为 39.96% ~ 77.15%，平均为 62.01%；Al_2O_3 含量为 4.27% ~ 16.61%，平均为 7.19%；CaO 含量为 1.96% ~ 22.89%，平均为 10.60%；TFe 含量为 1.26% ~ 14.38%，平均为 4.22%；K_2O 含量为 0.55% ~ 2.21%，平均为 1.10%；MgO 含量为 0.67% ~ 5.63%，平均为 1.73%；MnO 含量为 0.03% ~ 1.42%，平均为 0.24%；Na_2O 含量为 0.05% ~ 2.01%，平均为 0.92%；P_2O_5 含量为 0.08% ~ 0.20%，平均为 0.13%；TiO_2 含量为 0.13% ~ 0.71%，平均为 0.26%；烧失量含量为 2.80% ~ 18.47%，平均为 9.73%；Cu 含量为 0.02% ~ 6.66%，平均为 1.30%；S 含量为 0.04% ~ 1.85%，平均为 0.46%；有机碳含量为 0.11% ~ 2.55%，平均为 0.26%。

表 4-2 萨热克铜矿岩（矿）石中化学成分分析结果 （%）

序号	样品编号	岩性	SiO_2	Al_2O_3	CaO	TFe	K_2O	MgO	MnO	Na_2O	P_2O_5	TiO_2	烧失量	Cu	总量	S	有机碳
1	2790-1	杂砾岩矿石	65.93	4.65	13.41	2.16	0.73	0.89	0.10	0.68	0.09	0.15	9.93	0.14	98.87	0.47	0.11
2	2790-2	杂砾岩矿石	61.38	5.97	13.78	4.26	0.73	1.38	0.14	0.82	0.14	0.21	10.48	0.51	99.79	0.15	0.12
3	2790-3	杂砾岩矿石	69.20	6.08	9.78	2.86	0.78	1.34	0.12	1.06	0.12	0.21	7.83	0.12	99.49	0.37	0.11
4	2790-4	杂砾岩矿石	69.26	4.78	11.04	2.81	0.60	1.03	0.07	0.87	0.12	0.17	8.11	0.80	99.67	0.24	0.11
5	2790-5	杂砾岩矿石	39.96	7.43	22.89	4.93	0.56	2.87	0.15	1.27	0.13	0.42	18.47	0.58	99.67	0.16	0.11
6	2790-7	杂砾岩矿石	67.93	8.50	7.39	3.91	1.29	1.74	0.07	1.21	0.15	0.32	6.10	0.89	99.49	0.27	0.11
7	2790-8	杂砾岩矿石	66.86	7.77	8.73	3.90	1.02	1.62	0.09	1.38	0.17	0.27	7.04	0.74	99.59	0.19	0.11
8	2790-9	岩屑石英砂岩	63.52	12.38	5.51	5.28	2.16	2.10	0.08	1.67	0.15	0.57	6.08	0.01	99.50	0.03	0.11
9	2790-10	岩屑石英砂岩	58.22	11.84	10.11	4.11	2.11	1.96	0.08	1.65	0.14	0.54	9.37	0.01	100.14	0.03	0.12

序号	样品编号	岩性	SiO$_2$	Al$_2$O$_3$	CaO	TFe	K$_2$O	MgO	MnO	Na$_2$O	P$_2$O$_5$	TiO$_2$	烧失量	Cu	总量	S	有机碳
10	2760-1	杂砾岩矿石	62.04	8.16	11.54	2.91	0.98	1.58	0.16	1.95	0.13	0.26	8.54	0.79	99.04	0.51	0.12
11	2760-2	杂砾岩矿石	69.91	4.27	11.71	2.11	0.55	0.94	0.13	0.79	0.08	0.15	8.60	0.076	99.30	0.10	0.11
12	2760-3	杂砾岩矿石	63.34	6.84	11.66	3.53	0.95	1.72	0.19	1.12	0.12	0.19	9.67	0.13	99.47	0.11	0.11
13	2760-4	杂砾岩矿石	69.06	7.56	7.48	4.06	1.03	1.80	0.10	1.25	0.14	0.23	6.40	0.72	99.83	0.21	0.14
14	2760-5	杂砾岩矿石	64.27	6.63	11.66	3.52	0.99	1.65	0.16	1.11	0.13	0.20	9.02	0.07	99.40	0.04	0.12
15	2760-6	杂砾岩矿石	46.15	5.19	23.36	2.77	0.82	1.08	0.07	0.74	0.16	0.16	17.53	1.27	99.30	0.31	0.12
16	2760-7	杂砾岩矿石	62.17	8.97	9.83	4.65	0.96	1.86	0.08	2.01	0.15	0.34	8.45	0.23	99.71	0.08	0.12
17	2760-8	杂砾岩矿石	65.67	6.25	11.15	3.25	0.83	1.26	0.09	1.16	0.12	0.21	8.43	0.96	99.38	0.24	0.11
18	2760-9	杂砾岩矿石	74.79	8.62	2.22	4.04	1.21	1.84	0.04	1.41	0.17	0.36	3.19	1.49	99.38	0.40	0.13
19	2760-10	杂砾岩矿石	68.60	9.82	5.70	3.87	1.76	1.96	0.08	1.14	0.13	0.34	6.01	0.27	99.67	0.09	0.11
20	2760-11	杂砾岩矿石	77.15	7.37	1.96	2.60	1.26	1.29	0.03	1.33	0.15	0.27	2.80	2.90	99.11	0.82	0.21
21	2760-12	岩屑石英砂岩	62.81	12.76	5.09	5.00	2.55	1.75	0.05	1.64	0.15	0.57	6.83	0.03	99.23	0.03	0.13
22	2760-13	岩屑石英砂岩	60.18	11.89	7.83	2.87	2.23	1.69	0.08	1.71	0.14	0.53	10.10	0.01	99.26	0.03	0.16
23	2730-1	杂砾岩矿石	70.20	6.33	9.86	1.26	1.10	1.01	0.10	0.32	0.11	0.24	9.26	0.09	99.87	0.05	0.12
24	2730-2	杂砾岩矿石	54.54	7.37	15.38	2.79	0.96	1.35	0.13	1.31	0.14	0.29	14.53	0.43	99.24	0.13	0.14
25	2730-3	杂砾岩矿石	71.86	5.49	6.41	3.50	0.89	2.01	0.13	0.67	0.10	0.16	8.14	0.01	99.37	0.07	0.14
26	2730-4	杂砾岩矿石	59.87	5.94	11.84	4.30	1.00	2.56	0.14	0.67	0.10	0.18	13.17	0.02	99.79	0.05	0.15

序号	样品编号	岩性	SiO$_2$	Al$_2$O$_3$	CaO	TFe	K$_2$O	MgO	MnO	Na$_2$O	P$_2$O$_5$	TiO$_2$	烧失量	Cu	总量	S	有机碳
27	2730-5	杂砾岩矿石	65.73	7.18	10.52	2.28	1.36	1.25	0.07	0.83	0.12	0.25	9.73	0.43	99.74	0.21	0.14
28	2730-6	杂砾岩矿石	66.60	7.78	7.47	3.45	1.01	1.38	0.07	1.69	0.19	0.28	7.42	1.42	98.77	0.62	0.14
29	2730-8	岩屑石英砂岩	66.66	9.00	5.90	3.32	1.13	2.41	0.10	2.11	0.08	0.26	8.62	0.04	99.63	0.16	0.25
30	HD2730-1	含沥青断层泥	58.00	15.64	4.42	3.04	2.03	3.84	0.83	0.06	0.15	0.71	10.15	0.81	99.71	0.88	1.77
31	HD2730-2	含沥青断层泥	53.82	16.61	4.94	3.80	1.65	4.48	0.44	0.05	0.12	0.67	11.42	1.29	99.31	0.88	2.55
32	HD2730-3	杂砾岩矿石	53.77	4.96	9.04	12.53	1.68	0.79	0.88	0.16	0.10	0.14	11.13	4.52	99.69	1.43	0.18
33	HD2730-4	杂砾岩矿石	44.85	4.93	11.35	14.38	1.81	0.67	1.01	0.22	0.10	0.15	13.77	6.66	99.89	1.85	0.13
34	HD2730-5	杂砾岩矿石	64.47	7.65	7.31	6.29	1.97	1.10	1.42	0.13	0.20	0.24	7.65	1.85	100.29	0.67	0.16
35	HD2730-6	含沥青断层泥	57.32	8.28	7.99	8.69	2.21	1.66	0.72	0.12	0.15	0.26	10.13	2.05	99.58	1.01	0.47
36	2685-1	杂砾岩矿石	63.21	6.78	11.50	3.24	0.68	1.13	0.08	1.16	0.13	0.29	9.07	1.79	99.06	0.54	0.13
37	2685-2	杂砾岩矿石	59.61	5.84	13.69	2.53	0.83	1.25	0.08	0.87	0.13	0.19	9.51	4.10	98.63	1.05	0.13
38	2685-3	杂砾岩矿石	56.18	6.52	16.39	3.16	0.95	1.29	0.08	1.00	0.12	0.22	12.31	1.17	99.38	0.30	0.13
39	2685-4	杂砾岩矿石	61.75	5.23	14.05	2.16	0.74	1.15	0.09	0.85	0.11	0.17	8.36	3.99	98.65	1.00	0.13
40	2685-5	杂砾岩矿石	45.01	4.33	13.65	8.18	0.64	5.63	0.32	0.69	0.08	0.13	18.03	2.27	98.97	0.57	0.30

上述分析结果表明杂砾岩铜矿石中的 CaO、TFe、烧失量、有机碳含量变化范围相对较大，从岩屑石英砂岩（围岩）与杂砾岩铜矿石中主要化学成分平均含量对比曲线（见图 4-7）可以看出，杂砾岩铜矿石中的 CaO、MnO、Cu、S、有机碳含量明显大于岩屑石英砂岩；这主要与杂砾岩铜矿石中含有大量的铁锰质碳酸盐岩砾石、铁锰质碳酸盐胶结物、辉铜矿和沥青等有机质有关，矿石中的有机质沥青在断层中含量最高，可达 2.55%。从矿石中铜含量与 TFe 的关系（见图 4-8）可以看出，两者呈明显的正相关性。

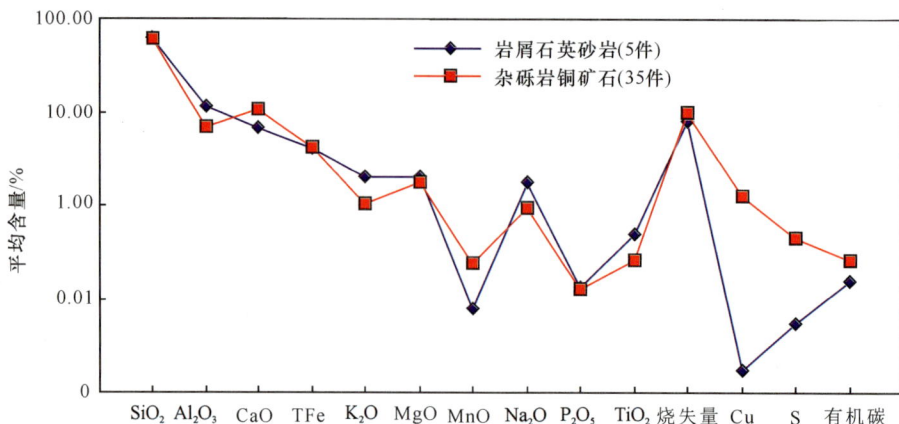

图 4-7 萨热克铜矿中杂砾岩与岩屑石英砂岩主要化学成分平均含量对比曲线

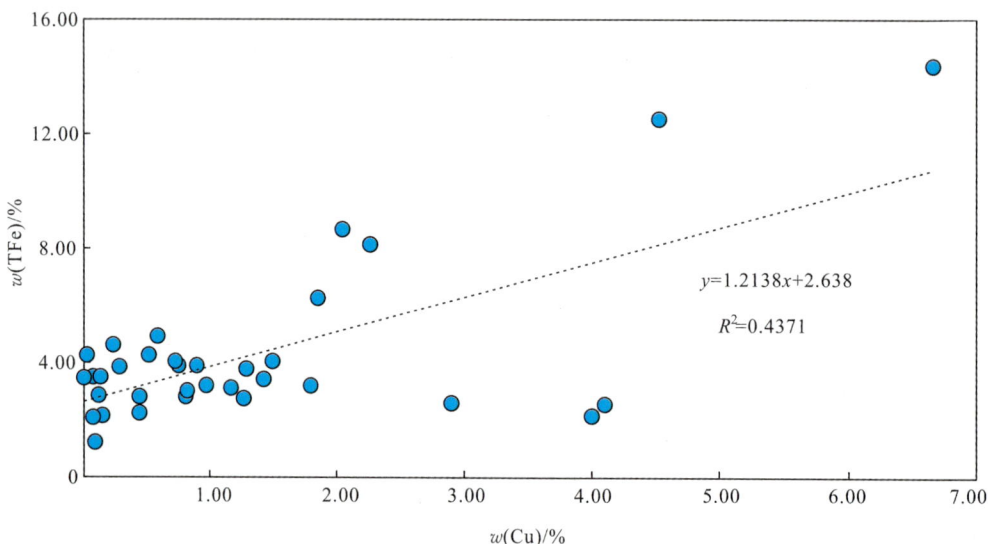

$$y=1.2138x+2.638$$
$$R^2=0.4371$$

图 4-8 萨热克铜矿石中 Cu 与 TFe 的关系

从萨热克铜矿不同高程杂砾岩矿石中主要化学成分平均含量变化曲线（见图4-9）可以看出，Al_2O_3 和 K_2O 含量具有相似的变化特征，两者在顶部和底部含量较低，在中部相对较大，这主要与黏土矿物在顶部和底部含量增加有关；TFe、MnO 和有机质含量在 2730 中段最大；CaO 和 MgO 含量在 2685 中段最大，这主要与该段中白云石等碳酸盐矿物的含量增大有关。从萨热克铜矿不同高程杂砾岩矿石中金属元素含量变化（见表4-3和图4-10）可以看出，Cu 和 Mo 含量具有相似的变化趋势，从下部到上部都具有逐步变小的趋势。值得一提的是，在 2685 中段的局部地段 Mo 呈明显的富集，最高达 5216×10^{-6}，同时在 2730 中段含有沥青的断层带中 Mo 含量也明显增高。通常情况下，Mo 元素多与岩浆热液有关，暗示萨热克铜矿的北矿带深部可能存在隐伏岩体，Mo 元素的局部富集也可能表明该处为成矿流体的运移通道。

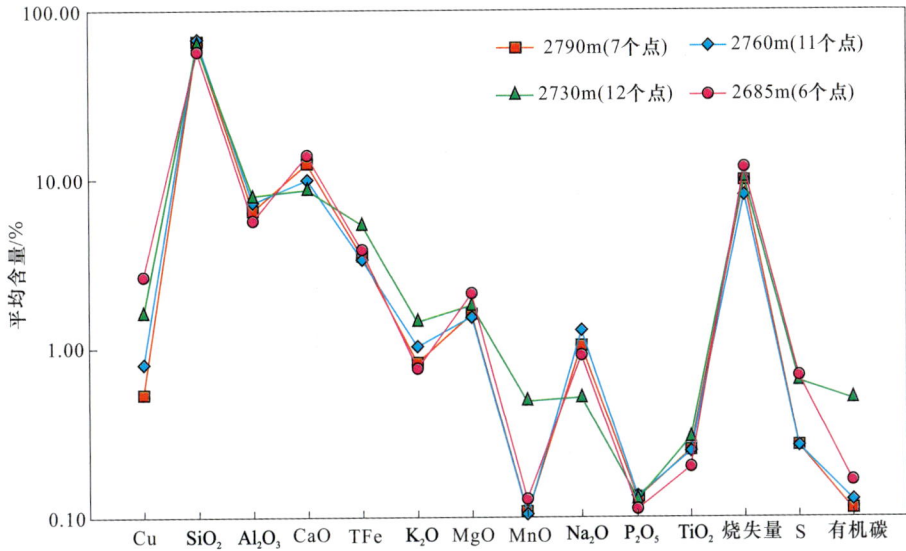

图 4-9 萨热克铜矿不同高程矿石主要化学成分平均含量变化曲线

表 4-3 萨热克铜矿岩（矿）石微量元素分析结果 （单位：10^{-6}）

序号	样品编号	岩性	Ag	Pb	Zn	W	Sn	Mo	Bi	Co	Ni	Rb	Cs	Ga	Zr
1	2790-1	杂砾岩矿石	2.97	3.94	20.9	0.54	1.87	2.14	0.17	6.19	16.9	33.0	1.58	5.79	72.2
2	2790-2	杂砾岩矿石	5.15	4.31	35.2	0.71	2.25	1.81	0.28	8.38	29.3	34.2	1.68	7.07	77.6
3	2790-3	杂砾岩矿石	2.31	2.91	33.3	0.60	1.85	1.27	0.26	8.68	22.6	38.4	1.72	7.30	104
4	2790-4	杂砾岩矿石	12.2	3.34	25.7	0.58	2.16	2.48	0.19	6.22	20.5	28.0	1.31	5.41	81.0
5	2790-5	杂砾岩矿石	4.97	3.57	43.7	0.79	2.56	1.89	0.15	20.8	101.3	26.6	1.28	9.21	63.4
6	2790-7	杂砾岩矿石	9.99	2.81	41.4	0.84	2.33	1.26	0.17	9.43	27.4	40.5	2.59	10.0	81.0
7	2790-8	杂砾岩矿石	8.48	3.69	41.3	0.66	2.37	1.54	0.13	9.69	30.2	37.0	2.14	8.94	63.4
8	2790-9	岩屑石英砂岩	0.14	6.80	49.2	1.19	3.0	1.05	0.16	13.2	33.5	90.0	4.82	14.1	144
9	2790-10	岩屑石英砂岩	0.09	5.74	47.6	1.38	3.01	0.88	0.17	13.2	29.9	87.1	5.67	13.8	115
10	2760-1	杂砾岩矿石	20.0	4.63	31.7	0.92	2.38	12.60	0.49	10.3	28.3	43.8	2.10	8.16	125
11	2760-2	杂砾岩矿石	1.49	3.23	22.5	0.32	2.10	0.68	0.13	5.63	15.2	26.5	1.30	5.28	64.2
12	2760-3	杂砾岩矿石	2.05	4.14	32.7	0.48	3.86	1.51	0.17	8.21	23.6	43.2	2.11	7.94	106
13	2760-4	杂砾岩矿石	9.32	3.40	39.3	0.67	4.94	3.62	0.20	9.64	31.9	48.5	2.20	8.82	121
14	2760-5	杂砾岩矿石	0.64	4.01	29.7	0.65	2.37	2.26	0.11	7.47	22.1	44.9	2.16	8.07	94.3
15	2760-6	杂砾岩矿石	9.93	3.93	26.4	0.45	2.22	2.28	0.32	5.53	18.1	36.9	1.88	6.43	77.7
16	2760-7	杂砾岩矿石	2.08	5.77	41.0	0.81	2.63	2.77	0.14	12.7	40.8	24.8	2.15	9.86	125
17	2760-8	杂砾岩矿石	10.6	3.09	28.7	0.72	2.12	2.07	0.13	7.20	19.1	37.9	1.81	7.07	102
18	2760-9	杂砾岩矿石	20.0	2.39	35.2	0.79	2.78	1.19	0.18	8.64	26.7	41.0	2.26	9.58	137
19	2760-10	杂砾岩矿石	4.40	2.56	36.9	0.67	3.38	1.61	0.42	9.72	27.9	74.4	3.55	11.3	166
20	2760-11	杂砾岩矿石	20.0	3.37	20.8	0.60	2.50	15.00	0.47	7.17	16.3	48.2	2.08	8.59	134
21	2760-12	岩屑石英砂岩	0.45	5.48	35.7	1.03	3.31	1.01	0.17	13.0	34.6	93.0	5.66	13.9	234

序号	样品编号	岩性	Ag	Pb	Zn	W	Sn	Mo	Bi	Co	Ni	Rb	Cs	Ga	Zr
22	2760-13	岩屑石英砂岩	0.15	3.27	20.1	1.47	3.44	0.65	0.14	8.78	26.4	81.3	4.91	13.5	210
23	2730-1	杂砾岩矿石	1.70	2.37	11.5	0.46	2.04	38.33	0.10	3.65	20.5	46.7	2.45	7.66	102
24	2730-2	杂砾岩矿石	5.11	3.29	16.3	0.65	3.02	16.56	0.14	7.61	23.3	45.3	2.06	8.80	101
25	2730-3	杂砾岩矿石	0.36	1.78	15.7	0.45	2.86	2.05	0.04	7.18	23.1	39.2	1.73	6.67	84.6
26	2730-4	杂砾岩矿石	0.34	2.42	19.2	0.44	2.60	2.45	0.07	10.9	27.9	42.6	2.08	7.22	91.7
27	2730-5	杂砾岩矿石	5.43	2.76	17.3	0.65	2.37	2.16	0.09	4.95	15.8	60.2	2.76	9.09	124
28	2730-6	杂砾岩矿石	20.0	40.0	21.6	0.68	2.80	2.30	0.17	8.57	41.6	44.4	1.94	8.53	166
29	2730-8	岩屑石英砂岩	0.59	2.43	13.4	0.65	2.97	2.47	0.14	7.60	11.7	38.1	2.03	8.95	94.4
30	HD2730-1	含沥青断层泥	9.70	11.2	27.1	2.01	4.01	240	4.53	25.4	43.8	99.9	16.8	23.3	234
31	HD2730-2	含沥青断层泥	10.0	12.9	20.2	2.03	3.88	532	8.85	25.3	43.6	114	12.5	22.6	254
32	HD2730-3	杂砾岩矿石	10.0	142	670	0.96	5.34	29.1	0.75	7.44	18.5	29.4	1.57	6.35	93.4
33	HD2730-4	杂砾岩矿石	10.0	10.2	40.7	0.63	1.55	15.4	0.65	8.12	25.5	27.1	1.39	5.77	94.3
34	HD2730-5	杂砾岩矿石	10.0	18.0	25.4	15.9	2.20	75.4	1.13	11.1	26.3	45.5	2.34	9.44	224
35	HD2730-6	含沥青断层泥	10.0	11.8	20.2	1.38	2.01	39.6	0.53	9.41	25.0	57.5	3.38	10.9	144
36	2685-1	杂砾岩矿石	20.0	2.24	24.7	0.69	1.9	5.77	0.71	7.53	23.9	26.6	1.35	6.89	110
37	2685-2	杂砾岩矿石	20.0	4.34	29.6	0.53	2	10.76	0.52	6.74	24.2	39.8	1.95	6.91	97.7
38	2685-3	杂砾岩矿石	15.2	4.22	31.6	0.51	1.8	26.77	0.16	6.88	23.1	46.0	2.21	7.72	98.4
39	2685-4	杂砾岩矿石	20.0	8.45	24.7	0.66	1.61	5216	0.34	5.46	14.8	33.7	1.59	5.80	87.6
40	2685-5	杂砾岩矿石	20.0	6.98	260	0.43	2.92	3467	0.14	9.30	17.1	27.8	1.35	6.39	72.3

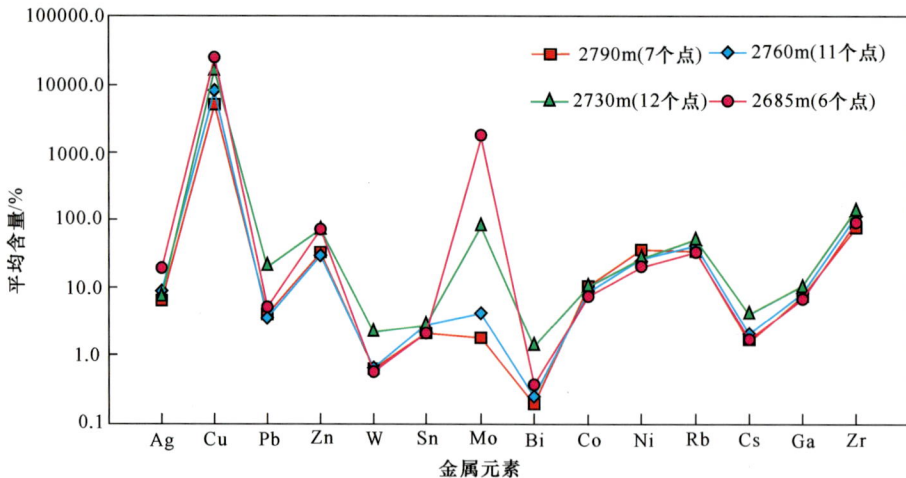

图4-10　萨热克铜矿不同高程矿石主要金属元素平均含量变化曲线

B　铜矿石水平方向变化

为了研究萨热克铜矿岩矿石中元素含量在水平方向上的变化，重点对萨热克铜矿床北矿段2700中段4026号、4030号、4034号和4037号穿脉进行样品采集，共采集样品49

件，其中铜矿石样品 45 件，岩屑石英砂岩样品 4 件，采样位置如图 4-11 所示，代表性样品的岩石组构特征如图 4-12 所示。

从 2700 中段岩（矿）石中的化学成分（见表 4-4）来看，4 件岩屑石英砂岩中 SiO_2 含量为 59.74% ~ 71.30%，平均为 64.26%；Al_2O_3 含量为 9.09% ~ 12.85%，平均为 11.32%；CaO 含量为 2.09% ~ 8.35%，平均为 5.14%；TFe 含量为 4.64% ~ 6.19%，平

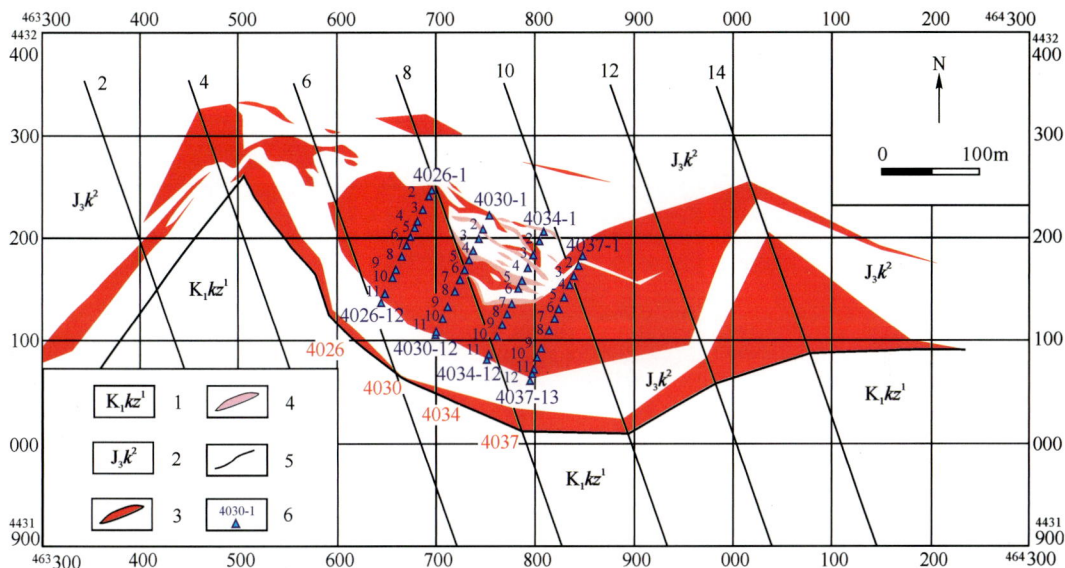

图 4-11 萨热克铜矿床北矿段 2700 中段采样位置示意图

1—下白垩统克孜勒苏群第一岩性段；2—上侏罗统库孜贡苏组上段；3—铜矿体；
4—铜矿化体；5—地质界线；6—样品编号及位置

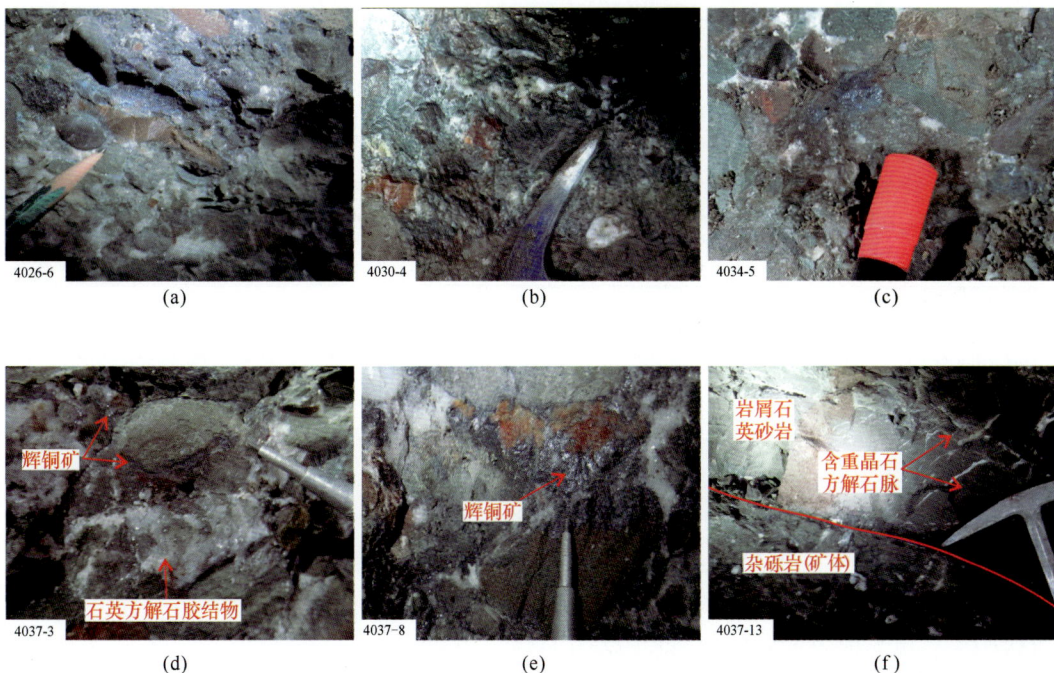

(a)　(b)　(c)

(d)　(e)　(f)

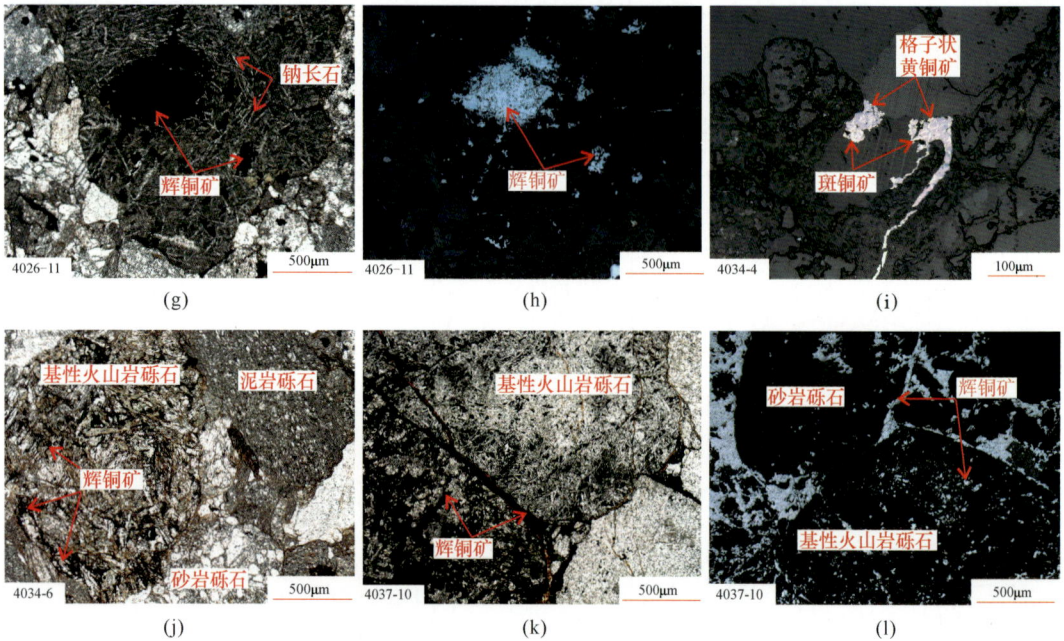

图 4-12　萨热克铜矿 2700 中段岩石组构特征

（a）杂砾岩；（b）杂砾岩中的白色胶结物；（c）杂砾岩中的辉铜矿和白色胶结物；（d）杂砾岩中的辉铜矿和白色胶结物；
（e）杂砾岩中辉铜矿胶结物；（f）杂砾岩（矿石）与岩屑石英砂岩（围岩）的接触带，岩屑石英砂岩中可见张性裂隙脉；
（g）杂砾岩中的钠长石化基性火山岩砾石（单偏光）；（h）基性火山岩砾石中的辉铜矿（反偏光）；（i）砾石中的铜矿物（反偏光）；
（j）杂砾岩中的砾石（单偏光）；（k）杂砾岩中的基性火山岩砾石和辉铜矿（单偏光）；（l）辉铜矿沿砾石间隙分布（反射光）

均为 5.35%；K_2O 含量为 1.18% ~2.22%，平均为 1.84%；MgO 含量为 1.92% ~2.33%，平均为 2.13%；MnO 含量为 0.048% ~0.087%，平均为 0.07%；Na_2O 含量为 1.30% ~1.73%，平均为 1.47%；P_2O_5 含量为 0.15% ~0.21%，平均为 0.17%；TiO_2 含量为 0.31% ~0.49%，平均为 0.41%；烧失量为 3.64% ~8.43%，平均为 6.04%；Cu 含量为 0.02% ~2.85%，平均为 0.75%；S 含量为 0.01% ~0.76%，平均为 0.20%；有机碳含量为 0.19% ~0.33%，平均为 0.23%；CO_2 含量为 1.21% ~5.98%，平均为 3.41%。值得一提的是，含脉岩屑石英砂岩（4037-13 样品）因为靠近杂砾岩矿石，在其中发育的张性裂隙脉中伴有明显的黄铜矿化，因而样品中的 Cu 和 S 含量明显较高。45 件杂砾岩铜矿石中 SiO_2 含量为 46.61% ~72.53%，平均为 61.22%；Al_2O_3 含量为 4.86% ~9.65%，平均为 7.14%；CaO 含量为 6.04% ~22.41%，平均为 10.93%；TFe 含量为 2.80% ~7.44%，平均为 4.37%；K_2O 含量为 0.50% ~1.42%，平均为 0.90%；MgO 含量为 0.93% ~2.35%，平均为 1.50%；MnO 含量为 0.05% ~0.20%，平均为 0.08%；Na_2O 含量为 0.75% ~2.26%，平均为 1.10%；P_2O_5 含量为 0.11% ~0.25%，平均为 0.16%；TiO_2 含量为 0.15% ~0.47%，平均为 0.23%；烧失量为 4.85% ~17.70%，平均为 8.73%；Cu 含量为 0.02% ~7.12%，平均为 1.88%；S 含量为 0.01% ~1.73%，平均为 0.52%；有机碳含量为 0.16% ~0.30%，平均为 0.18%；CO_2 含量为 3.60% ~16.78%，平均为 7.67%。上述结果表明，杂砾岩中的 Cu 含量变化较大，存在非常大的不均一性，最小值为 0.02%，最大值为 7.12%，两者相差几百倍。

表 4-4 萨热克铜矿 2700 中段岩矿（石）中的主要化学成分

(%)

序号	样品编号	岩性	SiO_2	Al_2O_3	CaO	TFe	K_2O	MgO	MnO	Na_2O	P_2O_5	TiO_2	烧失量	Cu	总量	S	CO_2	有机碳
1	4026-1	杂砾岩矿石	57.87	9.13	10.81	4.80	1.42	1.69	0.075	1.08	0.22	0.22	8.79	1.85	97.96	0.51	6.97	0.17
2	4026-2	杂砾岩矿石	62.00	8.12	10.25	4.09	1.13	1.55	0.12	1.13	0.16	0.23	8.79	0.88	98.44	0.21	6.28	0.16
3	4026-3	杂砾岩矿石	58.25	6.96	12.81	3.81	0.95	1.92	0.18	1.16	0.12	0.22	11.51	0.55	98.42	0.10	9.98	0.17
4	4026-4	杂砾岩矿石	62.93	7.37	9.07	4.22	0.95	1.54	0.077	1.15	0.16	0.26	6.60	1.11	95.42	0.24	6.38	0.17
5	4026-5	杂砾岩矿石	61.70	7.60	8.80	5.83	1.00	1.66	0.055	0.93	0.19	0.23	8.17	3.08	99.24	0.75	5.66	0.17
6	4026-6	杂砾岩矿石	61.82	7.86	10.13	4.53	0.85	1.54	0.056	1.62	0.21	0.27	8.46	0.97	98.32	0.22	7.27	0.17
7	4026-7	杂砾岩矿石	55.84	9.09	8.15	7.44	0.75	2.35	0.075	2.13	0.25	0.47	6.52	5.85	98.91	1.40	4.88	0.17
8	4026-8	杂砾岩矿石	54.60	6.15	15.42	4.80	0.69	1.13	0.070	1.25	0.16	0.15	10.58	4.06	99.05	0.95	11.14	0.18
9	4026-9	杂砾岩矿石	66.79	6.10	7.45	4.10	0.80	1.12	0.063	1.09	0.16	0.18	6.86	2.47	97.18	1.17	4.64	0.17
10	4026-10	杂砾岩矿石	56.82	8.12	10.91	5.47	1.01	1.93	0.096	1.28	0.17	0.26	9.72	0.42	96.21	0.10	8.24	0.18
11	4026-11	杂砾岩矿石	72.53	6.39	6.30	3.66	0.78	1.42	0.065	0.97	0.14	0.20	5.17	1.31	98.93	0.36	4.12	0.26
12	4026-12	岩屑石英砂岩	59.74	12.13	7.33	5.63	2.13	2.16	0.078	1.38	0.15	0.42	7.84	0.02	99.01	0.01	5.13	0.19
13	4030-1	杂砾岩矿石	66.50	7.37	7.65	4.27	0.91	1.62	0.059	1.08	0.16	0.22	6.78	0.47	97.09	0.11	5.38	0.18
14	4030-2	杂砾岩矿石	65.80	7.04	9.21	4.60	1.01	1.41	0.060	0.84	0.16	0.21	7.05	1.83	99.23	0.46	6.40	0.18
15	4030-3	杂砾岩矿石	63.58	9.13	7.45	5.95	1.29	2.15	0.098	1.07	0.19	0.34	7.46	0.02	98.73	0.01	5.12	0.18
16	4030-4	杂砾岩矿石	63.84	7.01	9.85	4.18	0.83	1.68	0.073	1.04	0.15	0.26	8.66	0.15	97.72	0.05	7.13	0.18
17	4030-5	杂砾岩矿石	59.42	6.52	11.79	4.04	0.86	1.29	0.12	0.97	0.15	0.19	8.80	1.76	95.90	0.76	8.77	0.19
18	4030-6	杂砾岩矿石	59.35	6.28	13.35	4.23	0.70	1.32	0.095	1.19	0.11	0.24	10.59	1.23	98.73	0.25	9.71	0.18
19	4030-7	杂砾岩矿石	71.68	5.51	6.97	4.05	0.57	1.26	0.063	0.94	0.15	0.21	5.75	0.94	98.06	0.21	4.48	0.17
20	4030-8	杂砾岩矿石	62.37	6.60	10.63	4.07	0.80	1.23	0.060	1.14	0.15	0.18	8.14	2.52	97.88	0.62	7.43	0.16
21	4030-9	杂砾岩矿石	56.35	5.78	13.74	4.54	0.65	1.11	0.067	0.93	0.16	0.18	11.53	3.18	98.20	0.87	10.94	0.16
22	4030-10	杂砾岩矿石	54.15	8.09	13.19	4.82	1.01	1.96	0.088	1.14	0.14	0.27	10.67	1.67	97.20	0.37	9.66	0.18
23	4030-11	杂砾岩矿石	60.59	7.76	10.16	3.71	1.13	1.87	0.17	1.01	0.14	0.24	8.78	1.49	97.05	0.47	8.60	0.30
24	4030-12	岩屑石英砂岩	60.07	11.20	8.35	4.91	1.83	1.92	0.087	1.48	0.15	0.41	8.43	0.03	98.87	0.01	5.98	0.19
25	4034-1	杂砾岩矿石	63.71	6.16	11.58	3.18	0.88	1.20	0.083	0.79	0.14	0.18	9.48	0.63	98.02	0.13	8.35	0.16

续表4-4

序号	样品编号	岩性	SiO$_2$	Al$_2$O$_3$	CaO	TFe	K$_2$O	MgO	MnO	Na$_2$O	P$_2$O$_5$	TiO$_2$	烧失量	Cu	总量	S	CO$_2$	有机碳
26	4034-2	杂砾岩矿石	63.06	7.41	10.33	4.80	0.86	1.71	0.080	1.19	0.16	0.30	9.07	0.02	99.00	0.01	7.29	0.17
27	4034-3	杂砾岩矿石	63.08	7.44	9.52	5.27	0.96	1.59	0.082	0.97	0.17	0.22	7.77	1.38	98.45	0.32	6.47	0.17
28	4034-4	杂砾岩矿石	65.40	8.02	8.56	4.63	1.16	1.63	0.075	0.93	0.14	0.25	7.89	0.09	98.76	0.01	5.96	0.17
29	4034-5	杂砾岩矿石	46.61	5.50	22.41	3.23	0.77	1.08	0.078	0.83	0.11	0.19	17.70	0.50	99.03	0.16	16.78	0.17
30	4034-6	杂砾岩矿石	63.95	9.65	7.18	4.98	1.37	1.91	0.066	1.12	0.22	0.28	6.91	0.40	98.02	0.12	3.93	0.21
31	4034-7	杂砾岩矿石	60.41	6.74	11.45	4.33	0.90	1.47	0.075	0.85	0.18	0.20	8.45	3.28	98.34	0.86	7.73	0.18
32	4034-8	杂砾岩矿石	59.32	6.18	13.18	4.57	0.74	1.40	0.10	0.95	0.21	0.22	9.44	2.45	98.74	0.57	8.55	0.19
33	4034-9	杂砾岩矿石	55.91	6.35	14.61	3.41	0.77	1.38	0.099	0.87	0.19	0.20	10.57	4.26	98.61	1.07	10.36	0.21
34	4034-10	杂砾岩矿石	63.42	6.22	11.03	3.60	0.77	1.19	0.079	0.98	0.15	0.18	8.23	2.74	98.59	0.72	7.67	0.19
35	4034-11	杂砾岩矿石	65.26	7.87	7.60	4.53	0.93	1.73	0.091	1.25	0.17	0.27	6.98	2.25	98.95	0.56	5.28	0.20
36	4034-12	岩屑石英砂岩	65.92	12.85	2.80	6.19	2.22	2.33	0.048	1.73	0.17	0.49	4.25	0.08	99.08	0.03	1.33	0.20
37	4037-1	杂砾岩矿石	70.58	7.51	6.33	4.14	1.04	1.52	0.061	0.95	0.16	0.22	5.65	0.59	98.76	0.18	4.02	0.19
38	4037-2	杂砾岩矿石	55.52	6.95	15.32	3.53	0.91	1.47	0.081	0.93	0.13	0.20	12.68	0.52	98.23	0.10	11.39	0.19
39	4037-3	杂砾岩矿石	67.29	7.77	6.04	4.80	1.21	1.46	0.055	1.02	0.19	0.29	4.85	3.60	98.57	0.94	3.60	0.17
40	4037-4	杂砾岩矿石	59.12	9.64	8.43	5.88	1.11	2.13	0.069	1.58	0.21	0.31	6.48	4.31	99.28	1.08	5.82	0.17
41	4037-5	杂砾岩矿石	51.41	7.02	17.27	4.44	0.86	1.45	0.088	1.13	0.14	0.22	13.88	0.66	98.55	0.17	12.03	0.18
42	4037-6	杂砾岩矿石	62.51	4.86	13.12	3.37	0.60	0.95	0.069	0.75	0.13	0.16	9.39	2.33	98.24	0.61	9.44	0.17
43	4037-7	杂砾岩矿石	61.84	8.10	9.73	4.95	1.04	1.68	0.072	1.16	0.20	0.25	7.31	2.34	98.67	0.59	6.37	0.18
44	4037-8	杂砾岩矿石	61.43	7.04	10.07	3.94	0.50	0.93	0.065	2.26	0.21	0.17	5.21	7.12	98.96	1.73	6.89	0.17
45	4037-9	杂砾岩矿石	52.14	6.34	18.20	3.48	0.73	1.37	0.079	1.06	0.13	0.22	14.13	1.74	99.60	0.41	13.82	0.18
46	4037-10	杂砾岩矿石	68.40	6.31	7.78	3.25	0.82	1.33	0.054	0.84	0.15	0.19	5.87	3.35	98.33	0.99	5.02	0.19
47	4037-11	杂砾岩矿石	56.23	6.47	16.06	2.80	0.82	1.14	0.10	1.18	0.15	0.20	12.64	0.37	98.17	0.36	11.98	0.18
48	4037-12	杂砾岩矿石	63.67	5.84	11.75	4.41	0.76	1.25	0.20	0.96	0.15	0.17	6.89	1.82	97.88	1.46	7.44	0.18
49	4037-13	含脉石岩屑石英砂岩	71.30	9.09	2.09	4.64	1.18	2.12	0.081	1.30	0.21	0.31	3.64	2.85	98.81	0.76	1.21	0.33

　　从 2700 中段岩（矿）石中主要金属元素的含量（见表 4-5）可以看出，除 Cu 外，Pb、Zn、Ag 等共伴生组分的含量均较低，部分样品中的 Mo 含量高达 $3360×10^{-6}$，这与前面 2685 中段和 2730 中段局部富集 Mo 较为相似。从 2685 中段、2700 中段和 2730 中段局部 Mo 元素的最高含量来看，2685 中段 2685-4 样品中 Mo 含量最高为 $5236×10^{-6}$，2700 中段 Mo 含量最高为 $3360×10^{-6}$，2730 中段 Mo 含量最高为 $532×10^{-6}$，Mo 含量具有从下到上明显的递减趋势，暗示成矿流体在垂向上是沿断层从下向上运移的。

表 4-5　萨热克铜矿 2700 中段岩（矿）石微量元素含量　　（单位：10^{-6}）

序号	样品编号	岩性	Ag	Cu	Pb	Zn	W	Sn	Mo	Bi	Co	Ni	Rb	Cs	U	Ga	Zr
1	4026-1	杂砾岩矿石	16.4	18520	10.7	53.3	1.05	2.23	2.40	0.96	9.53	29.5	64.3	3.01	1.57	10.2	181
2	4026-2	杂砾岩矿石	10.2	8764	5.89	37.0	0.91	2.35	1.34	0.35	8.08	29.1	47.3	2.15	1.21	8.10	123
3	4026-3	杂砾岩矿石	7.04	5454	5.81	39.3	0.66	2.76	1.79	0.16	9.34	27.3	47.1	2.35	1.40	8.27	94.6
4	4026-4	杂砾岩矿石	11.4	11100	4.87	40.7	0.83	3.09	37.6	0.15	8.96	30.3	46.9	2.41	1.52	8.96	142
5	4026-5	杂砾岩矿石	16.2	30820	11.0	47.8	0.94	2.37	8.57	0.30	9.50	33.3	52.8	2.65	1.64	9.95	113
6	4026-6	杂砾岩矿石	9.88	9686	5.25	41.3	0.67	1.99	4.15	0.15	8.21	33.7	39.8	2.14	1.70	9.14	114
7	4026-7	杂砾岩矿石	19.1	58490	9.87	52.8	0.65	1.77	9.69	0.32	15.1	44.2	33.4	1.63	2.02	9.38	119
8	4026-8	杂砾岩矿石	19.6	40620	8.14	29.4	0.59	1.81	9.83	0.24	5.84	20.3	33.1	1.62	1.42	6.68	95.6
9	4026-9	杂砾岩矿石	14.7	24690	3.69	25.8	0.51	1.61	4.72	0.24	4.56	16.6	35.0	1.86	1.32	6.35	197
10	4026-10	杂砾岩矿石	6.07	4188	5.74	44.9	0.82	2.23	2.83	0.17	10.6	36.7	48.1	2.42	2.24	9.52	139
11	4026-11	杂砾岩矿石	9.64	13080	3.19	31.7	0.58	1.72	5.68	0.25	7.24	22.5	37.6	1.81	1.20	7.31	111
12	4026-12	岩屑石英砂岩	0.16	209	8.06	52.0	1.20	2.50	1.36	0.17	12.8	34.7	40.5	4.94	1.80	14.4	207
13	4030-1	杂砾岩矿石	5.81	4692	6.30	45.9	0.81	1.94	1.16	0.18	11.8	37.7	51.2	2.79	1.28	9.97	130
14	4030-2	杂砾岩矿石	12.5	18340	40.5	65.3	0.71	28.2	3.23	0.52	7.30	26.1	49.7	2.51	1.27	8.14	121
15	4030-3	杂砾岩矿石	0.31	248	6.36	49.9	0.79	2.23	3.35	0.15	15.0	45.1	55.9	3.78	1.67	10.2	152
16	4030-4	杂砾岩矿石	1.96	1527	4.77	35.8	3.12	1.95	1.70	0.14	10.1	34.6	40.6	2.05	1.51	8.18	128
17	4030-5	杂砾岩矿石	16.3	17610	3.99	32.0	0.64	1.69	2.51	0.69	7.96	23.8	43.6	2.20	1.35	7.92	107
18	4030-6	杂砾岩矿石	15.2	12340	4.59	32.1	0.80	1.64	2.35	0.17	8.50	32.3	35.8	1.75	1.52	7.05	104
19	4030-7	杂砾岩矿石	8.92	9395	2.39	25.1	0.45	1.41	1.92	0.13	7.36	25.6	25.3	1.30	0.96	5.56	79.3
20	4030-8	杂砾岩矿石	15.8	25170	3.50	28.8	0.57	1.93	5.14	0.21	5.49	19.5	34.9	1.76	1.14	6.62	106
21	4030-9	杂砾岩矿石	20.0	31750	5.31	29.3	0.61	1.62	7.53	0.26	6.04	20.2	35.4	1.76	1.42	6.53	98.0
22	4030-10	杂砾岩矿石	13.8	16670	6.19	51.9	1.66	1.66	5.86	0.25	12.8	61.7	61.7	3.07	3.57	11.7	110
23	4030-11	杂砾岩矿石	11.1	14910	5.25	44.3	0.84	1.94	93.1	0.29	9.79	28.4	60.6	3.09	2.79	10.1	131
24	4030-12	岩屑石英砂岩	0.38	289	7.99	58.1	1.51	2.82	2.67	0.19	14.5	40.1	53.3	5.77	2.34	16.4	207
25	4034-1	杂砾岩矿石	9.79	6332	3.60	37.9	0.70	1.51	1.34	0.26	7.38	24.9	50.7	2.54	1.31	8.41	109
26	4034-2	杂砾岩矿石	0.25	174	7.05	41.8	0.68	1.75	1.61	0.15	11.7	41.1	45.0	2.41	1.68	9.11	136
27	4034-3	杂砾岩矿石	14.2	13830	4.22	39.1	0.67	1.85	2.84	0.23	9.19	32.1	46.6	2.39	2.11	8.49	117
28	4034-4	杂砾岩矿石	0.90	861	4.33	43.0	0.68	1.96	1.36	0.10	10.4	35.0	62.7	3.21	1.62	10.3	132
29	4034-5	杂砾岩矿石	7.38	4976	3.90	31.3	0.69	1.44	4.98	0.15	8.22	30.4	46.3	2.62	1.73	7.53	76.5
30	4034-6	杂砾岩矿石	4.40	3965	6.63	44.0	0.78	2.85	2.85	0.20	9.21	32.8	48.9	3.26	2.02	9.67	143
31	4034-7	杂砾岩矿石	17.5	32810	3.76	30.1	0.57	1.51	3.76	0.39	7.11	24.6	41.3	2.08	1.33	7.21	111
32	4034-8	杂砾岩矿石	15.8	24460	3.72	28.7	3.23	1.52	3.14	0.27	7.07	25.8	32.6	1.62	1.19	6.17	113
33	4034-9	杂砾岩矿石	17.2	42560	5.30	31.9	0.68	1.44	11.3	0.31	7.40	23.8	39.3	1.94	53.5	7.33	94.6

序号	样品编号	岩性	Ag	Cu	Pb	Zn	W	Sn	Mo	Bi	Co	Ni	Rb	Cs	U	Ga	Zr
34	4034-10	杂砾岩矿石	15.2	27390	4.30	30.3	1.09	1.55	6.16	0.32	6.56	20.4	41.2	2.07	4.51	7.61	111
35	4034-11	杂砾岩矿石	15.2	22480	5.06	38.0	0.75	1.67	4.15	0.26	9.33	28.4	47.8	2.33	2.02	9.29	125
36	4034-12	岩屑石英砂岩	0.78	836	8.85	59.4	1.37	2.46	1.38	0.20	15.0	38.9	94.0	5.91	2.17	15.9	229
37	4037-1	杂砾岩矿石	5.53	5889	2.38	36.8	0.97	1.58	0.88	0.16	8.29	27.0	51.1	2.54	1.45	8.98	141
38	4037-2	杂砾岩矿石	9.07	5175	3.55	34.0	0.62	1.67	0.93	0.22	7.76	28.7	45.7	2.41	1.97	8.04	107
39	4037-3	杂砾岩矿石	15.8	35970	8.02	32.1	1.98	1.92	3.53	0.71	6.68	24.6	50.3	2.53	1.92	7.50	182
40	4037-4	杂砾岩矿石	18.1	43050	7.10	46.7	0.79	1.66	8.57	0.50	13.0	47.2	53.1	2.74	2.91	10.5	137
41	4037-5	杂砾岩矿石	9.76	6594	15.0	49.2	0.67	1.70	2.01	0.16	8.46	28.5	41.7	2.31	1.74	8.01	95.3
42	4037-6	杂砾岩矿石	14.7	23290	7.39	26.5	0.50	1.33	3.12	0.35	5.72	20.9	32.8	1.77	3.02	5.73	115
43	4037-7	杂砾岩矿石	14.1	23360	5.84	46.2	0.78	1.73	5.27	0.31	8.67	28.1	52.6	2.82	3.28	9.43	134
44	4037-8	杂砾岩矿石	16.8	71180	6.37	20.6	0.48	1.42	18.7	0.79	4.96	16.0	22.5	1.17	1.65	7.40	99.3
45	4037-9	杂砾岩矿石	16.6	17380	4.80	34.2	0.55	1.75	12.1	0.33	7.57	26.0	36.3	1.90	2.71	7.16	99.3
46	4037-10	杂砾岩矿石	15.4	33520	14.9	32.7	0.63	2.32	3360	1.03	7.53	23.3	41.5	2.07	15.6	7.05	103
47	4037-11	杂砾岩矿石	7.70	3656	7.53	33.8	0.70	1.74	33.5	0.20	10.2	29.8	46.6	2.36	1.94	8.20	102
48	4037-12	杂砾岩矿石	15.3	18190	5.62	25.0	4.01	2.16	25.4	2.08	8.72	20.0	36.3	1.87	9.98	6.32	103
49	4037-13	含脉岩屑石英砂岩	14.8	28540	3.78	36.0	1.09	1.56	9.75	0.43	7.77	24.7	44.9	2.16	1.75	8.307	130

从 1700 中段 Cu-Pb-Zn 元素平面等值线图（见图 4-13）可以看出，Cu-Pb-Zn 元素总体呈均匀分布，但 Pb-Zn 元素的含量明显较低；从 U-Ag-Mo 元素平面等值线图（见图 4-14）可以看出，U 元素相对均匀分布，而 Ag 和 Mo 元素局部富集，从 Ag-Cu 元素含量

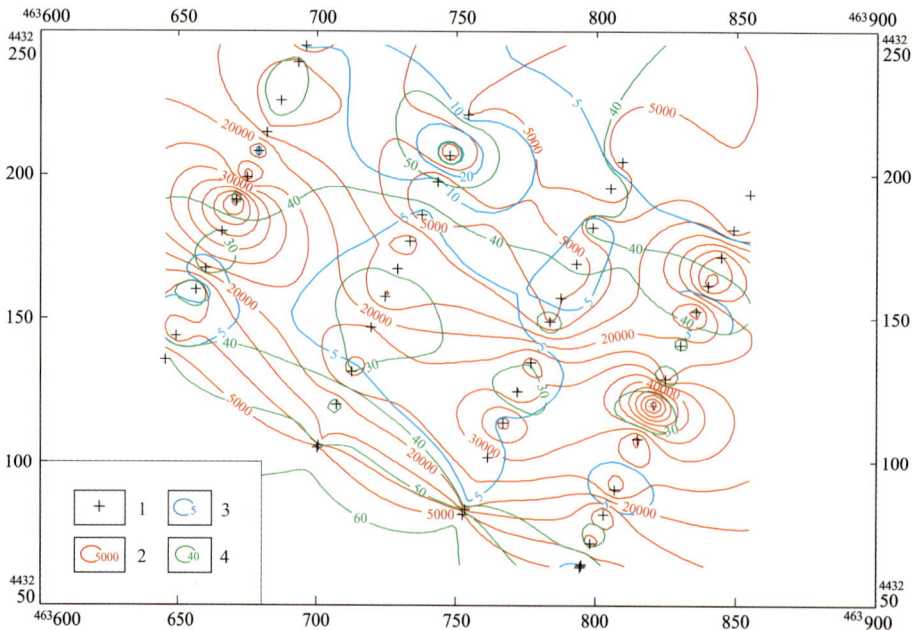

图 4-13　萨热克铜矿 1700 中段 Cu-Pb-Zn 元素平面等值线图

1—采样位置；2—铜元素等值线（10^{-6}）；3—铅元素等值线（10^{-6}）；4—锌元素等值线（10^{-6}）

散点图（见图4-15）可以看出，Ag与Cu元素具有明显的相关性，Ag元素随着Cu元素含量的增大而增大。

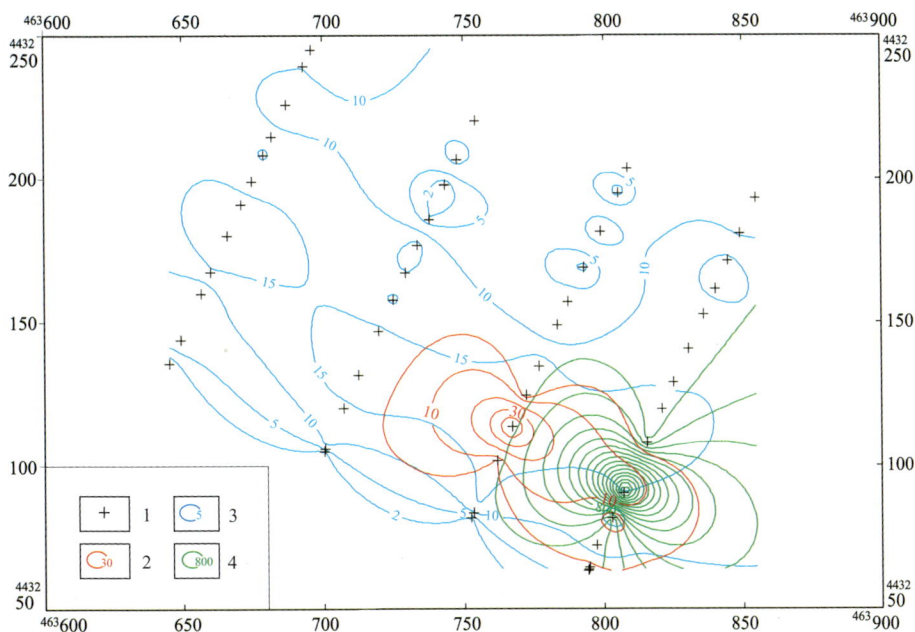

图 4-14　萨热克铜矿 1700 中段 U-Ag-Mo 元素平面等值线图

1—采样位置；2—铀元素等值线（10^{-6}）；3—银元素等值线（10^{-9}）；4—钼元素等值线（10^{-6}）

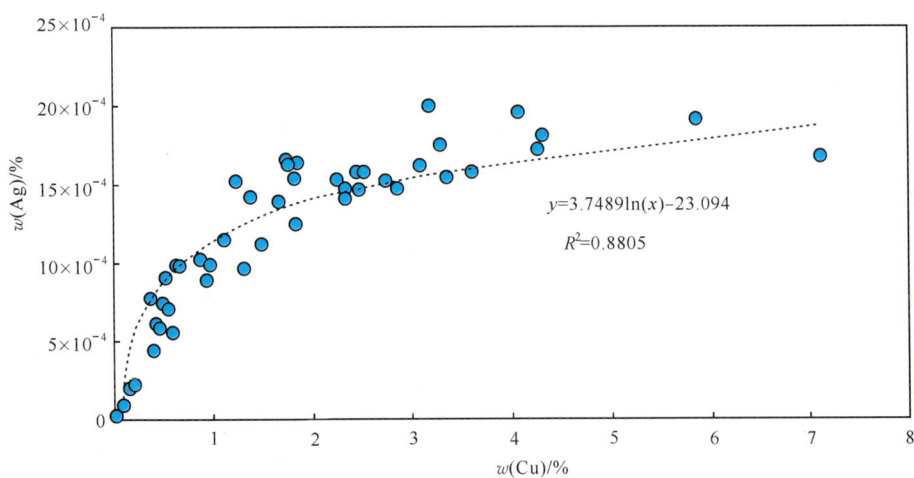

图 4-15　萨热克铜矿 1700 中段 Cu-Ag 元素含量散点图

4.1.1.4 矿物地球化学特征

为了研究萨热克铜矿中的矿物组合，对部分样品中的矿物进行了电子探针分析，分析结果见表4-6和表4-7。从表4-6可以看出，萨热克铜矿岩屑砂岩中张性裂隙细脉（见图4-12(f)）中的矿物除石英外还有方解石，并有少量的重晶石，这些矿物组合与砂砾岩矿石中的脉石胶结物组分基本一致[5]。杂砾岩矿石中的基性火山岩砾石（见图4-12(g)）和萨热克铜矿南部辉绿岩脉（见图 4-2(h)）中均可见到钠长石化，二者的成分较为接近，不同之处在于辉绿岩脉中除钠长石化外还有少量的更长石。从表 4-7 可以看出，岩屑石英砂岩（围岩）中的张性裂隙脉中主要为黄铜矿；杂砾岩铜矿石中主要为辉铜矿、部分为斑铜矿及少量的黄铜矿；在辉绿岩脉中为辉铜矿和黄铜矿，辉铜矿应该为黄铜矿的次生产物，可见黄铜矿的残留物（见图 4-2(i)）。

表 4-6　萨热克铜矿床岩（矿）石样品中氧化物电子探针分析结果　　　　（%）

样品编号	岩性	矿物	Na_2O	MgO	Al_2O_3	SiO_2	P_2O_5	SO_3	Cl	K_2O	CaO	TiO_2
4037-13	岩屑石 英砂岩	方解石	0.04	0.15		0.08		0.02			56.21	0.18
4037-13		重晶石	0.16		0.03	0.24	0.02	33.71	0.08		0.68	1.36
4037-10	杂砾岩 铜矿石	钠长石	12.14		19.28	65.82	0.10	2.22	0.05	0.20	0.26	
4037-10		钠长石	13.25		19.06	66.64	0.05	0.06	0.01	0.12	0.18	0.00
4037-10		钠长石	12.41		19.66	67.72	0.06	0.07	0.06	0.07	0.18	
C1	辉绿 岩脉	更长石	9.87	0.22	22.80	61.66	0.12	0.08	0.05	0.45	3.83	
C1		钠长石	11.61		19.38	67.86	0.13	0.02	0.01	0.08	0.19	0.03
C1		钠长石	12.08	0.15	20.26	64.37		0.02	0.04	0.26	0.80	

样品编号	岩性	矿物	Cr_2O_3	MnO	FeO	CoO	CuO	As_2O_3	SrO	BaO	PbO	总量
4037-13	岩屑石 英砂岩	方解石		0.68	0.55	0.09	0.29		0.05	0.11		58.45
4037-13		重晶石	0.08		0.06	0.13	0.07	0.04	0.09	63.39	1.18	101.32
4037-10	杂砾岩 铜矿石	钠长石		0.03	0.24		0.17	0.20	0.20		0.13	101.04
4037-10		钠长石		0.10	0.02		0.26	0.11	0.16			100.22
4037-10		钠长石	0.00	0.00	0.03		0.63	0.16	0.35			101.40
C1	辉绿 岩脉	更长石	0.07		0.43		0.09	0.51	0.04			100.22
C1		钠长石	0.01		0.21		0.31	0.13	0.37			100.34
C1		钠长石	0.19		0.51	0.07	0.16	0.26	0.01	0.39		99.57

注：测试单位：中国地质大学（北京）科学研究院实验中心。

表 4-7　萨热克铜矿床岩（矿）石样品中硫化物电子探针分析结果　　　　（%）

样品编号	岩性	矿物	S	Fe	Co	Ni	Cu	Zn	As	Se	Ag	Sb	Te	总量
4037-13	岩屑石 英砂岩	黄铜矿	35.99	29.42		0.05	34.47	0.16	0.10		0.00			100.19
4037-13		黄铜矿	35.45	29.14	0.27	0.07	34.79	0.45			0.03			100.20
4034-6	杂砾岩 铜矿石	斑铜矿	25.61	9.25	0.04	0.21	64.12	0.06				0.02	0.01	99.32
4034-6		斑铜矿	25.84	9.91			64.48	0.56			0.16			100.95
4034-6		斑铜矿	26.36	9.48		0.08	64.94	0.17	0.09	0.05	0.04			101.21
4034-6		黄铜矿	31.83	21.66			46.36	0.02			0.14			100.01
4034-6		黄铜矿	33.75	26.16	0.00		39.65	0.41	0.08					100.05
4037-10	杂砾岩 铜矿石	辉铜矿	21.14	0.10			79.25	0.22	0.00	0.02	0.00	0.04	0.05	100.82
4037-10		辉铜矿	23.69				74.17	0.44	0.13	0.10	0.14			98.67
4037-10		辉铜矿	20.37	0.07	0.03		78.25	0.51	0.03	0.16	0.11		0.09	99.62
4037-10		辉铜矿	21.37	0.33		0.00	78.36	0.01					0.06	100.13

样品编号	岩性	矿物	S	Fe	Co	Ni	Cu	Zn	As	Se	Ag	Sb	Te	总量
C1		辉铜矿	24.45	7.86	0.15	0.03	67.01	0.27			0.15	0.14	0.09	100.15
C1	辉绿岩脉	辉铜矿	24.76	7.29	0.13	0.18	68.10	0.03			0.09			100.58
C1		黄铜矿	34.28	28.39	0.16	0.10	36.84		0.01	0.00				99.78
C1		黄铜矿	34.25	27.98	0.09		36.14	0.26	0.04					98.76

注：测试单位：中国地质大学（北京）科学研究院实验中心。

4.1.2 成矿地质体、成矿构造与成矿结构面

4.1.2.1 成矿地质体

萨热克铜矿主要赋存在上侏罗统库孜贡苏组上段（J_3k^2）中，该层可进一步划分为 5 个岩性段：（1）J_3k^{2-5} 沥青化褪色化中砾岩，金属矿物以辉铜矿+斑铜矿（±黄铜矿）为主，均匀分布于方解石中，可见红色铁质胶结物；（2）J_3k^{2-4} 碎裂化、沥青化紫红色长石岩屑砂岩夹泥质粉砂岩；（3）J_3k^{2-3} 灰绿色褪色化中-细杂砾岩，金属矿物以辉铜矿（±斑铜矿）为主；（4）J_3k^{2-2} 灰绿色（褪色化）含铜杂砾岩，金属矿物组合为辉铜矿+斑铜矿+黄铜矿，以浸染状辉铜矿为主；（5）J_3k^{2-1} 紫红色褪色化粗中杂砾岩与灰绿色褪色化粗中杂砾岩，金属矿物组合为辉铜矿+黄铁矿。上侏罗统库孜贡苏组上段中的砾石成分复杂，主要有硅质岩、石英岩、碳酸盐岩、泥岩、砂岩等，显示出来源多样、磨圆度差、搬运不远的特点。

4.1.2.2 成矿构造

萨热克巴依盆地的成矿构造主要包括北东向的复式向斜、北东向的切层断裂及岩浆侵入构造。

（1）北东向的复式向斜。萨热克复式向斜盆地基本控制了萨热克杂砾岩型铜矿的空间展布，北侧的地层向南倾（见图 4-16(a)），南侧的地层向北倾（见图 4-16(b)），在该沉积盆地的基地可见隐伏基底隆起带、披覆褶皱等，在该盆地南侧下白垩统克孜勒苏群地表可见碱性辉绿岩脉群形成的岩浆侵入构造，南侧基底地层中可见逆冲推覆构造形成的褶曲变形（见图 4-16(d)）。

（2）北东向的切层断裂。在萨热克铜矿中的 F_{13} 为一高角度的切层断裂（见图 4-1、图 4-3），在地表（见图 4-16(c)）和坑道内（见图 4-18(b)）均可见到，该条断裂及其次级断裂与成矿关系密切，也是成矿流体的主要运移通道。

通过萨热克典型剖面音频大地电磁测深（AMT）和可控源音频大地电磁法对萨热克巴依盆地进行物探测深方法试验，对原始数据经过圆滑、校正等预处理后进行反演计算。通过电阻率值的对比研究，结合对频域电阻率及相位断面图的定性分析及地质、物探资料的综合认识，以确定地质层位、岩性特征等地质参数，给出物探推断解释成果。通过本区沉积盆地各剖面中基底的埋藏深度模拟出了萨热克巴依盆地的基本形态（见图 4-17），对于研究沉积盆地的构造演化提供了有力的帮助。

图 4-16　萨热克巴依盆地的成矿构造特征

（a）萨热克巴依盆地北侧杨叶组宽缓复式向斜；（b）萨热克巴依盆地南侧克孜勒苏群宽缓复式向斜；
（c）萨热克巴依盆地中部出现的切层断裂（F_{13}）；（d）萨热克巴依盆地南侧推覆构造形成的褶曲变形

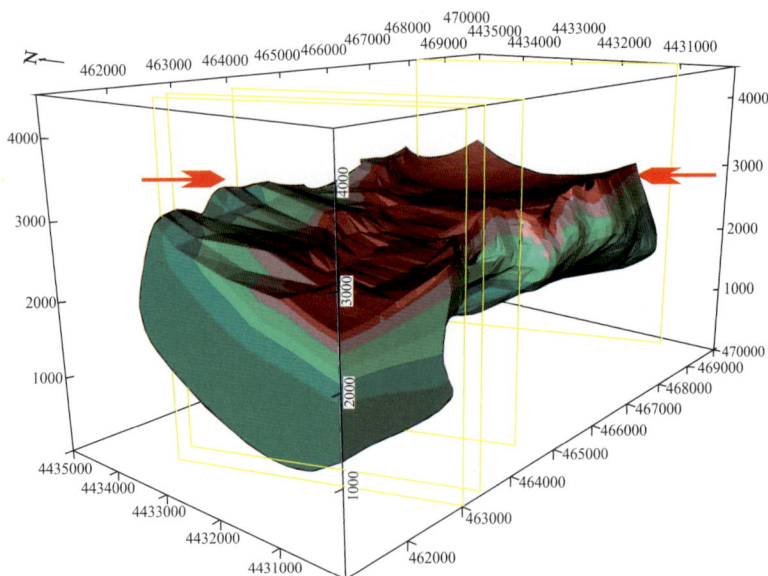

图 4-17　萨热克巴依盆地立体形态示意图

4.1.2.3　成矿结构面

　　萨热克铜矿主要产于上侏罗统库孜贡苏组杂砾岩中，该矿床初始成矿结构面为上侏罗统库孜贡苏组上段与下白垩统克孜勒苏群第一岩性段底部褐红色粉砂质泥岩，矿体上盘褐红色粉砂质泥岩为盆地成矿流体的封闭岩相层（见图 4-18（a））。上侏罗统库孜贡苏组上段扇中亚相铁质杂砾岩为高渗透率岩层，该层中的砾石大小不一，呈斑杂状。萨热克巴依盆地受南北向推覆构造影响发育切层断裂和层间走滑断裂（见图4-18(b)(c)），可见到砾石发生过明显的碎裂岩化（见图4-18(d)(e)）。碎裂岩化相中的多组裂隙和节理组成了小型储矿构造，发育辉铜矿-方解石拉伸线理（见图4-18(f)），可见沥青化、粉末状辉铜矿和黄铜矿等金属镜面，细脉带-细脉型辉铜矿或石英-方解石-白云石细脉沿构造裂隙呈网脉状充填。受成矿流体热液蚀变后，在地表靠近矿体的围岩中可见绿泥石-热液碳酸盐化蚀变及褪色化。在萨热克铜矿北矿带井巷工程中，矿石与围岩接触带靠近岩屑石英砂岩中通常可见到雁列式排列的张性裂隙（见图4-12(f)）。

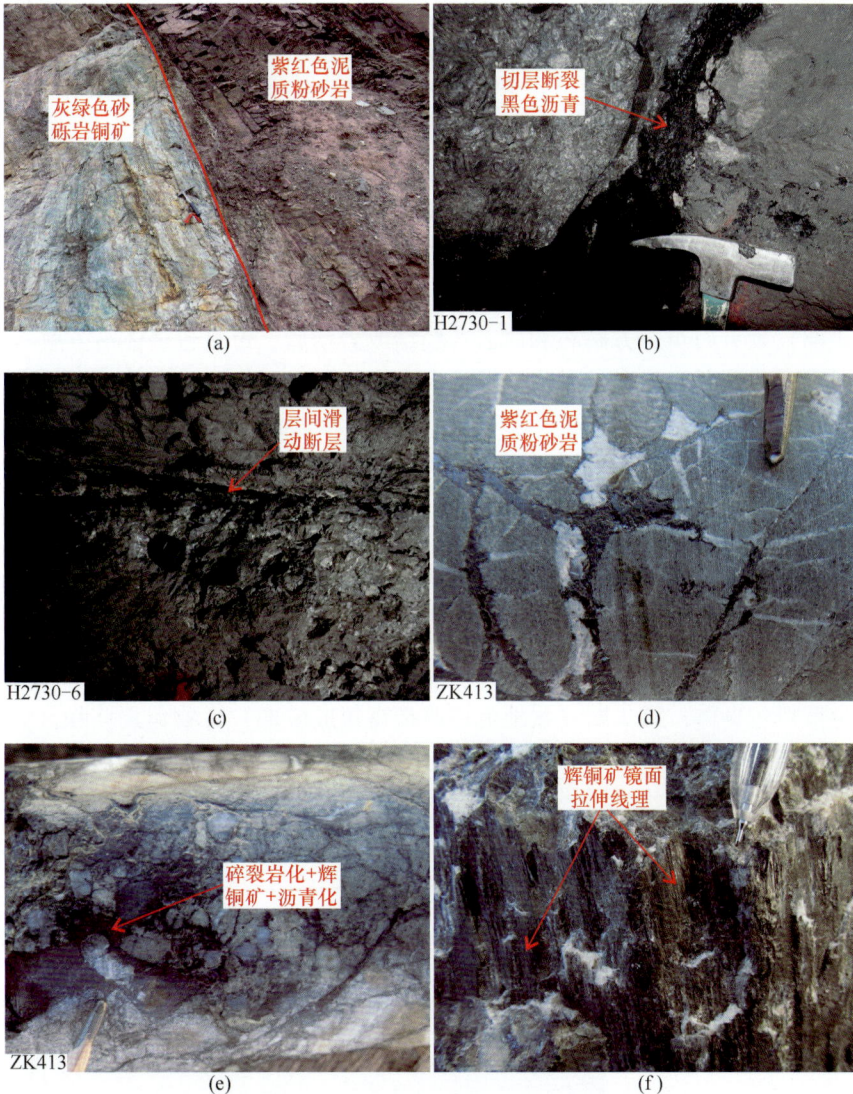

图4-18　萨热克铜矿成矿结构面特征

(a) 灰绿色砂砾岩铜矿与紫红色泥质粉砂岩接触带；(b) 坑道切层断裂中的沥青；
(c) 坑道中的层间滑动断层；(d) 砾石碎裂化；(e) 杂砾岩中的碎裂岩化相；
(f) 辉铜矿石中的拉伸线理

4.1.3 成矿作用特征

4.1.3.1 流体包裹体特征

成矿流体的来源对判断矿床的成因具有重要的指示意义[6-7]，流体包裹体和稳定同位素方法已成为研究成矿流体的重要手段[8]，新疆萨热克杂砾岩型铜矿床是萨热克巴依盆地最为有代表性的大型铜矿床，为了研究萨热克铜矿床的成矿流体特征，分别在垂向上选择不同中段进行了样品采集，同时在水平方向选择2700中段不同穿脉进行了样品采集。

A 不同中段流体包裹体特征

杂砾岩铜矿石样品中大部分粒间孔隙为方解石、白云石或石英所胶结，部分杂砾岩粒间孔隙中含油，具浅蓝色荧光。从萨热克铜矿床北矿段不同中段（2790中段006穿脉、2760中段005穿脉、2730中段007穿脉和2685中段044穿脉）中采集的网脉状石英和方解石包裹体的特征（见图4-19和表4-8）可以看出，胶结物中发育2个期次的油气包裹体。第1期（主成岩期）以方解石、白云石和石英形成的胶结成岩期为主，发育丰度极高（GOI为20%~30%），包裹体成群分布于石英、方解石或白云石胶结物内，主要为褐色、深褐色的液烃包裹体，局部视域内有较为发育的深灰色气烃包裹体；第2期（盆地流体改造富集成矿期）发育石英、方解石和白云石胶结成岩期后，可见包裹体沿方解石胶结物内的微裂隙或沿石英等砾石碎裂微裂隙呈带状或线状分布。石英裂隙中的包裹体中发育丰度较低（GOI为1%~2%），可见呈淡黄-灰色的气液烃包裹体，显示浅蓝色荧光，或为褐色、深褐色的液烃包裹体。方解石裂隙中发育丰度略低（GOI为4%~5%），三类包裹体均发育，其中液烃包裹体占60%，呈褐色、深褐色，显示浅蓝色荧光；气液烃包裹体占30%，呈淡黄-灰色，显示浅蓝色荧光；气烃包裹体占10%，呈灰色，无荧光显示。从石英、方解石和白云石等矿物包裹体岩相学特征看，在萨热克砂砾岩铜矿床中，第1期（主成岩期）矿物包裹体主要为含烃盐水包裹体，形状规则，多成群分布于方解石和少量的石英、白云石中，可见部分方解石含烃盐水包裹体伴生液烃或气烃包裹体，白云石含烃盐水包裹体伴生液烃包裹体；第2期（盆地流体改造富集成矿期）矿物包裹体除含烃盐水包裹体外，还有轻质油包裹体，沿方解石胶结物内的微裂隙或沿石英等砾石碎裂微裂隙呈带状或线状分布。这些呈串珠状线形分布的含烃盐水包裹体或轻质油包裹体在盆地构造变形期碎裂岩化过程中，赋存在岩矿石显微裂隙中。这些显微裂隙的密度为100~400条/m，也是盆地流体大规模运移的包裹体岩相学记录。

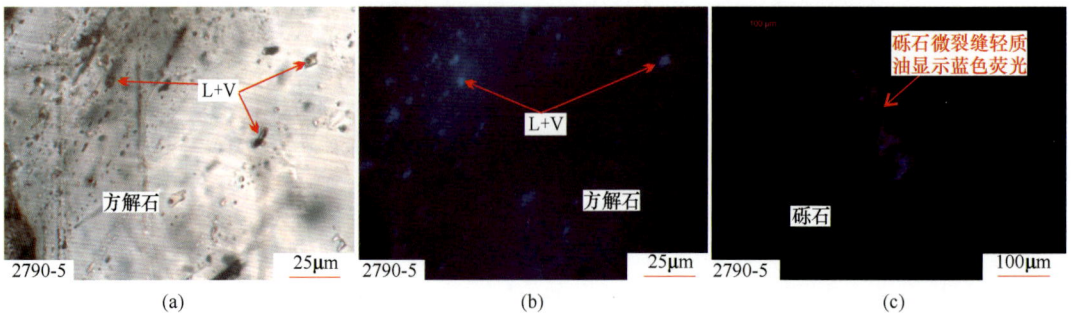

(a)　　　　(b)　　　　(c)

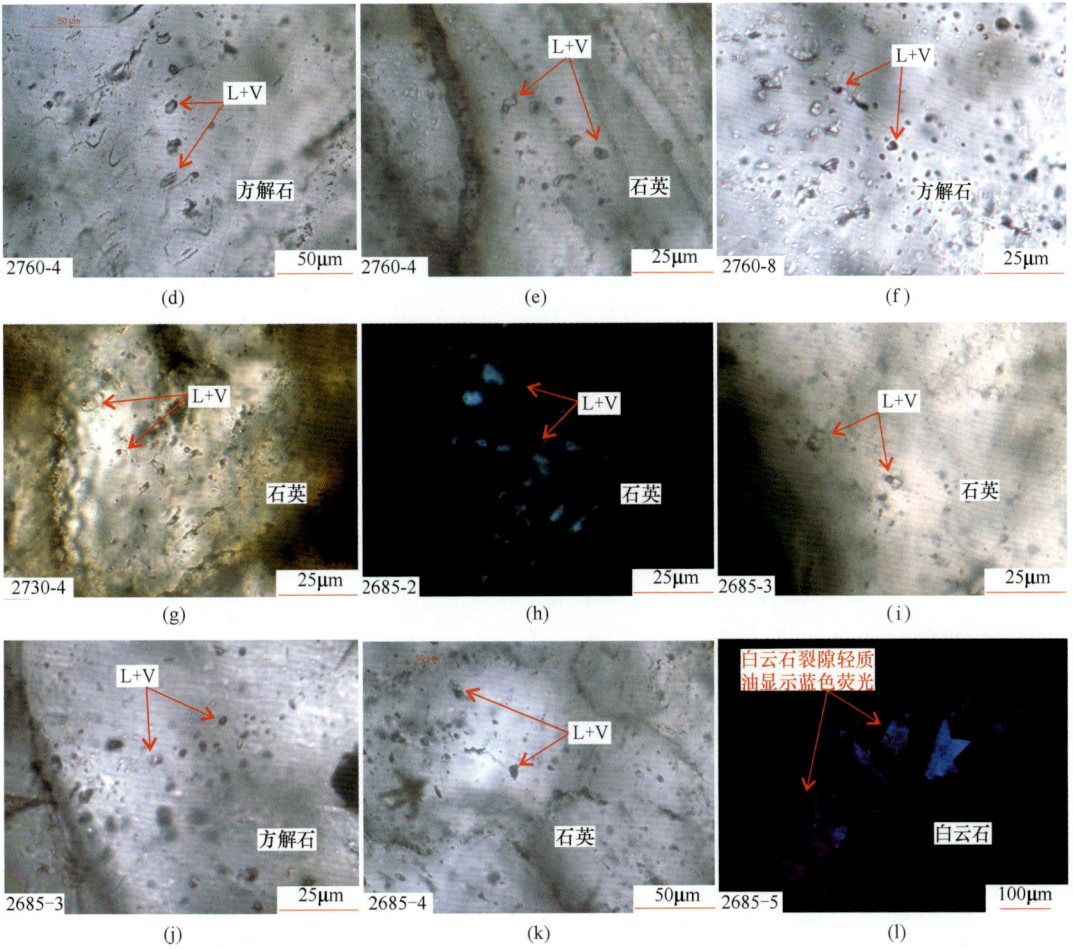

图 4-19 萨热克铜矿床不同中段矿石中流体包裹体特征

（a）方解石中的气液包裹体（2790-5 样品）；（b）方解石中的气液包裹体显示蓝色荧光（2790-5 样品）；
（c）砾岩内的微缝隙中含轻质油，显示浅蓝色荧光（2790-5 样品）；（d）方解石中的气液包裹体；
（e）石英中的气液包裹体（2760-4 样品）；（f）方解石中的气液包裹体（2760-8 样品）；
（g）石英中的气液包裹体（2730-4 样品）；（h）石英中的气液包裹体显示浅蓝色的荧光（2685-2 样品）；
（i）石英中的气液包裹体（2685-3 样品）；（j）方解石中的气液包裹体（2685-3 样品）；
（k）石英中的气体包裹体（2685-4 样品）；（l）砾岩白云石胶结物内晶间微缝隙中含轻质油，显示浅蓝色荧光（2685-5）

表 4-8 萨热克铜矿床不同中段流体包裹体特征

样品编号	赋存矿物	期次	包裹体类型	点数	包裹体大小/μm	气液比/%	均一温度/℃	平均温度/℃	盐度 $w(NaCl)_{eq}$/%	平均盐度/%
2790-1	方解石	1	含烃盐水	6	2×4～3×12	≤5	113～181	136.8	12.51～22.44	19.12
2790-3	方解石	1	含烃盐水	8	3×8～12×17	≤5	103～151	127.75	18.38～22.38	21.38
2790-5	方解石	1	含烃盐水	12	3×5～8×16	≤5	136～158	152	19.21～22.44	21.6
2760-1	方解石	1	含烃盐水	12	3×7～20×25	≤5	104～132	119	22.98～23.18	23.12
2760-4	方解石	1	含烃盐水	8	12×8～3×16	≤5	81～145	106.5	14.97～23.11	19.65

样品编号	赋存矿物	期次	包裹体类型	点数	包裹体大小/μm	气液比/%	均一温度/℃	平均温度/℃	盐度 $w(NaCl)_{eq}$/%	平均盐度/%
2760-6	方解石	1	含烃盐水	11	4×7~18×15	≤5	92~125	110.5	11.61~23.11	20.31
2760-8	方解石	1	含烃盐水	8	3×6~11×9	≤5	124~168	153.1	2.07~10.61	3.2
2730-5	方解石	1	含烃盐水	1	14×17	≤5	127	127	22.38	22.38
2685-3	方解石	1	含烃盐水	4	4×5~9×5	≤5	96~141	124	22.31~2.38	22.35
2685-4	方解石	1	含烃盐水	7	4×5~30×50	≤5~8	108~136	121	20.07~23.05	20.73
2685-5	白云石	1	含烃盐水	3	17×20~30×45	≤5	124~137	131.3	6.3~23.05	17.47
2790-1	石英	1	含烃盐水	5	3×5~8×12	≤5	146~158	152.2	4.8~4.96	4.84
2790-3	石英	1	含烃盐水	1	8×10	≤5	168	168	3.06	3.06
2760-1	石英	1	含烃盐水	2	12×15~40×70	≤5	165~187	176	5.11~9.34	7.23
2760-8	石英	1	含烃盐水	1	4×12	≤5	142	142	4.34	4.34
2730-4	石英	1	含烃盐水	1	6×9	≤5	207	207	4.65	4.65
2730-5	石英	1	含烃盐水	2	3×5~4×7	≤5	105~144	119	12.28	12.28
2685-3	石英	1	含烃盐水	5	3×5~7×4	≤5	113~141	126.6	5.86~16.71	10.26
2685-4	石英	1	含烃盐水	2	2×5~3×4	≤5	120~127	123.5	7.17~7.31	7.24
2685-5	石英	1	含烃盐水	2	3×8~4×9	≤5	99~100	99.5	9.21~9.34	9.28
2790-5	方解石	2	含烃盐水	2	3×7~8×6	≤5	142~145	143.5	22.38	22.38
2730-8	石英	2	含烃盐水	2	5×6	≤5	129~154	141.5	1.57~4.03	2.8
2790-5	方解石	2	轻质油	3	5×10~9×18	≤5	102~111	105.7		
2730-4	石英	2	轻质油	8	3×7~20×50	≤5~10	97~144	123.9		
2685-3	石英	2	轻质油	2	3×5~3×6	10	139~148	143.5		

a 含烃盐水包裹体

从萨热克铜矿矿物包裹体特征（见表4-8）可以看出，第1期方解石中77个含烃盐水包裹体大小为2μm×4μm 至 30μm×50μm，气液比不大于5%~8%，均一温度为81~181℃，平均温度为128.03℃，盐度 $w(NaCl)_{eq}$ 为2.07%~23.11%，平均盐度为19.29%；白云石中3个含烃盐水包裹体大小为17μm×20μm 至 30μm×45μm，气液比不大于5%，均一温度为124~137℃，平均温度为131.3℃，盐度 $w(NaCl)_{eq}$ 为6.3%~23.05%，平均盐度为17.47%；石英中21个含烃盐水包裹体大小为2μm×5μm 至 40μm×70μm，气液比不大于5%，均一温度为99~207℃，平均温度为141℃，盐度 $w(NaCl)_{eq}$ 为3.06%~16.71%，平均盐度为7.61%。第2期方解石中2个含烃盐水包裹体大小为3μm×7μm 至 8μm×6μm，气液比不大于5%，均一温度为142~145℃，平均温度为143.5℃，盐度 $w(NaCl)_{eq}$ 为22.38%；石英中2个含烃盐水包裹体大小为5μm×6μm，气液比不大于5%，均一温度为129~154℃，平均温度为141.5℃，盐度 $w(NaCl)_{eq}$ 为1.57%~4.03%，平均盐度为2.8%。

从萨热克铜矿石英和方解石不同中段含烃盐水包裹体的均一温度和盐度变化曲线（见图4-20）可以看出，石英中包裹体的均一温度总体上从2685中段到2760中段平缓上升，在 2790 中段略有降低；其盐度从 2685 中段到 2730 中段平缓上升，然后从 2730 中段到 2790 中段逐渐变小。方解石中包裹体的均一温度从 2685 中段到 2790 中段呈波状上升，在 2760 中段略有降低；其盐度在 2730 中段最大，在 2760 中段变为最小。总体上石英和方解石中包裹体的均一温度和盐度具有正相关性，即盐度随着均一温度的升高而升高，随着均一温度的降低而降低；但石英和方解石中包裹体的均一温度和盐度变化不具有同步性，石英中包裹体的均一温度在 2760 中段变为最大，盐度在 2790 中段变为最小；方解石中包裹体的均一温度在 2790 中段变为最大，盐度在 2760 中段变为最小。

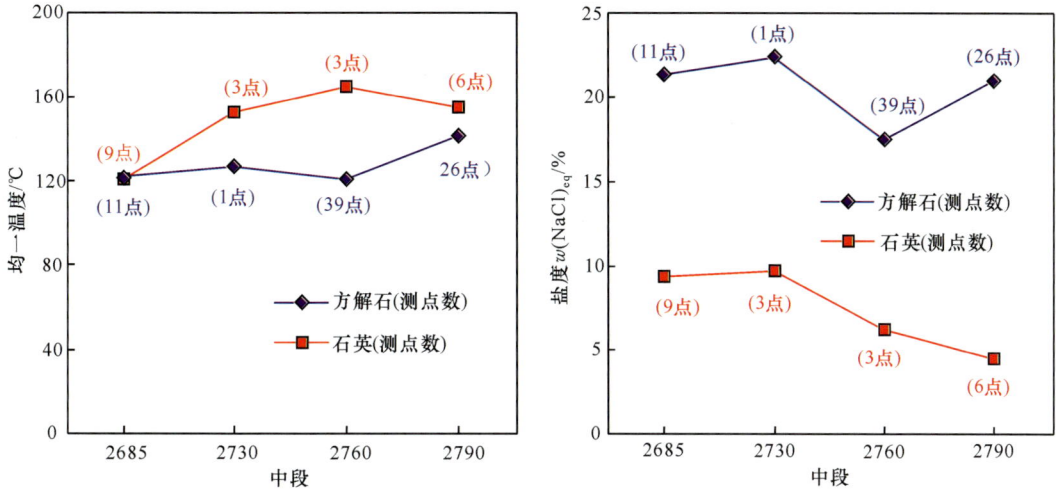

图 4-20 萨热克铜矿不同中段石英和方解石含烃包裹体的均一温度和盐度变化曲线

b 含轻质油包裹体

含轻质油包裹体主要产于第 2 期包裹体中，方解石中 3 个轻质油包裹体大小为 $5\mu m \times 10\mu m$ 至 $9\mu m \times 18\mu m$，气液比不大于 5%，均一温度为 102 ~ 111℃，平均温度为 105.7℃。石英中 10 个含轻质油包裹体大小为 $3\mu m \times 5\mu m$ 至 $20\mu m \times 50\mu m$，气液比为不大于 5% ~ 10%，均一温度为 97 ~ 148℃，平均温度为 127.8℃。

从上述两类包裹体的分析数据可以看出，萨热克巴依盆地的成矿流体属于中-低温、中-高盐度的富烃类还原性盆地流体，在盆地流体的演化过程中，流体中的温度和盐度均呈现出波状的演化趋势，表现为石英比方解石和白云石结晶要早一些。

c 流体包裹体气相成分

为了测定流体包裹体中的气相成分，选择矿石石英中成群分布、形成于第 1 期次的气液包裹体为测试对象，从萨热克铜矿石石英包裹体中的气相组分（见表 4-9）可以看出，包裹体中的气相成分主要有 N_2、CO_2、CH_4 和 H_2O，其中 N_2 的谱峰位置为 $2330cm^{-1}$，CO_2 有 2 个谱峰位置，分别为 1283 ~ $1285cm^{-1}$ 和 1385 ~ $1387cm^{-1}$，CH_4 的谱峰位置为 2914 ~ $2917cm^{-1}$，H_2O 的谱峰位置为 $3447cm^{-1}$。按照包裹体中的气相成分组合可划分为 6 种类型，分别为：N_2+CH_4，$CO_2+N_2+CH_4$（见图 4-21），CO_2+N_2，CO_2，N_2，$N_2+CH_4+H_2O$。

从气相成分组合特征可以看出，从 2685 中段到 2790 中段，复合气相成分具有从 CO_2、N_2、CH_4 组合向 N_2、CH_4、H_2O 组合的演变趋势，表明从下部到上部流体的还原性具有逐步减弱的趋势。

表 4-9 萨热克铜矿石石英包裹体中的气相组分

序号	样品编号	赋存矿物	包裹体类型	气相成分组成	谱峰位置/cm^{-1}
1	2790-1	石英	气液包裹体	CO_2	1284、1387
2	2790-3	石英	气液包裹体	CO_2、CH_4	1284、1387；2917
3	2790-4	石英	气液包裹体	CO_2、N_2	1284、1387；2329
4	2760-1	石英	气液包裹体	CH_4	2917
5	2760-1	石英	气液包裹体	N_2、CH_4、H_2O	2328、2917、3447
6	2760-2	石英	气液包裹体	CO_2、CH_4	1283、1387；2915
7	2760-2	石英	气液包裹体	CO_2、N_2	1283、1387；2328
8	2760-4	石英	气液包裹体	CO_2、N_2、CH_4	1285、1387；2329；2917
9	2760-5	石英	气液包裹体	CO_2、N_2、CH_4	1283、1387；2329；2915
10	2760-6	石英	气液包裹体	CH_4	2917
11	2760-6	石英	气液包裹体	CO_2	1284、1387
12	2730-5	石英	气液包裹体	CH_4	2917
13	2730-5	石英	气液包裹体	CO_2、N_2、CH_4	1283、1385；2327；2915
14	2685-2	石英	气液包裹体	CO_2、N_2、CH_4	1283、1385；2327；2915
15	2685-3	石英	气液包裹体	CO_2、N_2	1284、1386；2329
16	2685-3	石英	气液包裹体	N_2	2330
17	2685-3	石英	气液包裹体	N_2、CH_4	2330；2918
18	2685-4	石英	气液包裹体	CO_2、N_2、CH_4	1283、1387；2327；2914
19	2685-4	石英	气液包裹体	CO_2、CH_4	1284、1387；2917
20	2685-5	石英	气液包裹体	CO_2	1284、1387

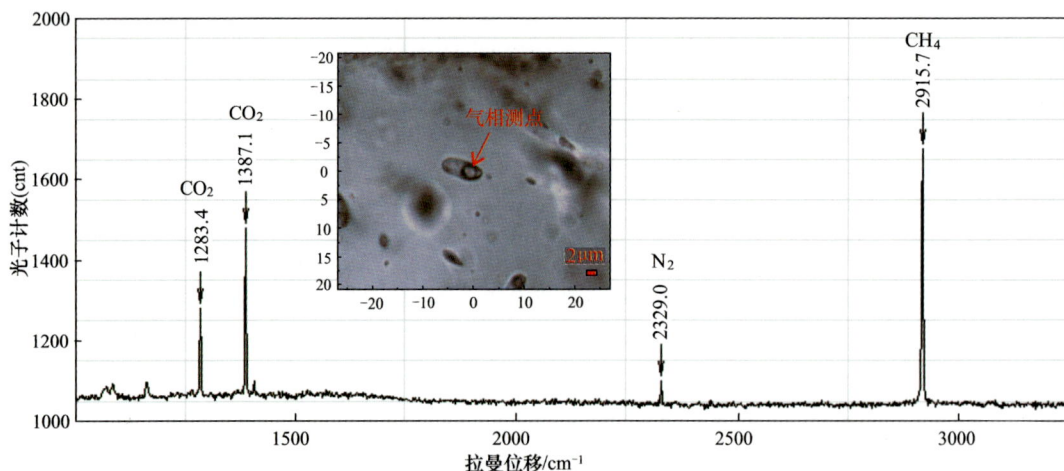

图 4-21 萨热克铜矿矿石 2685-4 样品中石英流体包裹体激光拉曼光谱

B 同一中段流体包裹体特征

从萨热克铜矿北矿段 2700 中段不同穿脉（4026 穿脉、4030 穿脉、4034 和 4037 穿脉）矿石中包裹体的形态特征（见图 4-22 和表 4-10）可以看出，微细晶石英矿物中包裹体少

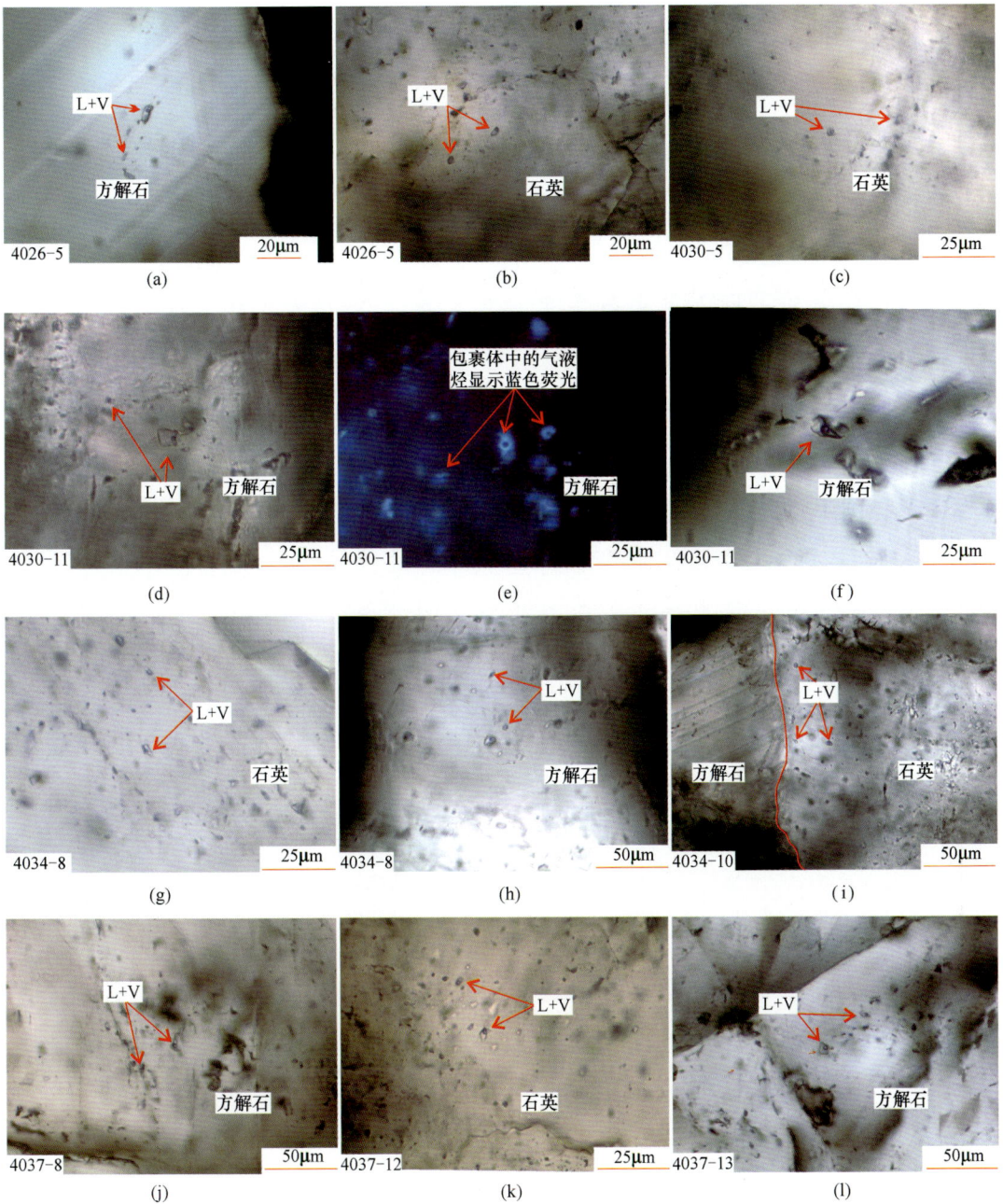

图 4-22　萨热克铜矿 2700 中段不同穿脉矿石中包裹体的形态特征

（a）方解石中的气液包裹体；（b）石英中的气液包裹体（4026-5 样品）；（c）石英中的气液包裹体（4030-5 样品）；

（d）方解石中的气液包裹体（4030-11 样品）；（e）方解石包裹体中的气液烃显示蓝色荧光（4030-11 样品）；

（f）方解石中的气液包裹体（4030-11 样品）；（g）石英中的气液包裹体（4034-8 样品）；

（h）方解石中的气液包裹体（4034-8 样品）；（i）石英中的气液包裹体（4034-10 样品）；

（j）方解石中的气液包裹体（4037-8 样品）；（k）石英中的气液包裹体（4037-12 样品）；

（l）方解石中的气液包裹体（4037-13 样品）

表4-10 萨热克铜矿2700中段不同穿脉矿石中流体包裹体特征

样品编号	岩性	赋存矿物	产状	点数/个	包裹体类型	包裹体大小/μm	气液比/%	均一温度范围/℃	平均温度/℃	盐度/%	平均盐度/%
4026-5	弱辉铜矿化杂砾岩	方解石	矿石裂隙	2	富液包裹体	5×3～4×9	5	106～139	122.50	3.71～6.45	5.08
4030-5	弱辉铜矿化杂砾岩	方解石	矿石裂隙	3	富液包裹体	3×5～5×12	5	110～148	137.67	14.67～14.77	14.72
4030-11	强矿化杂砾岩	方解石	矿石裂隙	4	富液包裹体	5×7～16×12	5～10	107～180	167.5	5.71～10.73	8.07
4034-08	强矿化杂砾岩	方解石	矿石裂隙	5	富液包裹体	10×7～10×14	5～10	115～191	165.6	9.98～20.82	12.55
4034-10	强矿化杂砾岩	方解石	矿石裂隙	4	富液包裹体	5×8～12×15	5～10	88～180	132.5	9.47～11.22	10.07
4037-8	强矿化杂砾岩	方解石	矿石裂隙	6	富液包裹体	2×7～9×12	5～10	115～224	170.17	8.14～11.81	9.57
4037-12	强矿化杂砾岩	方解石	矿石裂隙	6	富液包裹体	5×3～6×12	5～10	172～236	189.5	7.73～9.85	9.14
4037-13	含方解石脉粉砂岩	方解石	围岩裂隙	2	富液包裹体	4×7～3×12	10	205～211	208	10.61～10.73	10.67
4026-5	弱辉铜矿化杂砾岩	石英	矿石裂隙	4	富液包裹体	2×5～5×10	5～10	111～204	165.00	5.71～7.59	6.69
4030-5	弱辉铜矿化杂砾岩	石英	矿石裂隙	2	富液包裹体	2×4～4×7	5～10	107～180	143.5	10.11～11.34	10.73
4034-08	强矿化杂砾岩	石英	矿石裂隙	2	富液包裹体	5×3～3×8	10	243～257	250	13.29～13.40	13.35
4034-10	强矿化杂砾岩	石英	矿石裂隙	2	富液包裹体	3×6～7×4	15	233～249	241	6.3～6.74	6.52
4037-8	强矿化杂砾岩	石英	矿石裂隙	1	富液包裹体	2×3	10	128	128	7.02	7.02
4037-12	强矿化杂砾岩	石英	矿石裂隙	1	富液包裹体	2×4	10	150	150	11.81	11.81

量发育，仅局部较为发育呈透明无色的纯液体包裹体及呈无色-灰色的富液包裹体，富液包裹体成群分布，从测定的 12 个气液包裹体可以看出，气液比为 5% ～15%，大小为 2μm×3μm 至 5μm×10μm；均一温度为 107～257℃，平均温度为 183.92℃；在石英包裹体均一温度直方图（见图 4-23）上可见 3 个峰值点分别为 110℃、170℃ 和 250℃；盐度 $w(NaCl)_{eq}$ 为 5.71%～11.81%，平均盐度为 8.90%。方解石矿物中包裹体较为发育，主要为呈透明无色的纯液体包裹体，局部少量发育呈无色-灰色的富液盐水包裹体及呈深灰色的气体包裹体，富液包裹体成群分布，从测定的 32 个气液包裹体可以看出，气液比为 5%～10%，大小为 2μm×7μm 至 16μm×12μm；盐度 $w(NaCl)_{eq}$ 为 3.71%～20.82%，平均盐度为 9.86%；均一温度为 88～236℃，平均温度为 163.72℃；在方解石包裹体均一温度直方图（见图 4-24）上可见 1 个峰值点 190℃。值得一提的是，在石英砂岩围岩裂隙中方解石脉中包裹体极为发育，主要为呈透明无色的纯液体包裹体及大量呈淡黄-灰色的气液烃包裹体（显示较强的浅蓝色荧光），局部少量发育呈无色-灰色的富液盐水包裹体及呈深灰色的气体包裹体。富液包裹体成群分布，气液比为 10%，大小为 4μm×7μm 至 3μm×12μm，均一温度为 205～211℃，平均温度为 208℃；盐度 $w(NaCl)_{eq}$ 为 10.61%～10.73%，平均盐度为 10.67%。上述测试结果表明，矿石中包裹体的特征与近矿围岩石英砂岩裂隙中方解石脉中包裹体的特征基本相似，两者可能为同期形成。上述矿石中包裹体的特征与萨热克铜矿北矿段不同中段矿石中包裹体的特征基本相似[9]。

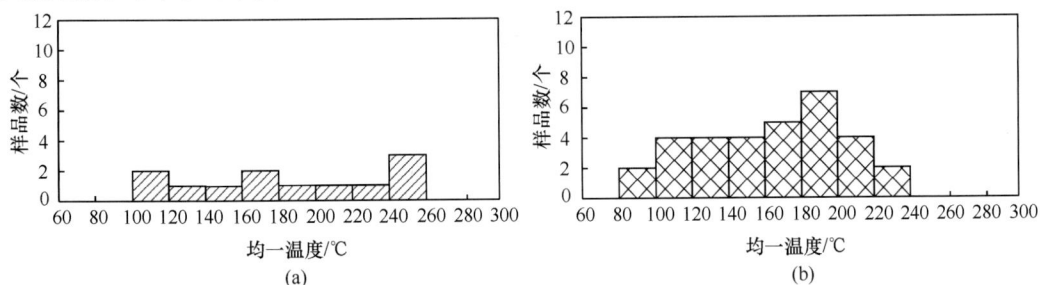

图 4-23　萨热克铜矿矿石中的石英（a）和方解石（b）气液包裹体均一温度直方图

从萨热克铜矿矿石中石英和方解石包裹体温度-盐度-气相分数关系图（见图 4-24 和图 4-25）可以看出，气液包裹体中的温度和盐度呈弱的正相关性，总体上温度越大，盐度越大；温度和气液比呈明显的正相关性，总体上温度越大，气液比越大；盐度和气液比呈

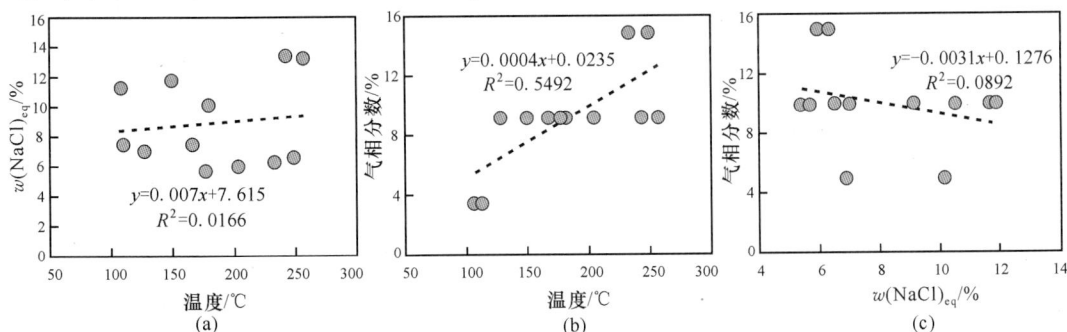

图 4-24　萨热克铜矿矿石中的石英包裹体温度-盐度-气相分数关系图
（a）温度-盐度关系图；（b）温度-气相分数关系图；（c）盐度-气相分数关系图

弱的负相关性，总体上盐度越大，气液比越小。从 2700 中段矿石中包裹体的均一温度和盐度来看，具中低温中等盐度特征。

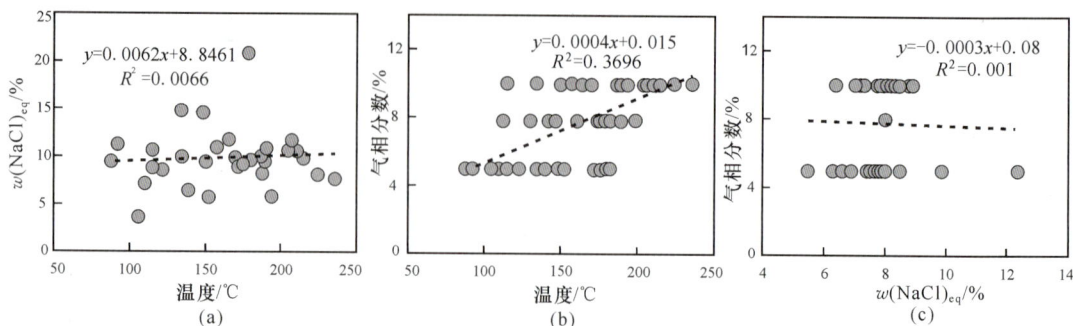

图 4-25   萨热克铜矿矿石中的方解石包裹体温度–盐度–气相分数关系图
（a）温度–盐度关系图；（b）温度–气相分数关系图；（c）盐度–气相分数关系图

4.1.3.2   同位素特征

同位素样品主要采自萨热克铜矿地区，为了进行区域上的对比，部分样品采自炼铁厂地区。萨热克铜矿 A1～A9 样品均采自矿床北矿段上侏罗统库孜贡苏组上段杂砾岩，其中 A1～A5 样品采自地表杂砾岩（见图 4-26（a）（b））；A6 样品采自 2790 中段 006 号穿脉杂砾岩（见图 4-26（c））；A7 样品采自 2700 中段 4034 号穿脉杂砾岩（见图 4-26（d））；A8 和 A9 样品采自 2700 中段 4037 号穿脉杂砾岩（见图 4-26（e））；A10 样品采自 2700 中段 4037 号穿脉中上侏罗统库孜贡苏组石英砂岩，为 A9 样品的围岩（见图 4-26（f））；A11 样品采自南矿段地表辉绿岩与岩屑砂岩接触带的含矿碳酸盐化脉（见图 4-26（g））；A12～A16 样品采自炼铁厂地区的侏罗系、石炭系和泥盆系岩（矿）石，其中 A12 样品采自上石炭统康克林组大理岩化灰岩中的镜铁矿石（见图 4-26（h）），A13 采自上侏罗统库孜贡苏组杂砾岩（见图 4-26（i）），A14 采自上泥盆统克孜尔塔格组硅化千枚岩（见图 4-26（j）），A15 采自上泥盆统克孜尔塔格组绢云片岩夹石英脉（见图 4-26（k）），A16 采自下石炭统野云沟组蚀变片岩（见图 4-26（l））；MY-1～MY-4 样品采自萨热克铜矿附近的下侏罗统康苏组煤岩层（见图 4-27）。测定碳、氢、氧同位素所需的方解石和石英单矿物挑选由河北省区域地质矿产调查研究所实验室完成，纯度达 99% 以上；矿石中方解石、石英中的碳、氢、氧同位素及煤岩中的有机碳同位素由核工业北京地质研究院分析测试研究中心测试，结果分别见表 4-11 和表 4-12。

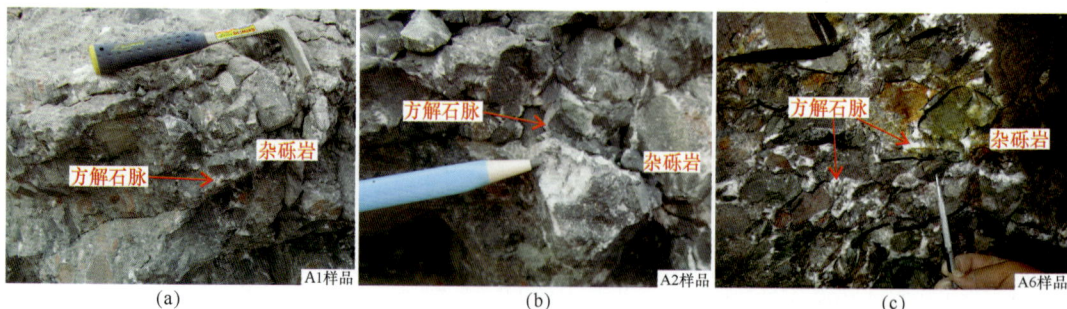

（a）   （b）   （c）

图 4-26 萨热克铜矿及周边炼铁厂地区岩（矿）石样品的地质特征

（a）~（c）萨热克铜矿北矿带上侏罗统库孜贡苏组上段砂砾岩中方解石脉；（d）（e）萨热克铜矿北矿带上侏罗统库孜贡苏组上段杂砾岩铜矿石中石英-方解石脉；（f）萨热克铜矿北矿带上侏罗统库孜贡苏组上段石英砂岩中方解石脉；（g）萨热克铜矿南矿带辉绿岩脉边部的碳酸盐脉；（h）炼铁厂地区上石炭统康克林组大理岩中的镜铁矿矿石；（i）炼铁厂地区上侏罗统库孜贡苏组杂砾岩中石英脉；（j）炼铁厂地区上泥盆统克孜尔塔格组硅化千枚岩中的石英脉；（k）炼铁厂地区下石炭统野云沟组含碳绢云片岩中石英脉；（l）炼铁厂地区下石炭统野云沟组蚀变片岩中石英脉

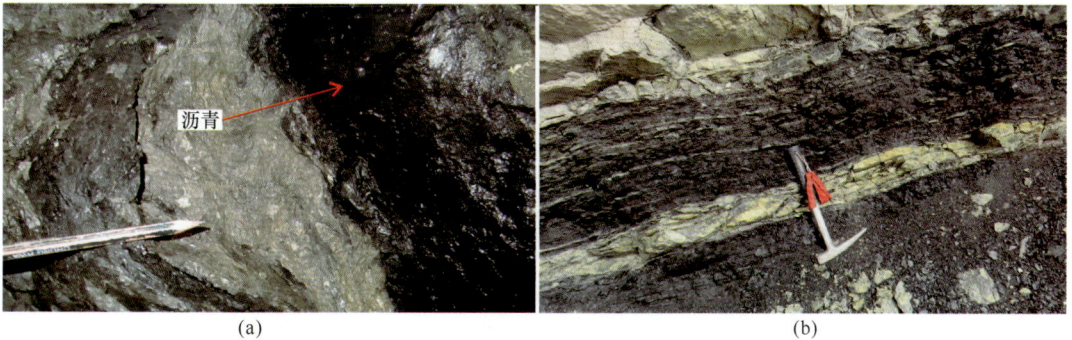

(c)　　　　　　　　　　　　　　　　(d)

图 4-27　萨热克铜矿碳同位素样品的地质特征

（a）北矿带上侏罗统库孜贡苏组上段矿石裂隙中的黑色沥青；（b）康苏组中的水平煤层；
（c）康苏组中的煤层发生褶曲；（d）康苏组中的煤层由于剪切作用而碎裂化

表 4-11　萨热克铜矿碳、氢、氧同位素组成

样品编号	地层或岩脉	工作区	采样位置	岩石名称	测试矿物	$\delta^{13}C_{PDB}$ /‰	δD_{SMOW} /‰	$\delta^{18}O_{SMOW}$ /‰	$\delta^{18}O_{水}$ /‰	数据来源
A1	J_3k^2	萨热克	地表	杂砾岩	方解石	-0.3	-62.0	15.7	3.9	
A2	J_3k^2	萨热克	地表	杂砾岩	方解石	-2.3	-64.5	16.3	4.5	
A3	J_3k^2	萨热克	地表	杂砾岩	方解石	1.1	-72.5	18.6	6.8	
A4	J_3k^2	萨热克	地表	杂砾岩	方解石	-2.5	-71.9	15.1	3.3	
A5	J_3k^2	萨热克	地表	杂砾岩	方解石	-2.4	-69.8	19.8	8.0	
A6	J_3k^2	萨热克	坑道	杂砾岩	方解石	-0.9	-63.0	16.8	5.0	
A7	J_3k^2	萨热克	坑道	杂砾岩	方解石	-0.5		16.0		
A8	J_3k^2	萨热克	坑道	杂砾岩	方解石	-1.0		15.5		
A9	J_3k^2	萨热克	坑道	杂砾岩	方解石	2.0		21.1		
A10	J_3k^2	萨热克	坑道	石英砂岩	方解石	-1.1		21.0		文献[9]
A11	辉绿岩脉	萨热克	地表	蚀变矿石	方解石	-1.2		18.5		
A12	C_2kk	炼铁厂	地表	镜铁矿石	方解石	3.7		19.5		
A7	J_3k^2	萨热克	坑道	杂砾岩	石英		-101.7	19.6	7.2	
A8	J_3k^2	萨热克	坑道	杂砾岩	石英		-87.1	19.9	7.5	
A9	J_3k^2	萨热克	坑道	杂砾岩	石英		-91.2	17.5	5.1	
A13	J_3k^2	炼铁厂	地表	杂砾岩	石英		-87.8	20.4	8.0	
A14	D_3kz	炼铁厂	地表	硅化千枚岩	石英		-96.4	20.2	7.8	
A15	C_1b	炼铁厂	地表	含碳绢云片岩	石英		-87.8	20.1	7.7	
A16	C_1y	炼铁厂	地表	蚀变片岩	石英		-102.4	19.2	6.8	

样品编号	地层或岩脉	工作区	采样位置	岩石名称	测试矿物	$\delta^{13}C_{PDB}$ /‰	δD_{SMOW} /‰	$\delta^{18}O_{SMOW}$ /‰	$\delta^{18}O_{水}$ /‰	数据来源
2685-2	J_3k^2	萨热克	坑道	杂砾岩	石英		-80.5	17.9	5.5	
2685-3	J_3k^2	萨热克	坑道	杂砾岩	石英		-76.2	19.4	7.0	
2685-4	J_3k^2	萨热克	坑道	杂砾岩	石英		-63.2	18.7	6.3	
2685-5	J_3k^2	萨热克	坑道	杂砾岩	石英		-57.5	20.6	8.2	
2730-2	J_3k^2	萨热克	坑道	杂砾岩	石英		-72.5	19.4	7.0	文献[10]
2760-3	J_3k^2	萨热克	坑道	杂砾岩	石英		-64.9	19.0	6.6	
2760-4	J_3k^2	萨热克	坑道	杂砾岩	石英		-65.9	18.0	5.6	
2760-9	J_3k^2	萨热克	坑道	杂砾岩	石英		-82.6	19.7	7.3	
2760-11	J_3k^2	萨热克	坑道	杂砾岩	石英		-73.1	17.9	5.5	
2790-4	J_3k^2	萨热克	坑道	杂砾岩	石英		-52.4	20.2	7.8	

表 4-12 萨热克铜矿有机碳同位素特征

样品编号	地层代号	工作区	采样	岩石名称	测试对象	$\delta^{13}C$/‰	来源
MY-1	J_1k	萨热克	煤层	煤岩	煤岩	-23.7	
MY-2	J_1k	萨热克	煤层	煤岩	煤岩	-24.2	文献[10]
MY-3	J_1k	萨热克	煤层	煤岩	煤岩	-24.1	
MY-4	J_1k	萨热克	煤层	煤岩	煤岩	-24.3	
H2730-1	J_3k^2	萨热克	北矿带铜矿体	杂砾岩	矿石沥青	-20.35	文献[11]
H2730-2	J_3k^2	萨热克	北矿带铜矿体	杂砾岩	矿石沥青	-20.79	

A H-O 同位素特征

已有的研究表明，岩（矿）石中的氢、氧同位素的研究对成矿流体的来源具有重要的指示意义[12-18]。从表 4-11 中可以看出，在萨热克铜矿北矿段地表矿石脉状方解石中的 δD_{SMOW} 变化范围为-72‰～-62‰，平均值为-67.3‰；$\delta^{18}O_{水}$ 变化范围为 3.9‰～8.0‰，平均值为 5.3‰；在萨热克铜矿北矿段坑道矿石脉状石英中 δD_{SMOW} 变化范围为-101.7‰～-87.1‰，平均值为-93.3‰；$\delta^{18}O_{水}$ 变化范围为 5.1‰～7.5‰，平均值为 6.6‰，与炼铁厂地区侏罗系[19] 同一地层（J_3k^2）及泥盆系和石炭系中脉状石英中的氢、氧同位素特征基本相似。从图 4-28 中可以看出，萨热克铜矿北矿段矿石石英和方解石中的氢、氧同位素样品主要落入岩浆水和变质水的重合区，部分落在了变质水附近，少数和本区周边炼铁厂地区侏罗系、泥盆系、石炭系岩石中硅化石英脉中的氢、氧同位素样品落在了岩浆水范围下部。上述结果表明，萨热克铜矿北矿段中的成矿流体主要以岩浆水为主，部分为来自盆地内部的变质水，暗示萨热克铜矿北矿带深部可能存在隐伏岩体，并参与了成矿作用[20]。

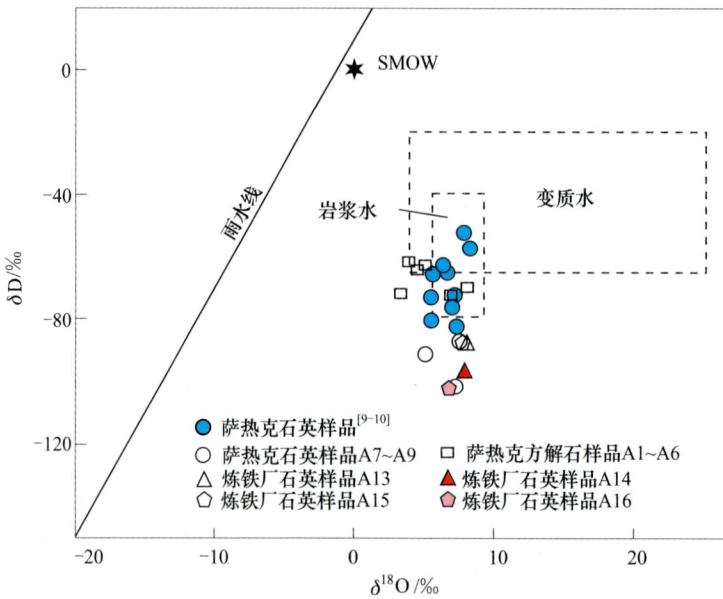

图 4-28   萨热克铜矿及周边炼铁厂地区方解石和石英中 $\delta^{18}O$-δD 的关系

(底图据文献 [12])

SMOW—标准平均大洋水氢、氧同位素标准

B   C-O 同位素特征

从萨热克铜矿矿石的物质组成来看，矿石中同时含有有机碳和无机碳，有机碳主要以沥青和油气包裹体等形式存在，无机碳则主要以碳酸盐矿物形式存在。已有的研究结果表明，岩（矿）石中方解石碳、氧同位素的研究对无机碳的来源具有重要的指示意义[15,18,21-22]。萨热克铜矿北矿段矿石中的沥青和油气物质常沿裂隙分布（有机碳含量达 0.11% ~ 2.55%）并与辉铜矿等铜硫化物共生[9]。从表 4-12 中可以看出，萨热克铜矿床下侏罗统康苏组 4 件煤岩中 $\delta^{13}C_{V\text{-}PDB}$ 值变化范围为 -24.3‰ ~ -23.7‰，平均值为 -24.1‰[10]，与萨热克铜矿北矿带 2730 中段含沥青矿石样品中的碳同位素值（-20.79‰ ~ -20.35‰）较为接近[11]。

塔里木盆地煤炭样品的成熟度 R_o 为 0.65%，从其煤热解实验结果可以看出，当 R_o 为 0.8% 时，有轻烃开始生成，R_o 达到 1.1% 时进入大量生成阶段[23]。萨热克盆地下侏罗统康苏组的 4 件煤炭样品 R_o 平均值为 0.976%，与塔里木盆地侏罗系中的煤炭样品基本相似。从有机组分的碳同位素来看，塔里木盆地三叠系—侏罗系陆相腐殖型烃源岩可溶有机组分的碳同位素 $\delta^{13}C$ 一般大于 -28‰[24]，且有机烷烃气的 $\delta^{13}C$ 值随 R_o 增大而增加。上述结果表明萨热克铜矿矿石中的有机碳及包裹体中的轻质油可能主要来源于下侏罗统康苏组煤系烃源岩，并与该煤层的热解有关。

从表 4-11 可以看出，萨热克铜矿北矿段铜矿石中脉状方解石（白云石）的 $\delta^{18}O_{SMOW}$

变化范围为 15.1‰~21.1‰，平均值为 17.6‰；$\delta^{13}C_{PDB}$ 变化范围为-2.5‰~2.0‰，平均值为-0.79‰；萨热克铜矿南矿段辉绿岩脉外侧碳酸盐岩脉（样品 A11）中 $\delta^{18}O_{SMOW}$ 和 $\delta^{13}C_{PDB}$ 分别为 18.5‰和-1.2‰；炼铁厂地区上石炭统康克林组（C_2kk）大理岩化灰岩中含镜铁矿方解石脉[25] 中的 $\delta^{18}O_{SMOW}$ 和 $\delta^{13}C_{PDB}$ 分别为 19.5‰和 3.7‰，上述结果表明三者的碳、氧同位素基本接近或相似。把上述三种类型的样品投影在 $\delta^{18}O$-$\delta^{13}C$ 关系图（见图 4-29）中，大多数样品落在了海相碳酸盐岩区左侧附近，表明萨热克铜矿北矿段矿石中的脉状方解石的碳和氧元素主要来源于海相碳酸盐岩的溶解作用，在方解石未结晶之前作为成矿流体中的重要成分并以 HCO_3^- 或 CO_3^{2-} 的离子态形式存在。

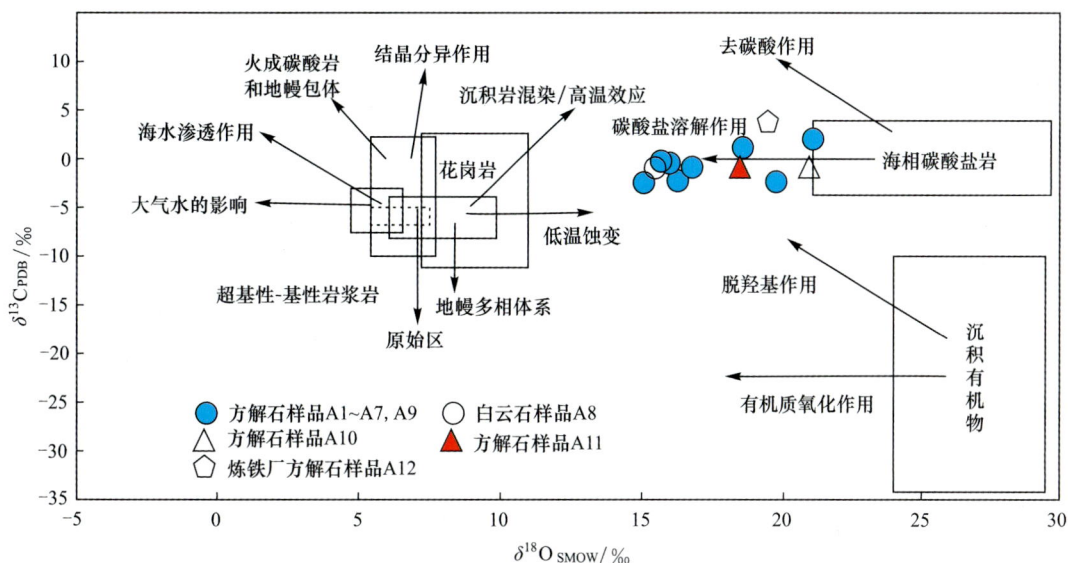

图 4-29　萨热克铜矿及周边炼铁厂地区方解石、白云石中 $\delta^{18}O$-$\delta^{13}C$ 的关系

（底图据文献［26］）

上述结果表明萨热克铜矿北矿带矿石中的有机碳主要与下伏煤系烃源岩有关，矿石中的脉状方解石脉（无机碳）则主要与海相碳酸盐岩的溶解作用有关。从萨热克铜矿矿石中的砾石成分来看，通常可见大量的碳酸盐岩砾石[9]；从区域出露的地层来看，萨热克巴依盆地下伏的上基底泥盆系和石炭系等地层中均广泛发育碳酸盐岩建造，这些都有可能为萨热克铜矿矿石中形成脉状方解石提供所必需的 HCO_3^- 或 CO_3^{2-} 的离子态物质。

C　S-Pb 同位素特征

萨热克铜矿床中的 S-Pb 同位素样品主要采自矿床北矿段 2790 中段 006 号穿脉、2760 中段 005 号穿脉、2730 中段 007 号穿脉和 2685 中段 044 号穿脉，该矿段为铜矿富集区。辉铜矿单矿物挑选由河北省区域地质矿产调查研究所实验室完成。萨热克铜矿床样品 S、Pb 稳定同位素分析由核工业北京地质研究院分析测试研究中心完成，S、Pb 稳定同位素分析结果见表 4-13。

表 4-13 萨热克铜矿矿石中 S-Pb 同位素分析结果

样号	采样位置	测试矿物	$\delta^{34}S_{V-CDT}$/‰	$^{206}Pb/^{204}Pb$	$^{207}Pb/^{204}Pb$	$^{208}Pb/^{204}Pb$
2685-2		辉铜矿	-13.2	16.699	15.294	36.925
2685-3	2685 中段	辉铜矿	-15.2	16.720	15.305	36.909
2685-4		辉铜矿	-17.3	18.706	15.684	38.996
2685-5		辉铜矿	-13.8	17.797	15.470	37.940
2730-2	2730 中段	辉铜矿	-17.2	17.543	15.431	37.765
2760-4		辉铜矿	-18.0	17.354	15.399	37.578
2760-9	2760 中段	辉铜矿	-19.1	18.603	15.612	38.735
2760-11		辉铜矿	-18.8	18.417	15.589	38.600
2790-4	2790 中段	辉铜矿	-13.6	18.068	15.541	38.299

从表 4-13 可看出，萨热克铜矿 4 个中段 9 件辉铜矿 $\delta^{34}S$ 变化范围为 -19.1‰ ~ -13.2‰，平均值为 -16.2‰（见图 4-30（a））；所有辉铜矿 $\delta^{34}S$ 值均落入沉积岩和变质岩分布范围（见图 4-30（b））。从图 4-31 中可以看出，9 件辉铜矿 Pb 同位素 $^{206}Pb/^{204}Pb$ 为 16.699 ~ 18.706，平均值为 17.767；$^{207}Pb/^{204}Pb$ 为 15.294 ~ 15.684，平均值为 15.481；$^{208}Pb/^{204}Pb$ 为 36.909 ~ 38.996，平均值为 37.972；9 件样品在 $^{207}Pb/^{204}Pb$-$^{206}Pb/^{204}Pb$ 关系图中的落点较为分散，在地幔、造山带、上地壳和下地壳附近均有分布；在 $^{208}Pb/^{204}Pb$-$^{206}Pb/^{204}Pb$ 关系图中主要分布在下地壳和造山带之间。从图 4-32 中 Pb 同位素与 $\delta^{34}S$ 的相关性可以看出，二者的相关系数均小于 0.2，暗示 S 与 Pb 的物质来源可能存在明显差异。

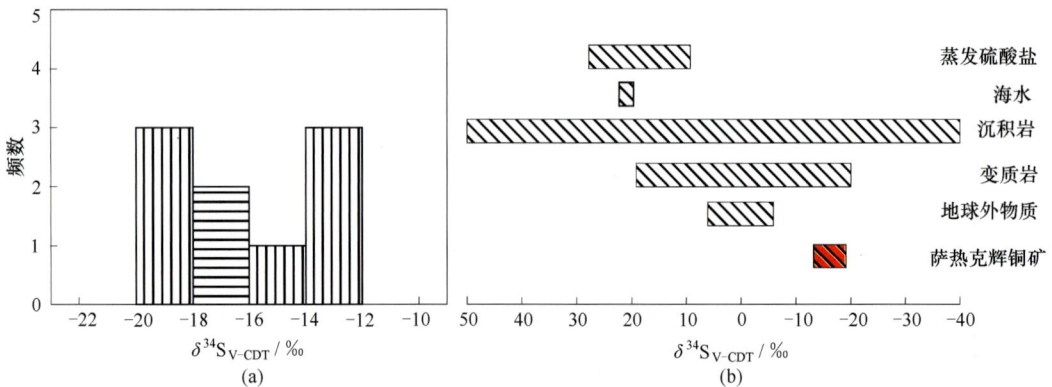

图 4-30 萨热克铜矿床辉铜矿硫同位素组成直方图（a）和分布图（b）
（图（b）底图据文献 [28]）

从萨热克铜矿床 S、Pb 同位素特征来看，$\delta^{34}S$ 全为负值，变化范围为 -19.1‰ ~ -13.2‰，极差较小，主要落入沉积岩和变质岩分布范围，与李志丹等人[27]的分析结果较为相似。从萨热克铜矿床所在的上侏罗统库孜贡苏组上段杂砾岩赋矿地层来看，在其下部的杨叶组石英砂岩和康苏组煤岩层理或节理裂隙中均可见到薄层状石膏。李志丹等人认为在萨热克铜矿床的成矿过程中，硫酸盐在流体（地下水）中微生物细菌的还原作用下形

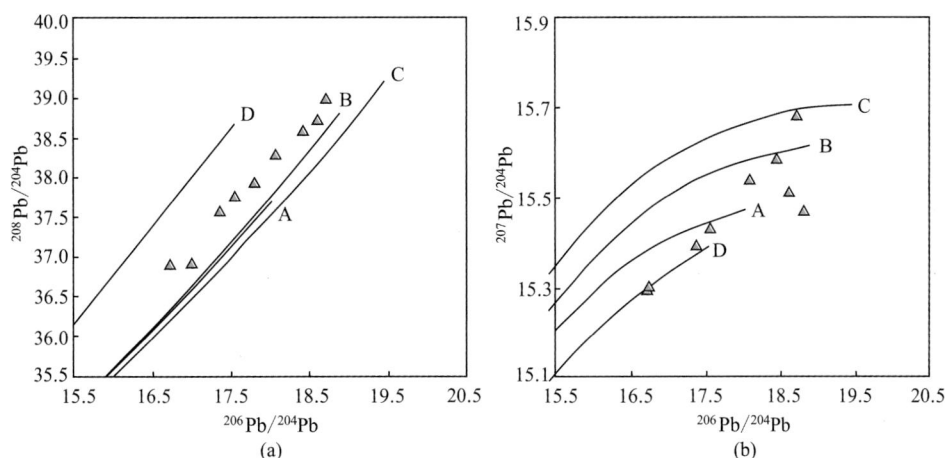

图 4-31 萨热克铜矿床 $^{208}Pb/^{204}Pb-^{206}Pb/^{204}Pb(a)$ 和 $^{207}Pb/^{204}Pb-^{206}Pb/^{204}Pb(b)$ 的关系

(底图据文献[29])

A—地幔；B—造山带；C—上地壳；D—下地壳

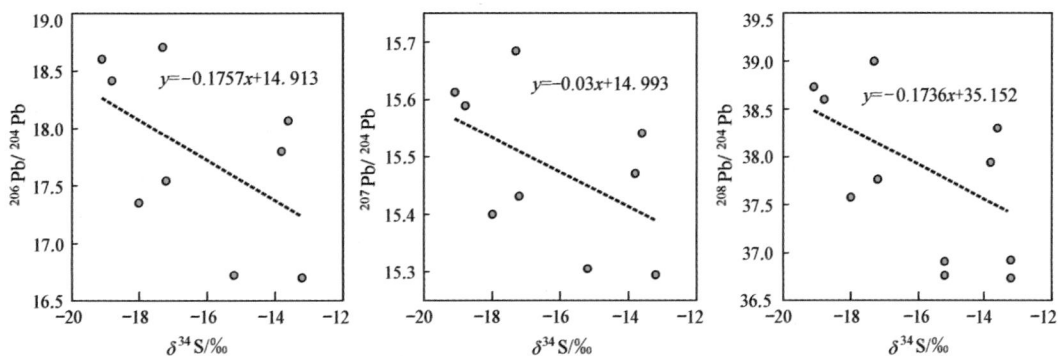

图 4-32 萨热克铜矿床 Pb 同位素与 $\delta^{34}S$ 的关系

成 H_2S，从而为矿石硫化物提供了硫源[4]。从矿石中沥青与康苏组煤岩中 C 同位素特征来看，两者 $\delta^{13}C$ 组成较为接近，表明矿石中的沥青及烷烃类有机质主要来源于煤岩等烃源岩，这种强还原环境也有利于高价 S(硫酸盐) 向低价 S(硫化氢) 转变，当成矿流体中富含 Cu 等金属离子时，导致了辉铜矿等金属硫化物的大量结晶和沉淀。从萨热克铜矿床中辉铜矿的 Pb 同位素特征来看，Pb 的来源具有多样性，主要来源于下地壳和造山带，同时混染有地幔中的 Pb。

D Re-Os 同位素定年

金属矿床的直接定年方法主要有石英和闪锌矿中流体包裹体的 Rb-Sr 同位素定年、黄铁矿和石英中包裹体的 Ar-Ar 同位素定年、金属硫化物的 Rb-Sr 同位素定年、金属硫化物和氧化物的 Sm-Nd 同位素定年、金属硫化物的 Re-Os 同位素定年，以及单个矿石矿物的 Pb 逐步淋滤法定年等方法[30]。其中 Re-Os 同位素定年是近些年发展起来的精确定年新方法[31-37]，并已广泛应用于各类金属矿床[38-45]、煤田及有机质等方面[46-47] 的研究中。目前，金属矿床的 Re-Os 同位素定年主要以辉钼矿为载体较多，其次有黄铁矿、黄铜矿、斑铜矿和闪锌矿[48] 及沥青等[49]。在萨热克铜矿床中，金属硫化物以辉铜矿为主，黄铁矿、斑铜矿和黄铜矿等相对较少，矿石中发育沥青化。由于萨热克铜矿床的辉铜矿中伴生有一定 Mo 元素，辉铜矿与微细粒硫铜钼矿紧密共生，为了进一步研究萨热克杂砾岩型铜矿床的形成年龄，采用沥青-辉铜矿为测试对象进行了 Re-Os 同位素定年，旨在为萨热克杂砾岩型铜矿床深部和外围找矿预测提供新依据。

Re-Os 同位素样品主要采于萨热克铜矿床北矿段 2 号勘探线与 4 号勘探线之间 2790 中段 006 号穿脉、2730 中段 006 号穿脉和 2685 中段 044 号穿脉，该矿段为铜矿富集区。2730 中段 006 号穿脉中的 6 件样品为第一批采集的试验性样品（编号为 H2730-1 ~ H2730-6），后期补充采集样品为 2790 中段 006 号穿脉的 2790-4 样品和 2685 中段 044 号穿脉的 2685-2 ~ 2685-5 样品，其中 H2730-1 和 H2730-2 样品为切层断裂中的含辉铜矿沥青，其余样品为辉铜矿。电子探针分析在中国地质科学院矿产资源研究所完成（见表 4-14）。沥青-辉铜矿的 Re-Os 同位素样品分析测试首先在广州地球化学研究所同位素地球化学国家重点实验室进行了方法试验并获得了较好的试验效果（见表 4-15），证明萨热克铜矿矿石中辉铜矿的 Re-Os 同位素含量较高，用辉铜矿进行 Re-Os 同位素定年具有可行性。为了进行 Re-Os 同位素精确定年，补充采集样品并进行辉铜矿分离挑选后，在国家地质实验测试中心进行了辉铜矿 Re-Os 同位素分析测试。样品分析方法和步骤见参考文献 [31-35]，分析结果见表 4-16。

表 4-14   萨热克铜矿矿石中金属硫化物电子探针分析结果　　　　　　　　　（%）

样品编号	硫化物	S	Cu	Fe	Mo	Au	Ag	As	Sb	Cd	Ga	Co	总计
BP0-47-2	辉铜矿	19.504	79.720	0.030	0.029	0	0.147	0	0.002	0.010	0	0	99.442
BP0-47-2	辉铜矿	22.768	74.444	2.118	0.023	0	0.082	0	0	0.019	0	0.012	99.466
BP0-47-2	辉铜矿	22.015	73.857	3.058	0.028	0	0.424	0	0.033	0	0	0	99.415
BP0-71-2	黄铜矿	34.582	34.464	30.902	0.048	0	0.011	0	0	0	0.001	0.088	100.096
BP0-27-3	黄铜矿	34.352	34.357	30.956	0.048	0	0.026	0	0.020	0.046	0	0.063	99.868
BP0-71-3	黄铁矿	52.984	0.009	46.405	0.051	0.136	0	0.001	0.019	0.012	0.020	0.123	99.760
BP0-50-6	黄铁矿	50.100	0.019	46.174	0.060	0.067	0.004	2.760	0.027	0.006	0.030	0.146	99.393
BP0-47-2	黄铁矿	53.195	0.003	46.120	0.063	0.005	0	0	0.013	0.038	0.051	0.119	99.607
BP0-52-1	黄铁矿	52.561	0	45.936	0.061	0.027	0	0	0.008	0.015	0.040	0.106	98.754
BP0-52-3	黄铁矿	53.379	0.013	46.346	0.067	0	0	0.011	0.005	0	0.020	0.095	99.936
BP0-56-2	黄铁矿	53.349	0.015	46.395	0.071	0.016	0.027	0.047	0.010	0.014	0.075	0.094	100.113
BP0-56-48	黄铁矿	53.129	0.009	46.182	0.057	0	0	0	0.044	0.035	0.005	0.110	99.571
BP0-61-3	黄铁矿	53.318	0.078	46.407	0.057	0.113	0.046	0.038	0	0.032	0	0.144	100.233

表 4-15   萨热克铜矿中辉铜矿和沥青的 Re-Os 同位素分析结果

样品编号	样品	元素含量/ng·g^{-1}		^{187}Re/^{188}Os	^{187}Os/^{188}Os	模式年龄/Ma
		Re	Os			
H2730-1	沥青	70.986±0.18	0.2118±0.0007	7041±29	25.9±0.16	220±3
H2730-2		41.543±0.146	0.1327±0.0004	3666±16	11.1±0.06	180±3

样品编号	样品	元素含量/ng·g⁻¹		^{187}Re/^{188}Os	^{187}Os/^{188}Os	模式年龄/Ma
		Re	Os			
HD2730-3	辉铜矿	593.939±1.28	1.006.3±0.0037	119103±511	313.5±2.41	158±5
HD2730-4		305.514±0.692	0.5803±0.002	137130±566	406.9±2.74	178±4
HD2730-5		417.754±1.06	0.7459±0.0028	113765±517	315.7±2.33	167±5
HD2730-6		55.755±0.151	0.1001±0.0002	31450±110	82.3±0.4	157±2

表 4-16 萨热克铜矿床辉铜矿 Re-Os 同位素分析结果

样品编号	样品	元素含量/ng·g⁻¹				^{187}Re/^{188}Os	^{187}Os/^{188}Os	模式年龄/Ma
		Re	Os	^{187}Re	^{187}Os			
2790-4	辉铜矿	6.066±0.339	0.2173±0.0053	3.813±0.213	0.0327±0.0006	134.8±8.2	1.156±0.034	512.3±30.3
2685-2	辉铜矿	2068±23	0.1724±0.0022	1300±14	3.593±0.023	57954±981	160.2±2.3	165.7±2.7
2685-3	辉铜矿	908.2±6.1	0.1185±0.0023	570.8±3.9	1.606±0.011	37015±771	104.1±2.2	168.6±2.3
HD2730-3	辉铜矿	582.7±5.6	0.0469±0.0031	366.2±3.5	0.9955±0.0073	60064±4026	163.3±10.9	162.9±2.5
HD2730-4	辉铜矿	304.9±2	0.0173±0.0014	191.3±1.3	0.5862±0.0038	85014±6797	260.1±20.8	183.4±2.5
HD2730-5	辉铜矿	407.9±2.9	0.041±0.003	256.3±1.8	0.7543±0.0052	48044±3507	141.4±10.3	176.4±2.5
2685-4	辉铜矿	3621±51	0.0302±0.0012	2276±32	4.417±0.025			116.4±2.1
2685-5	辉铜矿	5223±79	0.0438±0.0009	3283±50	7.452±0.047			136.1±2.6

辉钼矿为近年 Re-Os 同位素定年的主要测试矿物[31-37]，在萨热克铜矿床中伴生一定的 Mo 矿化，但很难分离出硫化相的辉钼矿。从表 4-14 中可以看出，萨热克铜矿床各地层中的金属硫化物均伴生有一定的 Mo 元素，总体上 Mo 含量为 0.02%～0.07%，其中，上侏罗统库孜贡苏组下段中黄铁矿中 Mo 含量为 0.05%～0.07%，平均为 0.064%；含矿层上侏罗统库孜贡苏组上段中辉铜矿的 Mo 含量为 0.02%～0.03%，平均为 0.027%；长城系和上侏罗统库孜贡苏组上段各 1 件黄铜矿中的 Mo 的平均含量为 0.05%，三者相比黄铁矿中 Mo 含量最大，黄铜矿次之，辉铜矿 Mo 含量相对最小。由于萨热克铜矿床矿石中的辉铜矿较多而黄铜矿较少，这种伴生 Mo 元素的辉铜矿便为 Re-Os 同位素定年提供了一定的条件。

从表 4-15 和表 4-16 中可以看出，萨热克辉铜矿中 Re 含量为 6.066～5223ng/g，Os 含量为 0.0173～1.006.3ng/g；含辉铜矿沥青样品中 Re 含量为 41.543～70.986ng/g，Os 含量为 0.1327～0.2118ng/g。上述辉铜矿和含辉铜矿沥青样品中的 Re 和 Os 含量均满足定年的要求。

表 4-15 和表 4-16 中的 HD2730-3、HD2730-4 和 HD2730-5 样品，分别在广州地球化学研究所同位素地球化学国家重点实验室与国家地质实验测试中心测定分析。由测试结果可以看出，对应样品中的 Re 含量和 ^{187}Re/^{188}Os、^{187}Os/^{188}Os 比值均较为接近，两者获得的模式年龄也基本一致，结果表明萨热克铜矿床采用沥青-辉铜矿进行 Re-Os 同位素定年具有可再现性，所获得的测定结果是可信的。

根据表 4-16 中第一组 2790-4、2685-2、2685-3、HD2730-3、HD2730-4 和 HD2730-5

共 6 件样品测定的^{187}Re/^{188}Os、^{187}Os/^{188}Os 比值运用 Isoplot 软件作等时线（见图 4-33），从该图中可知该组的成矿年龄为（166.3±2.8）Ma，^{187}Os/^{188}Os 初始比值为 0.782，与 2790-4 样品中的^{187}Os/^{188}Os 比值 1.156 较为接近，表明 2790-4 样品可能代表了 Os 元素的初始状态。同时该组 6 件样品的 Re-Os 同位素等时线线性拟合度较高（MSWD=1.2），表明 Re-Os 同位素体系在辉铜矿中的封闭性较好，（166.3±2.8）Ma 基本代表了辉铜矿的主要成矿年龄。综合表 4-15 和表 4-16 的测定结果，萨热克铜矿床中辉铜矿和沥青的 Re-Os 同位素测定的成矿年龄可分为 3 组：第一组为全岩（含沥青辉铜矿）测定的年龄（180±3）~（220±3）Ma；第二组数据中除 2790-4 样品测定为（512.3±30.3）Ma 外，总体为（162.9±2.5）~（183.4±2.5）Ma；第三组为（116.4±2.1）~（136.1±2.6）Ma[50]。

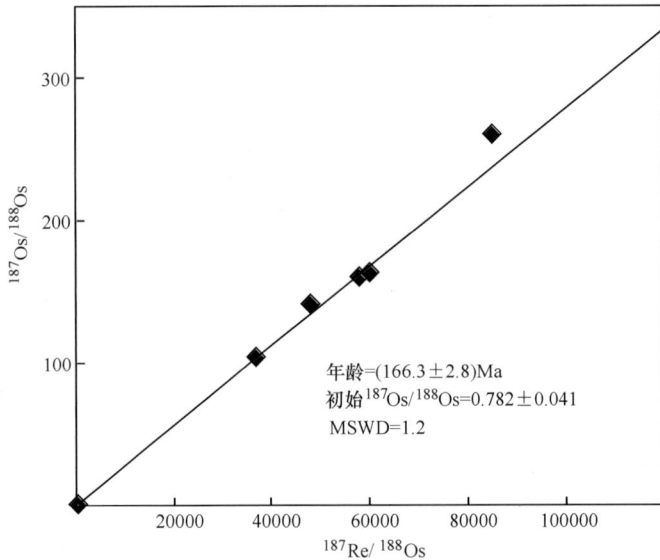

图 4-33　萨热克铜矿床主成矿阶段辉铜矿 Re-Os 同位素等时线图

　　结合本区地质特征，上述 3 组年龄中与主成矿期盆地流体成矿的 3 个阶段一致。第一组年龄（180±3）~（220±3）Ma 与晚三叠世—早侏罗世对应，在本区下侏罗统康苏组中普遍发育含煤烃源岩，表明含矿沥青等有机质主要来源于康苏组含煤烃源岩。目前已在萨热克铜矿矿石中的次生石英和碳酸盐矿物包裹体中观察到含烃盐水包裹体和轻质油包裹体，在次生石英气液包裹体中采用激光拉曼光谱仪检测到了 CH_4 气体。第二组年龄（162.9±2.5）~（183.4±2.5）Ma 与中晚侏罗世较为对应，第三组年龄（116.4±2.1）~（136.1±2.6）Ma 与早白垩世对应，这 3 组年龄间接代表了成矿流体的长期活动周期。

　　总体来看，通常沉积盆地所处的地球动力学背景制约着它的边界条件、外部环境及其与外部环境的物质和能量交换，在沉积盆地内则是一个由固体无机/有机沉积物颗粒和盆地流体组成的多相反应体系[51]。除萨热克铜矿床外，现已发现的砂岩型铜、铅锌、铀等矿床，在其下部多有含碳地层形成的烃源岩[52-55]，该类型金属矿床的成矿时代一般较长，并随沉积盆地的构造演化而发生变化，具体表现为盆地流体温度、压力、pH-E_h 及组分等的变化，而在金属矿产成矿之前，下伏烃源岩地层可能就已经形成了油气藏，这些油气藏由于富含原油、烃类和 H_2S 等还原性气体，对金属矿产的形成具有关键性的作用。

从上述第二组年龄（162.9±2.5）~（183.4±2.5）Ma 来看，辉铜矿形成年龄明显早于萨热克铜矿床的赋矿地层——上侏罗统库孜贡苏组上段杂砾岩的形成时代；从萨热克铜矿床切层断裂中沥青物质的含矿性及构造裂隙面上普遍存在的灰黑色膜状拉伸线理（灰黑色膜状物主要为含钼辉铜矿粉末）来看，早期形成的辉铜矿可能主要呈微细粒状并随盆地富有机质还原性盆地流体进行迁移，而大量重结晶沉淀成矿形成于晚侏罗世之后，直至早白垩世。由于在萨热克巴依盆地南侧普遍发育辉绿岩脉，推测在盆地深部可能存在隐伏岩体，所以这种成矿流体的长期活动也可能与深部隐伏岩浆的长期活动有关。

4.1.4 矿床成因

关于萨热克铜矿床的成因，祝新友等人[56]认为萨热克铜矿床属于后生低温热液矿床，成矿作用与区域性的盆地卤水作用有关；李志丹等人[27]认为该矿的成矿作用与盆地流体活动相关；也有人认为该矿属于沉积-改造型铜矿[57-58]或多因复成矿床成因[59]。

从萨热克铜矿中杂砾岩矿石中物质组构来看，矿石中含有大量的铁质碳酸盐岩砾石和基性火山岩砾石，矿石中的铜含量与 TFe 呈明显的正相关性（见图4-8）；从萨热克铜矿矿物的硫同位素特征来看，铜矿石中辉铜矿的硫同位素（$\delta_{34}S$）一般为-24‰ ~ -13.2‰，而与铜矿石中基性火山岩砾石可能存在同源性的辉绿岩中铜矿物的硫同位素（$\delta_{34}S$）为11.2‰；矿物电子探针分析结果（见表4-7）显示辉绿岩（C1 样品）中辉铜矿的 Fe 含量为7.29% ~ 7.86%，铜矿石（4037-10 样品）中辉铜矿的 Fe 含量为0 ~ 0.33%，前者明显要高于后者。上述结果表明，萨热克铜矿矿石中的硫与来源于基性岩浆的硫存在明显差异，可以推断萨热克铜矿矿石中基性火山岩砾石中的铜硫化物在后期演化过程中受盆地流体影响发生了较大的变化。从萨热克铜矿矿石中次生石英、方解石和白云石等胶结矿物中的包裹体特征来看，包裹体中富含烃盐水类、含烃盐水-液烃共生类、含烃盐水-气烃共生类、轻质油类等四类富烃类还原性盆地流体。通过碳同位素进一步分析测试推断，这种富烃还原性盆地流体与下伏下侏罗统康苏组烃源岩有关。研究表明沉积盆地中的有机质可能为盆地流体中金属元素快速大规模集中成矿的重要还原剂之一[55,60]。由于萨热克铜矿矿石中的铁为变价元素，在氧化和还原状态下呈现不同的价态（Fe^{3+} 和 Fe^{2+}），铜元素在氧化和还原状态下也对应呈现出碳酸盐相（$Cu_2(OH)_2CO_3$）和硫化物相（$CuFeS_2$ 或 CuS_2）。由此推断在铜矿化初始形成阶段，富含铁铜质的扇中亚相杂砾岩（铁质碳酸盐岩砾石和基性火山岩砾石）主要呈氧化状态，其中的铜硫化物多氧化成孔雀石（$Cu_2(OH)_2CO_3$），在晚侏罗世随基性火山岩砾石进入拉分断陷盆地发生沉积作用，$Cu_2(OH)_2CO_3$ 与盆地卤水发生作用形成氯化铜（$CuCl_2$），后在深部富烃（CH_4）还原性盆地流体的作用下，$CuCl_2$ 被强还原，铜元素与地层中大量存在的硫酸盐被生物还原作用后形成的硫相结合形成辉铜矿（Cu_2S），化学反应公式为 $2CuCl_2+SO_4^{2-}+CH_4 = Cu_2S+CO_2+2H_2O+4Cl^-$。从萨热克铜矿北矿段矿石中石英和方解石中的氢、氧同位素分析结果来看，多数样品在 $\delta^{18}O$-δD 关系图（见图4-28）中主要落入岩浆水和变质水的重合区，表明萨热克铜矿北矿段中的成矿流体有岩浆水的参与，暗示萨热克铜矿北矿带深部可能存在隐伏岩体并参与了成矿作用。从萨热克铜矿矿石基性火山岩砾石中辉铜矿的分布特征来看，大部分辉铜矿呈微细粒浸染状分布于钠长石颗粒间隙，少部分则呈团块状分布于砾石裂隙中，表明基性火山岩砾石中的辉铜矿具有从早期微细粒状向后期团块状富集的趋势，萨热克铜矿中的辉铜矿具有多期成矿的特征。通过萨热克铜矿中辉铜矿 Re-Os 同位素测试，共获得 3 组年龄，第一组为全岩（含沥青辉铜矿）测定的模式年龄（180±3）~（220±3）Ma；第二组为铜矿石中辉铜矿测定的等时线年龄（166.3±2.8）Ma；第三组为脉状铜矿石辉铜矿测定的模式年龄（116.4±2.1）~（136.1±2.6）Ma。其中第二组主成矿阶段的等时线年龄与李永安等人[61]对托云盆地基性火山岩同位素测定的年龄（169.4±4.7）Ma 基本一致。结合萨热克巴依盆地及其所在西南天山区域构造演化背景来看，本区在经历了中新生代的沉积成岩作用后，白垩纪—古近纪近东西向的右旋剪切挤压作用在萨热克巴依盆地形成了北东向的复式向斜构造和切层断裂，强大的构造应力作用使杂砾岩中的砾石发生碎裂化，同时使盆地下部的中低温-中盐度还原性成矿流体沿北东向切层断裂带上侵，在上部紫红色泥质粉砂岩不透水层的圈闭下，有选择性地沿高渗透率的上侏罗统库孜贡苏组上段杂砾岩层及构造裂隙进行充填交代作用，形成网脉状的辉铜矿-石英-方解石-白云石等胶结物，少部分流体进入围岩羽状裂隙中形成黄铜矿-重晶石-方解石细脉。喜马拉雅期的岩浆热液作用对南、北矿带的矿体均具有一定的叠加成矿作用。在萨热克巴依盆地南侧出现的辉绿岩脉群侵位事件形成了大规模褪色化蚀变带，表现为在辉绿岩脉两侧形成绿泥石-铁锰碳酸盐化和铜铅锌矿化。

综上所述，萨热克杂砾岩型铜多金属矿床成因类型为沉积-改造-岩浆热液叠加型铜矿床。该矿床受萨热克巴依次级盆地和盆内同生构造控制，其成矿物质来源具有多源性。扇中亚相的微相类型、碎裂岩化相强度与铜工业矿体的关系十分密切，萨热克断裂构造和隐蔽层间构造-岩性岩相-盆地流体多重耦合机制是导致铜硫化物大规模沉淀的主控机制。

4.2　乌拉根铅锌矿床

4.2.1　矿区地质特征

矿区出露地层主要为侏罗系（J_3），下白垩统克孜勒苏群（K_1kz），古近系—阿尔塔什组（E_1a）、齐姆根组（$E_{1-2}q$）、卡拉塔尔组（E_2k）、乌拉根组（E_2w）、巴什布拉克组（$E_{2-3}b$）和克孜洛依组（(E_3-N_1)k）、安居安组（N_1a）、帕卡布拉克组（N_1p）等10 多个地层单元（见图 4-34）。其中，下白垩统克孜勒苏群第五岩性段（K_1kz^5）灰白色砂砾岩和古新统阿尔塔什组底部的角砾灰岩共同组成铅锌矿的赋矿层位。Pt_2ak 与上覆 K_1kz 及 K_1kz 与 E_1a 之间为角度或平行不整合接触关系，其余各地层单元之间均为整合接触关系。

乌拉根铅锌矿区的构造包括褶皱构造、断裂构造及节理 3 类，褶皱构造主要有乌拉根向斜，铅锌矿主要受该向斜构造控制。断裂构造分布于乌拉根向斜的两翼，南翼一条称为乌拉根断裂；另一条为吾合沙鲁断裂，它穿越乌拉根铅锌矿的北矿带（乌拉根向斜的北翼），导致下白垩统克孜勒苏群与上覆阿尔塔什组或齐姆根组之间呈断层接触，并在北矿带形成的破碎带中形成较富的透镜状方铅矿体（见图 4-34）。

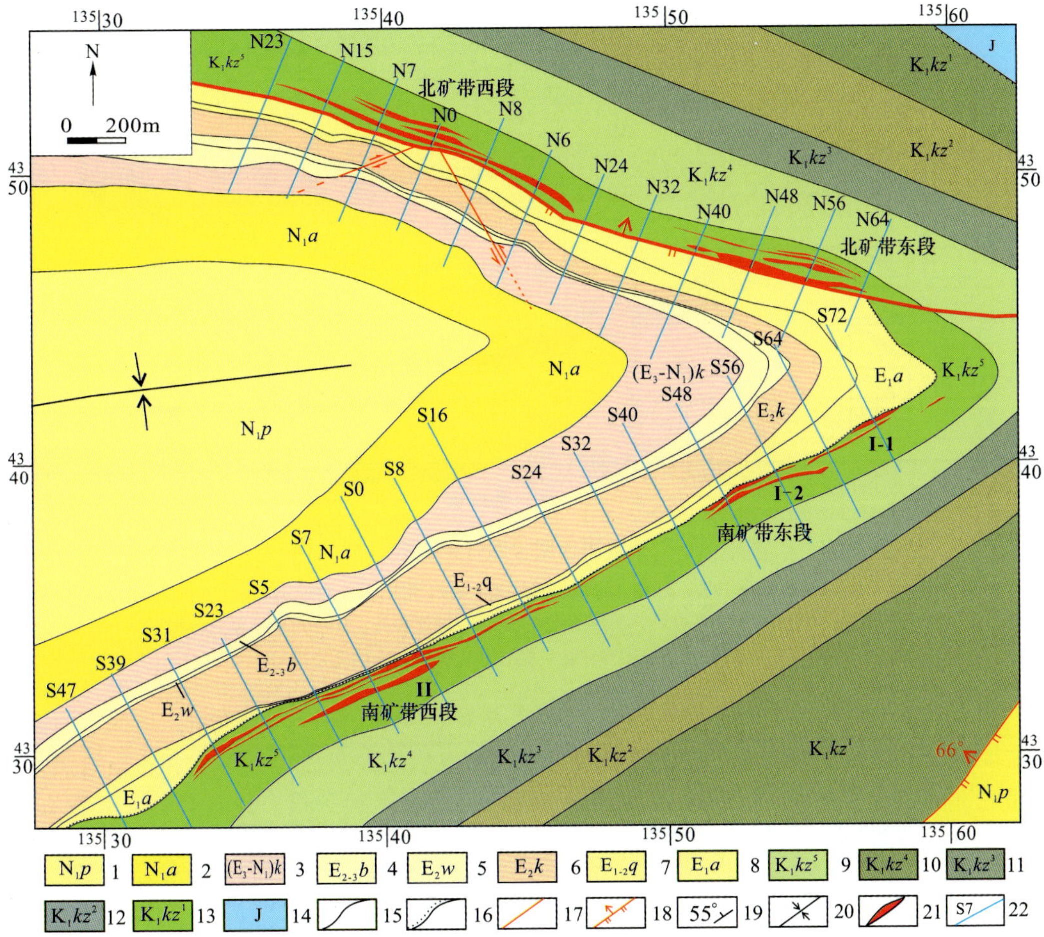

图 4-34 新疆乌拉根铅锌矿区地质图

1—帕卡布拉克组；2—安居安组；3—克孜洛伊组；4—巴什布拉克组；5—乌拉根组；6—卡拉塔尔组；
7—齐姆根组；8—阿尔塔什组；9—克孜勒苏群第五岩性段；10—克孜勒苏群第四岩性段；
11—克孜勒苏群第三岩性段；12—克孜勒苏群第二岩性段；13—克孜勒苏群第一岩性段；14—侏罗系；
15—地质界线；16—角度不整合界线；17—断层；18—逆断层；19—地质产状；20—向斜轴；
21—铅锌矿体；22—勘探线及其编号

4.2.2 矿体地质特征

乌拉根铅锌矿受控于矿区向斜构造，铅锌矿体在向斜的南、北两翼对称产出，以向斜轴为界，将其划分为南、北两个矿带。北矿带地表控制长 3.5km，平均宽 100m。矿体产于下白垩统克孜勒苏群第五岩性段与上覆阿尔塔什组底部的坍塌角砾岩中，铅锌矿体的总体产状与地层产状一致，具石膏化、天青石化、褐铁矿化、黄铁矿化。在含矿层显示化探异常，Sr 异常范围大，异常组合为 Pb、Zn、Ag、Cd。含矿层均显示低视电阻率和高视极化率异常，视极化率极大值达 4.8%，沿含矿层倾向缓慢降低，异常形态完整、协调，显示良好的矿化特征和向深部延深特点（见图 4-35）。

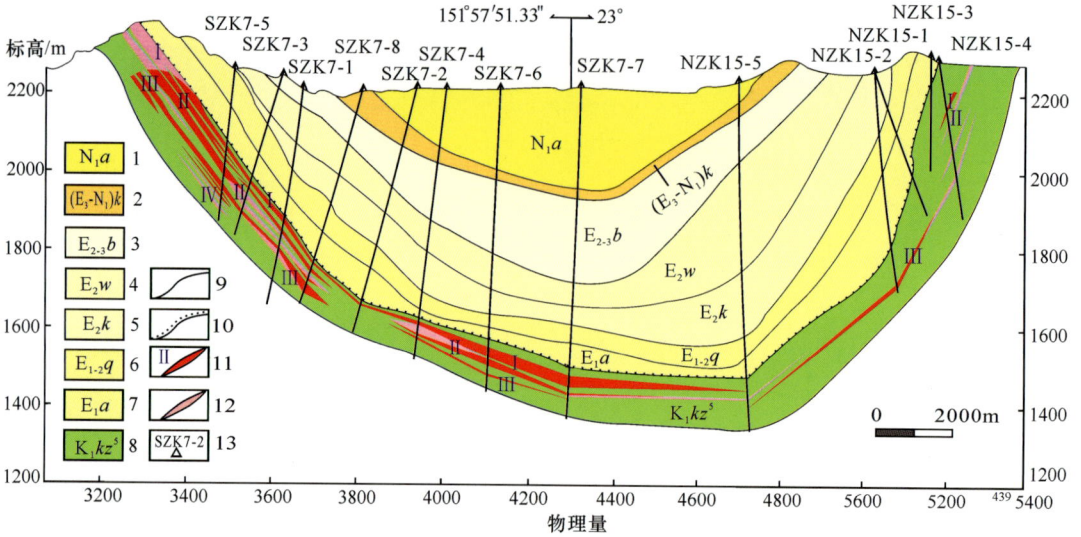

图 4-35　乌拉根铅锌床 S7—N15 号勘探线剖面图

1—安居安组；2—克孜洛伊组；3—巴什布拉克组；4—乌拉根组；5—卡拉塔尔组；6—齐姆根组；
7—阿尔塔什组；8—克孜勒苏群第五岩性段；9—地质界线；10—角度不整合界线；
11—铅锌矿体及编号；12—铅锌矿化体；13—钻孔及编号

　　南矿带位于乌拉根向斜南翼，含矿带地表控制长 4km，平均宽 150m，是探求资源量的主要区段。矿体主要产于下白垩统克孜勒苏群第五岩性段灰白色砂砾岩和古新统阿尔塔什组底部的角砾灰岩中。层间断裂及节理发育，与地层产状一致，具石膏化、天青石化、褐铁矿化、碳酸盐化。通过矿床评价工作，南矿带地表可圈出东段和西段两个矿化富集区段。南矿带西段矿化富集区段位于 47 线至 24 线间，长 1800m；东段位于 48 线至 76 线间，长大于 800m。

4.2.3　矿物组合特征

　　乌拉根铅锌矿的矿物组合均较简单，砂砾岩型矿石的主要金属矿物为闪锌矿、方铅矿、黄铁矿、白铁矿等，脉石矿物为石膏、方解石、白云石。金属矿物含量与矿石品位一致，一般含量小于 10%，局部富矿体中含量高，形成块状矿，砂状结构，硫化物分布于砂粒间。矿床中缺乏明显的脉状穿插，成矿阶段或成矿期次不明显。不同硫化物常紧密共生，尤其是方铅矿与闪锌矿，但也存在一定程度的分离，方铅矿与闪锌矿分别构成条带，均受斜层理制约。

　　脉状方铅矿矿石呈块状，主要由中粗粒方铅矿构成，局部分布于北矿带。与此相关的矿石中发育明显的胶状、环带状结构，黄铁矿含量也较南矿带高。氧化矿石是乌拉根矿床近地表的重要类型，矿床氧化深度一般可达 50～100m，且存在较大范围的半氧化带。南矿带露天采场主要为氧化矿石，但 23 线平硐内部采出的矿石基本为原生矿，局部有弱氧化；北矿带岩矿石破碎，氧化程度也较大，形成大规模的菱锌矿矿石。

4.2.4　矿石的结构和构造

　　乌拉根铅锌矿矿石中原生矿石和氧化矿石的结构和构造特征分述如下：

（1）原生矿石。砂砾岩型矿石以粒状结晶结构为主，少数为胶状结构、结核状、圆球状结构；构造有浸染状、条带状、草莓状。碳酸盐岩矿石有结晶粒状结构、交代溶蚀结构、嵌晶结构、粗晶结构等；构造有角砾状、块状、脉状。

（2）氧化矿石。常见结构有晶粒结构、纤维状结构。构造有皮壳状构造、多孔状构造、土状、粉末状构造等。

原生矿石中的浸染状铅锌矿石主要产于砂砾岩、砂岩中，硫化物呈微细粒浸染状分布于含砾砂岩的胶结物中，多沿砾石边部分布，最高可达60%以上。由于岩性受制于层理和斜层理，因此矿化宏观上顺层分布，局部沿斜层理分布，形成条带。在半氧化的矿体中，由于硫化物部分氧化，沿斜层理发育的黄褐色条带比较明显。而在南、北矿带的断裂破碎带中后期盆地卤水沿断裂上侵，成矿物质充填于破碎带，多形成角砾状、脉状、块状铅锌矿石，也可见皮壳状构造。

4.2.5 围岩蚀变类型、强度及其分布特点

乌拉根铅锌矿床的蚀变类型主要有石膏化、方解石化、白云石化、天青石化、黄铁矿化、白云石化、细粒白云母化等，属低温蚀变，前三者蚀变范围大，在矿体处蚀变增强，后四者蚀变范围相对较小，与矿化基本一致，局限于矿体附近或矿石中。天青石明显有两期，早期为层状与碎屑岩共同产出，结晶较细，具层纹状构造；晚期为网脉、细脉状、块状，结晶较粗，呈晶簇状，切割地层及早期天青石岩，显示热卤水沉积及后期改造作用特点。

方解石化与白云石化粒径细小，一般小于0.1mm，其中白云石一般呈自形晶。矿石中大部分的方解石可能形成稍早于硫化物，包括形成于成岩期的方解石与形成于区域蚀变作用的方解石，只有少部分是与硫化物一同沉淀；另一类白云石粒状自形晶与方铅矿等硫化物的关系密切，为透明亮晶白云石。

白云母化、黄铁矿化见于矿石中，尤其在富矿体中含量相对较多，呈细粒状分布于矿石内，在闪锌矿、方铅矿旁侧出现，为成矿流体作用的产物。黏土化主要是少量的伊利石、高岭石等，主要形成于成矿过程中，与铅锌矿化作用的关系还不十分清楚。

5　铜多金属矿成矿规律

5.1　成矿要素

区内主要矿产类型的成矿地质作用可划分为沉积地质作用、大型变形地质作用和沉积-变质热液作用，各种矿产预测类型的区域成矿要素见表5-1，区内代表性的萨热克杂砾岩型铜矿和砂砾岩型铅锌矿的成矿要素分述如下。

表 5-1　铜多金属矿的成矿要素

类型	成矿地质作用	成矿地质体	成矿构造	成矿结构面	成矿作用特征标志
萨热克杂砾岩型铜矿	沉积地质作用	上侏罗统杂砾岩建造	萨热克巴依复复式向斜+北东向盆内切层断裂	紫红色粉砂质泥岩与杂砾岩界面、氧化还原界面；层间发育滑动构造，岩石发生碎裂岩化、可见拉伸线理和灰黑色金属镜面	辉铜矿化、斑铜矿化、孔雀石化、碳酸盐化、沥青化、绿泥石化、沉积黄铁矿化、硫同位素为-24.0‰ ~ -13.2‰；流体包裹中可见富烃还原性流体；下伏地层为烃源岩-含煤建造
乌拉根砂砾岩型铅锌矿	沉积地质作用	下白垩统砂砾岩建造	乌拉根向斜+盆内切层断裂	盆缘盆内同生断裂面、特殊岩性层、岩相带界面、物理化学变换带/面、垮塌角砾岩	褪色化、石膏岩化、天青石化、少量沥青化；硫同位素为-27.9‰ ~ +24.6‰
阿克然铜（金）矿	大型变形地质作用	长城系阿克苏群石英片岩	断裂裂隙构造	韧性剪切带脆性叠加部位	剪切带内部主要发育硅化、硫化物（黄铜矿化、黄铁矿化）及绢云母化，近矿部位绢云母化、绿泥石化强烈
红山铁矿	沉积-变质热液作用	盆地上基底碳酸盐岩建造	岩性岩相界面、断裂裂隙构造	灰白色碳酸盐岩与灰色千枚岩界面、盆内同生断裂面	镜铁矿化、赤铁矿化、少量的磁铁矿化、黄铜矿化、黄铁矿化、碳酸岩化等

5.1.1　杂砾岩型铜矿床（萨热克式）的成矿要素

5.1.1.1　控矿地质因素分析

区域控矿地质因素主要包括成矿地质体、成矿构造、物探异常和化探异常等，从萨热克铜矿已有的物探和化探异常分布特征来看，铜矿化体主要与以下因素有关：

（1）地层控制因素。萨热克铜矿矿化强烈受上侏罗统库孜贡苏组上段的控制。该组为一套厚层紫红-灰绿色杂砾岩,在萨热克铜矿区是主要的含矿层位。铜矿化主要集中于上侏罗统库孜贡苏组上段杂砾岩与下白垩统克孜勒苏群底部粉砂质泥岩的界面。金属硫化物主要为辉铜矿、斑铜矿、黄铜矿和黄铁矿等。

(2) 沉积相控制因素。依据地表铜矿体特征及钻孔验证,该铜矿严格受控于上侏罗统库孜贡苏组上段冲积扇相杂砾岩。该砾岩孔隙度大、渗透性极好,为后期成矿流体的运移与聚集提供了通道及空间。以冲积扇相砾岩的原始沉积物作为成矿的主体,经构造叠加改造后局部富集成矿;而在南矿带由于后期辉绿岩和热液活动造成铜铅锌矿化的成矿叠加。

(3) 构造控制因素。铜矿化体受褶皱和断裂控制明显,从萨热克铜矿化体的产状来看,矿体产于复式向斜,并在向斜的转折端铜矿化体明显变厚变富。断裂与矿产的关系表现在两个方面:一是北矿带层间断裂和高角度斜切地层的断裂破碎带中均存在铜矿化体;二是南矿带受盆地边界断裂对冲挤压的影响形成的张性及张剪性节理是后期辉绿岩上侵的通道,同时后期深源成矿热液也是沿此通道运移,在辉绿岩两侧渗透性较好的下白垩统克孜勒苏群上段砂岩中形成铜铅锌矿化。

(4) 铜矿化与辉绿岩之间的关系。在南矿带的与辉绿岩有关的克孜勒苏群第二岩性段砂岩中的铜矿化,位于辉绿岩脉及其周围的褪色带中,表现为孔雀石化、辉铜矿化,呈浸染状及细脉状,可见辉铜矿脉沿辉绿岩上盘砂岩中的张性裂隙贯入的现象,铜矿化成层性特征不明显,宏观表现出的是脉状特征,具有热液成矿的特征。

(5) 盆地深部富烃流体。从萨热克杂砾岩型铜矿的矿物组构来看,矿石矿物裂隙中存在大量的沥青物质,方解石和次生石英等后期胶结物的包裹体中可见大量的还原性气体——甲烷(CH_4),这种富烃还原性盆地流体与辉铜矿的形成密切相关,其来源主要与盆地深部的含煤地层有关。

5.1.1.2 找矿标志分析

区域找矿标志如下:

(1) 地层标志。萨热克杂砾岩型铜矿主要产于上侏罗统库孜贡苏组厚层状紫红-灰绿色杂砾岩中,该组也是重要的成矿地质体,因此该组厚层状紫红-灰绿色杂砾岩为重要的找矿标志。

(2) 构造标志。切层断裂构造发育,并可见明显的层间走滑断裂,碎裂岩化和拉伸线理等发育。通常在褶皱的转折端铜矿化具有进一步富集趋势。

(3) 围岩蚀变。硅化、绢云母化、绿泥石化、铁碳酸盐化、沥青化和孔雀石化。

(4) 化探异常。铜、银、铅综合异常区。

(5) 物探异常。由于该类型铜矿中多含有辉铜矿等硫化物,激电异常通常表现为高极化低电阻区。

5.1.1.3 找矿预测模型建立

A 成矿模式

从萨热克铜矿的岩石地球化学特征、成矿流体及同位素特征来看,萨热克铜矿体分为3个成矿期:(1) 盆地两侧基底剥蚀区形成的氧化相-扇中亚相(上侏罗统含铜铁质砾岩类);(2) 受盆地构造运动形成的逆冲推覆作用,在盆地中北部形成了压扭性的切层断裂,盆地深部流体(富烃类还原性流体)沿切层断裂形成的通道向上运移,与盆地中高渗透率的上侏罗统含铜铁质砾岩类发生化学作用,形成了大量辉铜矿的沉淀作用;(3) 受盆地构造运动的进一步加剧作用，深部的基性岩浆在盆地南部沿构造裂隙（切层断裂、地层节理等）上侵，围岩发生明显的蚀变作用，并伴生一定的铜铅锌矿化。在萨热克北矿带岩体则可能呈隐伏状态。萨热克杂砾岩型铜矿的成矿模式示意图如图 5-1 所示。

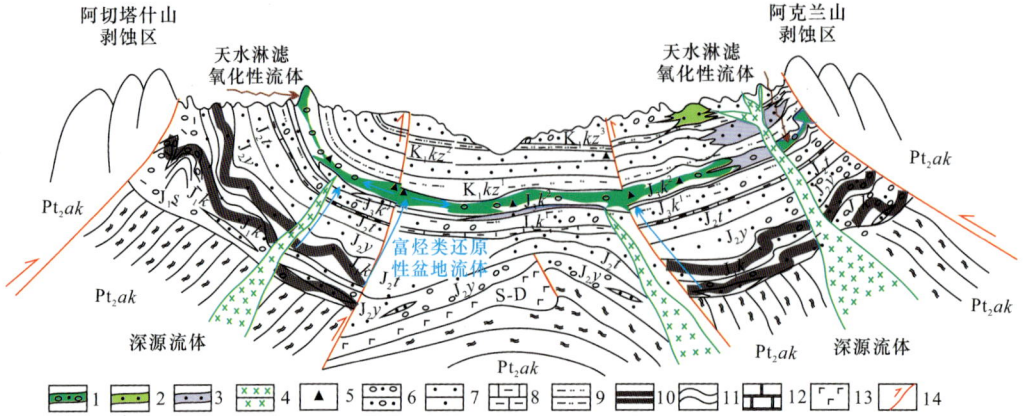

图 5-1   萨热克杂砾岩型铜矿的成矿模式示意图[62]

1—杂砾岩型铜矿化；2—砂岩型铜矿化；3—砂岩型铅锌矿化；4—辉绿岩脉；5—沥青化；
6—杂砾岩；7—石英砂岩；8—泥质灰岩；9—粉砂质泥岩；10—煤层；11—变质片岩；
12—大理岩；13—基性火山岩；14—断层

本区除杂砾岩型铜矿外，目前在萨热克巴依沉积盆地外围基底还发现有韧性剪切带型金矿（化）点和铜（金）矿点，如阿克然－泽木丹铜（金）矿化点、铁斯给金（铜）矿化点，初步建立的区域找矿模型如图 5-2 所示。整体上杂砾岩型铜矿主要与沉积盆地有关，韧性剪切带型金矿（化）点和铜（金）矿点主要与基底地层构造变质作用有关。

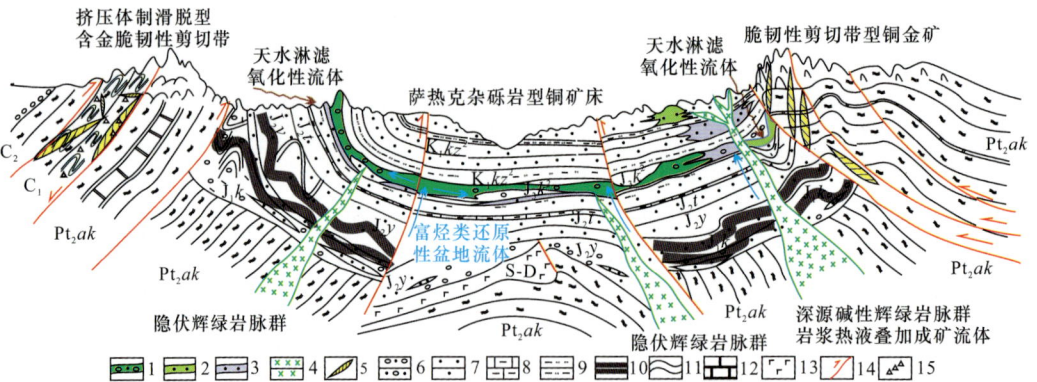

图 5-2   萨热克巴依盆地铜（金）多金属成矿模式示意图[62]

1—杂砾岩型铜矿化；2—砂岩型铜矿化；3—砂岩型铅锌矿化；4—辉绿岩脉；5—铜金矿化；
6—杂砾岩；7—石英砂岩；8—泥质灰岩；9—粉砂质泥岩；10—煤层；11—变质片岩；
12—大理岩；13—基性火山岩；14—断层；15—破碎带

B   找矿预测模型

a   化探方法及找矿模型

从本区以往开展的地球化学找矿方法来看，不同比例尺的地球化学勘查方法能够有效

5.1 成矿要素 ·163·

地发现和寻找萨热克杂砾岩型铜多金属矿床，具体如下：

（1）1：20万低密度区域化探方法可以有效地圈定该类型矿床成矿远景区。在乌拉根—萨热克杂砾岩型铜铅锌成矿带中，区域1：20万低密度化探圈定了以Pb、Zn、Cu为主的综合异常21个，萨热克杂砾岩型铜多金属矿床和整装勘查区内具有明显的Cu-Pb-Zn异常，以Cu异常最为显著，揭示1：20万低密度区域化探方法可以有效地圈定该类型矿床成矿远景区，高强度Cu异常能够直接指示地表出露的杂砾岩型铜矿体。

（2）1：5万水系沉积物测量能够有效地圈定该类型矿床的找矿靶区。有色金属矿产地质调查中心新疆地质调查所承担的"新疆乌拉根地区铅锌铜矿远景调查"项目进行的1：5万水系沉积物测量，圈定了以Cu为主的地球化学异常9个。其中H-6号综合异常现今已探明了萨热克杂砾岩型铜多金属矿床的北矿带和南矿带，异常面积为28km²，呈北东向带状延长约11.5km，宽2.5~3km。异常规格化面金属量值为232.7，评序值为第二位，在Cu异常中排序第一，为本区规模最大的Cu元素综合异常。

（3）采用1：2.5万沟系次生晕测量可以有效地圈定该类型矿床的找矿靶区，共圈定了15处地球化学综合异常，异常主要分布于萨热克上叠盆地南北两侧。其中H-4号综合异常为萨热克杂砾岩型铜矿床的北矿带范围，H-6综合异常为南矿带分布范围。

（4）在地表开展地质-岩石地球化学测量可有效地圈定高强度化探异常。在以往的化探异常检查评价中，采用岩石地球化学剖面方法，结合岩石化学成分分析、矿石物相分析，证明Cu、Pb和Zn以硫化物相和氧化物相态为主要赋存状态，属于矿致异常（见图5-3和图5-4）。上述结果表明，该方法非常有效，适用于本区化探异常检查评价和矿点检查评价。

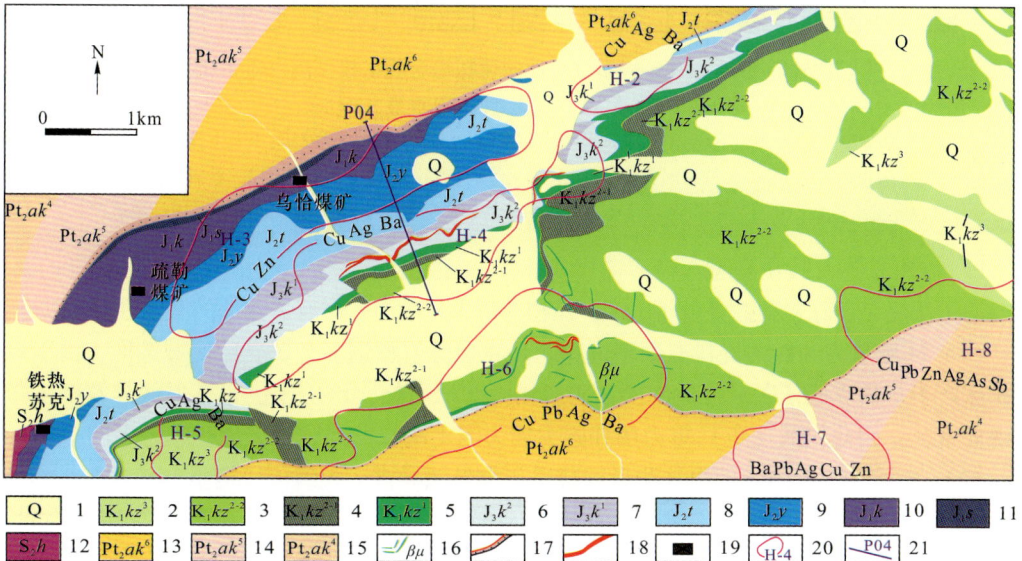

图5-3 萨热克杂砾岩型铜矿地质化探综合找矿模型图（平面图）

1—第四系；2—下白垩统克孜勒苏群第三岩性段；3—下白垩统克孜勒苏群第二岩性段上部；
4—下白垩统克孜勒苏群第二岩性段下部；5—下白垩统克孜勒苏群第一岩性段；6—上侏罗统库孜贡苏组上段；
7—上侏罗统库孜贡苏组下段；8—中侏罗统塔尔尕组；9—中侏罗统杨叶组；10—下侏罗统康苏组；
11—下侏罗统莎里塔什组；12—中志留统合同沙拉组；13—长城系阿克苏群第六岩性段；
14—长城系阿克苏群第五岩性段；15—长城系阿克苏群第四岩性段；16—辉绿岩脉；
17—破碎带；18—铜矿体；19—煤矿；20—化探综合异常及编号；21—化探剖面

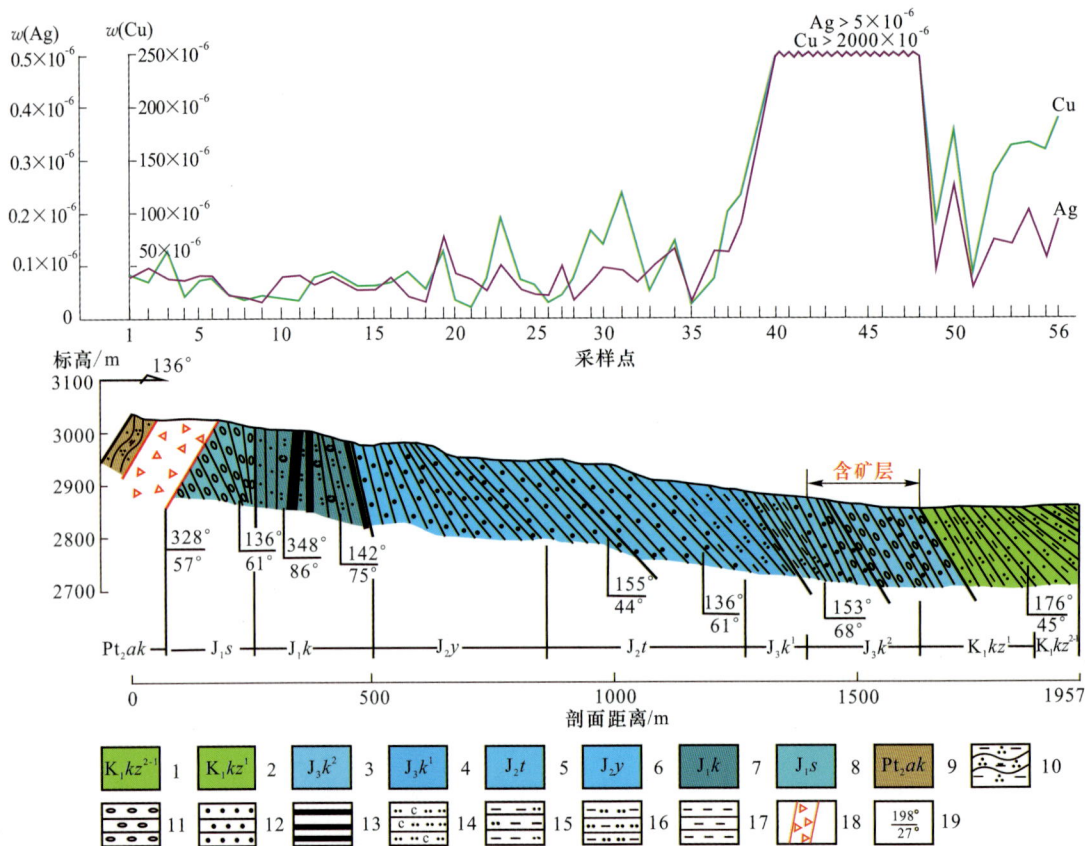

图 5-4 萨热克杂砾岩型铜矿地质化探综合找矿模型图（剖面图）

1—下白垩统克孜勒苏群第二岩性段下段；2—下白垩统克孜勒苏群第二岩性段；3—上侏罗统库孜贡苏组上段；
4—上侏罗统库孜贡苏组下段；5—中侏罗统塔尔尕组；6—中侏罗统杨叶组；7—下侏罗统康苏组；
8—下侏罗统莎里塔什组；9—长城系阿克苏群；10—黑云母石英片岩；11—砾岩；12—砂岩；13—煤层、煤线；
14—炭质粉砂岩；15—粉砂质泥岩；16—泥质粉砂岩；17—泥岩；18—断层破碎带；19—地层产状

b 物探方法及找矿模型

对于萨热克杂砾岩型铜多金属矿床，在物探成果基础上，对有关方法的有效性分析如下：

（1）区域重力和航磁资料有助于进行萨热克杂砾岩型铜多金属矿床区域选区，由于该类型矿床产于萨热克巴依次级盆地中，含矿岩相为冲积扇相，该矿床位于重力低异常梯度带和低磁异常区，因此，低（负）重力场和磁力场为圈定次级盆地和筛选成矿远景区的指标。

（2）本区完成了 1:5 万电法测量，获得一批电法异常，大致可以揭示含矿岩相带的分布范围，仍需要再进行实测构造岩相学剖面检查，确定其物探异常形成的地质背景和构造背景。

（3）1:1 万物探（电阻率和极化率异常）方法和地面高精度磁力测量，有助于圈定成矿地质要素，为研究成矿地质条件和隐伏构造提供依据，对于极化率高值区需采用实测剖面进行综合研究和解释。

（4）采用系列方法有可能形成不同探测深度（200m 和 1000m）的技术方法组合：

1）在萨热克铜矿区，形成激电异常的地质因素包括含矿地层、断层-褪色化带（提供热液活动的通道，如杨叶组）及辉绿岩脉（叠加成矿地质体和热源-成矿物源提供者），根据萨热克铜矿体赋存空间和本区激电分布特征综合分析认为激电中梯异常是在一定深度范围内（小于200m）预测铜矿体可能富集空间的有效方法之一，单-偶极激电测深是圈定矿体空间分布的有效手段。

2）可控源音频大地电磁测深勘探有助于探测次级盆地中的隐蔽构造和深部地层，在地形和矿体厚度变化情况下，有利于寻找隐伏矿体。

3）2014—2015年完成的物探AMT、三极激电测深异常特征与盆地深部探测证明，这些方法组合可以实现对深部隐蔽构造和隐伏辉绿岩脉等探测，即可以探测成矿地质体、成矿结构面、叠加成矿地质体。

（5）萨热克杂砾岩型铜矿激电测深找矿模型。从图5-5可以看出，在萨热克铜矿测区开展的激电中梯扫描成果中，IP2号异常呈北东向带状分布，规模为1400m×400m，η_s峰值为3%。对应地层为J_3k^1、J_3k^2、K_1kz^1、K_1kz^{2-1}、K_1kz^{2-2}，其中J_3k^2为萨热克铜矿的赋矿层位，推测该异常为铜矿体引起，已发现的萨热克铜矿位于该异常中。为解剖IP2号异常，在4号勘探线剖面上进行了已知矿体激电异常特征的研究（见图5-6），该勘探线长2km，方位为340°，视极化率和视电阻率背景值分别为2%和400Ω·m，视极化率异常位于69～78号点之间，长160m，η_s最大值为4%，对应视电阻率约为300Ω·m。与钻孔已控制的矿体对比表明，激电异常可反映地表至150～200m深度范围的铜矿体。激电异常形态反映的视极化率异常体产状与矿体的产状一致。上述结果表明，激电测深方法对于确定矿化体的大致位置是有效的，可以运用此方法进一步开展工作。

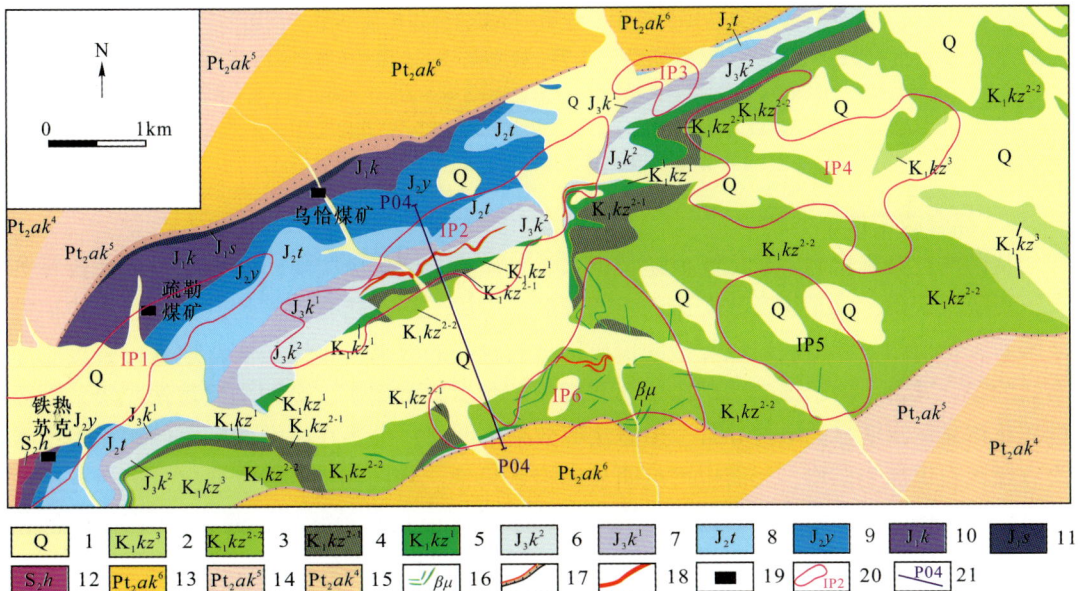

图5-5 萨热克杂砾岩型铜矿地质-物探综合找矿模型图（平面图）

1—第四系；2—下白垩统克孜勒苏群第三岩性段；3—下白垩统克孜勒苏群第二岩性段上部；

4—下白垩统克孜勒苏群第二岩性段下部；5—下白垩统克孜勒苏群第一岩性段；6—上侏罗统库孜贡组上段；

7—上侏罗统库孜贡组下段；8—中侏罗统塔尔尕组；9—中侏罗统杨叶组；10—下侏罗统康苏组；

11—下侏罗统莎里塔什组；12—中志留统合同沙拉组；13—长城系阿克苏群第六岩性段；

14—长城系阿克苏群第五岩性段；15—长城系阿克苏群第四岩性段；16—辉绿岩脉；

17—破碎带；18—铜矿体；19—煤矿；20—激电异常；21—激电异常检查剖面

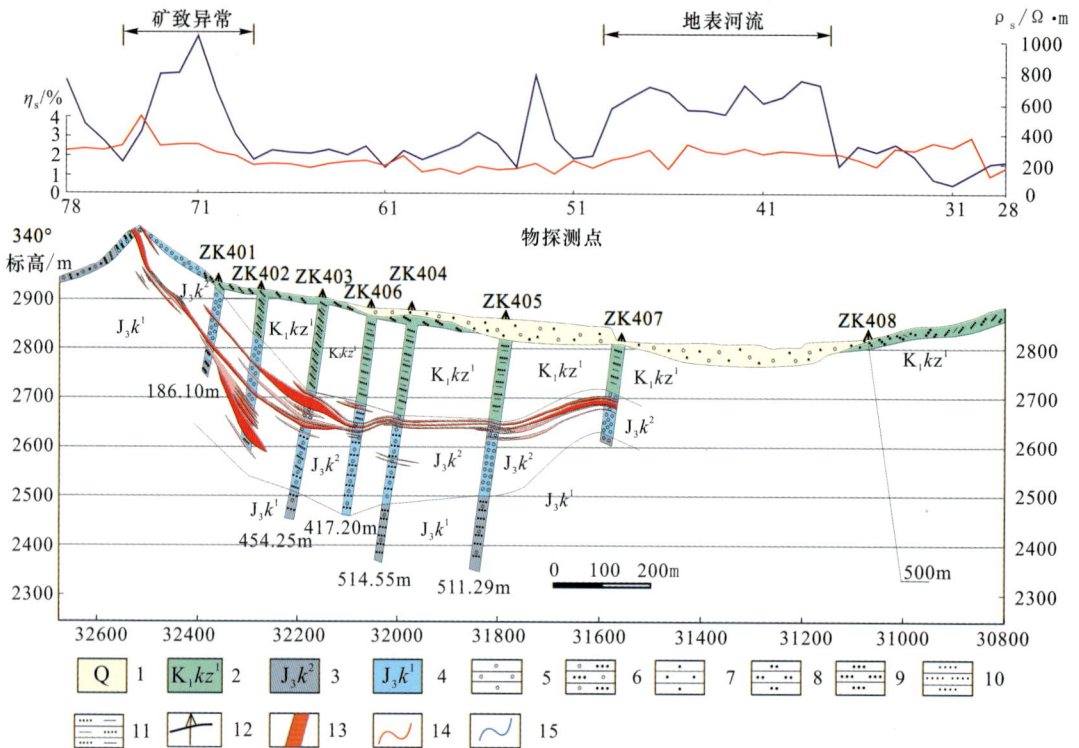

图 5-6 萨热克杂砾岩型铜矿地质-物探综合找矿模型图（剖面图）

1—第四系；2—下白垩统克孜勒苏群第一岩性段；3—上侏罗统库孜贡苏组上段；
4—上侏罗统库孜贡苏组第一岩性段；5—砾岩；6—含砾砂岩；7—粗砂岩；8—中粗砂岩；
9—细砂岩；10—粉砂岩；11—粉砂质泥岩；12—钻孔位置及编号；
13—铜矿（化）体；14—极化率；15—电阻率

c 综合找矿模型

从萨热克杂砾岩型铜矿床的成矿特征来看，该类型铜矿床主要产于上侏罗统库孜贡苏组上段杂砾岩中，这是该类型矿床的主要成矿地质体。从萨热克铜矿的勘查过程和找矿效果来看，化探扫面和电法对该类型的铜矿床具有较好的效果，化探扫面在地表可直接圈定有效的综合异常。由于该类型矿床中含有辉铜矿和少量黄铜矿、斑铜矿、黄铁矿等，因而铜矿化体显示出明显的电性异常，但磁法等效果不明显；由于在该类型矿床的矿化带中常含有绿泥石等蚀变矿物，因而也可见明显的羟基异常。从图 5-7 中可以看出，萨热克铜矿基本位于化探异常和激电异常区中，同时与羟基异常也具有较好的相关性，因而遥感-化探异常和激电异常等综合方法可建立该类型矿床有效的综合找矿模型。

C 找矿预测及效果

找矿预测是地质工作者面临的重要研究课题，如何提高找矿预测的有效性，最大限度地减少勘查风险，前人在该方面进行了大量的探索并建立了多种预测方法体系[63-67]。随着现代科学理论和方法技术的不断发展，基于 GIS 的地质、物探、化探、遥感等多元信息综合找矿预测[68-69] 和三维建模找矿预测[70-71] 已成为一种重要的方法和手段。在对有关成矿地质体的定量研究过程中，部分地质工作者引入了含矿系数[72] 或矿化强度的概

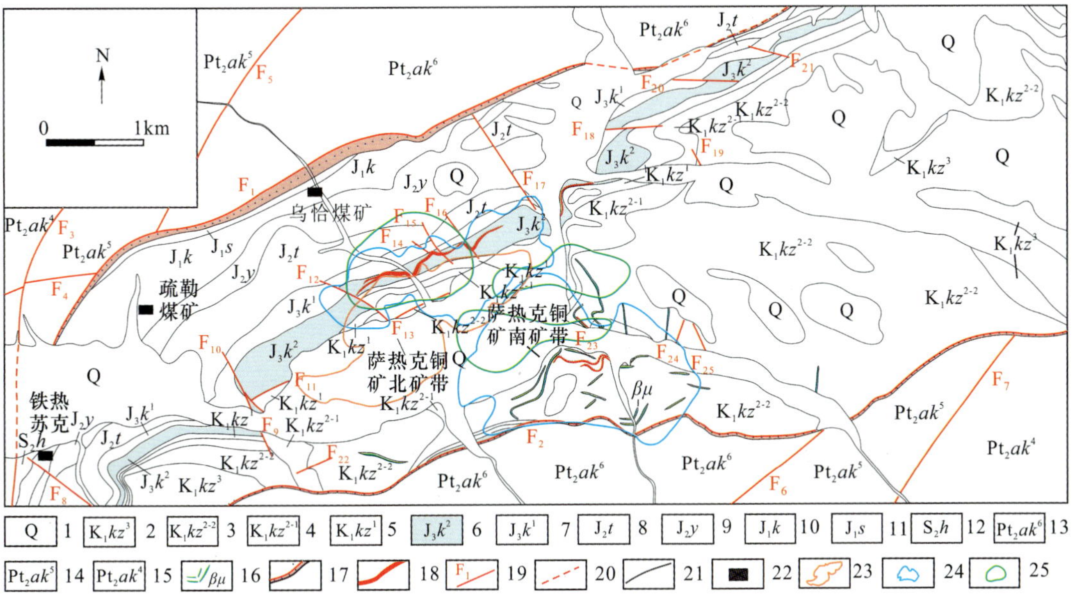

图 5-7　萨热克铜矿综合找矿模型图

1—第四系；2—下白垩统克孜勒苏群第三岩性段；3—下白垩统克孜勒苏群第二岩性段上部；

4—下白垩统克孜勒苏群第二岩性段下部；5—下白垩统克孜勒苏群第一岩性段；6—上侏罗统库孜贡组上段；

7—上侏罗统库孜贡组下段；8—中侏罗统塔尔尕组；9—中侏罗统杨叶组；10—下侏罗统康苏组；

11—下侏罗统莎里塔什组；12—中志留统合同沙拉组；13—长城系阿克苏群第六岩性段；

14—长城系阿克苏群第五岩性段；15—长城系阿克苏群第四岩性段；16—辉绿岩脉；

17—破碎带；18—铜矿体；19—断层；20—推测断层；21—地质界线；22—煤矿；

23—羟基异常；24—化探异常；25—激电异常

念[73-76]，但对矿化强度存在多种不同的解释。通过对萨热克铜多金属矿以往钻探成果资料的综合整理，基于 GIS 平台对萨热克铜多金属矿体的空间分布进行了圈定并提出了找矿预测区，钻探验证取得了良好的勘查效果。

　　a　铜矿（化）体空间几何形态圈定

　　在综合找矿模型的基础上，根据萨热克铜矿床的成矿地质体、成矿构造、成矿结构面及成矿作用的特征，同时对以往 93 个钻孔进行成矿强度估算（即单位体积中所含金属量），分别进行铜矿体厚度和成矿强度等值线填图，即矿体厚度等值线图、成矿强度等值线图。以萨热克铜矿区 2930m 标高为基准面，分别绘制铜矿体的顶、底板等高线图（见图 5-8）。从图 5-8 可以看出：

　　（1）铜矿体（铜品位不小于 0.5%，铅垂厚度不小于 1m）整体呈北东向展布的面型分布特征，揭示了隐蔽成矿地质体的分布范围。

　　（2）矿体在盆地中部的东西两侧相对较薄（≤5m），揭示盆地流体改造富集程度具有差异。北矿带中铜矿体局部呈带状厚大矿体（10m 至 20m 及以上），主要与顺层断裂-裂隙破碎带（碎裂岩化相）密切相关，即盆地流体改造富集成矿强度较大。

　　（3）在南矿带中矿体较厚部位（≥10m），主要与辉绿岩脉形成的叠加成矿地质体和叠加成矿结构面分布范围密切相关。

（4）矿体顶、底板等值线图可以明显地揭示萨热克巴依次级盆地内部的隐蔽褶皱群落特征和层间断裂–裂隙破碎带分布特征，以及隐蔽宽缓复式向斜构造次级褶曲形态具有不对称型。

（5）尽管初始成矿地质体（库孜贡苏组上段）在南部受逆冲推覆构造影响在地表出露较少，但初始成矿地质体和成矿结构面呈隐蔽构造，隐伏在逆冲推覆构造系统的异地地层长城系之下，为有利找矿预测地段。

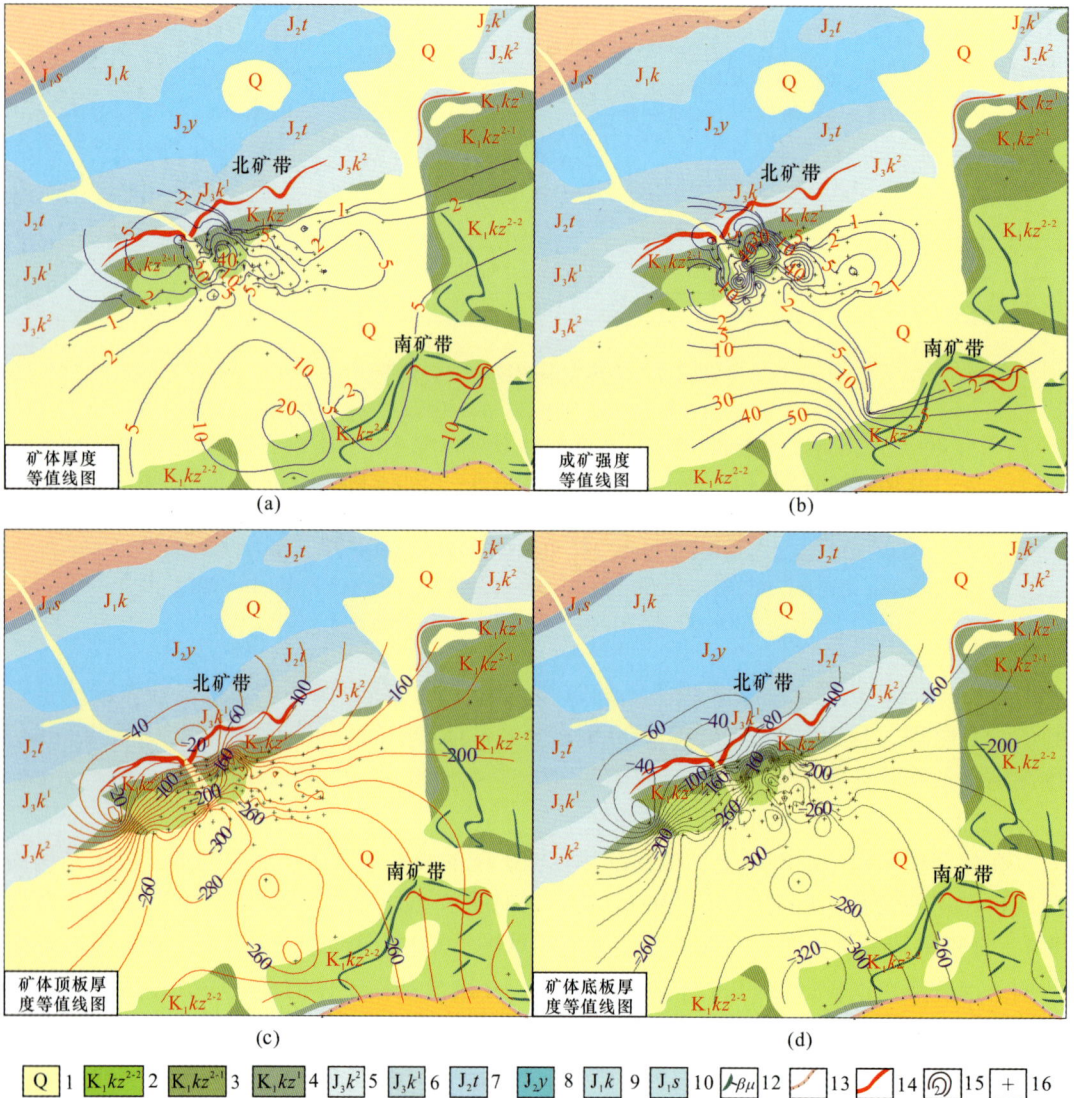

图 5-8   萨热克铜矿体空间规律分布图

1—第四系；2—下白垩统克孜勒苏群第二岩性段上部；3—下白垩统克孜勒苏群第二岩性段下部；
4—下白垩统克孜勒苏群第一岩性段；5—上侏罗统库孜贡苏组上段；6—上侏罗统库孜贡苏组下段；
7—中侏罗统塔尔尕组岩；8—中侏罗统杨叶组；9—下侏罗统康苏组；10—下侏罗统莎里塔什组；
11—辉绿岩脉；12，13—破碎带；14—铜矿体；15—等值线图；16—钻孔位置

b 成矿预测及勘查验证成果

从萨热克巴依盆地铜多金属矿床的成矿规律来看，矿体严格地受上侏罗统库孜贡苏组上段杂砾岩地层控制，后期北西—南东向挤压造成的逆冲推覆作用在盆地中形成近北东向的高角度切层断裂（产状为304°∠76°），为盆地深部富烃类还原性成矿流体重要的上升运移通道，高渗透率的杂砾岩层和顺层走滑断层形成的碎裂岩化为成矿流体重要的渗滤运移-富集通道和储矿构造。从铜矿体空间分布形态（见图5-8）可以看出，铜矿体应该和含矿地层分布一致，呈宽缓的复式向斜构造，即在北矿带和南矿带的连接区应该为重要的找矿预测区，在盆地叠加的北东向次级断裂区可能为成矿体的富集区。根据上述预测成果，在萨热克铜矿北矿带和南矿带的连接区内共施工26个钻孔，总进尺为7636.84m。其中16个钻孔见铜矿体，另外8个钻孔见铜矿化体，估算新增（332+333+334）级铜资源量为2.04万吨。

上述结果表明，在充分研究矿体成矿地质体、成矿构造、成矿作用和成矿规律的基础上，遵循"三位一体"找矿预测思路，采用构造岩相学找矿预测方法，通过系统钻孔-坑道构造岩相学编录和综合研究，建立地质找矿模型，采用系列构造岩相学填图方法，在对成矿地质体和成矿结构面等进行空间几何形态学研究的基础上，进行找矿预测并取得了良好的找矿效果。

5.1.2 砂砾岩型铅锌矿（乌拉根式）的成矿要素

5.1.2.1 控矿地质因素分析

（1）地层控制因素。稳定产出的下白垩统克孜勒苏群第五岩性段灰白色厚层状砾岩、砂砾岩、含砾砂岩为区域乌拉根式铅锌矿的赋矿层位，铅锌矿具有明显的层控特征。该层位在乌拉根、康西、加斯、江格结尔等地区稳定产出。有利成矿部位为砂砾岩层顶部附近，盖层为古新统海相沉积层。

（2）构造控制因素。该类型铅锌矿受构造控制明显，如乌拉根铅锌矿产于乌拉根向斜的东部扬起端；同时断层对矿体的富集具有明显的控制作用，如乌拉根断裂体系的吾合沙鲁断裂穿越乌拉根铅锌矿的北矿带（乌拉根向斜的北翼），导致下白垩统克孜勒苏群与上覆阿尔塔什组或齐姆根组之间呈断层接触，并在北矿带形成的破碎带中形成较富的透镜状方铅矿体。

（3）沉积相控制因素。铅锌矿主要产于辫状河流三角洲相的砂砾岩中，该砂砾岩孔隙度大、渗透性极好，为后期成矿流体的运移与聚集提供了通道及空间。

（4）盆地卤水。从乌拉根砂砾岩型铅锌矿的矿物组构来看，矿石中含有大量的石膏、天河石等脉石矿物；从铅锌矿体的产状来看，其上部覆盖有大量的石膏层，上述特征表明，铅锌矿的形成与盆地的卤水沉积关系密切。

（5）盆地深部流体。从乌拉根砂砾岩型铅锌矿的矿物组构来看，矿石矿物裂隙中存在大量的沥青物质，这种还原性物质与铅锌矿的形成关系密切，其来源主要与盆地深部的含煤地层有关。

5.1.2.2 找矿标志分析

区域找矿标志如下：

（1）层位标志。下白垩统克孜勒苏群第五岩性段灰白色厚层状砾岩、砂砾岩、含砾砂岩在乌拉根、康西、加斯、江格结尔等地区稳定产出，有利成矿部位为砂砾岩层顶部附近，盖层为古新统海相沉积层。

（2）褪色蚀变标志。区域油田卤水蚀变作用使下白垩统克孜勒苏群中的褪色蚀变带延长近百千米，出露宽度常达数百米，局部地区有铅锌矿化，铅锌矿床也产于褪色的砂砾岩石中。褪色岩石中不仅高价态铁被还原，还伴有方解石化与白云石化，局部有硫化物的矿化。

（3）角砾岩标志。大规模的铅锌矿化均伴随有角砾岩化，但角砾岩的表现形式与容矿岩石的性质有关。铅锌矿化直接产于角砾岩中，矿体是角砾岩的一部分。角砾岩普遍存在全岩矿化的特征，角砾主要为白云岩、白云质灰岩或部分泥岩，胶结物主要为白云石、泥质等。因此，在厚层碳酸盐岩矿化区，角砾岩为铅锌矿化评价对象，而厚层石膏作为盖层时，角砾岩分布于矿层上方，为间接找矿评价标志。

（4）后期活动断裂对铅锌矿的富集起到了明显的作用。

（5）金属矿化以锌为主，铅次之，锌与铅比值为6.16；围岩蚀变主要为天青石化、黄铁矿化、石膏化及白云石化。

（6）矿化蚀变分带总体上从深部至浅部依次为黄铁矿、闪锌矿-黄铁矿、方铅矿-闪锌矿、方铅矿-天青石-白云石-硬石膏。

5.1.2.3 找矿预测模型建立

A 成矿模式

通过观察分析及矿床勘查认为乌拉根铅锌矿床为层控砂砾岩型铅锌矿床，从宏观特征分析：

（1）它受控于下白垩统克孜勒苏群，同时在区域上吉勒格、康西、加斯、江格结尔等一系列铅锌矿床（点）产出的地层均为下白垩统克孜勒苏群。

（2）区域内下白垩统克孜勒苏群在乌拉根—吉根地区长达77km的范围内广泛分布，区域化探资料显示在该层位具有明显的铅、锌异常。

（3）乌拉根砂砾岩型铅锌矿受控于下白垩统克孜勒苏群第五岩性段辫状河三角洲相砂砾岩，在后期构造活动叠加部位为铅锌矿富矿体产出的部位。

（4）区域内无岩浆岩产出。

从成矿特征分析：

（1）乌拉根砂砾岩型铅锌矿含矿地层岩相为透水性良好的含砾砂岩或砾岩。

（2）乌拉根矿区浅色层的成因为区域盆地油田卤水交代蚀变作用的产物。

（3）矿体形态整体上具有顺层分布的特征，向深部铅锌矿体变薄、品位变低；但局部矿体是穿层的，尤其是富矿体的形态，这是断裂叠加的结果。

（4）乌拉根铅锌矿床的矿石以砂状结构、浸染状结构为主，结晶粒度极细，硫化物沿层理或斜层理的分布是后期热液沿透水性良好的岩石作用的产物。

（5）矿床中的主要硫化物为闪锌矿、方铅矿、白铁矿和少量黄铁矿；脉石矿物为细粒方解石；成矿期的矿物全部分布于砾岩、含砂砾岩的胶结物中；闪锌矿为细粒、浅黄棕色，成矿温度低；矿化与有机质密切相关。

(6) 乌拉根矿床中存在大量的角砾状矿石，尤其是北矿带大量的热液状铅锌矿化（体）为后期构造改造的产物。

总体上可归纳如下成矿模式：

(1) 富含铜、铅、锌、镉等成矿元素的中元古界、古生界的剥蚀及辫状河三角洲相环境为下白垩统克孜勒苏群顶部灰白色含砾砂岩及砂砾岩型矿源层的形成奠定了物质基础，海水中携带的大量成矿物质及陆源碎屑携带的成矿物质均在海陆交互之间的滨岸地带（地球化学障）积淀，造就了铅锌矿含量较低的原始矿源层形成，同时区域内相同古地理环境下形成的铅锌矿源层在乌拉根成矿带广泛分布。

(2) 大规模盆地卤水（油田卤水）对铅锌矿的迁移与富集有重要的影响。石油钻探及地质研究已证实，下白垩统克孜勒苏群粗碎屑岩为研究区内最有利的储层。在乌拉根铅锌矿区下白垩统克孜勒苏群第五岩性段灰白色含砾砂岩及砂砾岩中不仅存在着大量的沥青，而且在矿体中或砂砾岩中广泛分布着有机质气泡，矿石中大量胶状、草莓状结构的出现均反映出成矿过程中有油田卤水参与的现象。

(3) 下白垩统克孜勒苏群矿源层上覆的巨厚沉积碎屑岩和石膏层提供了大量的硫酸盐矿物，盆地卤水的循环和与其所进行的化学作用为铅锌矿的初步富集作出了贡献。

(4) 矿区内的断裂构造及断裂破碎带为萃取深部成矿物质、含矿热卤水的形成及循环提供了通道，其结果造成局部铅锌矿富矿体。

(5) 地表的氧化淋滤作用造成铅、锌的迁移和一定深度氧化矿的形成，而后期浅表层的小规模断裂及节理为铅锌矿局部富集的主要成因。

B 找矿预测模型

根据乌拉根铅锌矿床的成矿规律、成矿特征及其主要找矿标志，初步建立如下的找矿模型：

(1) 有利的区域构造位置——东西向和北西向区域构造交汇部位是成矿有利的构造环境；有利的物源区和地球化学障环境——来自陆源的铅锌元素高背景的剥蚀区物质和巨量海水中的铅锌于海陆交互环境下的沉积；有利的上覆环境——高浓度的海湾相卤水形成的石膏层；有利的衬垫——侏罗系煤系地层衬垫；有利的古隆起区——后期油田卤水运移聚集的地区；有利的岩性组合和储集层——渗透性较好的砂砾岩、砾岩、角砾岩。

(2) 沉积-改造成矿。有原始沉积期和油田卤水参与以及后期叠加等多期、多源、多成因的成矿作用。

(3) 特定的赋矿层位和岩性组合。下白垩统克孜勒苏群第五岩性段辫状河三角洲相的灰白色含砾砂岩及砂砾岩和古新统阿尔塔什组底部的角砾岩，表现出极为明显的层控特征，在含矿岩系内有多层石膏层及天青石白云岩或天青石岩。

(4) 特殊的地表特征。除含矿岩系的岩性组合特征外，还可见褐铁矿化、褪色蚀变、天青石化、硅化，少量白铅矿、菱锌矿，偶见黄铁矿。

(5) 地球化学特征。矿层分布区具有 Pb-Zn-Cd-Ag-W-Mo-Sr 元素组合异常，各元素浓集中心极为吻合，Pb、Zn 异常浓度高、范围大；矿体上方围岩有明显的 Pb、Zn、Ag、Cd 异常，在含矿层未出露时，异常值是背景值的 3~5 倍；在含矿层已出露时，异常值是背景值的 8 倍以上；金属元素分带从深部至浅部依次为 Fe+Zn—Zn+Fe+Pb—Zn+Pb—Pb+Zn—Pb—Sr—Mg+Ca—Ca。

（6）地球物理特征。矿床位于东西向和北西向重力梯度带的交汇部位，矿（化）体部位显示为低阻、高极化，与围岩有明显差异，异常界线清晰。

5.2 成矿规律

5.2.1 主要矿产空间分布特征

根据成矿作用确定区域成矿区带划分，主要依据含矿层位（建造）、构造背景、岩浆活动、主要成矿类型等，在对矿床、矿化点空间分布规律及成矿时间演化规律分析的基础上，结合重砂异常、化探异常、遥感特征等信息进行成矿区带的划分。本区可以划分出3个规模较大的矿带，即北部以萨热克铜矿为代表的萨热克式杂砾岩型铜矿带，中部以乌拉根砂砾岩-角砾岩为代表的砂砾岩型铅锌矿带和南部以花园砂岩型铜矿为代表的砂岩型铜矿带。各带在区域上稳定延伸，矿源层及赋矿层位稳定产出。各带上均有矿床、矿点、化探异常及含矿层位的有力支持。

5.2.2 盆地流体运移规律

沉积盆地是金属矿产和能源矿产重要的赋存空间，成矿流体的富集及运移方向与矿藏的形成密切相关，关于成矿流体与沉积盆地之间的关系，前人已进行了大量的研究[51,60,81-87]。总体上，从事油气等能源矿产的研究者对岩石的孔隙度和渗透率关注较多[88,92]，而从事金属矿产的研究者对岩石的孔隙度和渗透率关注较少[93]，然而现在越来越多的流体包裹体证据显示沉积盆地中的油气等有机质参与了金属矿产的成矿作用，部分还起到了决定性的作用[9,10,94]。由于沉积盆地通常经历了漫长的构造演化过程，对于沉积盆地在不同地质背景下（如沉积环境、盆地构造变形和岩浆侵入等）成矿流体的运移规律缺乏对比研究。乌拉根铅锌矿和萨热克铜矿是近十多年来在西南天山中新生代沉积盆地中发现的层控型超大-大型矿床，相关学者对其物质来源、流体包裹体特征和成矿模式等已进行了较多的研究[27,62,96-97]。从其成矿背景来看，乌拉根铅锌矿以沉积作用为主，后期变形相对较弱；而萨热克铜矿北矿段则发生过强烈的构造变形和碎裂岩化，在其南矿段地表还有岩浆的叠加成矿作用，这种特殊的成矿环境为对比研究沉积盆地中成矿流体的运移规律提供了良好的条件，本书重点以乌拉根铅锌矿床和萨热克铜矿床不同岩（矿）石为研究对象，探讨沉积盆地在沉积成岩成矿作用、盆地构造变形过程及岩浆热液叠加改造过程中，成矿流体与岩石抗压变形强度及其孔隙度和渗透率之间的耦合关系，进而研究成矿流体在沉积盆地中的运移轨迹，为在沉积盆地中寻找富矿体提供理论依据。乌拉根铅锌矿和萨热克铜矿均为层控型矿床，从乌拉根铅锌矿的成矿地质特征来看[95]，乌拉根铅锌矿主要受控于下白垩统克孜勒苏群（见图5-9(a)），下白垩统克孜勒苏群第五岩性段为乌拉根式铅锌矿的赋矿层位（见图5-9(b)）。矿体在宽缓的乌拉根向斜南北两翼对称产出，铅锌矿体呈层状、似层状，总体产状与地层产状基本一致。

从萨热克铜矿的成矿地质特征来看[9-10,19,50]，萨热克铜矿体主要受控于萨热克巴依盆地中的上侏罗统库孜贡苏组，根据岩性组合及矿化特征进一步划分为库孜贡苏组上段和下段，上侏罗统库孜贡苏组下段岩石组合为砾岩、岩屑石英砂岩、长石岩屑砂岩、泥质细粒岩屑粉砂岩、泥质粉砂岩等；上侏罗统库孜贡苏组上段为紫红—灰绿色，岩石组合为砾岩、岩屑石英砂岩、泥质细砂岩，该层可进一步划分为5个岩性段[62]；上侏罗统库孜贡苏组上段杂砾岩层为萨热克铜矿的赋矿层位。受萨热克巴依盆地南北两侧逆冲推覆作用的影响，使该盆地成为了一个近北东向分布的复式向斜盆地，分布于萨热克巴依盆地北矿带的矿体倾角也随之变陡（见图5-9(c)）并发生层间滑动，在铜矿体砾石中可见明显的碎裂岩化和沿砾石裂隙充填的细网脉化（见图5-9(d)）。萨热克巴依盆地南部的辉绿岩脉较为发育，出露于下白垩统克孜勒苏群第二岩性段中，顺层和切层均有产出（见图5-9(e)(f)），辉绿岩脉及上下盘砂岩发育褪色蚀变并常伴有明显的铜矿化现象。

图5-9 乌拉根铅锌矿床和萨热克铜矿床不同（矿）石的特征

（a）乌拉根露天采场；（b）乌拉根含矿粗砂质细砾岩；（c）萨热克铜矿北矿带含矿杂砾岩与上覆紫红色泥岩界线；（d）萨热克铜矿北矿带含矿杂砾岩；（e）萨热克铜矿南矿带中的辉绿岩脉切层侵入；（f）萨热克铜矿南矿带中的辉绿岩脉顺层侵入

为了研究含矿围岩的孔隙度和渗透率特征，分别选取乌拉根铅锌矿和萨热克铜矿不同类型的含矿围岩样品进行采集，采集的样品包括乌拉根铅锌矿的 5 件和萨热克铜矿的 25 件不同地层样品。乌拉根铅锌矿主要为沉积成因的岩石样品，而萨热克铜矿的北矿带在成矿过程中受过强烈的构造变形，其南矿带经历了岩浆热液的叠加成矿作用，分别对萨热克铜矿的北矿带构造变形中含有胶结物的杂砾岩采集了 8 件样品，萨热克铜矿的南矿带下白垩统克孜勒苏群第二岩性段经受岩浆蚀变作用的石英砂岩采集了 8 件样品。同时为了便于对比，在萨热克铜矿的北矿带采集了 6 件沉积成因的样品，其中上侏罗统库孜贡苏组上段采集了 3 件石英砂岩样品，下白垩统克孜勒苏群第一岩性段采集了 3 件粉砂质泥岩样品；在萨热克铜矿床南矿带下白垩统克孜勒苏群第二岩性段采集了 3 件沉积成因的岩石样品。样品质量一般为 1000 ~ 2000g，样品加工前先切掉氧化或蚀变膜，选择新鲜的岩块磨制电子探针片后，孔隙度和渗透率的测试由中国石油大学（北京）石油工程实验中心完成，测量方法按照《岩心分析方法》（SY/T 5336—2006）执行。测量仪器为 CoreLab 公司生产的 HPP 孔渗仪。

5.2.2.1 岩（矿）石组构特征

岩（矿）石组构特征有：

（1）粗砂质细砾岩（铅锌矿石）。采于乌拉根矿区，岩石为块状、浸染状、条带状、草莓状构造，以粒状结晶结构为主，少数为胶状、结核状、圆球状结构；主要由砾石（10% ~ 30%）、砂质（70% ~ 80%）、少量金属硫化物（<10%）和胶结物组成。砾石以石英、硅质岩等为主，磨圆度中等，粒径为 0.2 ~ 0.5cm，个别可达 1cm 以上；砂质主要为石英和长石，粒径为 0.2 ~ 0.5mm；金属硫化物主要为闪锌矿、方铅矿、黄铁矿、白铁矿等，多呈微细粒浸染状分布于砾石间的胶结物中，尤其是沿砾石边部分布；胶结物主要为石膏、方解石、白云石等[95]。

（2）杂砾岩（铜矿石）。采于萨热克矿区，岩石为块状、网脉状构造，砂砾状结构；主要由砾石（85% ~ 90%）、少量砂屑（<5%）和填隙胶结物组成（5% ~ 10%），可见明显碎裂化[19,50]。

（3）沉积成因石英砂岩。采于萨热克矿区，岩石为块状构造，细粒砂状结构；主要由石英（50% ~ 55%）、长石（30% ~ 35%）、岩屑（10%）、填隙物（5%）等组成。石英以次棱角状为主，部分为次圆状，粒径为 0.06 ~ 0.25mm，砂屑分选性较好，磨圆度中等–较差；长石呈次棱角–次圆状，粒径为 0.05 ~ 0.25mm；岩屑主要由微晶石英集合体构成，磨圆度较好；填隙物主要在砂屑之间呈接触–压嵌式胶结；在砂屑间隙，分布有少量粉砂、碳酸盐矿物白云石，其粒径为 0.05 ~ 0.1mm，呈稀散状分布，可见少量星点状金属矿物，主要为微细粒黄铜矿和黄铁矿等（见图 5-10（a）（b））。

（4）岩浆热液蚀变石英砂岩。采于萨热克矿区南矿带辉绿岩围岩，岩石为块状构造，细粒砂状结构；主要由石英（45% ~ 50%）、长石（20% ~ 25%）、岩屑（15%）、胶结物（10% ~ 15%）等组成。石英以次棱角状为主，部分为次圆状，粒径为 0.06 ~ 0.25mm，砂屑分选性较好，磨圆度中等–较差；长石主要为正长石、斜长石，含少量微斜长石，次棱角-次圆状,粒径为0.05~0.25mm;岩屑主要由微晶石英集合体构成,分选性、磨圆度较好;胶结物铁白云石、绿泥石等充填于砂屑间隙,呈孔隙式胶结;金属矿物具星点状构造,其中微量黄铜矿呈不规则状,粒径为0.01~0.15mm;少量斑铜矿呈不规则状,粒径为0.05~0.4mm;微量铜蓝沿斑铜矿晶粒边缘或在裂理中对其进行交代(见图5-10(c)(d))。

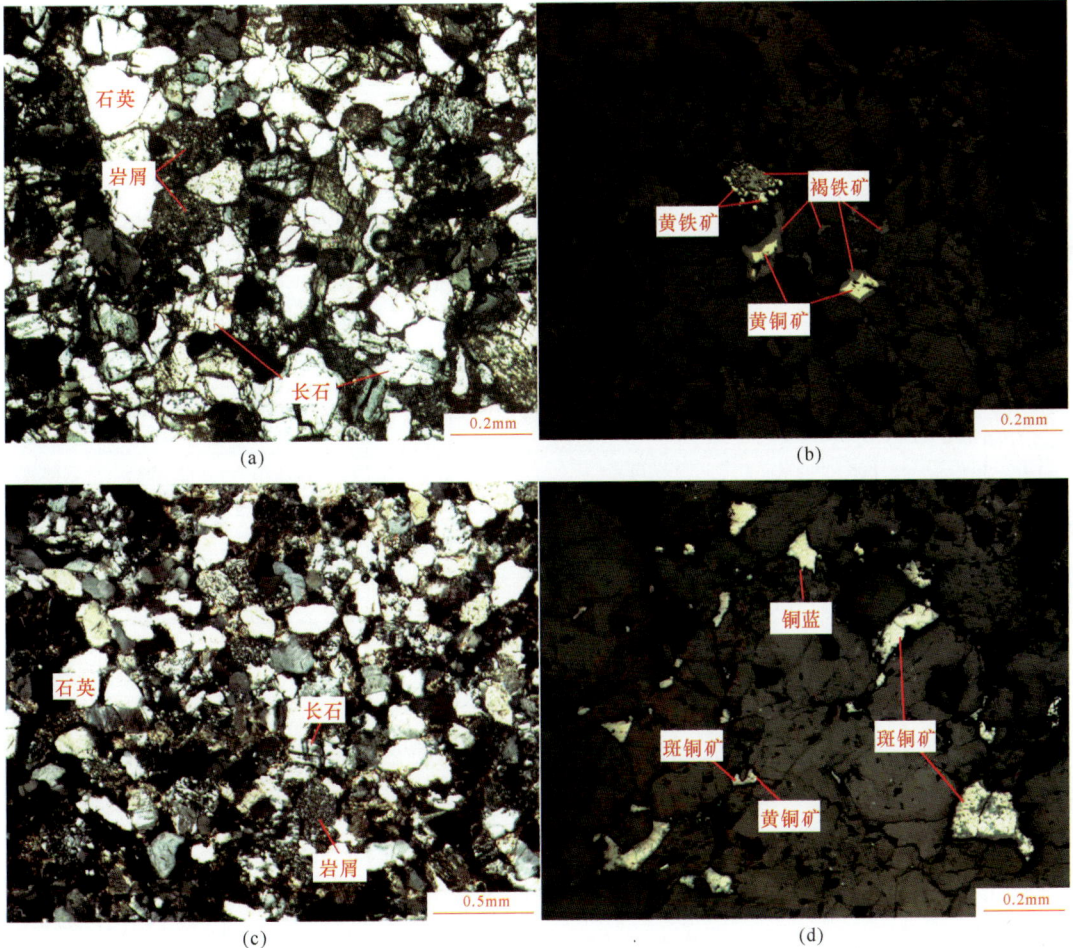

图 5-10 萨热克铜矿岩矿石显微组构特征
(a)沉积成因石英砂岩(正交光);(b)沉积成因石英砂岩(反射光);
(c)岩浆热液蚀变石英砂岩(正交光);(d)岩浆热液蚀变石英砂岩(反射光)

5.2.2.2 孔隙度与渗透率特征

从乌拉根和萨热克矿床不同岩(矿)石样品的测试结果(见表5-2)可以看出,乌拉根铅锌矿中沉积成因的岩石孔隙度和渗透率相对最大,孔隙度为10.12%~23.88%,平均值为21.82%;渗透率为$10.4536×10^{-3}~80.3025×10^{-3}\mu m^2$,平均值为$53.9843×10^{-3}\mu m^2$;总体上含砾粗砂岩大于含砾砂岩,含砾砂岩大于砂质泥岩。在乌拉根铅锌矿的主要含矿层下白垩统克孜勒苏群第一岩性段中，岩石发生铅锌矿化蚀变后粗砂质细砾岩和岩屑砂岩的孔隙度分别为 10.100% 和 10.920%；渗透率分别为 $0.0395 \times 10^{-3}\ \mu m^2$ 和 $2.9138 \times 10^{-3}\ \mu m^2$。上述结果表明，岩石的孔隙度和渗透率与岩石中砾石的含量、砂质的粗细和后期的蚀变作用密切相关。

表 5-2 乌拉根和萨热克矿床不同岩（矿）石的渗透率和孔隙度测试结果

序号	采样位置	样号	地质特征简述	地层代号	气测渗透率 /μm^2	孔隙度/%	备注
1	乌拉根铅锌矿	A01	粗砂质细砾岩	K_1kz^5	2.9138×10^{-3}	10.100	矿化蚀变
2		A02	岩屑砂岩		0.0395×10^{-3}	10.920	
3		A03	浅紫红色含砾砂岩	K_1kz^4	71.1967×10^{-3}	23.880	沉积成因
4		A04	灰绿色含砾粗砂岩	K_1kz^3	80.3025×10^{-3}	23.450	
5		A05	深紫红色砂质泥岩	K_1kz^1	10.4536×10^{-3}	18.120	
6	萨热克铜矿北矿带	B01	褐红色粉砂质泥岩	K_1kz^1	0.00212×10^{-3}	1.555	沉积成因
7		B02	褐红色粉砂质泥岩		0.00311×10^{-3}	1.409	
8		B03	褐红色粉砂质泥岩		0.00295×10^{-3}	1.212	
9		B04	杂砾岩	J_3k^2	0.04306×10^{-3}	2.662	盆地改造弱碳酸盐化胶结
10		B05	杂砾岩		0.09354×10^{-3}	2.423	
11		B06	杂砾岩		0.04786×10^{-3}	2.140	
12		B08	含铜砾岩		0.01010×10^{-3}	1.798	盆地改造强碳酸盐-硅化-硫化物胶结
13		B09	含铜砾岩		0.00353×10^{-3}	1.552	
14		B10	含铜砾岩		0.06578×10^{-3}	1.767	
15		B11	含铜砾岩		0.00815×10^{-3}	1.331	
16		B12	含铜砾岩		0.02900×10^{-3}	1.750	
17		B13	灰绿色石英砂岩	J_3k^1	0.01364×10^{-3}	3.212	沉积成因
18		B14	灰绿色石英砂岩		0.01454×10^{-3}	3.129	
19		B15	灰绿色石英砂岩		0.02514×10^{-3}	4.819	
20	萨热克铜矿南矿带	C01	紫红色石英砂岩	K_1kz^2	2.33821×10^{-3}	9.080	沉积成因
21		C02	浅灰绿色石英砂岩		0.18142×10^{-3}	8.950	
22		C03	灰白色石英砂岩		0.06108×10^{-3}	7.700	
23		C04	灰白色石英砂岩（辉绿岩脉上盘）	K_1kz^2	0.01599×10^{-3}	6.340	岩浆热液蚀变
24		C05	灰白色石英砂岩（辉绿岩脉下盘）		0.02333×10^{-3}	3.460	
25		C06	灰白色石英砂岩（辉绿岩脉上盘）		0.08403×10^{-3}	5.890	
26		C07	灰白色含铜石英砂岩（辉绿岩脉下盘）		0.02381×10^{-3}	2.500	
27		C08	灰白色石英砂岩（辉绿岩脉上盘）		0.15856×10^{-3}	6.710	
28		C09	灰白色石英砂岩（辉绿岩脉下盘）		0.02705×10^{-3}	3.790	
29		C10	灰白色石英砂岩（辉绿岩脉上盘）		0.04870×10^{-3}	5.250	
30		C11	灰白色石英砂岩（辉绿岩脉下盘）		0.03250×10^{-3}	4.270	

萨热克铜矿北矿带下白垩统克孜勒苏群第一岩性段（K_1kz^1）的 3 件沉积成因的褐红色泥质粉砂岩孔隙度为 1.212% ~ 1.555%，平均值为 1.393%；渗透率为 0.00212×10^{-3} ~ 0.00311×10^{-3} μm^2，平均值为 0.00273×10^{-3} μm^2。上侏罗统库孜贡苏组上段（J_3k^2）的 3 件经历盆地改造发生弱碳酸盐化胶结后的杂砾岩孔隙度为 2.140% ~ 2.662%，平均值为 2.408%；渗透率为 0.04306×10^{-3} ~ 0.09354×10^{-3} μm^2，平均值为 0.06149×10^{-3} μm^2；其下部的 5 件经历盆地改造发生强碳酸盐化–硅化–硫化物胶结后的杂砾岩孔隙度为 1.331% ~ 1.798%，平均值为 1.640%；渗透率为 0.00353×10^{-3} ~ 0.06578×10^{-3} μm^2，平均值为 0.02331×10^{-3} μm^2。上侏罗统库孜贡苏组下段（J_3k^2）的 3 件沉积成因的灰绿色砂岩孔隙度为 3.129% ~ 4.819%，平均值为 3.720%；渗透率为 0.01364×10^{-3} ~ 0.02514×10^{-3} μm^2，平均值为 0.01778×10^{-3} μm^2。

萨热克铜矿南矿带下白垩统克孜勒苏群第二岩性段（K_1kz^2）的 3 件沉积成因的石英砂岩孔隙度为 7.770% ~ 9.080%，平均值为 8.577%；渗透率为 0.06108×10^{-3} ~ 2.33821×10^{-3} μm^2，平均值为 0.86024×10^{-3} μm^2。萨热克铜矿南矿带 4 件辉绿岩脉的上、下盘围岩石英砂岩样品的孔隙度为 2.500% ~ 6.710%，平均值为 4.776%；渗透率为 0.01599×10^{-3} ~ 0.15896×10^{-3} μm^2，平均值为 0.05175×10^{-3} μm^2。此外，对比 4 件辉绿岩上、下盘围岩石英砂岩样品的孔隙度和渗透率发现，上盘 4 件围岩样品的孔隙度为 5.250% ~ 6.710%，平均值为 6.048%；渗透率为 0.01599×10^{-3} ~ 0.15896×10^{-3} μm^2，平均值为 0.07682×10^{-3} μm^2；下盘 4 件样品的孔隙度为 2.500% ~ 4.270%，平均值为 3.505%；渗透率为 0.02333×10^{-3} ~ 0.02705×10^{-3} μm^2，平均值为 0.02667×10^{-3} μm^2，上盘围岩的孔隙度和渗透率通常明显高于下盘围岩的孔隙度和渗透率。上述结果表明，在萨热克铜矿南矿带下白垩统克孜勒苏群第二岩性段的石英砂岩在岩浆热液蚀变后，其渗透率和孔隙度都明显小于远离辉绿岩脉未蚀变的石英砂岩样品，同时随着岩浆热液蚀变强度的增强，岩石的孔隙度和渗透率具有变小的趋势。

5.2.2.3 岩（矿）石力学参数

乌拉根砂砾岩型铅锌矿和萨热克杂砾岩型铜矿不同岩（矿）石的力学参数见表 5-3。从表中可知，乌拉根铅锌矿床的矿体顶板为白云岩，单轴抗压强度在饱和状态下为 20.0MPa，烘干状态下为 38.8MPa；抗拉强度在饱和状态下为 1.46MPa，烘干状态下为 2.6MPa；单轴压缩变形的弹性模量为 5.59MPa，变形模量为 8.14MPa，泊松比为 0.22，属于较软岩，按照《岩土工程勘察规范》（GB 50021—2001）岩体基本质量级别划分为 Ⅱ ~ Ⅲ 级。乌拉根铅锌矿床的矿体为砂砾岩，单轴抗压强度在饱和状态下为 2.43MPa，烘干状态下为 7.24MPa；抗拉强度在饱和状态下为 0.08MPa，烘干状态下为 0.22MPa；单轴压缩变形的弹性模量为 0.36MPa，变形模量为 0.198MPa，泊松比为 0.35，属于极软岩，岩体基本质量级别为 Ⅴ 级。乌拉根铅锌矿床的矿体底板为砂岩，单轴抗压强度在饱和状态下为 2.6MPa，烘干状态下为 10.9MPa；抗拉强度在饱和状态下为 0.28MPa，烘干状态下为 1.07MPa；单轴压缩变形的弹性模量为 0.23MPa，变形模量为 0.24MPa，泊松比为 0.35，属于极软岩，岩体基本质量级别为 Ⅴ 级。

表 5-3 乌拉根和萨热克矿床不同岩（矿）石的力学参数

序号	采样位置	样品编号	岩石名称	地层代号	单轴抗压强度/MPa		抗拉强度/MPa		单轴压缩变形/MPa		泊松比
					饱和	烘干	饱和	烘干	弹性模量	变形模量	
1	乌拉根铅锌矿	R10-岩-719	（顶板）白云岩	E_1a	20.0	38.8	1.46	2.6	5.59	8.14	0.22
2		R10-岩-720	（矿体）粗砂质细砾岩	K_1kz^5	2.43	7.24	0.08	0.22	0.36	0.198	0.35
3		R10-岩-721	（底板）砂岩	K_1kz^1	2.6	10.9	0.28	1.07	0.23	0.24	0.35
4	萨热克铜矿	Y1、Y2、Y6、Y10	（顶板）粉砂岩	K_1kz^1	64.3	96.1	4.56	8.89	19.8	15.6	0.24
5		Y3、Y4、Y7、Y8	（矿体）杂砾岩	J_3k^2	39.0	117.0	2.69	8.39	14.6	11.0	0.25
6		Y5、Y9、Y11、Y12	（底板）含砾砂岩	J_3k^1	34.7	106.0	3.74	10.9	7.83	6.12	0.25

　　萨热克铜矿床的矿体顶板主要为粉砂岩，单轴抗压强度在饱和状态下为64.3MPa，烘干状态下为96.1MPa；抗拉强度在饱和状态下为4.56MPa，烘干状态下为8.89MPa；单轴压缩变形的弹性模量为19.8MPa，变形模量为15.6MPa，泊松比为0.24，属于坚硬岩，岩体基本质量级别为Ⅱ～Ⅲ级。萨热克铜矿床矿体为杂砾岩，单轴抗压强度在饱和状态下为39.0MPa，烘干状态下为117MPa；抗拉强度在饱和状态下为2.69MPa，烘干状态下为8.39MPa；单轴压缩变形的弹性模量平均为14.6MPa，变形模量为11.0MPa，泊松比为0.25，属于较坚硬岩，岩体基本质量级别为Ⅲ级。萨热克铜矿床的矿体底板为含砾砂岩，单轴抗压强度在饱和状态下为34.7MPa，烘干状态下为106.0MPa；抗拉强度在饱和状态下为3.74MPa，烘干状态下为10.9MPa；单轴压缩变形的弹性模量为7.83MPa，变形模量为6.12MPa，泊松比为0.25，属于较坚硬岩，岩体基本质量级别为Ⅲ级。

5.2.2.4 盆地流体在沉积盆地改造中的运移规律

　　沉积盆地中岩石的孔隙度和渗透率对成矿流体的运移具有非常大的影响[98]，因而岩石的孔隙度和渗透率也是影响成矿作用的重要因素之一。在不同的成矿背景（环境）下，由于岩石的孔隙度和渗透率不同，矿体往往也会表现为不同的产出方式和矿石组构特征。从表5-2可以看出，乌拉根层控型铅锌矿床中的下白垩统克孜勒苏群各层（K_1kz^1、K_1kz^3、K_1kz^4）的岩石总体为沉积成因，由于不同沉积层理中岩（矿）石组构的不同，其孔隙度和渗透率也存在明显的差异，总体上含砾越多，砂质越粗的岩石孔隙度和渗透率相对越大。在乌拉根层控型铅锌矿床中的含矿层下白垩统克孜勒苏群第五岩性段含粗砂质细砾岩以沉积作用为主，在受后期弱改造作用后表现为铅锌矿体在宽缓的乌拉根向斜南北两翼对称产出，由于岩石经历后期的铅锌矿化蚀变后其成岩成矿后的孔隙度和渗透率具有明显变小的趋势，铅锌矿多呈细粒状沿砂砾石孔隙进行胶结，肉眼很难见到细脉状胶结物。

　　萨热克层控型铜矿北矿带的成矿作用先后经历了晚侏罗世的沉积成矿作用和喜马拉雅运动的改造成矿作用，萨热克巴依盆地受喜马拉雅运动影响产生南北向挤压作用而呈复式向斜构造，在赋矿的上侏罗统库孜贡苏组上段杂砾岩中可见明显的碎裂岩化和由硅化-碳酸盐化-辉铜矿等形成的细网脉状充填胶结物。从表5-2中可知萨热克铜矿北矿带下白垩统克孜勒苏群第一岩性段（K_1kz^1）褐红色粉砂质泥岩的孔隙度和渗透率最小。王环玲等人[99] 通过实验证明低渗透岩石随着围压的增大，孔隙度和渗透率呈指数函数关系递减，所以上部的褐红色粉砂质泥岩对其下部的成矿流体具有明显的圈闭作用。从理论上讲，上侏罗统库孜贡苏组上段（J_3k^2）杂砾岩中的砾石颗粒粗大，砾石间的孔隙度和渗透率应该相对较大，但由于受构造作用和后期成矿流体沿该段砾石间裂隙的充填和胶结作用[9]，使砾石中的孔隙度和渗透率反而明显小于上覆下白垩统克孜勒苏群中石英砂岩的孔隙度和渗透率，并且充填和胶结作用越强烈，其孔隙度和渗透率越小。如同为上侏罗统库孜贡苏组上段的杂砾岩，其下部经历强烈碳酸盐化-硅化-硫化物胶结的含铜杂砾岩的孔隙度（平均值为1.640%）和渗透率（平均值为$0.02331 \times 10^{-3} \mu m^2$）均小于其上部经历弱碳酸盐化胶结杂砾岩的孔隙度（平均值为2.408%）和渗透率（平均值为$0.06149 \times 10^{-3} \mu m^2$），表明随着成矿流体蚀变胶结强度的增强，蚀变胶结后的岩（矿）石孔隙度和渗透率具有变小的趋势。

对比乌拉根铅锌矿床与萨热克铜矿床的岩石的孔隙度与渗透率（见表5-2）可知，乌拉根铅锌矿床岩（矿）石的孔隙度和渗透率明显大于萨热克铜矿中对应的下白垩统岩石，陈占清等人[100] 通过研究影响岩石渗透率的因素后认为，岩石的内部结构是决定岩石渗透率分散的根本原因。通常在沉积成岩作用情况下，岩石中的砾石粒径越大，砾间间隙越大，岩石的孔隙度和渗透率也越大。从二者含矿岩石中砾石粒径和抗压变形强度（见表5-3）可以看出，乌拉根铅锌矿床赋矿岩石的砾石粒径和抗压变形强度均小于萨热克铜矿的赋矿岩石，同时乌拉根铅锌矿床赋矿岩石的泊松比大于萨热克铜矿的赋矿岩石；当岩石在后期遭受构造应力发生变形后，岩石硬度越大，越容易发生碎裂岩化而形成较多的微裂隙，其空隙度和渗透率随着增大，也越有利于成矿流体在岩石中的渗透、充填和沉淀。

从乌拉根层控型铅锌矿和萨热克层控型铜矿赋矿层位的岩石组构特征来看，矿体主要赋存在含砾砂岩（乌拉根铅锌矿）或杂砾岩层（萨热克铜矿）中，且都与切层断裂带有关。该切层断裂带是成矿流体的主要运移通道，上述含砾砂岩（乌拉根铅锌矿）或杂砾岩层（萨热克铜矿）是成矿流体主要的储存场所。当沉积盆地在构造应力作用驱动下发生变形，成矿流体沿着切层断裂带上升后，会有选择性地沿着孔隙度和渗透率相对较大的含砾砂岩（乌拉根铅锌矿）或杂砾岩层（萨热克铜矿）进行渗滤、扩散、充填和交代作用，岩石中的孔隙度和渗透率越大，形成的脉状胶结物越明显，生成的金属硫化物颗粒越大。其上、下盘孔隙度和渗透率相对较小的岩层（如粉砂质泥岩、砂岩等）则形成天然的圈闭层。

5.2.2.5 盆地流体在沉积盆地岩浆叠加中的运移规律

在萨热克层控型铜矿南矿带的成矿作用先后经历了明显的早白垩世沉积成矿作用和晚白垩世以后的岩浆叠加成矿作用。晚白垩世以后侵入的辉绿岩脉的产状在萨热克巴依盆地南部的下白垩统克孜勒苏群第二岩性段石英砂岩层中具有多样化特征，可见单个大脉切层侵入或顺层侵入，也可见多条细脉带沿石英砂岩层间裂隙顺层侵入，并在辉绿岩脉两侧形成了明显的褪色化蚀变相带。

对比沉积成因和遭受岩浆热液蚀变后两类石英砂岩的矿物组构特征发现，遭受岩浆热液蚀变后石英砂岩中的胶结物和金属硫化物明显增多，胶结物主要成分为铁白云石、绿泥石，并充填于砂屑间隙，呈孔隙式胶结。金属硫化物主要为细粒黄铜矿、斑铜矿等，呈星点状沿石英等间隙充填分布。上述结果表明，靠近辉绿岩脉石英砂岩中孔隙度和渗透率的变小与岩浆热液的蚀变密切相关。岩浆在侵入过程中岩浆含矿热液对围岩的热蚀变作用主要发生在岩石构造裂隙和矿物间隙等，热液蚀变作用产生的绿泥石化、碳酸盐化和沿石英矿物间隙充填的金属硫化物等是导致围岩的孔隙度和渗透率明显变小的主要原因；正是由于岩浆含矿热液对下盘的蚀变作用强度和矿化强度明显高于上盘也造成了蚀变后下盘围岩中的孔隙度和渗透率小于上盘围岩。从该区钻探结果也证明下盘的矿化要明显高于上盘。因此，岩浆热液蚀变围岩的孔隙度和渗透率变低，也是萨热克巴依盆地内岩浆热液叠加成岩作用的构造岩相学标志。从下盘矿化强度高于上盘矿化强度的特征可以看出，随着深度增加，矿化强度具有增强的趋势。萨热克巴依盆地南部辉绿岩脉群的大量出现，预示着深部可能存在重要的岩浆成矿物质来源，因而深部可能具有进一步的找矿潜力[101]。

5.2.3 盆地基底原岩恢复与岩石地球化学特征

沉积盆地基底对于沉积盆地的形成、演化及沉积盆地与造山带的耦合关系研究具有非常重要的意义[102-106]，因而盆-山体系与能源矿产和金属矿产的关系备受关注[107-108]。中元古界长城系在我国西部、北部很多地方都有出露，前人从沉积特征、锆石测年、化石等方面进行了研究[109-115]，中元古界长城系阿克苏群是西南天山最古老的地层之一，前人对西天山及西南天山的构造演化和成矿规律进行了大量的研究[1,116-127]，近十多年在西南天山中新生代沉积盆地中相继发现了乌拉根超大型铅锌矿[95]、萨热克大型铜矿床等[9-10]，沉积盆地基底可分为基底上构造层和基底下构造层，在沉积盆地基底的上构造层中发现了萨瓦亚尔顿大型金矿等[128]。

中元古界长城系阿克苏群作为塔西地区中新生代沉积盆地下基底构造层蚀源岩区，为塔西砂砾岩型铜铅锌成矿系统提供了丰富的初始成矿物质来源[129]，同时在阿克苏群中形成了与韧性剪切带密切相关的造山型金铜成矿系统。但目前在塔西地区，对于中新生代沉积盆地成矿作用的研究较多，而对于沉积盆地基底中元古界长城系阿克苏群与金铜成矿关系的研究较少，制约了西南天山成矿带的总体研究。

结合区域地质构造背景，按照本区沉积盆地、盆地基底及侵入岩岩性的不同，根据区域深大断裂的空间分布特征，萨热克巴依走滑拉分盆地沉积充填体为新生代—中生代陆相沉积地层，古生界地层为盆地上基底构造层，中元古界长城系阿克苏群为盆地下基底构造层。本区盆地下基底构造层具有中-高级变质相，它们为苏鲁铁列克断隆构造区的主要物质组成。在韧性剪切带发育绢英质糜棱岩、大理岩质糜棱岩、绿泥石阳起石糜棱岩等。阿克苏群分布于康苏镇西部至加斯公路以北苏鲁铁热克隆起之高山区，发育流变褶皱、强烈构造面理置换等韧性构造变形域中形成的变形构造样式和构造组合；发育褶曲、片理化相带、热液角砾岩相带、密集劈理化相带等后期脆韧性剪切带叠加改造变形，伴有硅化、绿泥石化、绢云母化、黄铜矿化和黄铁矿化等蚀变，形成了与韧性剪切带密切相关的造山型金铜成矿系统。

本区造山型铜金矿化带的成矿地质作用为大型变形地质作用，成矿地质体为中元古界长城系阿克苏群石英片岩等，成矿构造为断裂-裂隙构造，成矿结构面为韧性剪切带-脆性叠加部位，成矿作用特征标志为剪切带内部发育的硅化、黄铜矿化、斑铜矿化、黄铁矿化、绢云母化、绿泥石化等，按照产状和矿化组合的不同划分为铁斯给金（铜）矿化带和阿克然铜（金）矿化带（见图5-11）。铁斯给金（铜）矿化带主要分布在萨热克巴依盆地北西侧长城系阿克苏群第五岩性段灰-灰绿色绢云石英片岩中。阿克然铜（金）矿化带分布于萨热克巴依盆地南东侧长城系阿克苏群第四岩性段灰-灰黑色黑云母石英片岩中（见图5-12）。

图 5-11　萨热克巴依沉积盆地地质图

1—第四系；2—第四系西域组；3—下白垩统克孜勒苏群第三段；4—下白垩统克孜勒苏群第二段；
5—下白垩统克孜勒苏群第一段；6—上侏罗统库孜贡苏组第二岩性段；7—上侏罗统库孜贡苏组第一岩性段；
8—中侏罗统塔尔尕组；9—中侏罗统杨叶组中段；10—中侏罗统杨叶组下段；11—下侏罗统康苏组；
12—下侏罗统莎里塔什组；13—下石炭统野云沟组上段；14—下石炭统野云沟组下段；15—中志留统合同沙拉群；
16—长城系阿克苏群第六岩性段；17—长城系阿克苏群第五岩性段；18—长城系阿克苏群第四岩性段；
19—长城系阿克苏群第一岩性段；20—辉绿岩脉；21—铜矿（化）体；22—金矿（化）体；23—铅锌矿（化）体；
24—铁矿（化）体；25—铜金矿（化）体；26—煤矿；27—断层；28—锆石样品采集点

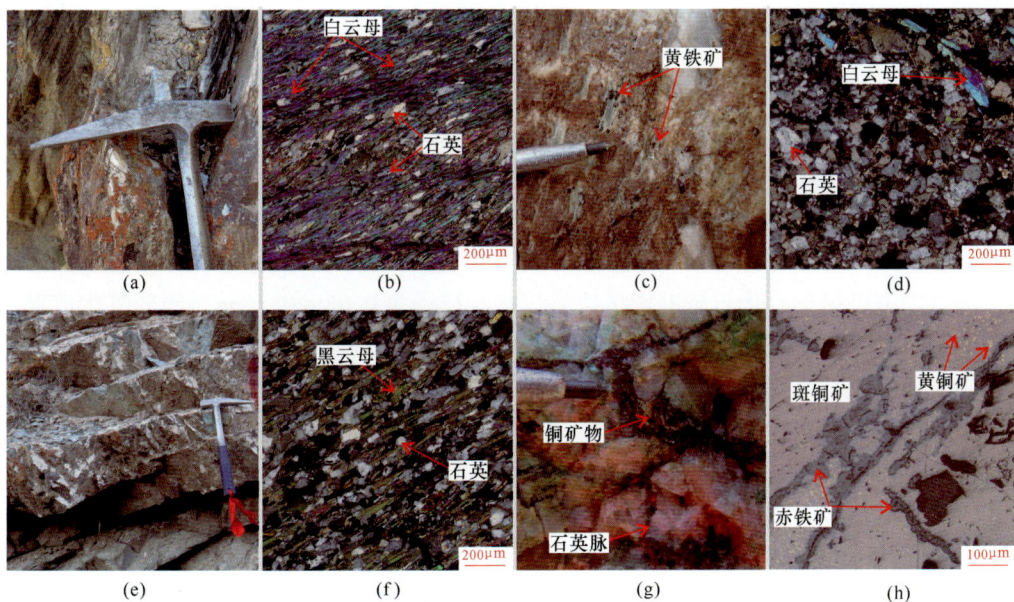

图 5-12　长城系阿克苏群铜金矿化岩（矿）石组构特征

（a）云母片岩露头（A-1 样号）；（b）云母片岩（A-1 样号，正交光）；（c）岩石中的黄铁矿化（A-6 样号）；
（d）岩石中石英多具次生加大特征（A-6 样号，正交光）；（e）石英云母片岩露头（B-1 样号）；
（f）石英云母片岩中黑云母近定向排列（B-1 样号，单偏光）；（g）含铜石英脉（B-6 样号）；
（h）铜矿石的斑铜矿和乳滴状黄铜矿（B-6 样号，反射光）

5.2.3.1 岩（矿）石组构特征

铁斯给金（铜）矿化带的岩石类型主要有长英质黑云母片岩、大理岩、方解石石英片岩等，阿克然铜（金）矿化带的岩石类型主要有长英质黑云母片岩、长英质片岩等，各类岩（矿）石组构特征如下：

（1）长英质黑云母片岩。灰黑-灰绿色，片状构造，显微鳞片细粒变晶结构，矿物具明显定向排列；岩石主要由黑云母（45%～60%）、白云母（5%～10%）、石英（25%～30%）、斜长石（10%～15%）、方解石（约5%）和少量黄铁矿组成。黑云母粒径为0.03～1.0mm，白云母粒径为0.03～0.3mm，石英多呈长条粒状，斜长石多呈粒状，石英和斜长石粒径为0.03～0.25mm，方解石粒径为0.03～0.5mm。（见图5-12(a)(b)(e)(f)）。

（2）大理岩。浅黄色，中-薄层状构造，中-细晶粒结构，具定向排列；岩石主要由方解石（约95%）、石英（约3%）和白云母（约2%）等组成。方解石多呈粒状，粒径为0.06～0.5mm；石英呈粒状，粒径为0.03～0.2mm；白云母呈片状，粒径为0.06～0.3mm。

（3）方解石石英片岩。浅灰色，层状、片状构造，片状粒状变晶结构，可见变余层理；岩石主要由石英（40%～45%）、斜长石（10%）、方解石（30%～40%）、绢云母（5%～10%）和少量黄铁矿（<1%）等组成。石英粒径为0.03～0.3mm；斜长石粒径为0.03～0.3mm；绢云母呈鳞片状，粒径为0.03～0.2mm；方解石粒径为0.03～0.35mm；黄铁矿粒径为0.03～0.1mm，呈星点状分布。

（4）金矿化方解石长英质片岩。黄褐色，层状、片状构造，片状粒状变晶结构；岩石主要由石英（60%～70%）、斜长石（10%～15%）、方解石（15%～20%）、白云母（5%）、岩屑（2%）和少量黄铁矿（1%）等组成。石英可见次生加大边，粒径为0.06～0.2mm，波状消光，可见次生加大边；斜长石粒径为0.06～0.23mm；方解石粒径为0.06～0.25mm；白云母粒径为0.03～0.3mm（见图5-12(c)(d)）。

（5）铜矿化长英质片岩。块状构造，粒状变晶结构；岩石主要由石英（85%）、长石（8%～10%）、黑云母（2%）、斑铜矿（2%～3%）和少量黄铜矿（<1%）等组成。石英粒径为0.06～0.23mm；长石粒径为0.06～0.25mm；黑云母呈片状，粒径为0.06～0.15mm，大多已绿泥石化；斑铜矿呈他形粒状，粒径为0.03～0.7mm，部分氧化成铜蓝，分布于石英脉的裂隙中；黄铜矿粒径为0.03～0.05mm，多呈乳滴状分布于斑铜矿中（见图5-12(g)(h)）。

5.2.3.2 岩石地球化学特征与原岩恢复

为了对本区中元古界阿克苏群进行原岩恢复，在阿克苏群第五岩性段铁斯给金（铜）矿化带采集了7件样品，样品编号为A1～A7，其中金矿化石英片岩样品2件、长英质黑云母片岩样品1件、大理岩样品1件、方解石石英片岩样品3件。在阿克苏群第四岩性段阿克然铜（金）矿化带采集了6件样品，样品编号为B1～B6，其中云母片岩样品2件、铜矿石样品4件。在萨热克铜矿北侧阿克苏群第六岩性段采集黑云母片岩1件，主要进行锆石U-Pb定年测试。样品中的金属硫化物挑选由河北省区域地质矿产调查研究所完成；主、微量和稀土元素分析由核工业北京地质研究院分析测试研究中心完成。分析结果见表5-4。

表5-4 岩石化学成分分析结果

岩性		长英质黑云母片岩	大理岩	方解石石英片岩		金矿化方解石长英质片岩		长英质黑云母片岩		铜矿化长英质片岩			
地层		Pt₂ak⁵						Pt₂ak⁴					
编号		A1	A2	A3	A4	A5	A6	A7	B1	B2	B3	B4	B5	B6

岩性		长英质黑云母片岩	大理岩	方解石石英片岩		金矿化方解石长英质片岩		长英质黑云母片岩		铜矿化长英质片岩		
		A1	A2	A3	A4	A5	A6	A7	B1	B2	B3	B4	B5	B6
主要化学成分/%	SiO_2	54.83	5.47	36.82	38.12	30.33	54.40	30.14	62.45	60.75	72.62	88.44	67.91	82.73
	Al_2O_3	17.10	1.89	6.30	9.27	6.29	10.99	5.25	14.69	16.42	10.88	0.77	7.66	6.36
	TFe	4.47	0.87	3.16	3.50	4.63	5.71	11.67	6.09	6.49	3.88	5.01	3.64	2.68
	MgO	3.61	1.14	11.83	2.50	4.26	3.36	6.19	3.92	3.54	2.63	0.28	2.05	1.30
	CaO	4.34	50.25	15.53	21.69	25.57	8.14	18.63	4.53	3.53	2.08	0.23	6.69	0.94
	Na_2O	2.38	0.17	0.90	1.39	3.17	1.55	1.65	3.12	1.63	2.63	0.56	2.22	2.24
	K_2O	4.42	0.54	2.11	2.36	0.39	2.55	0.82	2.10	3.33	2.24	0.17	1.31	0.83
	MnO	0.05	0.04	0.09	0.06	0.10	0.15	0.38	0.07	0.12	0.07	0.01	0.09	0.04
	TiO_2	0.69	0.08	0.34	0.48	0.29	0.68	0.30	0.71	0.76	0.56	0.05	0.50	0.21
	P_2O_5	0.15	0.03	0.12	0.12	0.10	0.19	0.08	0.16	0.16	0.14	0.01	0.09	0.06
	烧失量	7.95	39.50	22.80	20.48	23.27	12.22	23.30	2.14	2.93	2.24	1.76	1.82	1.21
	总量	99.99	99.98	99.99	99.97	98.40	99.94	98.41	99.98	99.66	99.97	97.30	93.99	98.60
微量元素 ×10⁻⁶	Sc	18.4	1.97	5.95	9.48	9.82	10.5	5.12	14.8	16.3	8.84	0.68	6.96	3.83
	V	123	17.6	55.7	66.2	76.2	69.4	37.6	113	112	75.7	12	67.1	45.8
	Cr	104	11.9	38.4	53.2	40	54	25	91.4	105	60	6.32	45.1	27.3
	Ni	55.2	18.1	20.9	32.6	40.7	12.9	16.1	36.7	37.9	23.7	47.2	26.3	54.1
	Cu	6.21	5.52	4.44	29.6	10.6	30.2	100	21.5	47.8	640	12430	28516	8255
	Zn	31.9	7.06	13	33.8	12.9	12.5	10.8	94.5	92	90.4	96.5	46.2	44
	Rb	191	20.6	59.5	81.8	13.4	91.6	32.6	104	152	96.6	6.72	49.4	31.5
	Sr	129	519	117	370	217	72.1	144	205	162	98.2	7.01	104	39.1
	Cs	9.22	1	3.54	2.95	0.409	1.26	0.661	8	12.2	2.75	0.582	4.59	1.12
	Ba	547	64.2	400	346	55.8	512	211	328	629	517	23.7	186	147
	Pb	17.6	1.73	1.85	8.02	5.18	2.16	3.09	22.1	18.8	3.9	183	39.6	54.1
	Th	14.9	1.38	6.67	9.11	6.08	10.5	5.24	13.6	16.3	9.09	0.475	4.94	4.08
	U	1.33	0.455	2.92	2.02	5.9	1.37	1.5	2.78	2.81	1.47	12.6	3.44	2.19
	Nb	12.9	1.09	6.55	10.7	3.8	8.85	1.91	12.3	16.7	11.8	0.782	2.84	4.00
	Ta	1.03	0.22	0.589	0.775	0.337	0.759	0.197	1.03	1.29	0.919	0.064	0.316	0.354
	Zr	26.9	4.24	48.4	83.6	56.8	87.6	47.7	13.1	55.4	11.6	1.05	6.41	9.06
	Hf	1.01	0.132	1.56	2.53	1.69	2.61	1.44	0.461	1.83	0.422	0.033	0.235	0.276
	La	45.9	4.69	20.8	30.3	8.39	6.6	8.85	45.7	48.8	29.3	1.78	19.5	13.6
	Ce	86	8.42	37.1	54.9	17.5	12.9	16.3	81.3	90	54.3	3.86	40.3	25.3
	Pr	10.2	1.04	4.48	6.53	2.47	1.7	2.02	9.61	10.8	6.54	0.425	5.05	2.96

岩性		长英质黑云母片岩	大理岩	方解石石英片岩			金矿化方解石长英质片岩		长英质黑云母片岩		铜矿化长英质片岩			
地层		Pt₂ak⁵							Pt₂ak⁴					
编号		A1	A2	A3	A4	A5	A6	A7	B1	B2	B3	B4	B5	B6
微量元素 ×10⁻⁶	Nd	38.8	4.09	17	24.9	11.1	7.1	8.11	36.7	41.7	24.9	1.82	20.5	11.2
	Sm	7.17	0.782	2.98	4.27	3.14	1.81	1.79	6.98	7.51	4.71	0.316	3.87	2.12
	Eu	1.34	0.174	0.609	0.949	0.801	0.474	0.623	1.37	1.53	1.03	0.054	1.31	0.377
	Gd	5.49	0.659	2.77	3.79	3.6	1.94	1.81	6.15	6.95	4.05	0.328	3.47	1.74
	Tb	0.819	0.116	0.44	0.728	0.873	0.417	0.379	1.12	1.25	0.755	0.061	0.632	0.33
	Dy	3.36	0.609	2.48	3.72	5.7	2.38	2.33	6.34	6.76	3.96	0.311	3.34	1.99
	Ho	0.49	0.115	0.508	0.725	1.21	0.452	0.441	1.28	1.32	0.807	0.065	0.588	0.396
	Er	1.27	0.337	1.45	2.21	3.57	1.21	1.29	3.52	3.88	2.24	0.186	1.64	1.17
	Tm	0.198	0.06	0.255	0.378	0.656	0.237	0.235	0.585	0.663	0.386	0.036	0.26	0.182
	Yb	1.2	0.336	1.69	2.52	4.11	1.49	1.56	3.45	4.15	2.22	0.253	1.54	1.06
	Lu	0.168	0.052	0.243	0.372	0.549	0.239	0.241	0.464	0.589	0.306	0.04	0.207	0.145
	Y	12	3.59	14.3	20.4	33.2	12.1	12.1	36.1	36.3	22.4	1.78	17.5	11.9
	ΣREE	214	25.1	107	157	96.9	51.0	58.1	241	262	160	11.3	120	74.5
	ΣLREE	189	19.2	83.0	122	43.4	30.6	37.7	182	200	121	8.26	90.5	55.6
	ΣHREE	25.0	5.87	24.1	34.8	53.5	20.5	20.4	59.0	61.9	37.1	3.06	29.2	18.9
	ΣL/ΣH	7.58	3.27	3.44	3.50	0.812	1.50	1.85	3.08	3.24	3.25	2.70	3.10	2.944
δCe		0.957	0.918	0.925	0.939	0.925	0.927	0.928	0.934	0.944	0.944	1.068	0.977	0.960
δEu		0.653	0.741	0.648	0.721	0.728	0.773	1.058	0.639	0.648	0.721	0.513	1.093	0.600
(La/Sm)$_N$		4.03	3.77	4.39	4.46	1.68	2.29	3.11	4.12	4.09	3.91	3.54	3.17	4.04
(Gd/Yb)$_N$		3.69	1.58	1.32	1.21	0.707	1.05	0.936	1.44	1.35	1.47	1.05	1.82	1.33

注: 分析单位为核工业北京地质研究院分析测试研究中心。

（1）主要化学成分。从表5-4中可以看出，铁斯给金（铜）矿化带云母片岩中 SiO_2 含量为54.83%，Al_2O_3 含量17.10%，TFe 含量为4.47%，MgO 含量为3.61%，CaO 含量为4.34%，Na_2O+K_2O 含量为6.8%，烧失量为7.95%。方解石石英片岩中 SiO_2 含量为30.33%~38.12%，平均值为35.09%；Al_2O_3 含量为6.29%~9.27%，平均值为7.29%；TFe 含量为3.16%~4.63%，平均值为3.76%；MgO 含量为2.50%~11.83%，平均值为6.20%；CaO 含量为15.53%~25.57%，平均值为20.93%，Na_2O+K_2O 含量为3.01%~3.75%，平均值为3.44%；烧失量为20.48%~23.27%，平均值为22.18%；金矿化方解石长英质片岩中 SiO_2 含量为30.14%~54.4%，平均值为42.27%；Al_2O_3 含量为5.25%~10.99%，平均值为8.12%；TFe 含量为5.71%~11.67%，平均值为8.69%；MgO 含量为3.36%~6.19%，平均值为4.78%；CaO 含量为8.14%~18.63%，平均值为13.39%，Na_2O+K_2O 含量为2.47%~4.10%，平均值为3.28%；烧失量为12.22%~23.30%，平均

值为 17.76%。铁斯给金（铜）矿化带长英质黑云母片岩 SiO_2 含量为 60.75% ~ 62.45%，平均值为 61.60%；Al_2O_3 含量为 14.69% ~ 16.42%，平均值为 15.56%；TFe 含量为 6.09% ~ 6.49%，平均值为 6.29%；MgO 含量为 3.54% ~ 3.92%，平均值为 3.73%；CaO 含量为 3.53% ~ 4.53%，平均值为 4.03%，Na_2O+K_2O 含量为 4.96% ~ 5.22%，平均值为 5.09%；烧失量为 2.14% ~ 2.93%，平均值为 2.54%。铜矿化长英质片岩中 SiO_2 含量为 67.91% ~ 88.44%，平均值为 77.93%；Al_2O_3 含量为 0.77% ~ 10.88%，平均值为 6.42%；TFe 含量为 2.68% ~ 5.01%，平均值为 3.80%；MgO 含量为 0.28% ~ 2.63%，平均值为 1.57%；CaO 含量为 0.23% ~ 6.69%，平均值为 2.48%，Na_2O+K_2O 含量为 0.73% ~ 4.87%，平均值为 3.05%；烧失量为 1.21% ~ 2.24%，平均值为 1.76%。从铁斯给金（铜）矿化区和阿克然铜（金）矿化区上述分析结果对比来看，前者样品中的 CaO 和烧失量的含量明显大于后者，后者中的 SiO_2 含量明显大于前者，表明前者岩（矿）石中钙质含量较高，后者岩（矿）石中硅质含量较高。

（2）微量元素。采用原始地幔进行配分[131]，从表 5-4 和图 5-13 中可以看出，除大理岩样品（A2）富集 Sr，金（铜）矿化岩石样品富集 Zr-Hf 外，大多数样品均富集 Cs-Rb-Th-U-K-La-Ce-Pb-Nd-Sm，而相对亏损 Ba-Ta-Nb-Sr-Zr-Hf 等元素，显示出较为相似的配分曲线模式，同时铜矿化样品中的 U-Pb 含量明显高于其他样品，Zr-Hf 等元素含量又明显低于其他样品，这可能主要与强烈的硅化作用有关。

（3）稀土元素。从表 5-4 中可以看出，铁斯给金（铜）矿化区中云母片岩 $\sum REE$ 含量为 $214×10^{-6}$，$\sum L/\sum H$ 为 7.58，δEu 为 0.65，δCe 为 0.96；大理岩中 $\sum REE$ 含量为 $25.1×10^{-6}$，$\sum L/\sum H$ 为 3.27，δEu 为 0.74，δCe 为 0.92；方解石石英片岩中 $\sum REE$ 含量为 $96.9×10^{-6}$ ~ $157×10^{-6}$，平均值为 $120×10^{-6}$，$\sum L/\sum H$ 为 0.81 ~ 3.50，平均值为 2.58，δEu 为 0.65 ~ 0.73，平均值为 0.70，δCe 为 0.93 ~ 0.94，平均值为 0.93。金矿化方解石长英质片岩中 $\sum REE$ 含量为 $51.0×10^{-6}$ ~ $58.1×10^{-6}$，平均值为 $54.6×10^{-6}$，$\sum L/\sum H$ 为 1.49 ~ 1.85，平均值为 1.67，δEu 为 0.77 ~ 1.06，平均值为 0.92，δCe 平均值为 0.93。阿克然铜（金）矿化区长英质黑云母片岩中 $\sum REE$ 含量为 $241×10^{-6}$ ~ $262×10^{-6}$，平均值为 $251×10^{-6}$，$\sum L/\sum H$ 为 3.08 ~ 3.24，平均值 3.16，δEu 为 0.64 ~ 0.65，平均值为 0.64，δCe 为 0.93 ~ 0.94，平均值为 0.93；铜矿化长英质片岩中 $\sum REE$ 含量为 $11.3×10^{-6}$ ~ $158×10^{-6}$，平均值为 $90.8×10^{-6}$，$\sum L/\sum H$ 为 2.94 ~ 3.25，平均值 3.00，δEu 为 0.51 ~ 1.09，平均值为 0.73，δCe 为 0.94 ~ 1.07，平均值为 0.99。上述结果表明，本区云母类样品中稀土含量总体较高，大理岩和硅化等蚀变强烈的岩石中稀土总量相对较少，除个别样品（A5）外，大多数样品富集轻稀土；δCe 多具弱的负异常，δEu 多具中等负异常。采用球粒陨石进行配分后[132]，从图 5-14 中可以看出，多数样品稀土配分曲线总体呈平缓右倾特征，轻稀土分馏比较明显，重稀土分馏不太明显。

上述样品在 SiO_2-TiO_2 图解（见图 5-15）中，一部分样品落在了沉积岩区，另一部分落在了火成岩区；通过分别计算岩石中各成分的分子数进行原岩恢复，从（al+fm）-（c+alk）-Si 图解（见图 5-16）中可以看出，上述样品中 A1 和 B1（云母片岩）落在火山岩区，B2 和 B3 落在泥质沉积岩区，A3 和 A7 落在钙质沉积岩区，A6 落在钙质沉积岩和火山岩相邻区，B5 落在靠近火山岩区，B4 和 B6 中因为石英含量较多，落在图框右外侧的砂质沉积岩区，其余样品 A2、A4 和 A5 因为含有大量的 CaO 而使（al+fm）-（c+alk）呈负值落在钙质沉积岩区图框下方。在 $\sum REE$-La/Yb 图解（见图 5-17）中，多数样品落在了沉积岩区与玄武岩区；在 Hf–La/Th 图解（见图 5-18）中，多数样品落在了长英质、基性混合物源区附近。上述结果表明，阿克苏群原岩中除包含砂质、泥质和钙质等沉积岩外，可能还有一些火山岩沉积；大理岩原岩为碳酸盐岩，恢复沉积环境总体为陆源碎屑岩夹碳酸盐岩沉积建造环境。这与云南中元古界昆阳群因民组中出现的火山岩和落雪组中出现的碳酸盐岩较为相似[130]，这两组地层也是东川地区铜矿或铜铁矿最主要的赋矿层位。

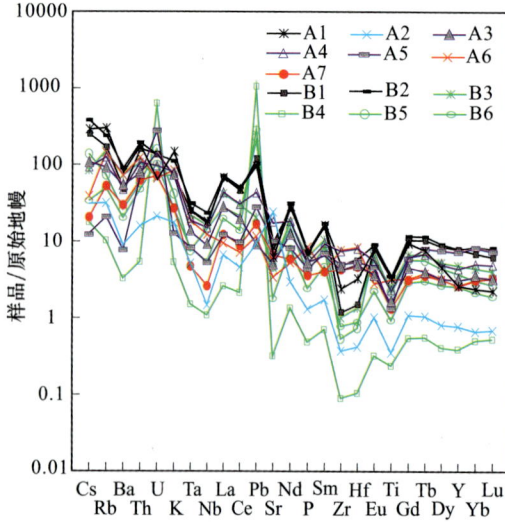

图 5-13　阿克苏群岩石微量元素蜘蛛图

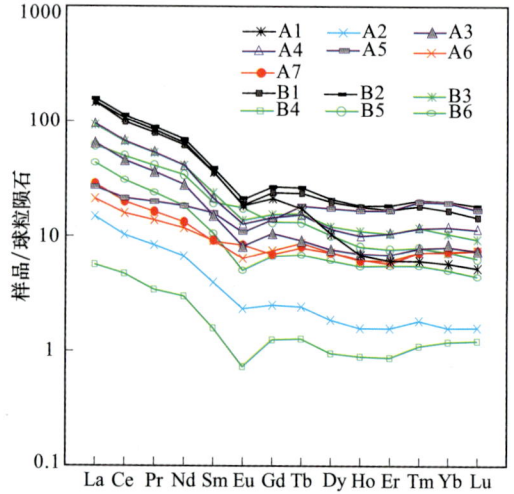

图 5-14　阿克苏群岩石稀土元素配分曲线

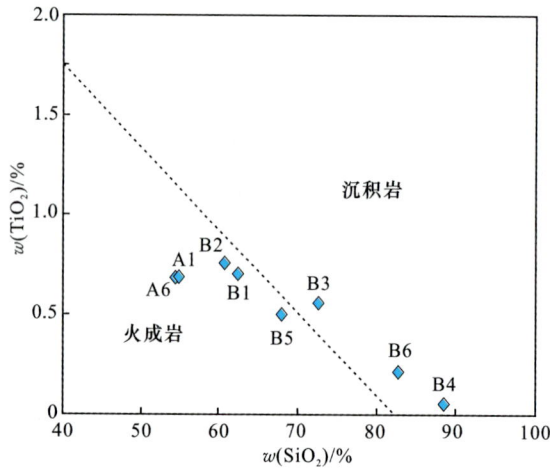

图 5-15　阿克苏群岩石 SiO$_2$–TiO$_2$ 图解（底图据文献［133］）

5.2.3.3　阿克苏群的形成时代

为了确定本区阿克苏群的年龄，在其第六岩性段黑云母片岩中采集了 1 件样品（见图 5-11），锆石的分选工作在河北省区域地质矿产调查研究所完成，阴极发光（CL）分析和 LA–ICP–MS 锆石 U–Pb 定年测试在中国冶金地质总局山东局测试中心实验室完成。从本区阿克苏群第六岩性段黑云母片岩中锆石的 CL 图像（见图 5-19）可以看出，多数样品具

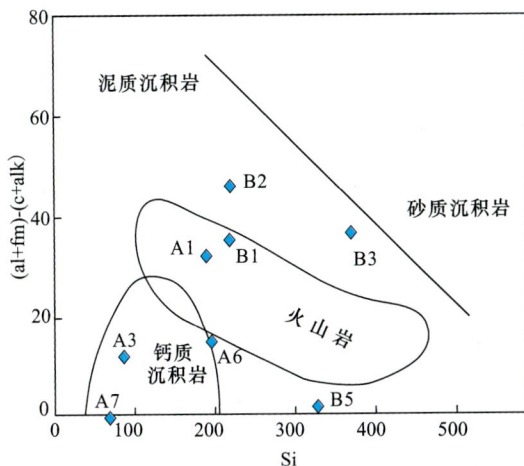

图 5-16 阿克苏群岩石（al+fm）-（c+alk）-Si 图解（底图据文献［134］）

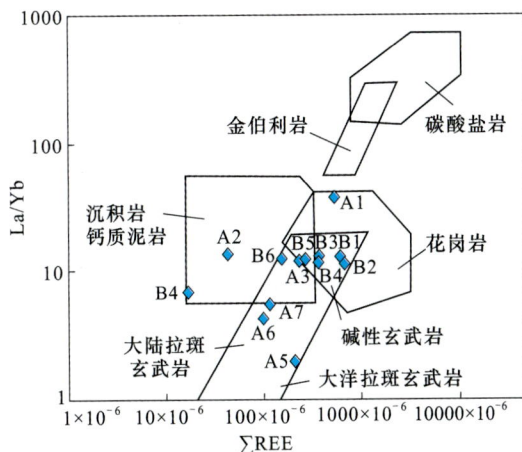

图 5-17 阿克苏群岩石 ∑REE-La/Yb 图解（底图据文献［135］）

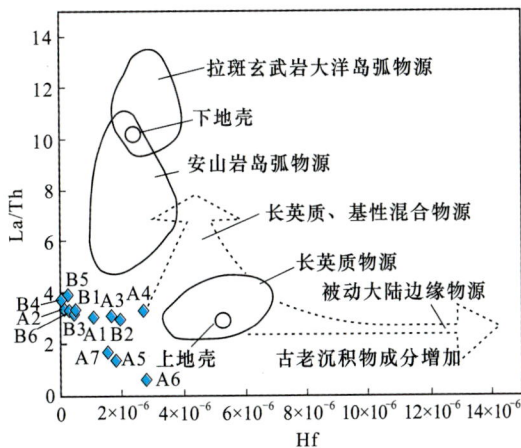

图 5-18 阿克苏群岩石 Hf-La/Th 图解（底图据文献［136］）

有一定的磨圆度并遭受了明显的磨蚀，仅少数锆石可见环带结构，从锆石 U-Pb 谐和图（见图 5-20）和 LA-ICP-MS 定年结果（见表 5-5）可以看出，6 件锆石样品获得的平均年龄为（1528±140）Ma，MSWD = 4.6；不谐和曲线上交点年龄为（1609±190）Ma，MSWD = 5.1，可基本确定本区阿克苏群形成于中元古界。

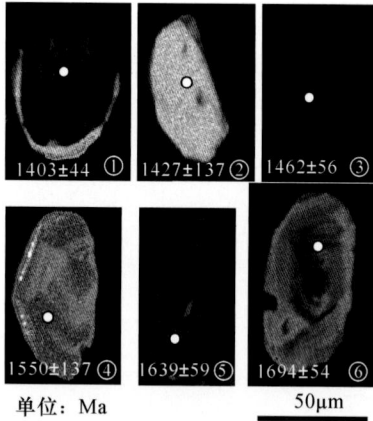

图 5-19 阿克苏群黑云母片岩中碎屑锆石 CL 图像

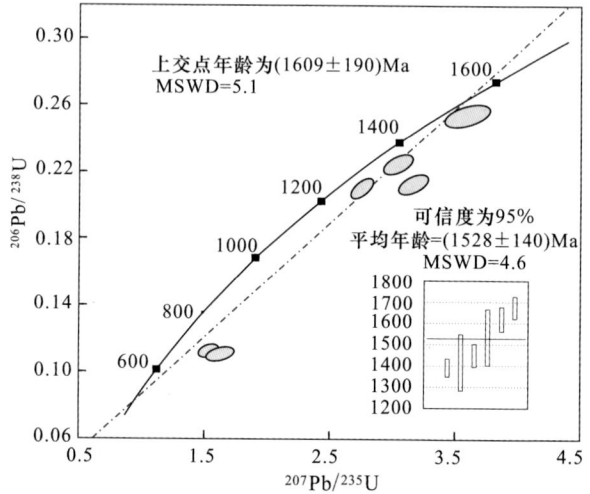

图 5-20 阿克苏群黑云母片岩中碎屑锆石 U-Pb 谐和图

表 5-5 阿克苏群黑云母片岩中碎屑岩锆石 LA-ICP-MS 定年结果

| 样号 | $^{207}Pb/^{206}Pb$ | | $^{207}Pb/^{235}U$ | | $^{206}Pb/^{238}U$ | | $^{208}Pb/^{232}Th$ | | $^{207}Pb/^{206}Pb$ | | $^{207}Pb/^{235}U$ | | $^{206}Pb/^{238}U$ | | $^{208}Pb/^{232}Th$ | |
	比值	1σ	比值	1σ	比值	1σ	比值	1σ	年龄	1σ	年龄	1σ	年龄	1σ	年龄	1σ
G1	0.101	0.003	3.581	0.134	0.260	0.005	0.076	0.003	1638.9	59.3	1545.3	29.6	1488.1	27.1	1476.1	65.7
G2	0.096	0.007	1.350	0.092	0.105	0.003	0.035	0.001	1550.0	136.6	867.5	40.0	642.9	17.2	693.4	28.3
G3	0.092	0.002	2.961	0.085	0.228	0.004	0.065	0.002	1462.0	55.7	1397.7	21.8	1325.2	23.3	1263.6	40.1
G4	0.104	0.003	3.089	0.088	0.215	0.005	0.074	0.003	1694.4	53.7	1429.9	21.7	1254.6	24.3	1450.1	50.9
G5	0.090	0.006	1.252	0.063	0.107	0.003	0.042	0.002	1427.8	136.7	824.5	28.4	654.5	17.4	835.8	50.5
G6	0.089	0.002	2.630	0.066	0.213	0.005	0.069	0.003	1403.4	44.1	1308.9	18.5	1242.7	25.0	1351.1	52.9

注：分析测试单位为中国冶金地质总局山东局测试中心实验室。

5.2.3.4 流体包裹体特征

长城系阿克苏群铜金矿化岩石中石英脉的流体包裹体测试由核工业北京地质研究院分析测试研究中心完成，气体测温和气相成分测定分别采用均一法和激光拉曼光谱法，分析结果见表 5-6。其中 A6 和 A7 样品来自铁斯给金（铜）矿化带，B4 ～ B6 采自阿克然铜（金）矿化带，从表中可以看出，长城系阿克苏群铜金矿化岩石中石英脉的流体包裹体主要为富液包裹体（见图 5-21），铁斯给金（铜）矿化带中石英的包裹体成群分布，大小为 3μm×5μm ～ 5μm×14μm；均一温度为 120 ～ 352℃，平均温度为 201.54℃；盐度 $w(NaCl)_{eq}$ 为 7.17% ～ 23.18%，平均盐度为 18.40%。阿克然铜（金）矿化带中石英包裹体可分为 2 期：第 1 期石英包裹体成群分布，大小为 3μm×5μm ~ 11μm×17μm，均一温度为 116 ~ 215℃，平均温度为 161.83℃，盐度 $w(NaCl)_{eq}$ 为 12.16% ~ 23.18%，平均盐度为 16.87%；第 2 期石英包裹体呈带状分布，大小为 2μm×5μm ~ 10μm×7μm；均一温度为 146 ~ 208℃，平均温度为 165.80℃；盐度 $w(NaCl)_{eq}$ 为 1.91% ~ 2.07%，平均盐度为 2.01%。上述结果表明，铁斯给金（铜）矿化带中石英矿物的均一温度和盐度均大于阿克然铜（金）矿化带，同时，在阿克然铜（金）矿化带中出现的两期石英包裹体中均一温度基本接近，但第 2 期包裹体的盐度明显变小。

表 5-6 阿克苏群岩石中硅化石英脉流体包裹体特征

采样位置	样号	赋存矿物	包体分布形态	期次	包体类型	包体形状	大小/μm	气液比/%	均一相态	均一温度/℃	盐度 $w(NaCl)_{eq}$/%
铁斯给金（铜）矿化带	A6	石英	成群分布	1	富液包裹体	规则	4×9	10	液相	148	23.18
		石英	成群分布	1	富液包裹体	规则	8×5	10	液相	153	23.18
		石英	成群分布	1	富液包裹体	规则	3×6	10	液相	150	23.18
		石英	成群分布	1	富液包裹体	规则	7×4	10	液相	330	22.38
		石英	成群分布	1	富液包裹体	规则	4×8	10	液相	340	22.44
		石英	成群分布	1	富液包裹体	规则	5×7	10	液相	352	22.44
		石英	成群分布	1	富液包裹体	规则	5×14	10	液相	243	7.17
		石英	成群分布	1	富液包裹体	规则	4×14	10	液相	122	7.31
		石英	成群分布	1	富液包裹体	规则	4×8	10	液相	134	23.18
		石英	成群分布	1	富液包裹体	规则	3×5	10	液相	120	23.18
		石英	成群分布	1	富液包裹体	规则	5×7	10	液相	174	23.18
	A7	石英	成群分布	1	富液包裹体	规则	7×3	10	液相	165	7.17
		石英	成群分布	1	富液包裹体	规则	6×8	10	液相	189	11.22
阿克然铜（金）矿化带	B4	石英	成群分布	1	富液包裹体	规则	8×11	10	液相	203	22.38
		石英	成群分布	1	富液包裹体	规则	6×3	10	液相	178	22.38
		石英	成群分布	1	富液包裹体	规则	2×8	10	液相	116	14.41
		石英	成群分布	1	富液包裹体	规则	5×6	10	液相	126	20.89
	B5	石英	成群分布	1	富液包裹体	规则	3×7	10	液相	197	12.51
		石英	成群分布	1	富液包裹体	规则	4×8	10	液相	169	12.51
		石英	成群分布	1	富液包裹体	规则	3×5	10	液相	185	12.39
		石英	成群分布	1	富液包裹体	规则	3×7	10	液相	173	12.73
		石英	成群分布	1	富液包裹体	规则	3×8	10	液相	215	23.18
	B6	石英	成群分布	1	富液包裹体	规则	7×5	10	液相	150	14.97
		石英	成群分布	1	富液包裹体	规则	10×4	10	液相	187	14.87
		石英	成群分布	1	富液包裹体	规则	3×7	10	液相	172	14.97
		石英	成群分布	1	富液包裹体	规则	6×17	10	液相	144	12.16
		石英	成群分布	1	富液包裹体	规则	4×7	10	液相	163	12.16
		石英	成群分布	1	富液包裹体	规则	7×11	10	液相	142	11.58
		石英	成群分布	1	富液包裹体	规则	10×6	10	液相	122	23.18

采样位置	样号	赋存矿物	包体分布形态	期次	包体类型	包体形状	大小/μm	气液比/%	均一相态	均一温度/℃	盐度 $w(NaCl)_{eq}/\%$
阿克然铜（金）矿化带	B6	石英	成群分布	1	富液包裹体	规则	8×12	10	液相	132	23.18
		石英	成群分布	1	富液包裹体	规则	11×17	10	液相	139	23.18
	B4	石英	成带状分布	2	富液包裹体	规则	5×13	10	液相	146	1.91
		石英	成带状分布	2	富液包裹体	规则	9×7	10	液相	157	2.07
		石英	成带状分布	2	富液包裹体	规则	10×7	10	液相	152	2.07
		石英	成带状分布	2	富液包裹体	规则	4×9	10	液相	166	2.07
		石英	成带状分布	2	富液包裹体	规则	3×7	10	液相	210	1.91

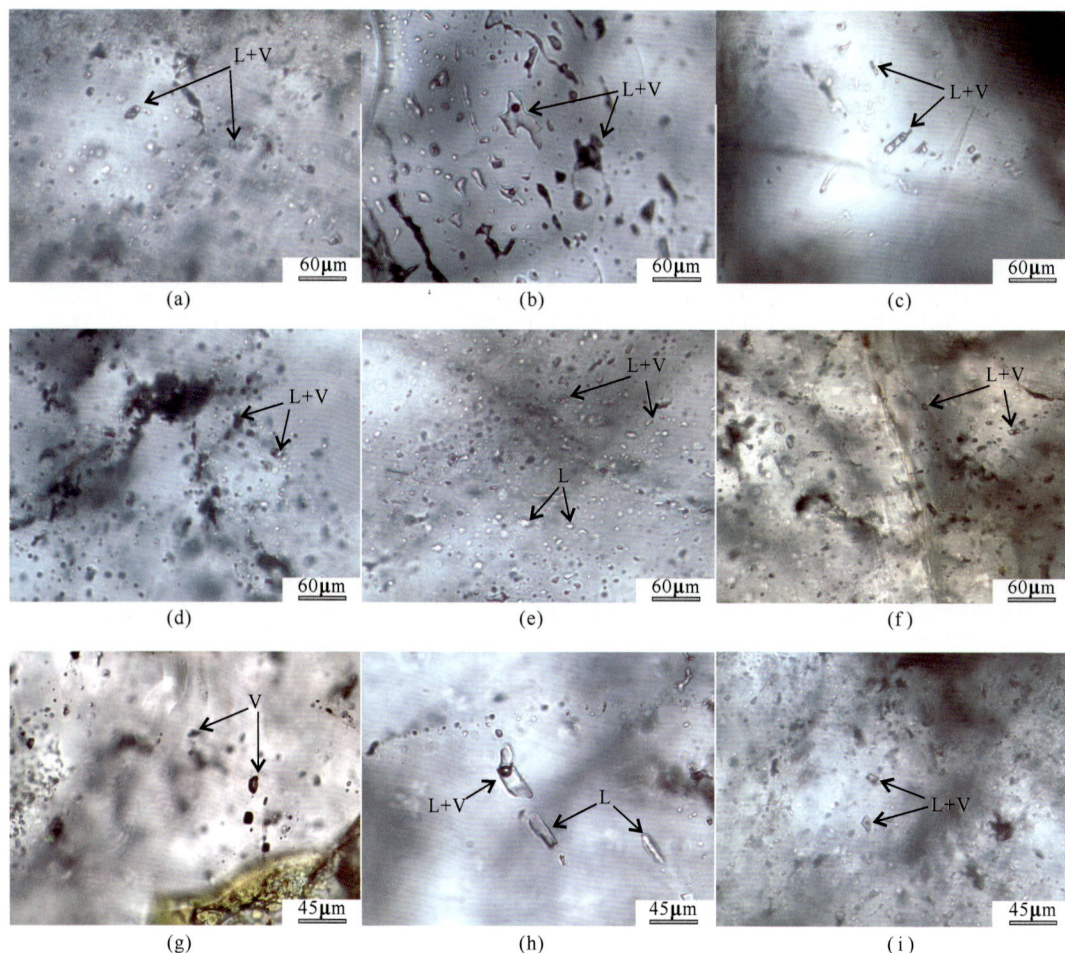

图 5-21 阿克苏群岩（矿）石中硅化石英脉流体包裹体形态特征

（a）A6 样品中硅化成因石英呈无色-灰色的富液包裹体；（b）A6 样品中石英矿物内成群分布呈无色-灰色的富液包裹体；（c）A7 样品中方解石矿物内成群分布呈无色-灰色的富液包裹体；（d）A7 样品中石英矿物内成群分布呈无色-灰色的富液包裹体；（e）B4 样品中石英矿物内成群分布呈无色-灰色的富液包裹体；（f）B4 样品中石英矿物内成带状分布呈无色-灰色的富液包裹体；（g）B5 样品中石英矿物内成群分布呈深灰色的纯气体包裹体；（h）B5 样品中石英矿物内成群分布呈无色-灰色的富液包裹体；（i）B6 样品中石英矿物内成群分布呈无色-灰色的富液包裹体

从铁斯给金（铜）矿化带和阿克然铜（金）矿化带石英包裹体中的气相成分（见表5-7）可以看出，铁斯给金（铜）矿化带中的气体包裹体可分为两类，第一类为 CH_4 单相气体，第二类为 CH_4+H_2O 混合气体，其中第一类占大多数；阿克然铜（金）矿化带中气体包裹体可分为四类，第一类为 CO_2+N_2 混合气体，第二类为 $N_2+CH_4+H_2O$ 混合气体，第三类为 CH_4 单相气体，第四类为 N_2 单相气体，其中第一类占大多数。两种包裹体中的气相组分显示出明显的差异，表明与其形成的环境有密切关系。

表5-7　阿克苏群中流体包裹体的气相成分特征

采样位置	样号	包裹体编号	包裹体镜下特征	赋存矿物	测点位置	成分	谱峰位置/cm^{-1}
铁斯给金（铜）矿化带	A6	A6-01	气体包裹体	石英	气相	CH_4	2918
	A6	A6-02	气液包裹体	石英	气相	CH_4、H_2O	2917、3444
	A6	A6-03	气液包裹体	石英	气相	CH_4	2918
	A6	A6-04	气液包裹体	石英	气相	CH_4	2918
阿克然铜（金）矿化带	B4	B4-01	气液包裹体	石英	气相	CH_4	2918
	B5	B5-01	气体包裹体	石英	气相	CO_2、N_2	1282、1387、2329
	B5	B5-02	气体包裹体	石英	气相	CO_2、N_2	1282、1387、2329
	B5	B5-03	气体包裹体	石英	气相	CO_2、N_2	1282、1385、2329
	B5	B5-04	气液包裹体	石英	气相	CO_2、N_2	1283、1387、2329
	B6	B6-01	气液包裹体	石英	气相	N_2、CH_4、H_2O	2330、2918、3439
	B6	B6-02	气液包裹体	石英	气相	N_2	2330

5.2.3.5　S同位素特征

在铁斯给金（铜）矿化带和阿克然铜（金）矿化带中，分别采集新鲜未风化含有金属硫化物的岩（矿）石样品，表面清洗晾干后，送至河北省区域地质矿产调查研究所进行破碎过筛后，在双目镜下挑选出每件样品单矿物质量大于1.5g的，经核工业北京地质研究院分析测试研究中心研磨至200目（0.074mm）以下进行硫同位素分析测试。从样品硫同位素特征分析测试结果（见表5-8）可以看出，铁斯给金（铜）矿化带中3件黄铁矿样品硫同位素的 $\delta^{34}S$ 为-7.70‰～-14.90‰；平均值为-12.27‰。阿克然铜（金）矿化带中1件斑铜矿样品硫同位素的 $\delta^{34}S$ 为-10.70‰；2件黄铜矿样品中的硫同位素 $\delta^{34}S$ 为-2.30‰～-12.60‰；平均值为-7.45‰。上述结果较为接近，但均大于萨热克杂砾岩型铜矿硫化物硫同位素的测试结果[10]。

表5-8　阿克苏群中硫化物类矿物的硫同位素特征

序号	样号	采样位置	地层代号	测试矿物	$\delta^{34}S_{V-CDT}$/‰	来源
1	AuD3	铁斯给金（铜）矿化带	Pt_2ak^5	黄铁矿	-7.70	
2	AuTC1			黄铁矿	-14.90	
3	A7			黄铁矿	-14.20	本书
4	B5	阿克然铜（金）矿化带	Pt_2ak^4	斑铜矿	-10.70	
5	B4			黄铜矿	-2.30	
6	B6			黄铜矿	-12.60	

序号	样号	采样位置	地层代号	测试矿物	$\delta^{34}S_{V-CDT}$/‰	来源
7	2685-2	萨热克铜矿化带	J_3k^2	辉铜矿	-13.20	文献 [10]
8	2685-3			辉铜矿	-15.20	
9	2685-4			辉铜矿	-17.30	
10	2685-5			辉铜矿	-13.80	
11	2730-2			辉铜矿	-17.20	
12	2760-4			辉铜矿	-18.00	
13	2760-9			辉铜矿	-19.10	
14	2760-11			辉铜矿	-18.80	
15	2790-4			辉铜矿	-13.60	

5.2.3.6　阿克苏群的形成演化-盆地基底下构造层

萨热克巴依盆地位于塔里木盆地西缘的西南天山构造带。朱志新等人[123] 把西天山划分为北天山、中天山、南天山和西南天山，认为西天山的地质演化过程可划分为太古宙—古元古代陆核形成阶段、中元古代—新元古代中期古天山洋盆演化阶段、新元古代晚期—石炭纪古生代天山洋盆演化阶段、二叠纪后陆内演化阶段。其中新元古代晚期—石炭纪古生代天山洋盆演化阶段为西天山造山带的主要形成阶段。高俊[137] 把西南天山造山带划分为伊犁中天山、中天山南缘、南天山和塔里木 4 个构造层区。肖序常等人[116] 认为塔里木盆地基底是由变质程度、变形程度及沉积建造特征完全不同的上、下 2 个构造层组成，两者之间以巨大的区域性高角度不整合面隔开。其中下构造层是历经多次构造运动固结的前震旦纪结晶基底及变质岩系基底，上构造层是震旦纪—古生代末稳定台型沉积盖层。萨热克巴依盆地属于塔里木构造层区。从 Sc/Cr-La/Y 图解（见图 5-22）可以看出，本区多数样品落在被动大陆边缘，表明本区的大地构造位置总体位于被动大陆边缘环境[123]。从其基底下构造层长城系阿克苏群的岩石组合特征来看，在阿克苏群中的第四至第六岩性段均出现长英质片岩、方解石石英片岩、黑云母片岩和大理岩等，通过原岩恢复本区基底长城系阿克苏群变质岩原岩沉积建造以陆源碎屑岩+碳酸盐岩为主，并含有一定的火山岩组分，可分为碎屑岩相（石英杂砂岩等）、碳酸盐相（白云质灰岩）、火山岩相（基性火山岩等）及碎屑岩相与碳酸盐相的过度相（钙质杂砂岩），表明在震旦纪前该区主要为被动大陆边缘的陆源碎屑岩沉积，由于地壳的多次升降而出现多层碎屑岩+海相碳酸盐岩沉积，同时伴有火山喷发沉积作用。这与宋福生等人[138] 的认识相似，也与新疆天山其他地区出露的长城系岩石种类基本相似[112,139]。高俊[137] 通过对塔里木板块基底库鲁克塔格地区和柯坪地区的研究，认为该区阿克苏群的岩性主要为绿片岩夹蓝闪片岩含铁石英岩，原岩为基性熔岩硅质岩、复理石沉积等。齐秋菊等人[139] 通过对西南天山阿克苏地区发育长城系阿克苏群变质岩的研究认为该变质岩为塔里木古陆的基底，塔里木板块在中元古代晚期—新元古代早期格林威尔造山事件后为罗迪尼亚（Rodinia）超大陆的一部分，并在 830 ~ 750Ma 从罗丁尼亚超大陆裂解出来。陈正乐等人[120] 通过磷灰石裂变径迹法测定西天山山脉自中生代以来存在 4 个阶段构造隆升–剥露事件。张文高等人[127] 对西南天山阔克萨勒岭地区的研究也认为西南天山的地貌特征是在晚更新世才开始快速形成的。上述构造运动历史表明，本区萨热克巴依盆地基底下构造层中元古界长城系阿克苏群变质岩中的强烈构造变形可能与燕山晚期及喜马拉雅期的挤压构造运动有关。

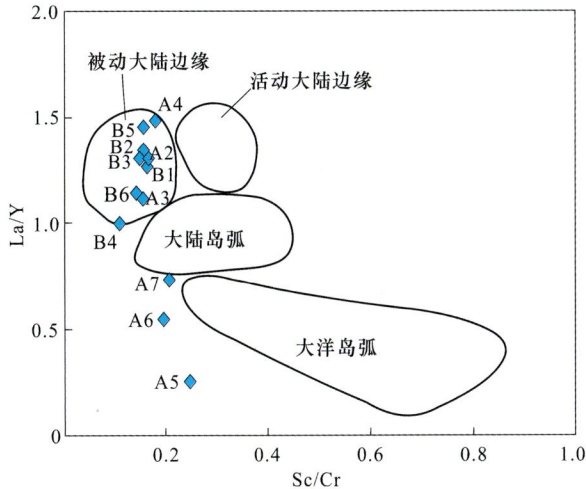

图 5-22　阿克苏群岩石构造背景判别图解

(底图据文献 [133])

5.2.3.7　阿克苏群内铜金属富集成矿规律

西南天山是中亚最重要的金属成矿带。研究表明，新疆境外南天山的 4 个重要矿集区均处于古老地块边缘，大多数矿集区内广泛出露元古宙的变质杂岩[119]，已有的研究资料表明许多大型铜金矿床通常与火山岩关系密切[140-144]。随着近些年在萨热克巴依盆地开展区域矿产地质调查，先后发现了越来越多的金铜矿化点或矿化线索。由于该区中元古界长城系基底经历了漫长的地质演化过程和多次强烈的构造变形作用（见图 5-12（a）~（c）），具备形成造山型金矿的成矿条件。已有的研究表明与剪切带有关的金矿床（有人称为造山型金矿床）在西南天山分布最广，也是最重要的金矿类型[122]。从本区铁斯给金（铜）矿化带和阿克然铜（金）矿化带中矿石与围岩的微量元素和稀土配分曲线来看，两者具有一致性，表明该区的铜金矿化主要与本区构造作用形成的变质热液有关。从本区石英包裹体测温结果来看，硅化石英包裹体的均一温度最高达 352℃（见表 5-6），这与造山型金矿中流体包裹体的均一温度相似[7]，略高于本区产于上石炭统萨瓦亚尔顿金矿中包裹体的均一温度[128]。上述温压条件足以使岩石中的金属硫化物发生活化并随变质流体迁移重新富集成矿。从阿克然铜（金）矿化带铜矿石中斑铜矿多分布于硅化石英脉两侧来看，斑铜矿应形成于石英脉之后。从斑铜矿中存在大量乳滴状黄铜矿的固溶体分离结构来看，已有的实验也证实了斑铜矿在 200~250℃开始冷却后就可形成乳虫状黄铜矿[145]。从石英包裹体中的气相成分来看，铁斯给金（铜）矿化带中以 CH_4 为主，阿克然铜（金）矿化带中以 CO_2 和 N_2 为主，含少量的 CH_4，这可能主要与两者所处的地质构造环境不同有关。上述结果表明,在萨热克巴依盆地地区,强烈的造山运动使该区盆地基底下构造层中元古界长城系阿克苏群岩石发生了强烈的剪切变形,并发育大型褶皱断裂带和剪切破碎带,同时岩石中的有用组分随着温度和压力变化而发生活化形成变质热液流体,携带铜、金等有用组分重新迁移并沿构造裂隙或韧性剪切裂隙沉淀富集形成含铜石英脉或含金微细脉,该层中的铜金矿化成矿物质主要来源于中元古界长城系阿克苏群变质岩层本身。

5.2.4 杂砾岩型铜矿床(萨热克式)成矿规律

从本区萨热克杂砾岩型铜矿床的成矿背景、成矿地质条件、矿体产状和矿石组构及成矿流体特征来看,该类型矿床具有如下规律:

(1)萨热克巴依次级盆地与初始成矿地质体。萨热克巴依原型盆地为斜切西南天山造山带的中生代陆内山间走滑拉分断陷盆地,早中侏罗世构造古地理特征为"三面环山、北西通流、北东向基底断陷沉降",其构造古地理为叠加复合扇体提供了丰富的蚀源岩区。该盆地内部(矿田同生沉积成岩成矿期)主要构造样式和要素包括隐伏基底构造隆起带、古构造洼地、构造斜坡带、下切谷、同生披覆褶皱、同生断裂带等,萨热克裙边式复式向斜构造继承了萨热克巴依原型盆地总体特征。萨热克式大型杂砾岩型铜矿床初始成矿地质体为晚侏罗世库孜贡苏期旱地扇中亚相紫红色铁质杂砾岩类,它们形成于封闭性山间尾闾湖泊环境,为形成大型铜矿床形成提供了良好的构造古地理条件。

(2)侏罗系烃源岩层位与富烃类还原性盆地流体特征。萨热克巴依盆地下部的早中侏罗世含煤粗碎屑岩系为主要烃源岩系,其生烃能力强。康苏组和杨叶组中含煤碎屑岩系和煤层,以乌恰煤矿、疏勒煤矿、铁热苏克煤矿、萨热克巴依盆地基底隆起带南侧隐伏煤矿层和含煤碎屑岩系为代表。萨热克杂砾岩铜矿区康苏组煤岩能够提供大量烃源物质,富烃类还原性盆地流体来源丰富。富烃类还原性盆地流体在萨热克杂砾岩型铜矿床形成过程中具有十分重要的作用,也形成了相应的地球化学岩相学记录和标志,其总沥青化、沥青化-褪色化蚀变、有机碳、矿物包裹体中的含烃盐水、气液烃类、轻质油和沥青类烃类矿物包裹体等,直接记录了富烃类还原性盆地流体的活动历史和地球化学岩相学标志。

(3)隐伏基底隆起带(古潜山)和披覆褶皱构造为富烃类还原性盆地流体圈闭构造。萨热克裙边式复式向斜构造北翼和南翼,不但控制了萨热克铜矿北矿带和南矿带的展布方向,而且在萨热克巴依次级盆地后期构造变形过程中,其复式向斜构造和派生次级隐蔽构造也具有显著的控矿作用。

(4)成矿流体大规模卸载与沉淀机制。在盆地流体圈闭构造中,被圈闭的富烃类还原性成矿流体与含铜氧化相紫红色杂砾岩类发生了多重耦合,导致成矿物质大规模沉淀而富集成矿。首先,上述盆内构造样式形成了十分有利的成矿构造组合,在对冲式逆冲推覆构造作用下,富烃类还原性成矿流体在压剪性构造动力学驱动下,大规模聚集在隐伏基底隆起带(古潜山)和披覆褶皱构造而被构造-岩相-岩性圈闭。其次,裙边式复式向斜构造中发育隐蔽次级褶皱、隐蔽层间滑动-裂隙带,其高渗透率不但为盆地流体运移提供了构造通道,而且裂隙破碎带为良好的储矿构造。再次,在上侏罗统库孜贡苏组五个岩性层和微相体中,强碎裂岩化相和强富烃类还原性盆地流体(沥青化-褪色化-

铁锰碳酸盐化）耦合是形成铜多金属工业矿体的关键因素。最后，富烃类还原性盆地流体与含铜氧化相紫红色杂砾岩类发生了强烈的氧化-还原作用而导致矿物质最终大规模沉淀。

（5）岩浆热液的叠加成矿作用。在萨热克南矿带出露多条辉绿岩脉，在其边部可见明显的铜矿化。同时在萨热克铜矿北矿带矿石中流体包裹体 H-O 同位素显示有岩浆热液的加入；微量元素分析显示，在北矿带北东向切层断裂带附近，从 2685 中段到 2700 中段再到 2730 中段，Mo 元素的含量从下到上具有明显增大的趋势，显示出成矿流体在垂向上是沿断层从下向上运移的，这些证据都暗示在萨热克北矿带深部可能存在隐伏岩体，该隐伏岩体为成矿流体运移提供了热动力和部分成矿物质。

5.2.5 砂砾岩型铅锌矿（乌拉根式）成矿规律

从区域上看，本区铅锌矿共有 3 个含矿层：元古宇金属含矿层、上古生界泥盆系—石炭系含矿层、中生界白垩系含矿层，表现长期继承演化的特点，其中最具经济价值的则是乌拉根式砂砾岩型铅锌矿，该类铅锌矿具体表现如下：

（1）乌拉根层控砂砾岩型铅锌矿产于下白垩统克孜勒苏群，而下白垩统含矿层受中新生代坳陷盆地控制，该层产状稳定且出露规模大，属层控铅锌矿层位。已知的铅锌矿（点）床集中分布于江格结尔—乌拉根—托帕一带，呈北西向展布，均产于下白垩统克孜勒苏群。从具体的产出层位分析，乌拉根成矿带中铅锌矿的赋矿层位为下白垩统克孜勒苏群第五岩性段灰白色含砾砂岩及砂砾岩。

（2）断陷盆地沉积的侏罗系生烃岩为铅锌成矿的有利衬垫，古隆起周缘存在的下白垩统克孜勒苏群渗透性较好的砂砾岩、砾岩不仅是辫状河三角洲相地球化学障形成的有利部位，而且是盆地卤水（油田卤水）运移聚集的最佳部位，生烃岩衬垫、渗透性较好的砂砾岩、古隆起的有机统一为乌拉根式砂砾岩型铅锌矿形成的有利部位。

（3）下白垩统克孜勒苏群渗透性较好的砂砾岩、砾岩与上覆古新统阿尔塔什组石膏、白云质灰岩等密闭的不透水岩层构成有利的成矿岩石组合。

（4）大规模盆地卤水（油田卤水）对铅锌矿的迁移与富集有着重要的影响，地表可见其还原作用而形成的巨大的褪色蚀变带。

（5）穿越侏罗系生烃岩衬垫的断裂构造形成的断裂破碎带为铅锌富矿体的形成提供了赋存空间，而后期的小规模断裂、节理裂隙以及氧化淋滤作用造成局部形成铅锌矿体。

5.2.6 沉积型铜铅锌矿床成因联系

乌恰炼铁厂地区位于乌拉根铅锌矿和萨热克铜矿的过渡带，在该区出露上侏罗统库孜贡苏组杂砾岩，并发育江格结尔铜矿，同时在该区出露下白垩统克孜勒苏群砂砾岩并发育江格结尔铅锌矿，在同一地区同时出现杂砾岩型铜矿和砂砾岩型铅锌矿，这为我们研究杂砾岩型铜矿和砂砾岩型铅锌矿之间的成因联系提供了有利的条件[19]。在该区江格结尔铜矿共采集 6 件样品，其中石英砂岩（围岩）样品 3 件，杂砾岩铜矿石样品 3 件；在江格结尔铅锌矿共采集 6 件样品，其中石英砂岩（围岩）样品 3 件，铅锌矿石样品 3 件。化学成分分析和同位素测试由核工业北京地质研究院分析测试研究中心完成，样品电子探针分析在中国地质大学（北京）科学研究院实验中心完成。

5.2.6.1 岩石地球化学特征

A 主要化学成分

江格结尔地区铜铅锌矿岩（矿）石分析结果见表5-9。

表5-9 江格结尔地区铜铅锌矿岩（矿）石化学成分分析结果

岩性			江格结尔铜矿床						江格结尔铅锌矿床					
			石英砂岩（围岩）			铜矿石（杂砾岩）			石英砂岩（围岩）			铅锌矿石（砂砾岩）		
样品编号			A1	A2	A3	A4	A5	A6	B1	B2	B3	B4	B5	B6
主要化学成分/%		SiO_2	58.71	72.32	89.87	49.91	59.62	55.28	91.82	63.04	84.8	69.49	68.46	72.15
		Al_2O_3	10.44	6.81	3.66	6.20	6.97	6.54	3.24	7.06	7.52	3.64	3.35	3.29
		TFe	2.14	1.07	2.34	2.54	2.43	2.40	0.88	1.36	0.94	0.60	1.04	1.4
		MgO	2.33	2.66	0.26	2.29	1.87	2.20	0.35	4.07	0.287	0.21	0.21	0.19
		CaO	10.80	5.65	0.19	16.88	13.42	14.85	0.78	8.31	0.24	0.20	0.20	0.19
		Na_2O	1.60	1.61	0.61	1.10	1.39	1.35	0.47	1.45	1.29	0.46	0.40	0.44
		K_2O	2.29	2.50	1.82	0.99	1.08	1.03	1.64	3.1	3.26	1.66	1.45	1.54
		MnO	0.10	0.10	0.01	0.17	0.13	0.17	0.01	0.14	0.08	0.01	0.00	<0.004
		TiO_2	0.55	0.15	0.09	0.25	0.39	0.29	0.06	0.21	0.18	0.11	0.07	0.08
		烧失量	10.88	6.96	1.11	16.37	12.47	14.01	0.71	10.62	0.81	6.41	4.72	3.70
		总量	99.84	99.83	99.95	96.70	99.77	98.12	99.95	99.36	99.41	82.79	79.91	82.98
微量元素	$\times 10^{-6}$	Cs	5.65	2.01	1.24	1.99	2.15	2.04	1.06	1.74	1.9	0.897	0.776	0.921
		Rb	75.9	62.5	43.5	36.9	39.2	39.8	39.4	61.6	76.8	30.6	28.4	30.2
		Ba	391	707	423	956	235	1275	314	461	550	263	230	235
		Th	8.8	2.91	2.33	4.03	4.88	5.14	2.56	3.62	3.05	1.38	1.9	1.91
		U	3.61	0.581	1.11	2.35	1.81	1.52	0.894	0.811	1.27	0.415	4.46	3.98
		Ta	0.715	0.234	0.168	0.284	0.290	0.338	0.127	0.271	0.253	0.126	0.079	0.084
		Nb	10.4	2.81	2.21	4.09	4.34	4.65	1.6	3.59	3.36	1.95	1.18	1.28
		Sr	120	108	61	114	91.8	119	46.3	129	120	136	596	619
		Zr	83.5	20.7	19.7	37.1	46.4	43.1	19.0	20.4	22.7	12.6	11.3	12.1
		Hf	2.880	0.812	0.721	1.22	1.58	1.45	0.722	0.777	0.844	0.41	0.352	0.382
		Cu	48.2	41	61.9	14203	2930	7103	24.6	65.6	1272	22402	17037	4423
		Pb	31.1	87.3	103	21.9	18.3	146	36.8	279	660	>100000	>100000	>100000
		Zn	52.5	16.5	619	26.3	34.3	32.8	9.53	21	48.5	337	292	69.6
		Co	9.04	2.76	2.31	5	5.16	7.31	1.03	3.51	53.8	2.37	19.2	2.76
		Mo	0.247	3.24	5.17	1.77	0.466	0.976	2.12	0.834	3.37	12.9	47.9	37.4
		U	3.61	0.581	1.11	2.35	1.81	1.52	0.894	0.811	1.27	0.415	4.46	3.98
		W	1.19	0.449	0.372	0.583	0.68	0.684	0.314	0.35	0.409	0.207	0.135	0.14

岩性		江格结尔铜矿床					江格结尔铅锌矿床					
		石英砂岩（围岩）			铜矿石（杂砾岩）			石英砂岩（围岩）			铅锌矿石（砂砾岩）		
样品编号		A1	A2	A3	A4	A5	A6	B1	B2	B3	B4	B5	B6
微量元素 ×10⁻⁶	La	27.7	7.94	11.6	17.4	18	22.8	11.1	13.1	13.9	7.09	11.9	13
	Ce	56.4	15.8	18.2	30.1	32	43.5	19.4	24.8	24.2	12.3	21.1	22.4
	Pr	6.95	2.21	2.72	3.94	4.05	5.59	2.23	3.24	3.04	1.59	2.66	2.79
	Nd	28.9	9.7	11.3	16.2	16.2	22.4	8.25	13.4	11.8	6.29	10.1	10.5
	Sm	6.19	2.46	2.38	3.34	3.34	4.08	1.43	2.7	2.08	1.14	2.22	1.75
	Eu	1.25	0.728	0.603	0.902	0.747	1.01	0.34	0.812	0.561	0.29	0.681	0.402
	Gd	5.33	2.33	2.13	3.10	3.06	3.70	1.19	2.78	1.71	0.879	3.10	1.24
	Tb	0.921	0.448	0.397	0.562	0.556	0.615	0.195	0.587	0.267	0.139	0.770	0.164
	Dy	4.64	2.3	2.15	3.03	3.01	3.19	0.998	3.40	1.26	0.694	5.08	0.744
	Ho	0.853	0.413	0.416	0.589	0.594	0.587	0.202	0.674	0.246	0.129	0.952	0.131
	Er	2.33	1.09	1.16	1.61	1.7	1.65	0.591	1.86	0.682	0.367	2.53	0.361
	Tm	0.398	0.171	0.193	0.274	0.29	0.264	0.107	0.314	0.112	0.065	0.364	0.064
	Yb	2.53	1.04	1.19	1.75	1.85	1.72	0.661	1.91	0.728	0.389	1.99	0.382
	Lu	0.351	0.139	0.165	0.257	0.264	0.232	0.095	0.267	0.104	0.058	0.259	0.052
	Y	23.8	12.1	11.9	17.3	17.2	18.2	5.88	19.5	7.13	3.54	37.1	4.34
	ΣREE	168.5	58.9	66.5	100.4	102.9	129.5	52.7	89.3	67.8	35.0	100.8	58.3
	ΣCe	127.4	38.8	46.8	71.9	74.3	99.4	42.8	58.1	55.6	28.7	48.7	50.8
	ΣY	41.2	20.0	19.7	28.5	28.5	30.2	9.92	31.3	12.2	6.26	52.2	7.48
ΣCe/ΣY		3.10	1.94	2.38	2.52	2.61	3.30	4.31	1.86	4.54	4.58	0.93	6.80
δCe		0.98	0.91	0.78	0.87	0.90	0.93	0.94	0.92	0.90	0.88	0.90	0.90
δEu		0.67	0.93	0.82	0.86	0.71	0.79	0.80	0.91	0.91	0.89	0.79	0.83
(La/Sm)$_N$		2.81	2.03	3.07	3.28	3.39	3.52	4.88	3.05	4.20	3.91	3.37	4.67
(Gd/Yb)$_N$		1.70	1.81	1.44	1.43	1.33	1.74	1.45	1.17	1.90	1.82	1.26	2.62

从表 5-9 中可以看出，江格结尔铜矿床围岩石英砂岩样品中 SiO_2 含量为 58.71% ~ 89.87%，平均值为 73.63%；Al_2O_3 含量为 3.66% ~ 10.44%，平均值为 6.97%；TFe 含量为 1.07% ~ 2.34%，平均值为 1.85%；MgO 含量为 0.26% ~ 2.66%，平均值为 1.75%；CaO 含量为 0.19% ~ 10.80%，平均值为 5.55%；Na_2O 含量为 0.61% ~ 1.61%，平均值为 1.27%；K_2O 含量为 1.82% ~ 2.50%，平均值为 2.20%；MnO 含量为 0.01% ~ 0.10%，平均值为 0.07%；TiO_2 含量为 0.09% ~ 0.55%，平均值为 0.26%。

江格结尔铜矿床杂砾岩铜矿石样品中 SiO_2 含量为 49.91% ~ 59.62%，平均值为 54.94%；Al_2O_3 含量为 6.20% ~ 6.97%，平均值为 6.57%；TFe 含量为 2.40% ~ 2.54%，平均值为 2.46%；MgO 含量为 1.87% ~ 2.29%，平均值为 2.12%；CaO 含量为 13.42% ~ 16.88%，平均值为 15.05%；Na_2O 含量为 1.10% ~ 1.39%，平均值为 1.28%；K_2O 含量为 0.99% ~ 1.08%，平均值为 1.03%；MnO 含量为 0.13% ~ 0.17%，平均值为 0.16%；

TiO_2 含量为 0.25% ~0.39%，平均值为 0.31%。

江格结尔铅锌矿床围岩石英砂岩样品中 SiO_2 含量为 63.04% ~91.82%，平均值为 79.89%；Al_2O_3 含量为 3.24% ~7.52%，平均值为 5.94%；TFe 含量为 0.88% ~1.36%，平均值为 1.06%；MgO 含量为 0.29% ~4.07%，平均值为 1.57%；CaO 含量为 0.24% ~8.31%，平均值为 3.11%；Na_2O 含量为 0.47% ~1.45%，平均值为 1.07%；K_2O 含量为 1.64% ~3.26%，平均值为 2.67%；MnO 含量为 0.01% ~0.14%，平均值为 0.08%；TiO_2 含量为 0.06% ~0.21%，平均值为 0.15%。

江格结尔铅锌矿床砂砾岩矿石样品中 SiO_2 含量为 68.46% ~72.15%，平均值为 70.03%；Al_2O_3 含量为 3.29% ~3.64%，平均值为 3.43%；TFe 含量为 0.60% ~1.40%，平均值为 1.01%；MgO 含量为 0.29% ~4.07%，平均值为 1.57%；CaO 含量为 0.24% ~8.31%，平均值为 3.11%；Na_2O 含量为 0.40% ~0.44%，平均值为 0.43%；K_2O 含量为 1.45% ~1.66%，平均值为 1.55%；MnO 含量小于 0.01；TiO_2 含量为 0.07% ~0.11%，平均值为 0.09%。

从上述杂砾岩铜矿石与砂砾岩铅锌矿石主要化学成分分析结果来看，除砂砾岩铅锌矿石中 SiO_2 含量明显大于杂砾岩铜矿石外，砂砾岩铅锌矿石中的 Al_2O_3、TFe、MgO、CaO 含量明显小于杂砾岩铜矿石中的含量。

B 微量元素

采用原始地幔进行配分[131]，从图 5-23(a) 中可以看出，杂砾岩铜矿石样品与石英砂岩样品具有相似的曲线模式，两者均富集 Cs-Rb-Ba-Th-U-Pb 而相对亏损 Ta-Nb-Sr-Zr 等元素；从图 5-23(b) 中可以看出砂砾岩铅锌矿样品和石英砂岩样品也具有相似的曲线模式，两者均富集 Rb-U-Pb 等元素而相对亏损 Ta-Nb-Sr-Zr-Hf 等元素。上述结果表明，本区铜铅锌矿石样品与围岩中的石英砂岩样品在物源上具有相似性，即成矿物质主要来源于围岩。

C 稀土元素

采用球粒陨石进行配分[132]，从表 5-9 中可以看出，杂砾岩铜矿石样品中 $\sum REE$ 含量为 100.4×10^{-6} ~129.5×10^{-6}，平均值为 110.92×10^{-6}，$\sum Ce/\sum Y$ 为 2.52 ~3.30，平均值为 2.81，富集轻稀土；δEu 为 0.71 ~0.86，平均值为 0.79；δCe 为 0.87 ~0.93，平均值为 0.90，δEu 和 δCe 具弱的负异常。石英砂岩样品中 $\sum REE$ 含量为 58.9×10^{-6} ~168.5×10^{-6}，平均值为 98.0×10^{-6}，$\sum Ce/\sum Y$ 为 1.94 ~3.10，平均值为 2.47，富集轻稀土；δEu 为 0.67 ~0.93，平均值为 0.80；δCe 为 0.78 ~0.98，平均值为 0.89，δEu 和 δCe 具弱的负异常。

砂砾岩铅锌矿石样品中 $\sum REE$ 含量为 35.0×10^{-6} ~100.8×10^{-6}，平均值为 64.7×10^{-6}，$\sum Ce/\sum Y$ 为 0.93 ~6.80，平均值为 4.11，富集轻稀土；δEu 为 0.79 ~0.89，平均值为 0.84；δCe 为 0.88 ~0.90，平均值为 0.89，δEu 和 δCe 具弱的负异常。石英砂岩样品中 $\sum REE$ 含量为 52.7×10^{-6} ~89.5×10^{-6}，平均值为 69.9×10^{-6}，$\sum Ce/\sum Y$ 为 1.86 ~4.54，平均值为 3.57，富集轻稀土；δEu 为 0.80 ~0.91，平均值为 0.87；δCe 为 0.90 ~0.94，平均值为 0.92，δEu 和 δCe 具弱的负异常。

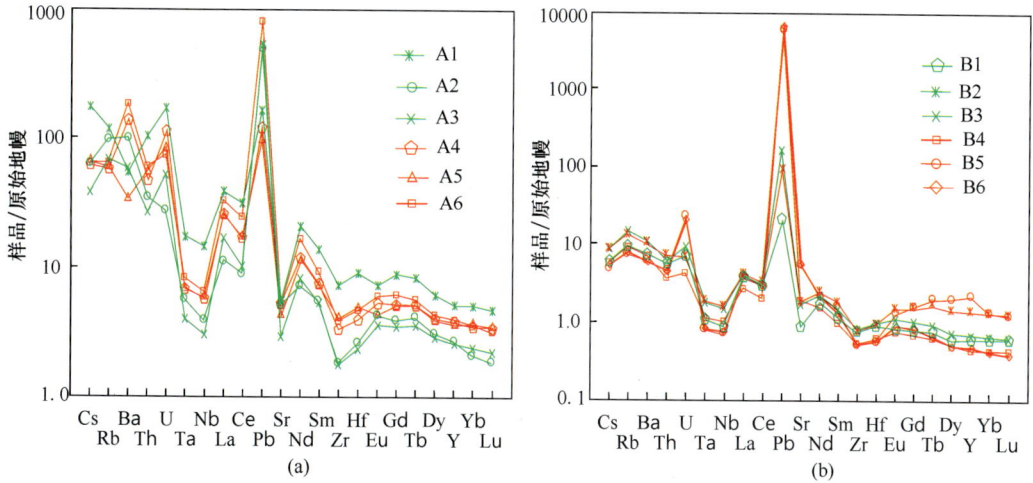

图 5-23 江格结尔地区铜铅锌矿岩（矿）石微量元素蜘蛛图

（a）江格结尔杂砾岩铜矿；（b）江格结尔砂砾岩铅锌矿

从图 5-24（a）可以看出，杂砾岩铜矿石样品和石英砂岩样品的稀土配分曲线均呈平滑弱右倾特征，轻稀土分馏明显，重稀土分馏相对不明显；从图 5-24（b）中可以看出，除个别样品外，砂砾岩铅锌矿样品和石英砂岩样品的稀土配分曲线总体呈右倾特征，轻稀土分馏明显，重稀土分馏相对不明显。

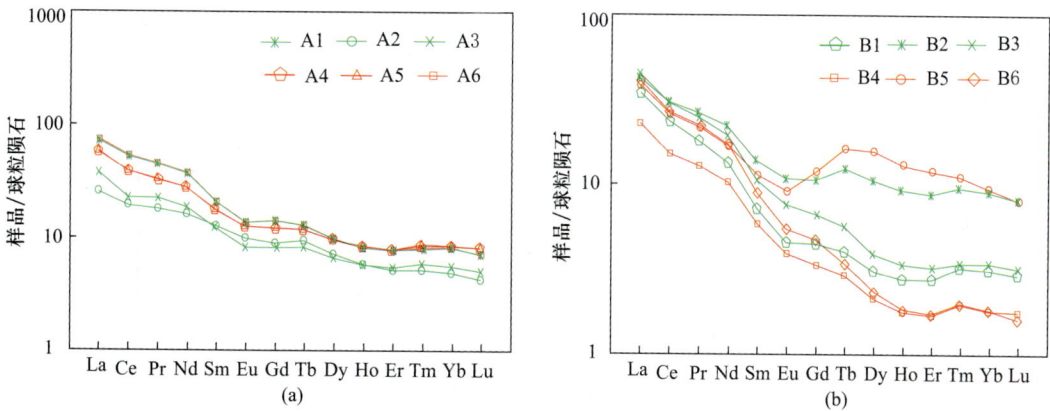

图 5-24 江格结尔地区铜铅锌矿岩（矿）石稀土元素配分曲线图

（a）江格结尔杂砾岩铜矿；（b）江格结尔砂砾岩铅锌矿

5.2.6.2 沉积型铜铅锌矿床成因联系

西南天山是我国重要的铜铅锌金铁等多金属成矿带，前人已进行了大量的研究[118-119,121]。从已有同位素测年结果来看，区内不同矿种和不同类型的成型矿床的主期成矿作用发生时代相近。萨热克铜矿和乌拉根铅锌矿是近十多年在西南天山中新生代地层发现的重要的大型-超大型矿床。萨热克大型铜矿床产于上侏罗统库孜贡苏组杂砾岩中，铜矿石以辉铜矿为主，铜平均品位为 2.58%，单个样品中铜品位最高达 16%，铜金属量达 7.5 万吨；乌拉根超大型铅锌矿床产于下白垩统克孜勒苏群砂砾岩中，铅锌总金属量达 594 万吨。

近些年的研究在萨热克铜矿石中发现大量的沥青物质，在次生石英和碳酸盐包裹体中发现富烃类还原性盆地流体[9]，碳同位素测试结果显示萨热克铜矿石中的有机质主要来源于下伏的下侏罗统康苏组煤岩层（烃源岩）；在乌拉根铅锌矿含矿层位中的灰白色含砾砂岩及砂砾岩中不仅存在着大量的沥青，而且在矿体或砂砾岩中广泛分布着有机质气泡，反映出成矿过程中有油田卤水参与[95]。萨热克铜矿石中辉铜矿的 $\delta^{34}S$ 值为 $-24.0‰$ ~ $-13.2‰$[10,27]；乌拉根铅锌矿石中硫化物的 $\delta^{34}S$ 值变化范围较大，为 $-27.9‰$ ~ $14.6‰$[146]。从上述两个矿床的对比研究发现，萨热克铜矿中的成矿流体主要为富烃类还原性盆地流体，而乌拉根铅锌矿中的成矿流体主要为油田卤水，都与下伏地层中的烃源岩有关。萨热克铜矿中的硫源主要为生物成因的还原性硫，乌拉根铅锌矿中的硫源具有混合硫的特征，由沉积成因的膏岩矿物硫和生物成因的还原性硫组成。

江格结尔地区位于萨热克铜矿-乌拉根铅锌矿的过渡带，江格结尔铜矿与萨热克铜矿均产于上侏罗统库孜贡苏组杂砾岩中，铜矿物主要以辉铜矿为主[9-10,19,62]，但江格结尔铜矿的铜成矿强度明显弱于萨热克铜矿。江格结尔铅锌矿与乌拉根铅锌矿均产于上白垩统克孜勒苏群砂砾岩中[146-147]，乌拉根铅锌矿中主要以锌为主，铅矿化次之；而江格结尔铅锌矿中以铅为主，锌矿化较弱，并伴有不同程度的铜矿化，地表氧化后多数方铅矿已变成了硫酸铅或白铅矿，沿石英等砾石间隙充填胶结（见图 5-25 和表 5-10）。在江格结尔铅锌矿及围岩中也可明显看到大量的黑色沥青物质，表明成矿过程中有富烃类盆地流体的参与。从微量元素和稀土元素的球粒陨石配分曲线来看，江格结尔地区杂砾岩铜矿与砂砾岩铅锌矿及围岩中的石英砂岩都具有相似的配分曲线，表明该区的成矿物质与沉积地层关系密切。

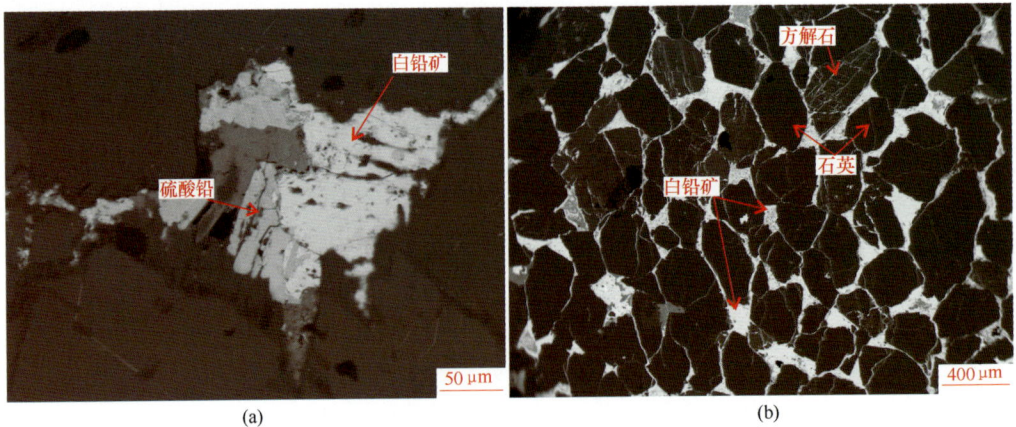

图 5-25 江格结尔铅锌矿背散射照片

（a）铅锌矿石中的硫酸铅和白铅矿（B5 样品）；（b）铅锌矿石中的白铅矿沿砾石间隙充填分布（B6 样品）

表 5-10 江格结尔铅锌矿矿石电子探针分析结果 （%）

样品编号	矿物	Na₂O	MgO	Al₂O₃	SiO₂	P₂O₅	SO₃	Cl	K₂O	CaO	TiO₂	MnO	FeO	CuO	SrO	BaO	PbO	总量
B4	硫酸铅			0.13	0.19		26.41					0.12		3.98	1.2	0.1	68.24	100.37
B5	白铅矿	0.02	0.01	0.07	0.23			0.11	0.1	0.09	0.06			0.39	0.22		82.6	83.90
B5	硫酸铅	0.03	0.04	0.14	0.17		28.28	0.16	0.03			0.03		0.96	11.51	0.04	60.86	102.25
B6	白铅矿	0.04		0.04	0.25	0.07		0		0.06	0.02		0.23		0.23		84.4	85.34

江格结尔杂砾岩铜矿石中两件辉铜矿硫同位素 $\delta^{34}S_{V-CDT}$ 的分析测试结果为 4.5‰和 8‰，明显大于萨热克铜矿中的硫同位素值（−24.0‰ ~ −13.2‰），同时在该地区上白垩统库克拜组石膏层中采集的 1 件样品的硫同位素测试结果为 16.8‰，表明江格结尔铜矿中的硫同位素可能与乌拉根铅锌矿相似，具有混合硫的特征。从江格结尔铜矿中 2 件样品的铅同位素（见表 5-11）可以看出，$^{206}Pb/^{204}Pb = 18.533 ~ 18.673$，$^{207}Pb/^{204}Pb = 15.633 ~ 15.683$，$^{208}Pb/^{204}Pb = 38.817 ~ 38.834$，与本地区萨热克铜矿和乌拉根铅锌的铅同位素相似，在铅同位素构造模式图（见图 5-26）上主要落于造山带与上地壳之间，结合本地区区域构造来看，成矿物质主要来源于上地壳和造山带剥蚀区，即盆地周边苏鲁铁列克隆起中的中元古界长城系基底地层。

表 5-11 江格结尔铜矿中辉铜矿硫、铅同位素组成

矿床	测试矿物	$\delta^{34}S_{V-CDT}$	$^{206}Pb/^{204}Pb$	$^{207}Pb/^{204}Pb$	$^{208}Pb/^{204}Pb$	来源
萨热克铜矿	辉铜矿	−13.2	16.699	15.294	36.925	文献 [9]
	辉铜矿	−15.2	16.720	15.305	36.909	
	辉铜矿	−17.3	18.706	15.684	38.996	
	辉铜矿	−13.8	17.797	15.470	37.940	
	辉铜矿	−17.2	17.543	15.431	37.765	
	辉铜矿	−18	17.354	15.399	37.578	
	辉铜矿	−19.1	18.603	15.612	38.735	
	辉铜矿	−18.8	18.417	15.589	38.600	
	辉铜矿	−13.6	18.068	15.541	38.299	
乌拉根铅锌矿	方铅矿		18.663	15.669	38.839	文献 [146]
	方铅矿		18.654	15.663	38.820	
	方铅矿		18.650	15.658	38.813	
	方铅矿		18.65	15.652	38.785	
	方铅矿		18.618	15.619	38.777	
	方铅矿		18.621	15.626	38.696	
	方铅矿		18.619	15.627	38.703	
	方铅矿		18.638	15.65	38.772	
	方铅矿		18.612	15.624	38.694	
	方铅矿		18.636	15.635	38.732	
	方铅矿		18.637	15.631	38.718	
江格结尔铜矿	辉铜矿	4.5	18.673	15.633	38.834	本书
	辉铜矿	8.0	18.533	15.683	38.817	

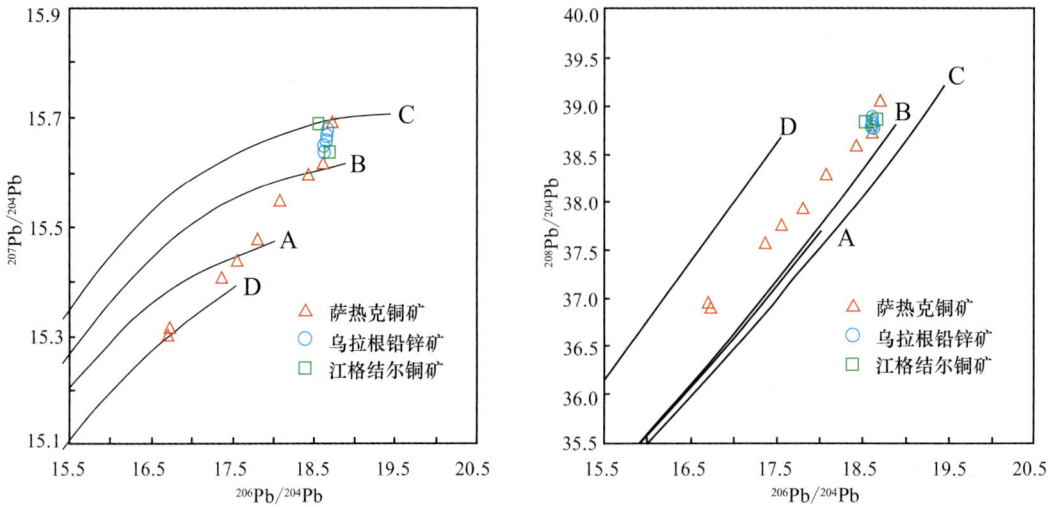

图 5-26   江格结尔铜矿铅同位素构造模式图

(底图据文献 [29])

A—地幔；B—造山带；C—上地壳；D—下地壳

5.2.7   炼铁厂地区铁矿成因分析

新疆乌恰炼铁厂地区的红山铁矿和萨热塔什铁矿均产于上石炭统康克林组碳酸盐岩建造中。为了研究该地区铁矿的成因，在红山铁矿共采集 6 件样品，其中大理岩化灰岩样品 3 件，镜铁矿石样品 3 件；在萨热塔什铁矿及其外围共采集 5 件样品，其中灰岩样品 3 件、磁铁矿石样品 2 件。样品电子探针分析在中国地质大学（北京）科学研究院实验中心完成；化学成分分析由核工业北京地质研究院分析测试研究中心完成。各样品矿物组合特征如下：

（1）大理岩化灰岩。浅红-灰白色，块状构造，细晶结构。岩石成分主要为方解石（90% ~ 95%），方解石粒径为 0.03 ~ 0.1mm，局部重结晶为中晶、粗晶，部分裂隙发育，常被菱铁矿（5%）、镜铁矿（1%）等充填。

（2）镜铁矿石。细脉浸染-块状构造，中粒鳞片变晶结构。岩石主要由镜铁矿（40% ~ 60%）、方解石（40% ~ 50%）和少量的白云石（5%）组成。镜铁矿呈针状，粒径为 0.01 ~ 0.2mm，主要充填在碳酸盐矿物裂隙中；方解石呈他形粒状，粒径为 0.3 ~ 0.5mm，均匀分布；白云石多呈自形-半自形粒状，粒径为 0.2 ~ 1.0mm，常与方解石交织一起。

（3）灰岩类。岩石多呈中-厚层状、块状构造，细-粉晶结构。岩石主要由方解石（60% ~ 80%）和少量的长英质（10% ~ 15%）、泥质（5% ~ 10%）及炭屑（2% ~ 3%）等组成。方解石粒径为 0.03 ~ 0.25mm，均匀分布；长英质矿物主要为石英、长石、灰岩等，粒径为 0.1 ~ 1.2mm，呈不均匀分布。

（4）磁铁矿石。岩石具强磁性，呈块状、条带状构造，粒状变晶结构。岩石主要由磁铁矿（30% ~ 50%）、镜铁矿（10% ~ 30%）、黄铁矿（2% ~ 5%）、石英（25% ~ 35%）和方解石（5% ~ 10%）等组成。自形黄铁矿多呈五角十二面体常被磁铁矿等交代，粒径为 0.02~0.5mm；磁铁矿多呈自形-半自形，粒径为 0.05~1mm；镜铁矿多呈聚片状，部分发生褶曲，粒径为 0.02~1mm；石英多呈他形粒状，常与方解石交织一起，分布不均；方解石多呈半自形-他形，粒径为 0.1~0.6mm。

5.2.7.1 岩石地球化学特征

新疆乌恰铁厂地区铁矿岩（矿）石的化学成分分析见表 5-12。

表 5-12 炼铁厂地区铁矿岩（矿）石的化学成分分析结果

岩性		红山铁矿					萨热塔什铁矿				
		大理岩化灰岩			镜铁矿石			灰岩类			磁铁矿石	
样品编号		C1	C2	C3	C4	C5	C6	D1	D2	D3	D4	D5
主要化学成分/%	SiO_2	0.79	1.03	0.58	0.88	0.58	0.64	14.15	4.55	37.89	16.43	22.30
	Al_2O_3	0.08	0.09	<0.010	0.40	0.10	0.06	1.38	0.69	5.17	1.96	8.26
	TFe	0.38	0.22	2.39	71.35	62.23	20.52	0.76	0.86	5.02	50.03	62.52
	MgO	0.72	0.60	2.33	4.04	7.09	0.23	1.05	1.03	3.73	3.86	0.70
	CaO	54.54	54.47	51.27	10.05	11.65	43.44	45.39	51.31	25.01	12.58	0.35
	Na_2O	<0.01	<0.01	<0.01	0.06	<0.01	<0.01	0.38	0.09	0.17	0.15	2.55
	K_2O	0.03	0.05	0.04	0.04	0.02	0.03	0.14	0.10	0.13	0.13	1.56
	MnO	0.04	0.02	0.30	0.57	0.46	0.19	0.04	0.03	0.17	0.48	0.01
	TiO_2	0.02	0.01	0.02	0.02	0.01	0.01	0.06	0.05	0.18	0.09	0.36
	烧失量	43.36	43.46	43	12.47	17.49	34.64	36.6	41.23	22.21	13.26	0.71
	总量	99.95	99.95	99.92	99.86	99.63	99.76	99.95	99.93	99.65	98.97	99.32
微量元素 ×10⁻⁶	Cs	0.067	0.15	0.048	0.104	0.066	0.073	0.403	0.277	0.354	0.508	5.6
	Rb	0.641	1.67	0.681	1.07	0.182	0.347	6.93	5.06	4.53	5.39	67
	Ba	13.9	17.2	13.9	10.6	8.95	17	44.3	25.4	23.7	19.8	198
	Th	0.3	0.253	0.197	0.248	0.148	0.232	1.12	0.633	2.59	1.98	7.31
	U	0.171	0.298	0.566	3.78	23.8	7.12	0.579	0.468	2.01	1.62	2.6
	Ta	0.025	0.015	0.044	0.034	0.008	0.105	0.097	0.041	0.183	0.132	0.443
	Nb	0.14	0.228	0.179	0.543	0.132	0.21	0.578	0.58	2.59	1.96	7.66
	Sr	365	307	150	31.8	18.6	52.6	517	482	294	103	27.9
	Zr	1.52	1.33	1.84	2.09	0.643	1.04	7.74	6.88	19.2	12.1	51.3
	Hf	0.052	0.048	0.053	0.075	0.02	0.036	0.272	0.229	0.65	0.39	2.02
	Cu	42.4	13.8	12.3	11.9	34.1	24.9	13.7	15.1	20.6	77.1	8.98
	Pb	103	25.5	43.2	34.4	72.7	37	85.1	93	96.2	331	29.6
	Zn	4.67	3.66	5.72	5.18	7.41	4.57	5.5	4.44	45.2	31.3	19
	Co	2.47	2.06	4.26	14.8	14.9	2.64	2.08	2.66	5.29	94.1	38
	La	3.26	1.67	9.45	2.96	0.944	4.44	3.94	4.43	6.24	6.91	14.1
	Ce	7.65	1.41	18.9	7.11	2.24	7.93	5.91	6.36	7.92	13	24.9
	Pr	0.727	0.295	2.81	1.12	0.42	1.47	0.948	1.08	1.2	1.7	3.1

岩性		红山铁矿						萨热塔什铁矿				
		大理岩化灰岩			镜铁矿石			灰岩类			磁铁矿石	
样品编号		C1	C2	C3	C4	C5	C6	D1	D2	D3	D4	D5
微量元素	Nd	2.92	1.28	12.4	5.15	1.93	6.67	4.19	4.81	4.84	7.32	11.2
×10⁻⁶	Sm	0.63	0.279	3.08	1.49	0.665	1.77	0.971	1.06	1.18	2.19	1.8
	Eu	0.133	0.062	1.08	0.482	0.26	0.589	0.201	0.256	0.354	2.44	0.935
	Gd	0.67	0.331	3.12	1.57	0.748	1.8	0.997	1.04	1.77	2.05	1.45
	Tb	0.132	0.07	0.573	0.341	0.194	0.353	0.196	0.202	0.45	0.432	0.221
	Dy	0.779	0.427	2.88	2.05	1.2	1.82	1.13	1.18	3.15	2.11	1.08
	Ho	0.155	0.098	0.477	0.377	0.22	0.311	0.25	0.247	0.689	0.366	0.21
	Er	0.436	0.272	1.06	0.883	0.551	0.711	0.705	0.672	2.11	0.953	0.692
	Tm	0.068	0.042	0.128	0.116	0.075	0.097	0.114	0.104	0.368	0.139	0.123
	Yb	0.402	0.254	0.644	0.568	0.385	0.525	0.736	0.616	2.54	0.85	0.759
	Lu	0.055	0.034	0.075	0.065	0.047	0.062	0.107	0.085	0.347	0.117	0.104
	Y	7.4	4.48	16.3	11	5.56	10.2	9.65	9.91	21.2	10.1	5.47
	ΣREE	25.42	11.00	72.98	35.28	15.44	38.75	30.05	32.05	54.36	50.68	66.14
	ΣCe	15.32	5.00	47.72	18.31	6.46	22.87	16.16	18.00	21.73	33.56	56.04
	ΣY	10.10	6.01	25.26	16.97	8.98	15.88	13.89	14.06	32.62	17.12	10.11
ΣCe/ΣY		1.52	0.83	1.89	1.08	0.72	1.44	1.16	1.28	0.67	1.96	5.54
δCe		1.20	0.48	0.88	0.94	0.86	0.75	0.74	0.70	0.70	0.91	0.91
δEu		0.63	0.62	1.07	0.96	1.13	1.01	0.62	0.75	0.75	3.52	1.77
(La/Sm)ₙ		3.25	3.77	1.93	1.25	0.89	1.58	2.55	2.63	3.33	1.98	4.93
(Gd/Yb)ₙ		1.34	1.05	3.91	2.23	1.57	2.77	1.09	1.36	0.56	1.95	1.54

A　主要化学成分

从表 5-12 中可以看出，红山铁矿大理岩化灰岩样品中 SiO_2 含量为 0.58%～1.03%，平均值为 0.8%；TFe 含量为 0.22%～2.39%，平均值为 1.0%；MgO 含量为 0.60%～2.33%，平均值为 1.22%；CaO 含量为 51.27%～54.54%，平均值为 51.27%；MnO 含量为 0.02%～0.3%，平均值为 0.12%。镜铁矿石样品中 SiO_2 含量为 0.58%～0.88%，平均值为 0.70%；TFe 含量为 20.52%～71.35%，平均值为 51.37%；MgO 含量为 0.23%～7.09%，平均值为 3.79%；CaO 含量为 10.05%～43.44%，平均值为 21.71%；MnO 含量为 0.19%～0.57%，平均值为 0.41%。

萨热塔什铁矿灰岩类样品化学成分变化较大，主要与碳酸盐矿物的含量有关。总体上，SiO_2 含量为 4.55%～37.89%，平均值 18.86%；TFe 含量为 0.76%～5.02%，平均值为 2.21%；MgO 含量为 1.03%～3.73%，平均值为 1.94%；CaO 含量为 25.01%～51.31%，平均值为 40.57%；MnO 含量为 0.04%～0.17%，平均值为 0.08%。磁铁矿石样品中 SiO_2 含量为 16.43%～22.30%，平均值 19.37%；TFe 含量为 50.03%～62.52%，平均值 56.28%；MgO 含量为 0.70%～3.86%，平均值为 2.28%；CaO 含量

为 0.35% ~12.58%，平均值为 6.47%；MnO 含量为 0.01% ~0.48%，平均值为 0.08%。

从上述主要化学成分分析结果来看，镜铁矿石中的脉石矿物主要以碳酸盐矿物为主，而磁铁矿石中的脉石矿物除碳酸盐矿物外，还含有石英等矿物。

B　微量元素

采用原始地幔进行配分[131]，从图 5-27（a）中可以看出，大理岩样品与镜铁矿石样品具有相似的曲线模式，两者均富集 U-Pb 而相对亏损 Rb-Ta-Nb-Zr-Hf 等元素；从图 5-27（b）中可以看出灰岩类样品和磁铁矿石样品均富集 Cs-Rb-Th-U-Pb 等元素，磁铁矿石样品中富集 Eu 元素，但 Ba-Ta-Nb-Sr-Zr-Hf 等元素含量变化较大，灰岩类样品相对亏损 Ba-Ta-Nb-Zr-Hf 等元素。上述结果表明，大理岩样品和灰岩类样品具有相似性，镜铁矿样品总体类似于碳酸盐岩类样品，但磁铁矿样品的曲线与碳酸盐岩类样品曲线略有差异，前者波动大，可能有其他成分的混入。

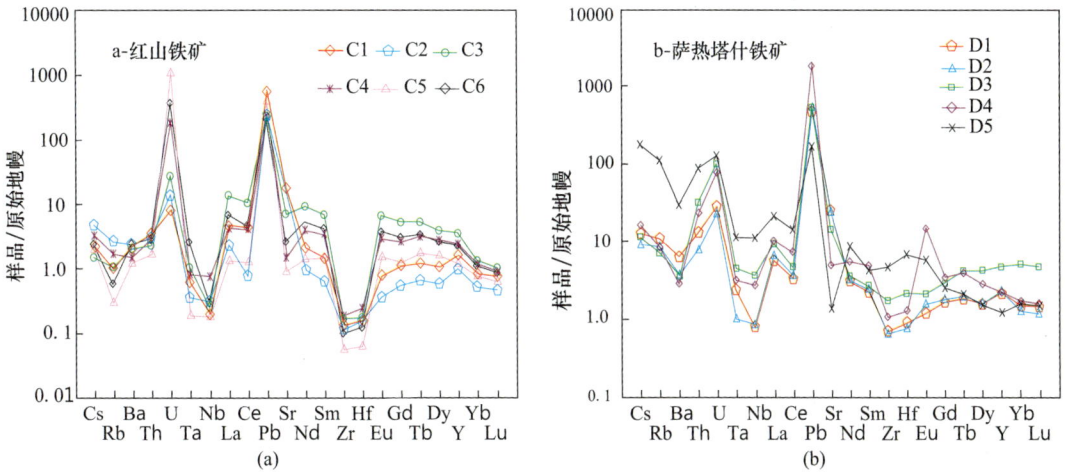

图 5-27　红山铁矿床（a）和萨热塔什铁矿床（b）岩（矿）石微量元素蜘蛛图

C　稀土元素

采用球粒陨石进行配分[132]，从表 5-12 中可以看出，大理岩样品中 ∑REE 含量为 11×10^{-6} ~72.98×10^{-6}，平均值为 36.47×10^{-6}；δEu 为 0.62 ~1.07，平均值为 0.77；δCe 为 0.48 ~1.20，平均值为 0.85，除个别样品具弱的正异常外，δEu 和 δCe 总体具弱的负异常。镜铁矿石样品中 ∑REE 含量为 15.44×10^{-6} ~38.75×10^{-6}，平均值为 29.82×10^{-6}；δEu 为 0.96 ~1.13，平均值为 1.03；δCe 为 0.75 ~0.94，平均值为 0.85；δEu 具弱的正异常，δCe 具负异常。灰岩类样品中 ∑REE 含量为 30.05×10^{-6} ~54.36×10^{-6}，平均值为 38.82×10^{-6}；δEu 为 0.62 ~0.75，平均值为 0.71；δCe 为 0.70 ~0.74，平均值为 0.71；δEu 和 δCe 均具有明显的负异常。磁铁矿石样品中 ∑REE 含量为 50.68×10^{-6} ~66.14×10^{-6}，平均值为 58.41×10^{-6}；δEu 为 1.77 ~3.52，平均值为 2.65；δCe 平均值为 0.91；δEu 具明显的正异常，δCe 具弱的负异常。从图 5-28（a）可以看出，大理岩化灰岩样品和镜铁矿样品的稀土配分曲线均呈平滑弱右倾特征；从图 5-28（b）中可以看出，灰岩类样品稀土配分曲线较为平缓，磁铁矿样品稀土配分曲线总体呈明显右倾特征。

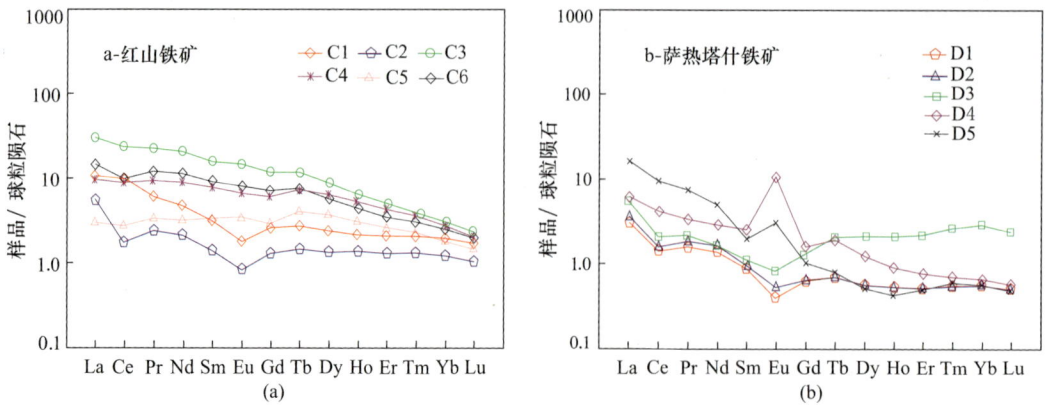

图 5-28 红山铁矿床（a）和萨热塔什铁矿床（b）岩（矿）石稀土元素配分曲线

5.2.7.2 铁矿成因分析

从炼铁厂地区铁矿床的地质特征来看，铁矿床的形成与上石炭统康克林组碳酸盐岩建造有关。早泥盆世-晚石炭世为晚古南天山初始洋盆阶段，沉积了一套碳酸盐岩-陆源碎屑岩建造，早二叠世陆陆板块碰撞[117]，发育一系列逆断层和推覆体，并发生了区域变质作用，为矿床形成的主要阶段[148]。同时本地区的铁矿受断裂等构造控制明显，结合区域构造背景，这些断裂应为吉根—萨瓦亚尔顿深大断裂的次级断裂[118]。顾连兴等人[149] 认为断裂等构造活动产生的裂隙可加速铁羰络合物的分解，从而促使铁质从热液中沉淀。红山铁矿多产于断层或构造裂隙中，铁矿石中金属矿物主要为镜铁矿等，脉石矿物为方解石和白云石（见表 5-13 和图 5-29（a））等，稀土元素中 δEu 为 0.96 ~ 1.13，平均值为 1.03，正异常不明显；从镜铁矿石中方解石脉的碳氧同位素分析结果来看，$\delta^{18}O_{V-SMOW}$ 为 19.5‰，$\delta^{13}C_{V-PDB}$ 为 3.7‰，$\delta^{18}O_{V-PDB}$ 为 -11.1‰，Pt$\delta^{18}O_{PDB}$-$\delta^{13}C_{PDB}$ 图相中，样品落入淡水方解石区[150-151]。在 $\delta^{18}O_{smow}$-$\delta^{13}C_{PDB}$ 图解中，样品落在海相碳酸盐岩西侧的碳酸盐溶解作用区[20]，表明成矿流体受大气水的影响较大。萨热塔什铁矿产于喀什炼铁厂幅西部的压扭性深大断裂中，可见明显的断层角砾岩，铁矿石中金属矿物主要为磁铁矿、镜铁矿、黄铁矿和少量黄铜矿等，脉石矿物为石英、方解石等，稀土元素中 δEu 为 1.77 ~ 3.52，平均值为 2.65，具明显的正异常。此外，在部分构造裂隙中发现明显的硫砷钴矿化（见图 5-29（b）），这与西天山部分铁矿床受后期热液叠加而形成含钴黄铁矿相似[152]。红山铁矿与萨热塔什铁矿的上述特征总体上显示出热液铁型矿床的特征[153]，同时两者又存在一定的差异，红山铁矿的成矿物质可能主要来源于围岩中的碳酸盐岩，成矿物质成分简单、成矿温度相对较低；而萨热塔什铁矿由于受深大断裂控制，成矿物质成分相对复杂、成矿温度也相对较高，除主要成矿物质来源于围岩外，可能混入了部分深源物质。肖仲洋等人[154] 也认为来自深部的含铁的成矿物质的上升主要受深大断裂带和海底扩张带的控制。

结合成矿地质背景来看，炼铁厂地区的铁矿不同于西天山铁矿中的海相火山岩型和矽卡岩型两个大类[155]，也难以归入董连慧等人[156] 的三类成矿模式。根据含矿建造、构造控矿、矿物组构等特征，初步建立了本区的铁矿成矿模式（见图 5-30），石炭纪碳酸盐岩

表 5-13 炼铁厂地区铁矿岩（矿）石电子探针分析结果

样品编号	矿物	Na$_2$O	MgO	Al$_2$O$_3$	SiO$_2$	P$_2$O$_5$	SO$_3$	Cl	K$_2$O	CaO	TiO$_2$	Cr$_2$O$_3$	MnO	FeO	CoO	CuO	As$_2$O$_3$	SrO	BaO	PbO	总量 (%)
C4	镜铁矿	0.01		0.39	0.16	0.15	0.01	0.01	0.03		0.08	0.02	0.09	83.26	0.17		0.04	0.17			84.59
C4	白云石	0.07	19.27	0.10	0.08			0.03		28.86	0.05	0.10	2.33	1.83			0.15	0.06	0.06		52.99
C4	方解石	0.15	3.38	0.39				0.14	0.03	45.99			0.57	2.35		0.01		0.01			53.02
C5	镜铁矿	0.01		0.96	1.17	0.22	0.04			0.05		0.13	0.03	82.11	0.49	0.03	0.15	0.21	0.07		85.67
C5	白云石	0.04	19.14		0.07		0.18	0.04		27.65	0.20	0.05	1.56	4.41	0.00			0.12			53.46
C6	镜铁矿		0.02		0.10	0.12		0.03		0.05	0.19	0.05	0.05	83.62	0.57		0.00	0.22			85.02
C6	方解石	0.02	0.44	0.02			0.07	0.02	0.03	51.56	0.05		0.09	0.04			0.00	0.01			52.35
D4	磁铁矿			0.22	0.15	0.08	0.06	0.01		0.01			0.02	92.50	0.51	0.10		0.10	0.02	0.03	93.81
D5	磁铁矿		0.03	0.21	0.09	0.14	0.02	0.06		0.01				90.84	0.31			0.18	0.13	0.17	92.19
D5	镜铁矿		0.00	0.53	0.09	0.23	0.07	0.03	0.00		0.21			85.39	0.40	0.37	0.02	0.19		0.22	87.75

沉积形成铁矿源层,后期经天水淋滤作用和盆地流体的循环交代作用,形成富含铁羟络合物的成矿流体,最终在构造活动产生的断层或裂隙发生分解和沉淀形成红山型镜铁矿型铁矿;由于本区西部发育贯穿性次级深大断裂带,导致深部的部分高温成矿物质(如磁铁矿、富钴硫化物)沿断裂带上升并叠加或改造早期形成的铁矿化体,并最终形成萨热塔什磁铁矿型铁矿。从萨热塔什铁矿矿石的物质组构来看,磁铁矿多呈自形或半自形,对早期形成的镜铁矿具有明显的交代作用[25]。

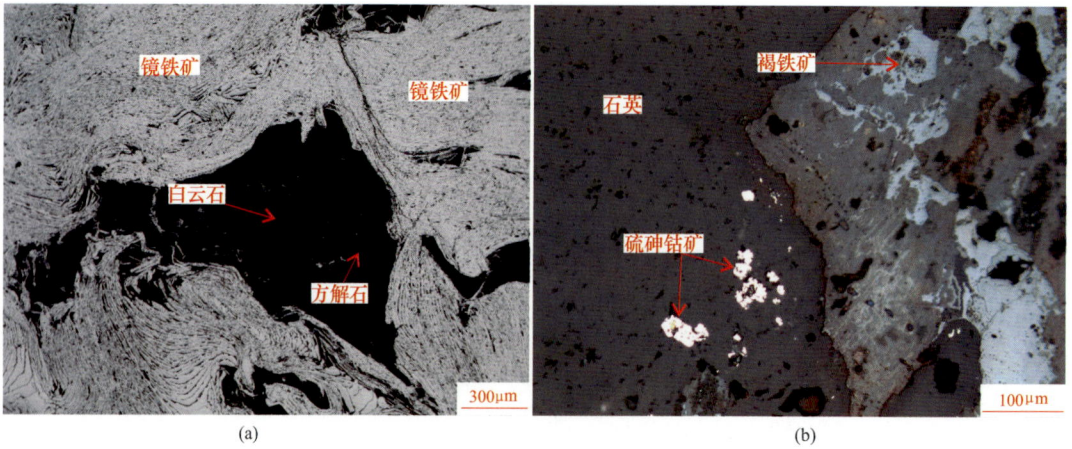

(a)   (b)

图 5-29 炼铁厂地区铁矿石矿物特征

(a) 红山铁矿中的镜铁矿与白云石和方解石(C4 样品,背散射影像);

(b) 萨热塔什铁矿构造裂隙中的硫砷钴矿(反射光)

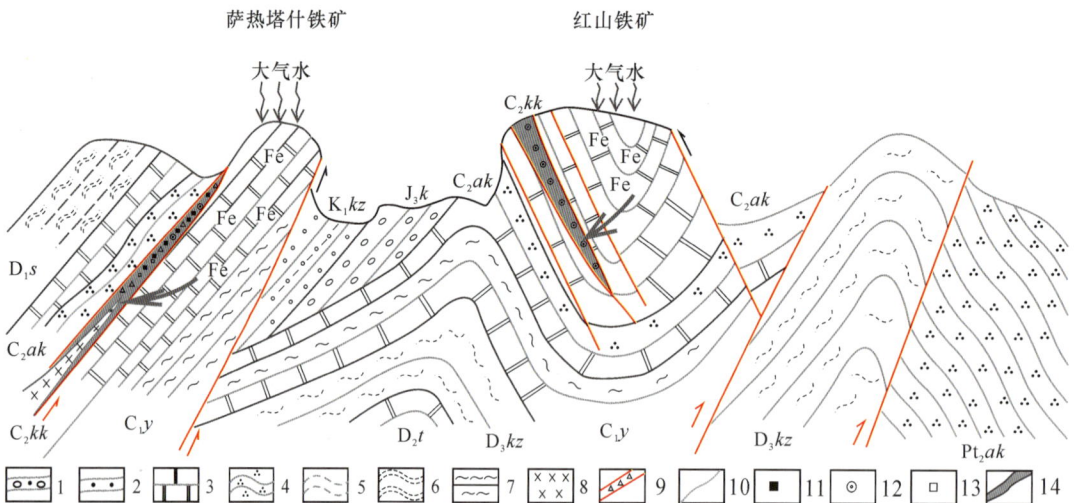

图 5-30 炼铁厂地区铁矿成矿模式示意图

1—砂砾岩;2—石英砂岩;3—大理岩化灰岩;4—石英片岩;5—千枚岩;6—绢云母千枚岩;

7—绿泥石英千枚岩;8—推测基性岩浆;9—断层及角砾岩;10—地层界线;11—磁铁矿;

12—镜铁矿;13—黄铁矿;14—铁矿体

6 资源潜力评价

6.1 调查区 1∶5 万矿产资源潜力评价

矿产预测方法类型划分的目的是把复杂的矿床成因类型进行归并，使之能在相应的底图上进行资源量预测，与其成因有一定的联系。矿产预测方法类型的划分是确定预测底图类型及预测方法的依据，具体可划分为沉积类矿床（包括沉积型、碎屑岩喷流沉积型、碳酸盐岩容矿的非岩浆热液型矿床等）、火山岩类矿床（包括海相火山岩型、陆相火山岩型）、侵入岩类矿床（包括超基性、基性岩型）、变质岩类矿床（包括沉积变质型、古火山喷流型、古热液型矿床）、热液型矿床、大型变形构造型矿床。萨热克巴依幅—其勒坦套幅中的矿床类型主要为沉积型矿床（杂砾岩型铜沉积矿床和砂砾岩型铅锌沉积矿床）和大型变形构造型矿床（韧性剪切变形型铜金矿床）；喀什炼铁厂幅中的矿床类型主要为沉积型铜铅锌矿床（砂砾岩型）和热液型铁矿床等。

从现有萨热克巴依幅和其勒坦套幅的成矿地质要素来看，萨热克巴依幅中萨热克铜矿的东西两侧仍然分布有杂砾岩型铜矿的成矿地质体（上侏罗统库孜贡苏组杂砾岩），总长超过 6km，构造发育，地表已发现多处孔雀石化，44 线的激电测深显示深部存在明显的异常，表明在萨热克铜矿的外围依然有较大的找矿潜力。在萨热克巴依幅和其勒坦套幅的长城系中广泛发育韧性剪切带，总长超过 10km，局部可见明显的黄铁矿化、孔雀石化，已有的少量槽探工程显示有明显的金矿化和铜矿化，具有寻找韧性剪切型金（铜）矿的巨大潜力。

从喀什炼铁厂幅的成矿地质要素来看，在该区广泛出露下白垩统克孜勒苏群砂砾岩（乌拉根式铅锌矿成矿地质体）和上侏罗统库孜贡苏组杂砾岩（萨热克式铜矿成矿地质体），其中下白垩统克孜勒苏群砂砾岩在地表走向长度大于 12km，主要为铜矿化和铅锌矿化，并伴有明显的沥青化等；上侏罗统库孜贡苏组杂砾岩走向长度超过 10km，其中在超过 1km 的杂砾岩中已发现明显的铜矿化，表明在该区具有寻找杂砾岩型铜矿和砂砾岩型铜铅锌矿的找矿潜力。

6.1.1 资源量预测

预测资源量主要结合地质、物探、化探异常特征，采用体积法、矿床地质经济模型法、矿床模型综合信息定量预测法、成矿地质体参数法、磁异常拟合体积法、水系沉积物拟合三维定量估算法等估算预测资源量。萨热克巴依幅—其勒坦套和喀什炼铁厂幅中的矿产资源量预测，主要结合地质、物探、化探异常特征，并参考同类型矿床模型的综合信息，采用体积法进行资源量预测。

6.1.1.1　萨热克巴依幅—其勒坦套幅

根据萨热克式杂砾岩型铜矿的成矿地质要素特征，在萨热克巴依幅—其勒坦套幅中圈定的 A 和 B 找矿靶区内均出露有杂砾岩型铜矿地质体（上侏罗统库孜贡苏组杂砾岩），地表可见明显的孔雀石化，金属硫化物以辉铜矿为主，上述两个靶区也是萨热克铜矿（沙里拜）外围东西两侧的延伸地段，成矿地质体的长度合计约为 4000m，矿体厚 3m，延深 400m，矿石密度为 $3.0g/cm^3$，铜品位按 0.6% 计算，初步预测铜金属量为 8.64 万吨。

6.1.1.2　喀什炼铁厂幅

根据萨热克式杂砾岩型铜矿和乌拉根式砂砾岩型铅锌矿的成矿地质要素特征，从喀什炼铁厂幅中圈定的 2 个找矿靶区来看，在炼铁厂找矿靶区 A 中的矿化体（下白垩统克孜勒苏群砂砾岩）主要为铜矿化和铅锌矿化，矿体长 5000m，厚 2m，延深 200m，矿石密度为 $2.5g/cm^3$，铜品位按 0.4%、铅品位按 2.0% 计算，初步预测铜金属量为 3 万吨、铅金属量为 15 万吨。在江格结尔找矿靶区 B 中同时圈定了铜矿化体和锌矿化体，其中锌矿化体（下白垩统克孜勒苏群砂砾岩）长约 2000m，厚 5m，延深 200m，矿石密度为 $2.5g/cm^3$，锌品位按 2.5% 计算，初步预测锌金属量为 12.5 万吨；铜矿化体（上侏罗统库孜贡苏组杂砾岩）走向长约 1000m，厚 5m，延深约 400m，矿石密度为 $3.0g/cm^3$，铜品位按 0.40% 计算，初步预测铜金属量为 2.4 万吨。

上述预测资源量合计为铜金属量 5.4 万吨、铅金属量 15 万吨、锌金属量 12.5 万吨。

6.1.2　找矿靶区优选及特征

6.1.2.1　萨热克巴依幅—其勒坦套幅

根据萨热克巴依幅—其勒坦套幅中的成矿地质体、成矿构造、化探异常、遥感异常及矿（化）点分布情况等，结合本区已知矿床、矿点的成矿特征，初步圈定 5 个找矿远景区和 4 个找矿靶区。

5 个找矿远景区分别为萨热克巴依沉积盆地砂砾岩型铜铅锌 I 级成矿远景区、阿克然—苏鲁铁热克铜金铅锌 II 级成矿远景区、铁斯给—阔库布拉克铜金铅锌 II 级成矿远景区、硝腊布拉克铜 III 级成矿远景区和别热阿依热克铜铅 III 级成矿远景区。

4 个找矿靶区中 A 和 B 为寻找杂砾岩型铜矿的找矿靶区，C 和 D 为寻找韧性剪切带型金（铜）矿的找矿靶区（见图 6-1），分述如下。

（1）萨热克巴依次级盆地西南端找矿靶区。该区位于萨热克巴依次级盆地西南端 $4.18km^2$ 范围内（$X = 4430420 \sim 4432270$，$Y = 13460390 \sim 13462650$）。依据一是遥感解译和实际观察证实已知成矿地质体（含矿地层）向西南端延伸，发育上侏罗统库孜贡苏组下段湿地扇相和上段旱地扇相；二是成矿构造有利于铜叠加富集成矿，位于盆地南缘逆冲推覆构造带的传播褶皱区上侏罗统—白垩系；三是成矿结构面存在，库孜贡苏组中层间断裂-裂隙发育（碎裂岩化相）且构造变形显著；四是遥感色彩异常和化探异常发育，找矿标志明显；五是前期在该区施工了 ZK1901 钻孔，岩芯中发现了大量的黄铁矿化。

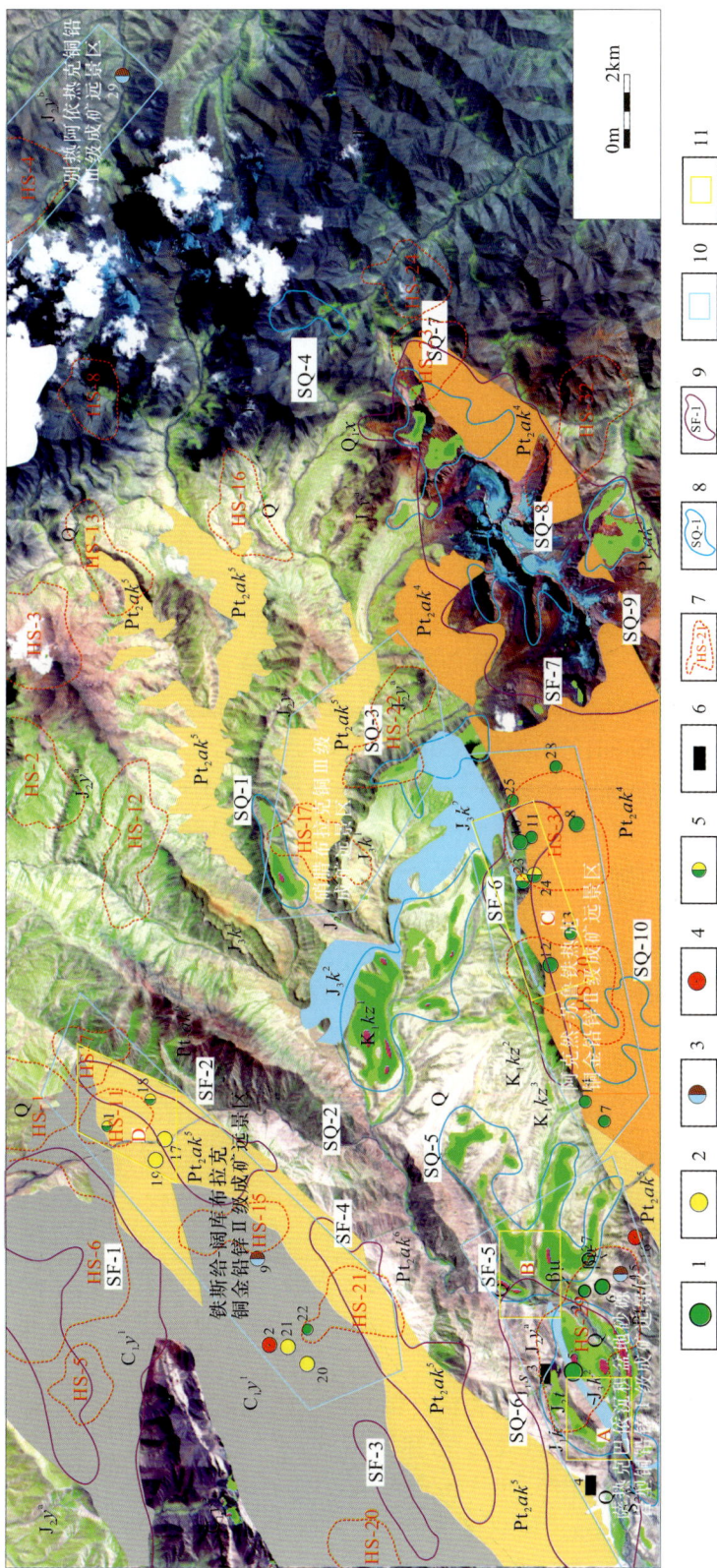

图6-1 萨热克巴依依幅—其勒坦套幅中的找矿靶区位置示意图

1—铜矿化点；2—金矿化点；3—铅锌矿点；4—铁矿点；5—铜金矿化点；6—煤矿；
7—1:5万化探综合异常；8—羟基异常；9—铁染异常；10—找矿远景区；11—找矿靶区

（2）萨热克铜矿北矿带的北东延伸部位 30~80 勘探线。萨热克铜矿已知含矿构造岩相带在 30 线北东，继续延伸到 84 线，坐标为 $X = 4432430 ~ 4434150$，$Y = 13464250 ~ 13466630$，面积为 $4.09km^2$。依据一是成矿地质体继续向北东方向延伸且具有一定规模，遥感解译和实测构造岩相学剖面证实含矿构造岩相带（冲积扇体扇中亚相+碎裂岩化相）继续向东北方向延伸；二是成矿构造组合样式有利于铜叠加改造富集成矿，在萨热克巴依次级盆地后期构造变形中，其北缘发育逆冲推覆型韧性剪切带，碎裂岩化相发育；三是采样分析证明成矿结构面发育，并有利于形成富矿石，该地段发育次级褶皱构造、层间断裂-裂隙带，有利于铜矿层富集，基本分析样品的铜品位为 $0.16\% ~ 1.38\%$、伴生银品位为 $3.20 ~ 18.10g/t$，地表铜矿体和矿化体有继续扩大规模的条件；四是物探和化探找矿标志明显，化探异常发育并与地表矿化体吻合且指示仍存在新找矿空间，在 30 线和 44 线北部均有物探异常显示，地表上侏罗统库孜贡苏组中可见明显的孔雀石化；五是 2015 年在 30 线北部施工了 ZK3012 钻孔，发现了一定的辉铜矿化，表明该区值得进一步加大验证力度。

（3）阿克然—泽木丹铜（金）矿化区。该区坐标为 $X = 472850 ~ 478130$，$Y = 134431590 ~ 134435015$，面积为 $8.98km^2$。萨热克巴依次级盆地东南部阿克苏群中含金铜剪切带断续长 4300m，具有寻找含金银铜剪切带型矿床的前景。通过 2014—2016 年的路线地质调查，在萨热克巴依次级盆地东南部阿克然—泽木丹一带的基底地层（长城系）中发育北东向含金铜剪切带，并发现多处原生铜矿化石英脉，经分析铜品位为 $0.17\% ~ 3.21\%$、银品位为 $18.7 ~ 153g/t$、金品位为 $0.18 ~ 0.48g/t$，铜金银矿化体规模还需进一步确定，剪切带宽 $350~500m$，断续长 4300m。

（4）金-铅锌矿化区。该区坐标为 $X = 468120 ~ 471720$，$Y = 134443450 ~ 134446000$，面积为 $7.05km^2$。在萨热克巴依次级盆地西北部石炭系滑脱型韧性剪切带中发育绢英糜棱岩、绢云母糜棱岩及石香肠状硅化脉，可见斑点状褐铁矿。采集的 10 件刻槽样中有 6 件样品金含量大于 $0.1g/t$，最高为 $0.51g/t$，表明该区具有进一步寻找韧性剪切带型金矿的潜力。同时在萨热克巴依次级盆地西北部云英片岩与大理岩化灰岩的接触带中褐铁矿化较宽，水平宽度为 $10~15m$，走向长度约为 200m，具有向西进一步延伸的趋势，表明该区具有一定的铅锌找矿潜力。

6.1.2.2　喀什炼铁厂幅

根据喀什炼铁厂幅中的成矿地质体、成矿构造、化探异常、遥感异常及矿（化）点分布情况等，结合本区已知矿床、矿点的成矿特征，初步圈定 4 个找矿远景区和 2 个找矿靶区。

4 个找矿远景区分别为：Ⅰ—萨热塔什铁氧化物铜金型（IOCG）矿床找矿远景区、Ⅱ—江格结尔砂砾岩型铜铅锌矿床找矿远景区、Ⅲ—红山热液型赤铁矿矿床找矿远景区、Ⅳ—卡炼砂砾岩型铜铅锌矿床找矿远景区。

2 个找矿靶区中 A 为寻找砂砾岩型铅锌（铜）的找矿靶区、B 为寻找杂砾岩型铜矿和砂砾岩型铅锌矿的找矿靶区（见图 6-2），分述如下。

（1）炼铁厂铜铅锌矿找矿靶区。炼铁厂铜铅锌矿找矿靶区位于喀什炼铁厂幅中南部，南北长约 7.5km，宽 1~2km。该区坐标为 $X = 445560 ~ 447900$，$Y = 134416000 ~ 134419000$，面积为 $7.43km^2$。靶区内分布有 AS-11 化探异常（1∶5 万）和 H4 化探异常

（1：2.5 万）。在该区分布有乌拉根式砂砾岩型铅锌矿的成矿地质体（下白垩统克孜勒苏群砂砾岩）。目前在该区内已发现 6 号矿点和 5 号、4 号、15 号、17 号矿化体。其中 6 号铜铅锌矿点（炼铁厂铅锌矿）通过地表槽探揭露和控制，共圈定 2 条铜矿体和 2 条铅矿体。该矿化体在走向上与 5 号、4 号、16 号、17 号矿化体基本位于同一成矿地层，均为下白垩统克孜勒苏群砂砾岩，与乌拉根铅锌矿层位一致。

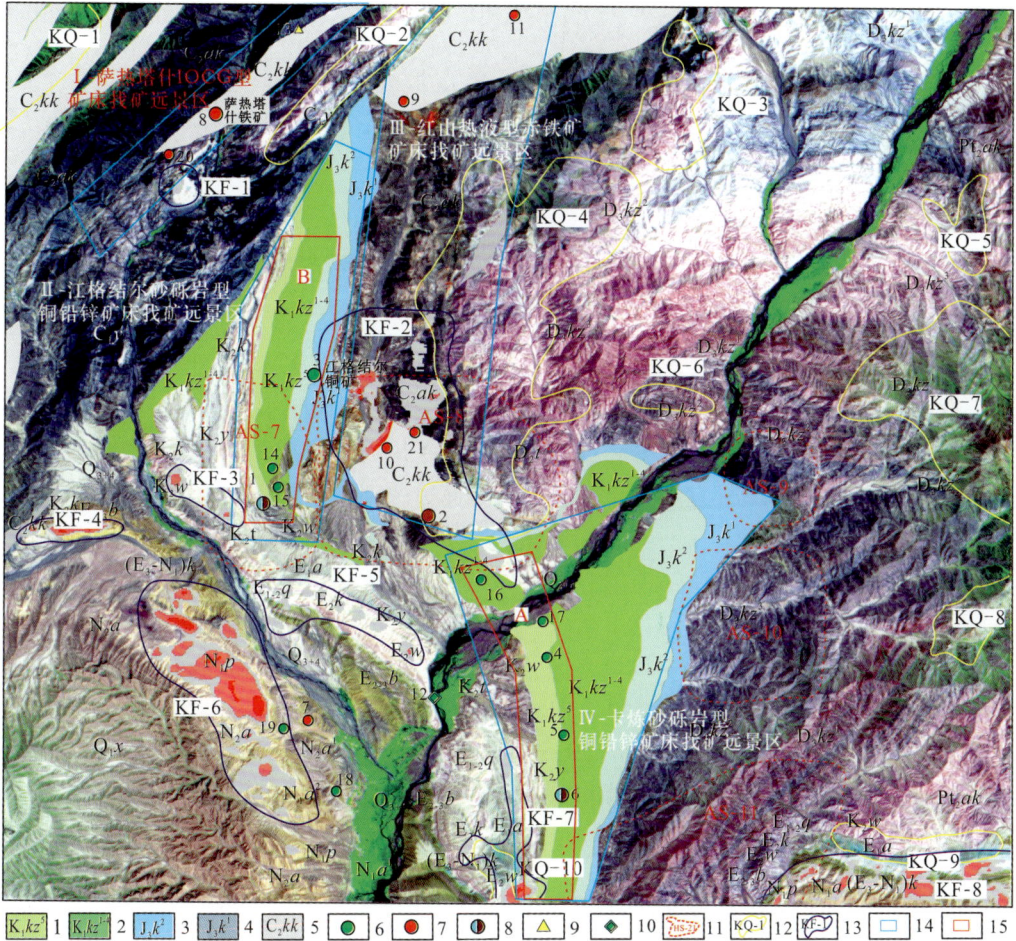

图 6-2　喀什炼铁厂幅中的找矿靶区位置示意图

1—下白垩统克孜勒苏群第五岩性段；2—下白垩统克孜勒苏群第一到第四岩性段；

3—上侏罗统库孜贡苏组上段；4—上侏罗统库孜贡苏组下段；5—上石炭统康克林组；

6—铜矿点；7—铁矿点；8—铅锌矿点；9—硫黄矿；10—石膏矿；11—1：5 万化探综合异常；

12—羟基异常；13—铁染异常；14—找矿远景区；15—找矿靶区

　　（2）江格结尔铜铅锌矿找矿靶区。江格结尔铜铅锌矿找矿靶区位于喀什炼铁厂幅西北部，南北长约 6km，宽 1 ~ 2km。该区坐标为 $X = 440900 ~ 443000$，$Y = 134419000 ~ 134425000$，面积为 7.96km²。靶区内已知有 AS-7 综合化探异常，同时在该区分布有萨热克式杂砾岩型铜矿的成矿地质体（上侏罗统库孜贡苏组上段杂砾岩）和乌拉根式砂砾岩型铅锌矿的成矿地质体（下白垩统克孜勒苏群砂砾岩）。已发现有江格结尔小型铜矿点和江格结尔铅锌矿点。

江格结尔铜矿化体呈近南北向顺层产出,走向长 300 ~ 500m,宽 3 ~ 5m;铜矿化主要与灰绿色杂砾岩有关,铜品位一般为 0.14% ~ 1.25%,平均值为 0.43%,主要以辉铜矿为主,地表多孔雀石化,个别样品中银含量达 6.6×10^{-6}。江格结尔铅锌矿化体呈近南北向顺层产出,地表已圈出 2 条铅锌矿化体,延伸较为稳定,矿化体长 0.9 ~ 1.5km,厚 8 ~ 30m;分析结果显示 Zn 品位为 2.01% ~ 3.36%、Pb 品位为 0.07% ~ 0.08%。

6.2 资源环境综合评价

6.2.1 技术经济可行性概略评价

6.2.1.1 社会经济条件

萨热克铜矿和乌拉根铅锌矿位于我国新疆南部"三地州"重点扶贫区乌恰县境内,属于中巴经济走廊的起始点。目前上述铜铅锌矿床已进入开发阶段,对于缓解国内铜精矿原料供应不足的矛盾起到了积极作用,而且将当地的资源优势转变为经济优势,能带动当地经济发展,安排当地人员就业,有利于人民生活水平提高、民族团结、边疆巩固,同时符合中央提出的实施西部大开发的战略方针。因此通过该项目的实施,必将产生重大的经济意义和良好的社会效益。

6.2.1.2 开采地质条件

萨热克铜矿的主要矿体位于当地侵蚀基准面和地下水位以下,矿区内地表水体发育。充水含水层富水性弱,地下水补给条件较好。首采区 2640m 水平矿坑正常涌水量为 7293.91m³/d,最大涌水量为 21881.74m³/d。矿区地形地貌较简单,构造发育。矿体顶、底板为细砂岩、砂砾岩,多为半坚硬岩,岩体质量差,可能产生冒顶、坍塌等工程地质问题,因此要加强顶、底板管理,采取必要的支护措施。矿床属层状岩类,裂隙充水,工程地质条件和水文地质条件中等。矿区属次不稳定区,崩塌地质灾害发育,采矿可能加剧地质灾害。

乌拉根铅锌矿的矿体属于砂砾岩型铅锌矿,矿坑水直接来源于含矿的砂岩、含砾砂岩和砂砾岩含水岩层,属于以裂隙孔隙含水岩组直接充水为主的矿床;矿体底板的71%位于当地侵蚀基准面以下,地表水发育,河谷潜水通过各类裂隙孔隙下渗,直接进入矿坑,矿体的直接充水含水岩组透水性为弱透水岩组,富水性弱,补给条件差,地下水具有承压性,属于水文地质条件简单的矿床,故矿区水文地质勘探类型为第二类一型。矿区岩石类型为以弱胶结的砂质、黏土质岩石为主的碎屑岩类,岩性较单一,抗压强度和抗剪断强度相对低,抵抗外力的性能差-较差,属不稳固-极不稳固的岩组。地质构造发育,软弱层在饱水条件下将产生软化作用降低岩体强度;地下水具有较大的静水压力,加剧了结构体失稳。工程地质勘探类型属第一类中等—复杂型。矿区地质环境类型属第二类,地质环境质量中等。

6.2.1.3 矿石加工条件

A 萨热克铜矿

a 矿石矿物组成

萨热克铜矿的矿石矿物主要为辉铜矿、孔雀石、斑铜矿，脉石矿物为石英、长石和黏土矿物。矿石矿物呈细-粗粒状、浸染状构造。矿石由砾石和胶结物组成，易于破碎。主要铜矿物辉铜矿，在矿石中常见他形不规则粒状结构，最大粒度可达 1.0mm，一般多集中于 0.04~0.4mm 之间，最小粒度为 0.01mm；呈浸染状均匀分布在砂砾石之间或沿裂隙分布。蓝辉铜矿在矿石中常见他形不规则粒状结构，常与辉铜矿一起呈浸染状均匀分布在砂砾石之间，少数沿裂隙分布，有时也呈单体分布；粒度一般集中于 0.01~0.3mm 之间。偶见自然铜、黄铜矿和斑铜矿，粒度很细，常呈单体，少有连生。黄铁矿、方铅矿是矿石中的偶见主要金属矿物，粒度一般为 0.05~0.2mm。

b 选矿试验结果

(1) 萨热克铜矿的矿石以辉铜矿为主，其他金属矿物含量都较少，组分比较单一，属易于浮选的铜矿石，因而试验流程和药剂制度力求简单有效，以利于获得最大的经济效益。

(2) 由于辉铜矿易氧化，在调整剂中添加少量硫化钠有利于浮选，在生产中可根据矿石氧化程度适当调整，其用量不必拘泥于试验的药量。

B 乌拉根铅锌矿

a 矿石矿物组成

乌拉根铅锌矿的矿石自然类型有氧化矿和硫化矿，工业类型按含矿岩性划分均为砂砾岩型。氧化矿的矿石矿物主要为菱锌矿、闪锌矿，次为方铅矿、铅矾、褐铁矿、黄铁矿、钛铁矿，含少量白铅矿、黄铜矿等。脉石矿物主要为石英，其次为长石及少量的石膏、方解石、云母和黏土矿物等。硫化矿的矿石中有硫化物、碳酸盐矿物、氧化物、硅酸盐矿物、硫酸盐矿物等 20 余种矿物存在，矿石中金属矿物主要为闪锌矿、方铅矿，其次为黄铁矿、毒砂，含少量磁铁矿、黄铜矿等。总的来说，金属硫化矿物与氧化矿物相比，除了次生的锌、铅、铁的氧化矿物（菱锌矿、水锌矿、白铅矿、铅矾、褐铁矿、黄钾铁矾等）含量明显减少之外，其他矿物的种类和含量差别均不大。氧化物占矿石的 71% 左右，碳酸盐矿物占矿石的 12% 左右，硫化物占矿石的 7% 左右，其中有用矿物方铅矿占矿石的 0.6%，闪锌矿占矿石的 4.1%。

b 选矿试验结果

(1) 乌拉根铅锌矿的氧化矿试验在磨矿细度为小于 0.074mm 粒级占 65%、原矿含铅 0.46%、含锌 2.86% 的条件下，采用先铅后锌、先硫后氧的浮选工艺流程，即先浮选铅，然后浮选硫化锌，再浮选氧化锌的闭路流程方法处理该矿，铅精矿中含铅 47.80%、铅回收率为 63.54%，硫化锌精矿中含锌 47.27%、锌回收率为 40.69%，氧化锌精矿中含锌 20.46%、锌回收率为 34.79%，锌的总回收率为 75.48%。通过试验可以看出，氧化铅锌矿的试验流程较为繁复，选矿药剂种类和用量较多，增加选矿成本。

(2) 乌拉根铅锌矿的硫化矿采用磨矿细度为小于 0.074m 粒极占 80%、原矿中含铅 0.52%、锌品位为 2.74% 的条件下，采用优先浮选流程，可获得的选矿指标：铅精矿品位为61.38%，铅回收率为90.89%，铅精矿中含锌1.99%；锌精矿品位为57.68%，锌回收率为90.49%，锌精矿中含铅0.69%。硫化铅锌矿石工艺流程简单，使用操作方便，可选性能好，铅锌的分离效果好，经过浮选可获得较好的指标，是较易选的铅锌矿。该流程磨矿细度较粗，药剂种类和用量较少，在工业上易于实现。

6.2.1.4 技术经济可行性概略评价

2012年，萨热克铜矿已探明和控制的矿石资源量/储量为523.86万吨（Cu>0.5%），含铜平均品位1.18%，铜金属量7.29万吨，属于中型铜矿床。开发萨热克铜矿每年将生产3.39万吨铜精矿（含铜8246t，含银7169千克），项目总投资49573万元，其中建设投资44316万元，建设期利息2555万元，流动资金2702万元；年销售收入25112万元，税后利润6014万元，全部投资财务内部收益率12.36%，投资回收期为7.97年（含2.5年基建期）。

2012年，乌拉根铅锌矿估算总资源量/储量：（111b+122b+331+332+333）矿石量22230.61万吨，锌金属量5058262t，铅金属量880089t，属于超大型铅锌矿。通过建设形成5000t/d（150×10⁴t/a）的矿石生产能力，具有一定的经济效益。项目投资总额42770.07万元，其中建设投资37341.30万元，流动资金3859.14万元；项目稳产期年平均利润总额11775.92万元，所得税2943.98万元，营业税金及附加5465.54万元，净利润8831.94万元；平均投资收益率20.65%，投资利税率40.31%，资本金净利润率62.96%，高于银行同期贷款利率。矿山服务年限为80年，项目投资回收期为7年，投资回收期较长，投资回收期低于行业基准投资回收期。

参照本区上述两个铜铅锌矿的矿山开发经济技术参数来看，一般7~8年便可收回前期投资，具有良好的经济回报。

6.2.2 环境影响概略评价

6.2.2.1 区域地质环境条件

调查区位于新疆维吾尔自治区乌恰县乌鲁克恰提乡，处于帕米尔高原东北部前沿地带、西昆仑山与西南天山交汇区、塔里木盆地西端，海拔为2300~4000m，山脉纵横，沟谷发育。河流为卓尤勒汗苏河，水量充沛。气候类型属典型的中温带大陆性荒漠气候，年平均温度为6.7℃，最高气温为34℃，最低气温为-29.4℃，年降水量约170mm，无霜期为160~180天。多西北风，最大风力可达10级。主要自然灾害为雪、冰雹、地震、洪水、滑坡和泥石流等。

6.2.2.2 重点工作区（小流域）地质环境条件

重点工作区位于西南天山西段，北部地势较高，南东地势较低，海拔最高为3116m，最低为2813m。按地貌形态分类为低中山地貌，局部山坡陡峭，山脊呈锯齿状，最大相对高差为303m，河谷切深为100~200m。属风蚀地貌（风蚀谷）干旱地区荒漠类型（石质荒漠）。山体表面植被稀少，河谷低洼地段发育有抗寒耐旱的植被。卓尤勒苏河的支流明哲勒赫勃勒河（溪），长年流水，水量充沛。河谷侵蚀切割强烈，沟底偶有泉水溢出。卓尤勒苏河上游洪水位标高为2820m。水位标高2800m视为最低侵蚀基准面。

6.2.3 综合评价

萨热克铜矿床属于高品位适合地下开采的大型铜矿床，乌拉根铅锌矿床属于低品位易露天开采的超大型铅锌矿床，两个矿床都位于我国西南天山地区，该地区山大沟深、地形复杂，山体表面植被稀少，河谷低洼地段发育抗寒耐旱的植被。地表径流常年流水，夏季多发生季节性洪水和泥石流。含矿地质体为透水性较好的砂砾岩层，矿山开采过程中可能诱发透水、塌方、滑坡等地质灾害，应提前做好防范措施。

萨热克铜矿和乌拉根铅锌矿目前都已进入矿山开发阶段，是我国重要的有色金属矿供应地。随着我国对矿山环境保护的不断重视和加强，矿山企业通过技术改造不断地提高选矿率、增强矿山尾矿的治理措施，实现社会效益与经济效益的同步推进，为在该地区开展同类型矿床的勘查、开发起到了良好的示范效应。

7 生态旅游资源潜力

新疆维吾尔自治区乌恰县由于受山多地少、经济单一、教育落后等客观因素制约而长期处于贫困状态，为了使当地脱贫，落实党中央精准扶贫的要求，有关学者已针对性地进行了多方面的研究[157-160]。近年来，由于该县矿业经济的扩大、口岸经济的发展、太阳能的开发和东部发达城市的结对帮扶，绝大多数农牧民经过搬迁后生活条件得到了极大的改善，但总体上农牧民收入单一的现状依然没有得到彻底改变。研究表明，由于旅游产业所具备的低就业准入、高产业关联等特征，使其在为贫困人口创造就业和提高收入方面更具优势[161]。通过在该地区开展1∶5万矿产地质调查的过程中，发现在许多人迹罕至的地方具有多处奇特壮美的地质景观，看到了多种多样的野生动物和植物，同时该区半高山-高山区的绿色天然牧场使当地的牛羊肉具有非常高的营养价值和经济价值。由此设想，如能在本区建立地质公园、兴修部分水利设施、改善当地生态环境、扩大适宜性经济作物的人工种植、依靠特色地质景观-民族文化旅游业的发展带动畜牧业和第三产业的发展，可能会为当地贫困人口的脱贫致富提供新的出路，同时这对于维护我国边疆地区的稳定也具有重要意义。

7.1 地质景观旅游资源

乌恰县位于塔里木盆地与西南天山和昆仑山交汇处，经历了从中元古代到新近纪地层沉积—抬升—再沉积的漫长演化过程，并形成物质记录。该区出露的地层主要有第四系、新近系、古近系、白垩系、侏罗系、三叠系、二叠系、石炭系、泥盆系、志留系和中元古界长城系阿克苏群等。该区先后经历了印支运动、燕山运动和喜马拉雅运动的影响，使该区位于活动断裂带附近而长期遭受地震等地质灾害的破坏。强烈的构造运动在该区形成了奇特的地质生态奇观（见图7-1），如陡峭壮观的高山峡谷（见图7-2(a)），雪山与牧草、鲜花同存（见图7-2(b)(c)），也留下了诸如褶皱（见图7-2(d)）、节理（见图7-2(e)）等构造痕迹。该区在侏罗纪晚期沉积了巨厚的砾岩层，总厚度达上百米，受河流的不断冲刷和侵蚀形成了独具特色的地质景观，有的如城堡、有的如石柱，形态万千，美不胜收，令人叹为观止（见图7-2(f)~(h)）。在白垩纪-古近纪沉积地层中，由于受造山运动的影响造成地壳的反复沉降与抬升，使沉积环境也在还原环境与氧化环境中反复变换，导致沉积地层在下降时的还原环境状态下为灰色-灰绿色，在抬升时的氧化环境状态下为紫红色-红色等。这种具有韵律颜色的地层在荒漠植被较少的山区就像天上的彩虹落入人间，在长期的风蚀雨淋下形成西部独特的丹霞地貌（见图7-2(i)）。该区在大规模反复的海进、海退作用下，在白垩纪和古近纪地层中沉积了富含介壳状生物化石的碳酸盐岩，介壳生物化石层厚达10m以上，生物化石数量大，保存完整，直径从1cm到10cm以上，大小不一，密密麻麻交织一起，颇为壮观（见图7-2(j)）。

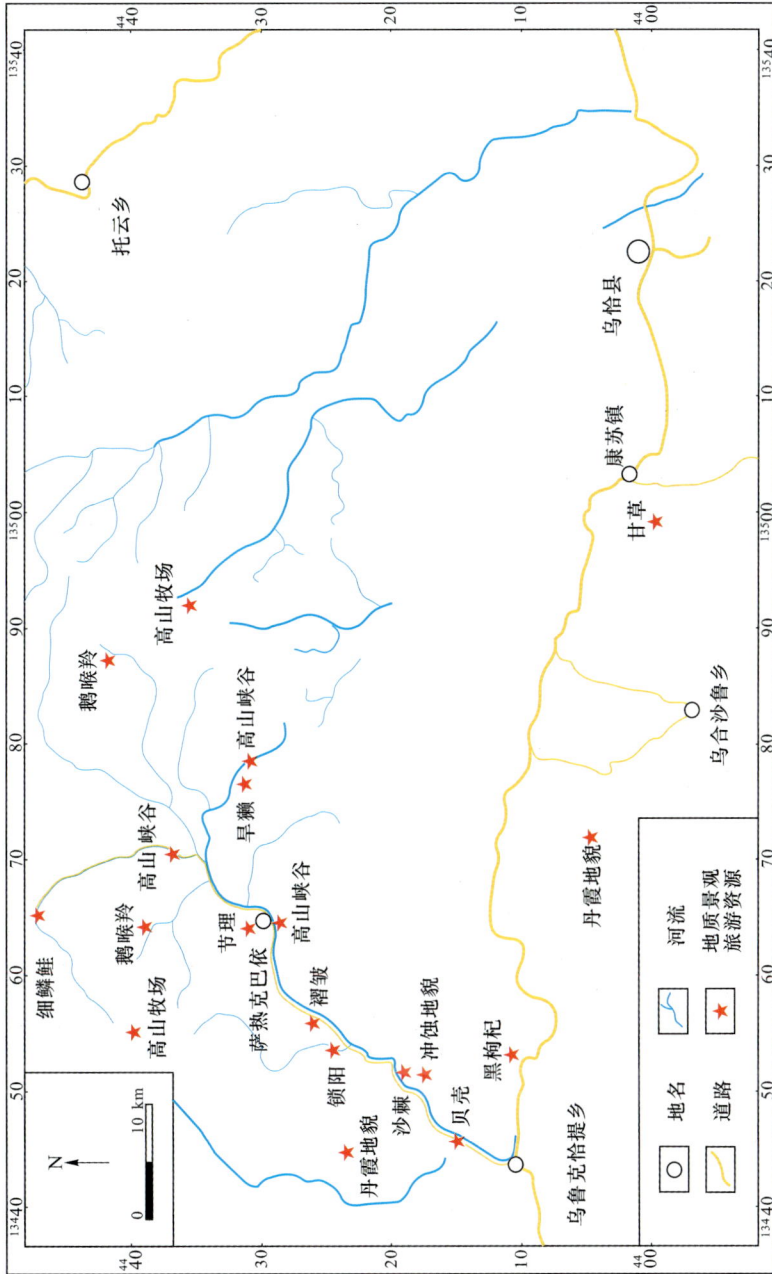

图7-1 新疆乌恰地区的地质景观生态旅游资源分布图

图 7-2 乌恰县独特的地质景观资源

（a）高山峡谷；（b）峡谷中的野花；（c）雪山下的高山牧场；（d）复式褶皱；
（e）岩石节理；（f）～（h）冲蚀地貌；（i）丹霞地貌；（j）地层中的生物化石

7.2 经济生态资源潜力

7.2.1 多种多样的野生动物

　　乌恰县野生动物资源丰富，主要有雪豹、棕熊、鹅喉羚、鹰隼、野猪、旱獭、石鸡、雪鸡等。在我国野生动物保护名录中，雪豹被列为国家一类保护动物，棕熊、鹅喉羚和鹰隼被列为国家二类保护动物。近些年，随着野外生态环境的改善和人们对野生动物保护意识的提高，野生动物的种群数量也有明显增多趋势。在野外可经常看到大批鹅喉羚种群（见图 7-3(a)）、旱獭群（见图 7-3(b)）、石鸡群（见图 7-3(c)）进行觅食、觅水活动；鹰隼等在天空翱翔盘旋；山坡和谷地中也经常看到爬行的蝮蛇、蜥蜴和飞奔的野兔等；在人迹罕至的偏远高山雪线附近，还曾多次发现完整的盘羊头骨，盘羊也被列为国家二类保护动物。另外，在雪山融化的冰水河流中还可见到一种生长缓慢，个头较小（大多不超过十几厘米长，质量几十克左右）的冷水鱼（细鳞鲑）。经与传统定名中的细鳞鲑进行比对，其个头形体相似，但其背部没有黑色圆斑，仅有暗褐色的花纹，应该为新疆特有的细鳞鲑品种。该类鱼肉质细嫩，具有较高的经济价值，这种冷水鱼在部分地区（如秦岭等山区河流）已开始进行人工养殖方面的研究并逐步形成产业，这方面的经验值得借鉴。该地区野生动物种群的增多也间接表明了生态环境的改善，这对于形成良性的人与自然和谐相处具有重要和深远的意义。

图 7-3　乌恰县丰富的野生动物资源
（a）鹅喉羚种群；（b）旱獭群；（c）石鸡群

7.2.2　天然的野生经济作物

乌恰县的野生药用植物资源有紫草、甘草、阿魏、麻黄、车前草、党参、当归、蒲公英、黄芪、锁阳、茯苓等。其中，黑枸杞、锁阳、甘草等在高山河谷沙土地中分布较广，黑枸杞属于茄科枸杞属，为多棘刺灌木，其果实为小球形，成熟后呈紫黑色，是我国西部特有的沙漠药用植物品种（见图 7-4（a））。甘草为多年生草本（见图 7-4（b）），其根与根状茎较为粗壮，入土较深，生命力极为顽强。锁阳属多年生肉质寄生草本，埋于沙中的茎具有细小须根，茎基部略增粗或膨大（见图 7-4（c）），生长较快。上述药用植物均具有较高的药用价值和经济价值。此外，在河谷靠近山坡底部可见常年生的沙棘树丛（见图 7-4（d）），每年成熟的沙棘果因无人问津而自生自灭。

图 7-4　乌恰县的天然野生经济作物
（a）黑枸杞；（b）甘草；（c）锁阳；（d）沙棘

7.2.3 高山绿色畜牧产业

乌恰县是一个以传统畜牧业为主的典型高原牧业县，农牧民主要以畜牧业为主，人均耕地不足 0.5 亩，也是我国边境的重点扶贫县。该县以海拔 3000m 左右的高山牧场为主，有各类草场 10864km²，优良草场达 60%。高海拔牧草由高山纯净洁白的冰雪融化后滋润，显示出生命的坚韧与顽强，在该区放养的羊群主要为优质刀郎羊（麦盖提大尾羊又名多浪羊），该类羊体格硕大（见图 7-5(a)）、生长发育快、肥育性能好，肉嫩多汁，营养丰富，无膻味、适口性强，是一种肉脂兼用的优良品种。除羊群外，本地还放养有大量的骆驼（见图 7-5(b)）、牦牛（见图 7-5(c)）、毛驴、马匹等，随着畜牧业的发展，当地的羊毛制品、驼绒制品也初步发展为一定的产业。从该县统计局的数据，2010—2019 年肉类的产量为 4266～5965t，平均值为 5306t；羊毛的产量为 378～580t，平均值为 456t；羊绒的产量为 10.46～14.8t，平均值为 12.3t。上述数据表明近十年，该地区肉类、羊毛和羊绒等产量总体较为平稳，也基本代表了该地区草场的最大畜牧承载力。为提高当地农牧民的收入，在畜牧数量基本保持不变的前提下，只能改善和提高畜牧种群的品质，实现畜牧业从数量向质量方面的转变。

(a)   (b)   (c)

图 7-5 乌恰县的高山绿色畜牧业

(a) 高山上的羊群；(b) 骆驼；(c) 牦牛

8 主要认识和工作建议

8.1 主要认识

本次工作的主要认识有：

（1）构建并完善了中新生带沉积盆地中萨热克杂砾岩型铜矿床的成矿模型和找矿模型。新疆乌恰地区铜多金属成矿带主要有铅锌、铜、铁等矿种，萨热克杂砾岩型铜矿床和乌拉根砂砾岩型铅锌矿床是该成矿带中最具代表性的矿床，在"三位一体"思想指导下，重点对萨热克杂砾岩型铜矿床的成矿地质体、成矿构造、成矿结构面和成矿作用等方面进行研究，结合不同物探和化探方法的实践，构建了萨热克式杂砾岩型铜矿床找矿预测模型、物探综合方法找矿勘查模型和化探综合方法找矿勘查模型，该方法对于在该区开展同类型矿床的勘查具有示范意义。

（2）对中新生代沉积盆地中杂砾岩型铜矿床与砂砾岩型铅锌矿床的成因联系有了进一步的认识。江格结尔地区位于萨热克—乌拉根铜铅锌成矿区的过渡带，江格结尔铜矿与萨热克铜矿均产于上侏罗统库孜贡苏组杂砾岩中；江格结尔铅锌矿与乌拉根铅锌矿均产于上白亚统克孜勒苏群砂砾岩中。江格结尔地区的铜铅锌矿与萨热克铜矿和乌拉根铅锌矿具有很多相似性，表现在成矿物质主要来源于盆地周边的隆起剥蚀区，即苏鲁铁列克隆起中的中元古界长城系基底地层。该地区铜铅锌矿的形成与油田卤水或富烃类的还原性盆地流体有关，该成矿流体通常沿断裂带上侵，并在渗透率较高的杂砾岩层或砂砾岩层中沉淀并富集成矿，同时可能还有深部岩浆热液的叠加成矿作用。

（3）该区中元古界长城系阿克苏群具有寻找铜金矿的潜力。西南天山从元古宙到中新生代经历了漫长的地质构造演化，该区与中亚成矿带具有相似的成矿背景，在该区石炭系中已发现了造山型萨瓦亚尔顿金矿。通过对该区长城系阿克苏群中泽木丹—阿克然铜（金）点和铁斯给金（铜）矿化点的研究认为，铜金等成矿物质主要来源于基底地层，由于受强烈构造–变质作用而发生活化、迁移并重新富集，铜矿化主要与石英脉中的斑铜矿和黄铜矿有关；金矿化主要与剪切变形中的黄铁矿等金属硫化物有关。该区中元古界长城系阿克苏群等沉积盆地基地地层出露面积广泛，构造变形强烈，具有寻找造山型铜金矿的潜力。

（4）对该区炼铁厂地区的铁矿成因有了进一步的认识。在新疆乌恰炼铁厂地区石炭系碳酸盐岩建造中发育多处小型铁矿，这些铁矿床大多受断层或构造裂隙控制，按照矿石矿物组构特征可划分为红山镜铁矿型铁矿和萨热塔什磁铁矿型铁矿。红山镜铁矿型铁矿石主要由镜铁矿、方解石和白云石等组成，萨热塔什铁矿石主要由磁铁矿、镜铁矿、黄铁矿、方解石和石英等组成。微量元素和稀土元素特征显示红山镜铁矿型铁矿的形成主要与围岩大理岩有关；萨热塔什磁铁矿型铁矿的形成除与围岩碳酸盐岩有关外，可能还有北东向深大断裂带中基性岩浆物质成分的混入。

8.2   工作建议

8.2.1   矿产资源方面

新疆乌恰地区特殊的地质环境使其具有丰富的矿产资源，在该区已建立了萨热克铜产业基地、乌拉根铅锌产业基地等，同时乌恰县煤的储量占全克州煤炭储量的一半以上。近些年又发现了百吨级的萨瓦雅尔顿超大型金矿，使矿业开发成为了本区重要的经济支柱之一。通过路线地质调查和实测地质剖面工作，2016 年在萨热克巴依幅—其勒坦套幅内新发现了 6 处矿（化）点，其中铜金矿化点 3 处、金矿化点 1 处、铜矿化点 2 处；2017 年在喀什炼铁厂幅中新发现了 7 处矿（化）点，其中铜矿化点 6 处、铁矿化点 1 处。根据萨热克巴依幅—其勒坦套幅内成矿地质体、成矿构造、化探异常、遥感异常及矿（化）点分布情况等，结合该区已知矿床、矿点的成矿特征，初步圈定 4 个找矿靶区，其中 A 和 B 为寻找杂砾岩型铜矿的找矿靶区，C 和 D 为寻找韧性剪切带型金（铜）矿的找矿靶区。根据喀什炼铁厂幅中成矿地质体、成矿构造、化探异常、遥感异常及矿（化）点分布情况等，结合该区已知矿床、矿点的成矿特征，初步圈定 2 个找矿靶区，其中 A 为寻找杂砾岩型铅锌（铜）矿的找矿靶区，B 为寻找杂砾岩型铜矿和砂砾岩型铅锌矿的找矿靶区。下一步的工作建议如下：

（1）在萨热克铜矿东西两侧已圈定的找矿靶区内分布有杂砾岩型铜矿的成矿地质体（上侏罗统库孜贡苏组杂砾岩），可先进行大比例尺的地质和物探（激电测深）工作，然后通过钻探工作进行深部验证。

（2）在萨热克巴依幅长城系阿克苏群第四和第五岩性段中，广泛发育韧性剪切带，局部可见明显的黄铁矿化、孔雀石化，已有的少量槽探工程显示有明显的金矿化和铜矿化，可进一步开展大比例尺的地质和物探（激电测深）工作，然后通过少量的槽探和钻探工程进行验证。

（3）在喀什炼铁厂幅内的 A 找矿靶区内广发育下白垩统砂砾岩层，并伴有铅锌（铜）矿化，根据乌拉根铅锌矿的成矿模式，重点对新发现的 16 号和 17 号铜矿化点开展大比例尺地质和物探（激电测深）工作，然后通过钻探工程进行深部验证。

（4）在喀什炼铁厂幅内的 20 号铁矿化点中，铁矿化带沿断层产出，呈北东向展布，厚 5～10m，地表延长大于 200m。金属矿物主要为磁铁矿、赤铁矿，蚀变有褐铁矿化、硅化。在磁铁硅化脉中采样分析有 Co（0.0693%）、Pb（>0.2%），Cu（0.0403%），Ni（0.0197%）。磁法显示有较强的磁异常，推测深部可能有基性隐伏岩体，前人工作显示该区具有 Au-As-Sb-Ag-Cd 异常，表明该区可能具有寻找 IOCG 型矿床的潜力。

8.2.2   生态旅游方面

生态旅游方面的建议如下：

（1）统筹规划，总体布局。新疆乌恰地区通过矿业的开发带动了当地交通、电力、通信等基础设施的发展，这些都为该地区发展旅游业提供了前提条件。从新疆乌恰县现有的地质旅游资源来看，总体上存在景区相对集中，距离省道近，交通方便等特点，建议按照地质公园的模式进行总体规划，这样可以更好地保护地质遗迹，普及地学知识，同时依托当地民族特色旅游带动第三产业的发展。我国在地质公园建设方面已积累了大量经验并建立了不同级别的地质公园[162-173]，随着这些地质公园后期配套设施的不断完善，它们在地方经济建设、绿色生态保护和休闲旅游度假等方面发挥了重要作用。地质公园的建设根据建设类型的不同可分为两类，一类为封闭式地质公园，如北疆喀纳斯等地质公园每年都吸引了国内外大量的游客，主要依靠入园门票收入直接为当地带来了大量收入[162]；另一类为开放式地质公园，如北京周边的房山地质公园和延庆地质公园，旅游景点散布在蜿蜒的山中，通过旅游线路连接，逐步形成了各具特色的自行车、摩托车骑行游，小轿车自驾游和大巴车团体游的旅游线路，大量游客的到来带动了沿线特色民宿、餐饮、运输、休闲娱乐等第三产业的发展。为了建好该区的地质公园，首先应着眼于长远，统筹规划，对该区的地质景观和地质遗迹进行全面的摸底和调研，然后按照顶层设计的思路总体把控、局部放开、重点建设、稳步推进，最终把该地区打造成一个地质景观、民族风情、口岸贸易相结合独具地方特色的旅游度假胜地。

（2）兴建水利设施，改善生态环境。在我国西北干旱半干旱地区，水资源是制约人口分布、经济发展的重要因素，也是维持自然生态系统功能和生物多样性、保障区域经济和社会可持续发展的基础性资源。关于干旱半干旱区水资源的开发与利用，前人已进行了大量的研究[174-178]。乌恰县常年不断的地表径流主要为克孜勒苏河和恰克马克河两大水系，克孜勒苏河较大的支流有卓尤勒汗苏河，恰克马克河较大的支流有托云达里亚河，其他较小的河流有库孜滚河和乌如克河等，地表水资源量约为9.6亿立方米。新疆乌恰县年降雨量主要集中在夏季的七八月份，每当暴雨来临，由于该区为半干旱半高山荒漠地区，地表植被较少，总会暴发洪水或由此引发的滑坡或泥石流等地质灾害，乡村等之间的简易公路和桥梁常被冲毁，同时造成水土的大量流失。该区大部分时间光照时间长、光照强度大、年蒸发量远远大于年降雨量。针对该区短期雨季洪水泛滥成灾与长期持续干旱缺水之间的矛盾，如何减少季节性洪水泛滥引发的地质灾害和水土流失至关重要。建议有关部门根据当地的气候、地理、地形等综合条件，科学考证，在季节性断流的支流河谷探索兴修多级小型低坝水利设施，在雨季进行蓄水，减少洪水泛滥，同时沿河谷地带尝试逐步推广扩大人工种植本地适应性的特色经济植物，如锁阳、黑枸杞、甘草、沙棘等，一方面可起到固沙固土固水的作用，另一方面也可通过未来获取这些优质的中药材提高当地居民的收入。通过水利设施的修建必将改善当地的生态环境，为野生动物提供一个面积更大资源更好的栖息地，间接为牛羊等提供更好的夏季牧场，按照"山水林田湖草是生命共同体"的指导方针，实现该区生态环境建设与地方经济的协调可持续发展[179]。

（3）转型升级，从量变到质变。首先要树立品牌意识，实现产销一体化。当前新疆乌恰地区的畜牧业主要为牧民放牧，肉贩进山收购宰杀后在市场统一零售，这样就会存在羊肉的产地不清，羊肉品质不一的现象，大大消减了"高山有机羊肉"的价值。建议政府应加大宣传力度，引导肉食加工企业跟进，与大的冷链物流企业联合，建立从草场维护—科学养羊—肉品加工—网络销售一体化，可借鉴国内外先进养殖企业的相关经验，具体过程中可由企业指导，牧民具体实施，政府监督检验检疫，企业负责统一收购，市场统一调配供应，实现从草场到百姓餐桌的闭环路径，真正做到优质放心的"高山有机羊肉"一条龙服务，这方面可借鉴广东壹号食品股份有限公司关于"壹号土猪"的产业推广模式和品牌效应[180]。其次要普及畜牧业科学知识，不断提高和改进羊群品质。在羊群长期放养中，难免会出现近亲繁育，导致牲畜个体生产能力下降等问题，为了提高该区畜牧业的综合生产能力，需要根据实际情况不断引进或培育新的品种。在当前人民对美好生活的追求中，健康、绿色、有机的优质肉品一定会得到市场的青睐。通过优质高附加值的肉品销售提高农牧民的收入，改善当地居民生活状况，逐步实现优质草场与优质羊群的良性循环，最终实现当地贫困人口脱贫与高质量市场配给的双赢。

参 考 文 献

[1] 李向东，王可卓．塔里木盆地西南及邻区特提斯格局和构造意义 [J]．新疆地质，2000，18(2)：113–120.

[2] 王清华，胡煜昭，刘胜，等．塔里木盆地喀什凹陷北部露头区油气地质 [M]．北京：石油工业出版社，2003：1–192.

[3] 徐学义，马中平，李向民，等．西南天山吉根地区 P–MORB 残片的发现及其构造意义 [J]．岩石矿物学杂志，2003，22(3)：245–253.

[4] Taranik J V. First results of international investigations of the applications of SPOT–1 data to geologic problems, mineral and energy exploration[J]. Proceedings of SPOT–1, 1988：701–708.

[5] 贾润幸，方维萱．新疆乌恰萨热克砾岩型铜矿床富集规律及成矿期次 [J]．矿产勘查，2021，12(7)：1556–1564.

[6] 肖荣阁，张宗恒，陈卉泉，等．地质流体自然类型与成矿流体类型 [J]．地学前缘，2001，8(4)：245–251.

[7] 卢焕章，池国祥，朱笑青，等．造山型金矿的地质特征和成矿流体 [J]．大地构造与成矿学，2018，42(2)：244–265.

[8] 郑永飞．稳定同位素体系理论模式及其矿床地球化学应用 [J]．矿床地质，2001，20(1)：57–70.

[9] 贾润幸，方维萱，王磊，等．新疆萨热克砂砾岩型铜矿床富烃类还原性盆地流体特征 [J]．大地构造与成矿学，2017，41(4)：1–13.

[10] 贾润幸，方维萱，胡雷雷，等．新疆萨热克铜矿床硫铅氢氧碳同位素地球化学特征 [J]．矿物学报，2017，37(5)：630–637.

[11] 方维萱，贾润幸，王磊，等．新疆萨热克大型砂砾岩型铜多金属矿床的成矿控制规律 [J]．矿物学报，2015，35(s1)：202–204.

[12] Taylor H P. The application of oxygen and hydrogen isotope studies to problems of hydrothermal alteration and ore deposition[J]. Economic Geology, 1974, 69(6)：843–883.

[13] 张理刚，陈振胜，刘敬秀，等．焦家式金矿水-岩交换作用——成矿流体氢氧同位素组成研究 [J]．矿床地质，1994，13(3)：193–200.

[14] 周涛发，岳书仓，袁峰，等．长江中下游两个系列铜、金矿床及其成矿流体系统的氢、氧、硫、铅同位素研究 [J]．中国科学(D 辑)，2000，30(增刊)：122–128.

[15] 毛景文，赫英，丁悌平．胶东金矿形成期间地幔流体参与成矿过程的碳氧氢同位素证据 [J]．矿床地质，2002，21(2)：121–128.

[16] 于际民，蒋少涌，潘家永，等．滇西云龙锡矿成矿流体演化的氢、氧同位素证据 [J]．地质论评，2002，48(增刊)：250–255.

[17] 顾雪祥，刘丽，董树义，等．山东沂南金铜铁矿床中的液态不混溶作用与成矿：流体包裹体和氢氧同位素证据 [J]．矿床地质，2010，29(1)：43–57.

[18] 杨清，张均，王健，等．四川天宝山大型铅锌矿床成矿流体及同位素地球化学 [J]．矿床地质，2018，37(4)：816–834.

[19] 贾润幸，方维萱，李建旭，等．新疆江格结尔地区铜铅锌矿床特征及其成因 [J]．矿产勘查，2018，9(10)：1957–1967.

[20] 贾润幸，方维萱，王寿成，等．新疆萨热克砂砾岩型铜矿床成矿流体碳、氢-氧同位素组成及其意义 [J]．矿床地质，2021，40(6)：1299–1311.

[21] Taylor H P, Frechen J, Degens E T. Oxygen and carbon isotope studies of carbonat ites from the Laacher see Dist rict. West Germany and the Alno District Sweden. Geochim. Cosmochim Acta, 1967, 31: 407-431.

[22] 刘家军, 何明勤, 李志明, 等. 云南白秧坪银铜多金属矿集区碳氧同位素组成及其意义 [J]. 矿床地质, 2004, 23(1): 1-10.

[23] 胡国艺, 李谨, 李志生, 等. 成气轻烃组分和碳同位素分布特征与天然气勘探 [J]. 石油学报, 2010, 31(1): 42-48.

[24] 张中宁, 刘文汇, 郑建京, 等. 塔里木盆地深层烃源岩可溶有机组分的碳同位素组成特征 [J]. 沉积学报, 2006, 24(5): 769-773.

[25] 贾润幸, 方维萱, 张建国, 等. 新疆乌恰炼铁厂地区铁矿床特征及成因分析 [J]. 地质与勘探, 2019, 55(4): 913-924.

[26] 刘建明, 刘家军. 滇黔桂金三角区微细浸染型金矿床的盆地流体成因模式 [J]. 矿物学报, 1997, 17(4): 448-456.

[27] 李志丹, 薛春纪, 辛江, 等. 新疆乌恰县萨热克铜矿床地质特征及硫、铅同位素地球化学 [J]. 现代地质, 2011, 25(4): 720-729.

[28] 韩吟文, 马振东, 张宏飞, 等. 地球化学 [M]. 北京: 地质出版社, 2003: 1-369.

[29] Zartman R E, Doe B R. Plumbotectonics-the model [J]. Tectonophysics, 1981, 75(1-2): 135-162.

[30] 赵葵东, 蒋少涌. 金属矿床的同位素直接定年方法 [J]. 地学前缘, 2004, 11(2): 425-434.

[31] 杜安道, 何红蓼, 殷宁万, 等. 辉钼矿的铼-锇同位素地质年龄测定方法研究 [J]. 地质学报, 1994, 68(4): 339-347.

[32] 杜安道, 赵敦敏, 王淑贤, 等. Carius 管溶样和负离子热表面电离质谱准确测定辉钼矿铼-锇同位素地质年龄 [J]. 岩矿测试, 2001, 20: 247-252.

[33] 杜安道, 屈文俊, 李超, 等. 铼-锇同位素定年方法及分析测试技术的进展 [J]. 岩矿测试, 2009, 28: 288-304.

[34] 屈文俊, 杜安道. 高温密闭溶样电感耦合等离子体质谱准确测定辉钼矿铼-锇地质年龄 [J]. 岩矿测试, 2003, 22: 254-257.

[35] 屈文俊, 杜安道, 任静. 过氧化氢在黄铁矿的溶解过程中对铼-锇信号强度及年龄的影响 [J]. 分析化学, 2008, 36: 223-226.

[36] Li J, Jiang X Y, Xu J F, et al. Determination of platinum-group elements and Re-Os isotopes using ID-ICP-MS and N-TIMS from a single digestion after two-stage column separation[J]. Geostandards and Geoanalytical Reseach, 2014, 38(1): 37-50.

[37] Li J, Zhao P P, Liu J G, et al. Reassessment of hydrofluoric acid desilicification in the Carius tube digestion technique for Re-Os isotopic analysis in geological samples[J]. Geostandards and Geoanalytical Reseach, 2015, 39(1): 17-30.

[38] 赵一鸣, 毕承思, 邹晓秋, 等. 黑龙江多宝山、铜山大型斑岩铜(钼) 矿床中辉钼矿的铼-锇同位素年龄 [J]. 地球学报, 1997, 18: 61-67.

[39] 聂凤军, 张万益, 杜安道, 等. 内蒙古朝不楞矽卡岩型铁多金属矿床辉钼矿铼-锇同位素年龄及地质意义 [J]. 地球学报, 2007, 28(4): 315-323.

[40] 聂凤军, 孙振江, 李超, 等. 黑龙江岔路口钼多金属矿床辉钼矿铼-锇同位素年龄及地质意义 [J]. 矿床地质, 2011, 30(5): 828-836.

[41] 唐菊兴, 陈毓川, 王登红, 等. 西藏工布江达县沙让斑岩钼矿床辉钼矿铼-锇同位素年龄及其地质意义 [J]. 地质学报, 2009, 83: 698-704.

[42] 应立娟, 唐菊兴, 王登红, 等. 西藏甲玛铜多金属矿床矽卡岩中辉钼矿铼-锇同位素定年及其成矿意义 [J]. 岩矿测试, 2009, 28: 265-268.

[43] 王永磊, 裴荣富, 李进文, 等. 湘东南将军寨钨矿花岗岩地球化学特征及铼-锇同位素定年 [J]. 岩矿测试, 2009, 28: 274-278.

[44] 刘明军, 曾庆栋, 李厚民, 等. 辽宁鞍本地区铁质活化再富集成因富铁矿的成矿时代——齐大山铁矿床辉钼矿 Re-Os 年龄证据 [J]. 矿床地质, 2017, 36(1): 237-249.

[45] 胡军, 徐德明, 张鲲, 等. 海南省新村钼矿床 LA-ICP-MS 锆石 U-Pb 和辉钼矿 Re-Os 年龄及其地质意义 [J]. 矿床地质, 2017, 36(2): 303-316.

[46] 刘桂建, 彭子成, 杨刚, 等. 煤中黄铁矿的铼-锇同位素含量及其地质意义 [J]. 地学前缘, 2006, 13: 211-215.

[47] 李超, 屈文俊, 王登红, 等. 沥青样品铼-锇同位素分析溶解实验研究 [J]. 岩矿测试, 2011, 30 (6): 688-694.

[48] 蒋少涌, 凌洪飞, 杨竞红, 等. 热液成矿作用与矿床成因的同位素示踪新技术和金属矿床直接定年 [J]. 矿床地质, 2002, 21(增刊): 974-977.

[49] 高炳宇, 薛春纪, 池国祥, 等. 云南金顶超大型铅锌矿床沥青 Re-Os 法测年及地质意义 [J]. 岩石学报, 2012, 28(5): 1561-1567.

[50] 贾润幸, 方维萱, 李建旭, 等. 新疆萨热克铜矿床铼-锇同位素年龄及其地质意义 [J]. 矿床地质, 2018, 37(1): 151-162.

[51] 刘建明, 叶杰, 刘家军, 等. 论盆地流体成矿/成烃作用的耦合关系 [J]. 矿物岩石地球化学通报, 2000, 19(3): 164-171.

[52] 薛春纪, 高永宝, Chi G X, 等. 滇西北兰坪金顶可能的古油气藏及对铅锌大规模成矿的作用 [J]. 地球科学与环境学报, 2009, 31(3): 221-229.

[53] 薛春纪, 池国祥, 薛伟, 等. 鄂尔多斯盆地生烃过程与流体流动及铀矿化关系 [J]. 地学前缘, 2011, 18(5): 19-28.

[54] 韩润生, 邹海俊, 吴鹏, 等. 楚雄盆地砂岩型铜矿床构造-流体耦合成矿模型 [J]. 地质学报, 2010, 84(10): 1438-1447.

[55] 顾雪祥, 章永梅, 李葆华, 等. 沉积盆地中金属成矿与油气成藏的耦合关系 [J]. 地学前缘, 2010, 17(2): 83-105.

[56] 祝新友, 王京彬, 王玉杰, 等. 新疆萨热克铜矿——与盆地卤水作用有关的大型矿床 [J]. 矿产勘查, 2011, 2(1): 28-35.

[57] 陈洪英, 许桂红. 萨热克铜矿成矿地质特征及找矿标志 [J]. 新疆有色金属, 2013, (4): 10-12.

[58] 胡剑辉, 吉蕴生, 曾志钢, 等. 新疆萨热克铜矿床地球化学异常评价研究 [J]. 矿产勘查, 2014, 5: 281-292.

[59] 刘宏林, 胡庆雯, 田培仁. 关于新疆乌恰盆地中新生代砂岩型铅锌铜铀层次成矿问题浅析 [J]. 矿产与地质, 2010, 24: 113-119.

[60] 薛春纪, CHI G X, 陈毓川, 等. 西南三江兰坪盆地大规模成矿的流体动力学过程: 流体包裹体和盆地流体模拟证据 [J]. 地学前缘, 2007, 14(5): 147-157.

[61] 李永安, 李强, 张慧, 等. 塔里木及其周边古地磁研究与盆地形成演化义 [J]. 新疆地质, 1995, 13(4): 293-378.

[62] 贾润幸, 方维萱, 王磊, 等. 新疆萨热克铜多金属矿成矿预测方法 [J]. 矿产勘查, 2016, 7(6): 965-970.

[63] 赵鹏大, 陈建平, 张寿庭. "三联式" 成矿预测新进展 [J]. 地学前缘, 2003, 10(20): 455-463.

[64] 沈远超, 申萍, 曾庆栋, 等. 新疆阿尔泰金矿带主要金矿类型、成矿规律及成矿预测 [J]. 地质与勘探, 2004, 40(5): 1-5.

[65] 叶天竺, 肖克炎, 严光生. 矿床模型综合地质信息预测技术研究 [J]. 地学前缘, 2007, 14(5):

11-19.

[66] 张德会, 周圣华, 万天丰, 等. 矿床形成深度与深部成矿预测 [J]. 地质通报, 2007, 26(12): 1509-1518.

[67] 王登红, 陈毓川, 徐志刚, 等. 成矿体系的研究进展及其在成矿预测中的应用 [J]. 地球学报, 2011, 32(4): 385-395.

[68] 陈建平, 陈勇, 王全明. 基于 GIS 的多元信息成矿预测研究 [J]. 地学前缘, 2008, 15(4): 18-26.

[69] 吕鹏, 朱鹏飞, 毕志伟, 等. 基于 GIS 和证据权模型的克什克腾旗有色金属成矿预测与评价 [J]. 地质与勘探, 2011, 47(5): 909-917.

[70] 刘宜政, 高建国, 余晓霞, 等. 基于矿床三维地质建模的云南会泽某矿段隐伏矿体预测 [J]. 地质科技情报, 2014, 33(6): 164-169.

[71] 袁峰, 李晓晖, 张明明, 等. 隐伏矿体三维综合信息成矿预测方法 [J]. 地质学报, 2014, 88(4): 630-643.

[72] 肖克炎, 叶天竺, 李景朝, 等. 矿床模型综合地质信息预测资源量的估算方法 [J]. 地质通报, 2010, 29(10): 1404-1412.

[73] 刘石年. 多阶段叠加成矿的矿化强度计算方法及其意义 [J]. 地质与勘探, 1984, (4): 28-33.

[74] 杨尔煦. 砂金矿源区金矿化强度 [J]. 地质与勘探, 1990, 26(2): 1-4.

[75] 池顺都. 应用 GIS 进行成矿强度和广度的定量分析——以云南澜沧江流域地层成矿分析为例 [J]. 现代地质, 1999, 13(3): 323-328.

[76] 刘东宏, 田旭峰, 陈民苏, 等. 芙蓉矿田锡矿化强度垂直分布特征及其找矿意义 [J]. 湖南地质, 2002, 21(2): 115-118.

[77] 邓军, 陈学明, 方云, 等. 粤北盆地流体系统及其矿化特征 [J]. 地学前缘, 2000, 7(3): 95-102.

[78] 王震亮. 改造型盆地流体动力学的发育特点 [J]. 石油与天然气地质, 2000, 21(1): 24-27, 37.

[79] 杨庆杰, 刘立, 迟元林, 等. 盆地流体的基本类型及其驱动机制 [J]. 世界地质, 2000, 19(1): 15-19.

[80] 顾家裕, 范土芝, 方辉, 等. 塔里木盆地流体与油气藏 [J]. 地质论评, 2001, 47(2): 201-206.

[81] 邹华耀, 郝芳, 张柏桥, 等. 准噶尔盆地流体输导格架及其对油气成藏与分布的控制 [J]. 地球科学——中国地质大学学报, 2005, 30(5): 609-616.

[82] 王国芝, 胡瑞忠, 苏文超, 等. 滇-黔-桂地区右江盆地流体流动与成矿作用 [J]. 中国科学(D 辑), 2002, 32(s1): 78-86.

[83] 欧光习, 李林强, 孙玉梅. 沉积盆地流体包裹体研究的理论与实践 [J]. 矿物岩石地球化学通报, 2006, 25(1): 1-11.

[84] 薛春纪, 薛伟, 康明, 等. 鄂尔多斯盆地流体动力学过程及其砂岩型铀矿化 [J]. 现代地质, 2008, 22(1): 1-8.

[85] 赵重远, 靳久强. 含油气盆地流体流域系统及其油气聚集原理 [J]. 石油学报, 2009, 30(5): 635-641.

[86] 解习农, 成建梅, 孟元林. 沉积盆地流体活动及其成岩响应 [J]. 沉积学报, 2009, 27(5): 863-871.

[87] 吴根耀, 梁江平, 杨建国, 等. "盆""山"耦合在异常高压盆地流体研究中的应用 [J]. 石油实验地质, 2012, 34(3): 223-233.

[88] 刘建军, 刘先贵. 有效压力对低渗透多孔介质孔隙度、渗透率的影响 [J]. 地质力学学报, 2001, 7(1): 41-44.

[89] 冯建伟, 戴俊生, 刘美利. 低渗透砂岩裂缝孔隙度、渗透率与应力场理论模型研究 [J]. 地质力学学报, 2011, 17(4): 303-311.

[90] 尚春江, 康永尚, 邓泽, 等. 充填天然裂缝对页岩受载过程中渗透率变化规律影响机理分析 [J]. 地质力学学报, 2019, 25(3): 382-391.

[91] 曾治平，王千军，李静，等．多场耦合作用下致密储层渗流特性研究 [J]．地质力学学报，2019，25(6)：1068-1074．

[92] 俞雨溪，王宗秀，张凯逊，等．流体注入法定量表征页岩孔隙结构测试方法研究进展 [J]．地质力学学报，2020，26(2)：201-210．

[93] 周利敏，张德会，席斌斌．岩石中的渗透率、流体流动及热液成矿作用 [J]．地学前缘，2008，15(3)：299-310．

[94] 方维萱，贾润幸，郭玉乾，等．塔西地区富烃类还原性盆地流体与砂砾岩型铜铅锌-铀矿床成矿机制 [J]．地球科学与环境学报，2016，38(6)：727-752．

[95] 刘增仁，田培仁，祝新友，等．新疆乌拉根铅锌矿成矿地质特征及成矿模式 [J]．矿产勘查，2011，2(6)：669-680．

[96] 韩凤彬，陈正乐，刘增仁，等．西南天山乌拉根铅锌矿床有机地球化学特征及其地质意义 [J]．矿床地质，2013，32(3)：591-602．

[97] 方维萱，贾润幸，王磊．塔西陆内红层盆地中盆地流体类型、砂砾岩型铜铅锌-铀矿床的大规模褪色化围岩蚀变与金属成矿 [J]．地球科学与环境学报，2017，39(5)：585-619．

[98] 杨瑞琰，马东升，潘家永．地层渗透率对成矿流体热场和流场的影响：以锡矿山锑矿床成矿流体为例 [J]．地质科技情报，2005，24(3)：80-84．

[99] 王环玲，徐卫亚，左婧，等．低渗透岩石渗透率与孔隙率演化规律的气渗试验研究 [J]．水利学报，2015，46(2)：208-216．

[100] 陈占清，缪协兴．影响岩石渗透率的因素分析 [J]．矿山压力与顶板管理 2001，(2)：83-84，86．

[101] 贾润幸，方维萱．西南天山中新生代盆地成矿流体运移规律 [J]．地质力学学报，2021，27(4)：529-541．

[102] 黄继钧．羌塘盆地基底构造特征 [J]．地质学报，2001，75(3)：333-337．

[103] 李生福，师永民，石勇，等．柴达木盆地基底岩石圈结构对盆地构造性质的约束 [J]．天然气地球科学，2012，23(5)：930-938．

[104] 郭令智，朱文斌，马瑞士，等．论构造耦合作用 [J]．大地构造与成矿学，2003，27(3)：197-205．

[105] 吴根耀，马力．"盆""山"耦合和脱耦：进展，现状和努力方向 [J]．大地构造与成矿学，2004，28(1)：81-97．

[106] 沈传波，梅廉夫，徐振平，等．四川盆地复合盆山体系的结构构造和演化 [J]．大地构造与成矿学，2007，31(3)：288-299．

[107] 潘爱芳，赫英，黎荣剑，等．鄂尔多斯盆地基底断裂与能源矿产成藏成矿的关系 [J]．大地构造与成矿学，2005，29(4)：459-464．

[108] 方维萱，韩润生．云贵高原-造山带-沉积盆地的构造演化与成岩成矿作用(代序)．大地构造与成矿学，2014，31(3)：729-732．

[109] 李怀坤，李惠民，陆松年．长城系团山子组火山岩颗粒锆石 U-Pb 年龄及其地质意义 [J]．地球化学，1995，24(1)：43-48．

[110] 王松山，桑海清，裘冀，等．京津地区长城系下伏变质岩系变质年龄及长城系底界年龄的厘定 [J]．地质科学，1995，30(4)：348-354．

[111] 郭坤一，张传林，沈家林，等．西昆仑山中元古代长城系火山岩地球化学 [J]．地质通报，2004，23(2)：130-135．

[112] 郭新成，余元军，徐晟．新疆东天山长城系库如克岩组的建立及地质意义 [J]．新疆地质，2008，(4)：335-339．

[113] 张健，田辉，李怀坤，等．华北克拉通北缘 Columbia 超大陆裂解事件：来自燕辽裂陷槽中部长城

系碱性火山岩的地球化学、锆石 U-Pb 年代学和 Hf 同位素证据 [J]. 岩石学报, 2015, 31(10): 3129-3146.

[114] 杨宝忠, 金巍, 曾佐勋, 等. 贺兰山中段长城系黄旗口组地震岩的发现及意义 [J]. 沉积学报, 2018, 36(2): 280-290.

[115] 欧阳征健, 冯娟萍, 马海勇, 等. 鄂尔多斯地区中元古界长城系沉积特征研究 [J]. 西北大学学报(自然科学版), 2020, 50(1): 105-112.

[116] 肖序常, 汤耀庆, 冯益民, 等. 新疆北部及邻区大地构造 [M]. 北京: 地质出版社, 1991: 1-169.

[117] 刘本培, 王自强, 张传恒. 西南天山构造格局与演化 [M]. 武汉: 中国地质大学出版社, 1996: 1-128.

[118] 赵仁夫, 杨建国, 王满仓, 等. 西南天山成矿地质背景研究及找矿潜力评价 [J]. 西北地质, 2002, 35(4): 101-121.

[119] 杨建国, 闫晔轶, 徐学义, 等. 西南天山成矿规律及其与境外对比研究 [J]. 矿床地质, 2004, 23(1): 20-30.

[120] 陈正乐, 万景林, 刘健, 等. 西天山山脉多期次隆升-剥露的裂变径迹证据 [J]. 地球学报, 2006, 27(2): 97-106.

[121] 张招崇, 董书云, 黄河, 等. 西南天山二叠纪中酸性侵入岩的地质学和地球化学: 岩石成因和构造背景 [J]. 地质通报, 2009, 28(12): 1827-1839.

[122] 杨富全, 毛景文, 王义天, 等. 新疆西南天山金矿床主要类型、特征及成矿作用 [J]. 矿床地质, 2007, 26: 361-379.

[123] 朱志新, 董连慧, 王克卓, 等. 西天山造山带构造单元划分与构造演化 [J]. 地质通报, 2013, 32(2-3): 297-306.

[124] 薛春纪, 赵晓波, 张国震, 等. 西天山金铜多金属重要成矿类型、成矿环境 及找矿潜力 [J]. 中国地质, 2015, 42(3): 381-410.

[125] 杨威, 郭召杰, 姜振学, 等. 西南天山前陆盆地侏罗纪—白垩纪盆山格局——来自碎屑锆石年代学的证据 [J]. 大地构造与成矿学, 2017, 41(3): 533-550.

[126] 严威, 邬光辉, 张艳秋, 等. 塔里木盆地震旦纪—寒武纪构造格局及其对寒武纪古地理的控制作用 [J]. 大地构造与成矿学, 2018, 42(3): 455-466.

[127] 张文高, 陈正乐, 张青, 等. 西南天山新生代隆升-剥露过程的沉积-构造响应 [J]. 大地构造与成矿学, 2018, 42(5): 822-833.

[128] 刘家军, 郑明华, 龙训荣, 等. 新疆萨瓦亚尔顿金矿床成矿特征及其与穆龙套型金矿床的异同性 [J]. 矿物学报, 2002, 22(1): 55-61.

[129] 方维萱, 王磊, 鲁佳, 等. 新疆乌拉根中-新生代沉积盆地和前陆冲断褶皱带对铜铅锌-天青石-铀-煤成矿控制规律 [J]. 大地构造与成矿学, 2020, 44(5): 881-912.

[130] 陈天佑. 禄劝金沙江南岸昆阳群地质特征及铜铁矿床类型 [J]. 云南地质, 1998. 17(1): 57-69.

[131] Sun S-S, McDonough W F. Chemical and isotopic systematics of oceanic basalts: implications for mantle composition and processes[C]//Magamatism in the Ocean Basins. Saunders A D, Norry M J. London: Geological Society Special Publication, 1989: 313-345.

[132] 王中刚, 于学元, 赵振华. 稀土元素地球化学 [M]. 北京: 科学出版社, 1989: 349-353.

[133] Roser B P, Korsch R J. Determination of tectonic setting of sandstone-mudstone suites using SiO_2 content and K_2O/Na_2O ratio[J]. The Journal of Geology, 1986, 94(5): 635-650.

[134] Simonen A. Stratigraphy and sedimentation of the Svecofennidic, Early Archaean supracrustal rocks in Southwestern Finland[J]. Bull. Comm. Geol. Finlande, 1953: 64.

[135] Bhatia M R. Rare earth element geochemistry of Australian Paleozoic graywackes and mudrocks:

Provenance and tectonic control [J]. Sedimentary Geology, 1985, 45(1-2): 97-113.

[136] Floyd P A, Leveridge B E. Tectonic environment of the Devonian Gramscatho basin, south Cornwall: Framework mode and geochemical evidence from turbiditic sandstones [J]. Journal of the Geological Society, 1987, 144(4): 531-542.

[137] 高俊. 新疆西南天山蓝片岩的变质作用pTDt轨迹及构造演化 [J]. 地质论评, 1995, 40(6): 544-553.

[138] 宋福生, 匡爱兵, 孙成旺, 等. 新疆乌恰县恰克马克地区长城系阿克苏岩群变质岩特征 [J]. 新疆地质, 2017, 35(3): 255-261.

[139] 齐秋菊, 张招崇, 董书云, 等. 西南天山阿克苏地区中元古代变质岩的地球化学特征及其构造背景 [J]. 岩石矿物学杂志, 2011, 30(2): 172-184.

[140] 王广瑞. 新疆哈图-萨尔托海地区蛇绿岩镁铁质火山杂岩型金矿 [J]. 新疆地质, 1991, 9(3): 212-224.

[141] 刘巽锋, 陶平. 贵州火山凝灰岩型金矿地质特征及找矿意义. 中国地质, 2001, 28(1): 30-35.

[142] 张海, 方维萱, 杜玉龙. 云南个旧卡房碱性火山岩地球化学特征及意义 [J]. 大地构造与成矿学, 2014, 38(4): 885-897.

[143] Dominique G, Damien G. Deciphering the hydrothermal evolution of a VMS system by LA-ICP-MS using trace elements in pyrite: an example from the Bracemac-McLeod deposits, Abitibi, Canada, and Implications for Exploration[J]. Economic Geology, 2015, 110(8): 2087-2108.

[144] 赵如意, 陈毓川, 王登红, 等. 粤北大宝山矿区次英安斑岩与铜多金属矿之间关系研究 [J]. 大地构造与成矿学, 2019, 43(1): 123-140.

[145] Durazzo A, Talor L A. Exsolution in the mss-pentlandite system: Textural and genetic implications for Ni-sulfide ores[J]. Mineral deposit, 1982, 17(1): 313-332.

[146] 李志丹, 薛春纪, 董新丰, 等. 新疆乌恰县乌拉根铅锌矿床地质特征和S-Pb同位素组成 [J]. 地学前缘, 2013, 20(1): 40-54.

[147] 陈兴, 薛春纪. 西天山乌拉根大规模铅锌成矿中H_2S成因: 菌生结构和硫同位素组成约束 [J]. 岩石学报, 2016, 32(5): 1301-1314.

[148] 孟宝东. 新疆乌恰县大红山一带赤铁矿床地质特征及成因探讨 [J]. 地球, 2013(6): 58.

[149] 顾连兴, 阮惠础. 宁芜地区两种主要类型铁矿床中铁的热液富集机制探讨 [J]. 矿床地质, 1990, 9(2): 112-118.

[150] 郑荣才, 柳梅青. 试论块状白云岩的混合水成因模式 [J]. 矿物岩石, 1992, 12(1): 55-64.

[151] 肖春晖, 孟万斌, 冯明石, 等. 塔中北坡奥陶系碳酸盐岩碳氧同位素特征 [J]. 地质学报, 2015, 89(增刊): 112-113.

[152] 张振亮, 高永伟, 班建勇, 等. 西天山晚古生代铁矿床成矿类型和成因初探 [J]. 矿床地质, 2012, 31(增刊): 171-172.

[153] 程裕淇, 赵一鸣, 陆松年. 中国几组主要铁矿类型 [J]. 地质学报, 1978, 4: 253-268.

[154] 肖仲洋. 我国铁矿成因类型和某些形成条件的初步探讨 [J]. 新疆地质, 1986, 4(1): 37-45.

[155] 张作衡, 洪为, 蒋宗胜, 等. 新疆西天山晚古生代铁矿床的地质特征、矿化类型及形成环境 [J]. 矿床地质, 2012, 31(5): 941-964.

[156] 董连慧, 冯京, 庄道泽, 等. 新疆富铁矿成矿特征及主攻类型成矿模式探讨 [J]. 新疆地质, 2011, 29(4): 416-422.

[157] 李光明, 刘丹玉. 新疆农牧区贫困户参与旅游精准扶贫行为 [J]. 北方园艺, 2019, (17): 158-165.

[158] 刘俊男, 宋玉兰. 西北干旱地区特色林果业扶贫效果评估——以新疆阿克苏地区为例 [J]. 林业经济问题, 2019, (2): 164-171.

[159] 曾凡江, 李向义, 李磊, 等. 长期生态学研究支撑新疆南疆生态建设和科技扶贫 [J]. 中国科学

院院刊，2020，35(8)：1066-1073.

[160] 谢大伟. 易地扶贫搬迁移民的可持续生计研究—来自新疆南疆深度贫困地区的证据 [J]. 干旱区资源与环境，2020，(9)：66-71.

[161] 田雅娟，刘强. 中国旅游业发展对农村贫困减缓的效应及其影响因素 [J]. 旅游学刊，2020，35(6)：40-49.

[162] 李建兵，李忠东，朱世华，等. 新疆喀纳斯国家地质公园旅游资源及评价 [J]. 四川地质学报，2004，24(4)：241-245.

[163] 李晓琴，刘开榜，覃建雄. 地质公园生态旅游开发模式研究 [J]. 西南民族大学学报(人文社科版)，2005(7)：269-271.

[164] 黄松. 民族地区地质公园旅游产品开发探析—以桂西为例 [J]. 广西民族大学学报(哲学社会科学版)，2009(4)：58-62.

[165] 赵彩龙，阎顺，宋旭东，等. 新疆赛里木湖地质公园旅游开发研究 [J]. 干旱区地理，2009(4)：638-644.

[166] 许涛，田明中. 我国国家地质公园旅游系统研究进展与趋势 [J]. 旅游学刊，2010(11)：84-92.

[167] 齐武福. 地质公园概念界定和类型划分研究 [J]. 资源环境与工程，2011，25(2)：163-167.

[168] 肖景义，沙占江，侯光良，等. 青海省坎布拉国家地质公园旅游资源分类与评价 [J]. 干旱区资源与环境，2012，26(2)：180-185.

[169] 丁华，陈杏，张运洋. 中国世界地质公园空间分布特征与旅游发展对策 [J]. 经济地理，2012(12)：187-190.

[170] 王彦洁，武法东，张建平. 北京延庆国家地质公园旅游资源类型与保护开发建议 [J]. 资源开发与市场，2013，9(1)：110-113.

[171] 陈丽红，武法东，王彦洁. 干旱半干旱区地质公园低碳旅游开发研究 [J]. 生态经济，2015(9)：137-140.

[172] 陈丽红，张璞，武法东，等. 河北承德丹霞地貌国家地质公园地质遗迹景观及其旅游地学意义 [J]. 地球学报，2015，36(4)：500-506.

[173] 梁会娟，焦赞超，王永成，等. 嵩山世界地质公园前寒武纪地质旅游 [J]. 地质论评，2015，61(6)：1359-1369.

[174] 罗岩，王新辉，沈永平，等. 新疆内陆干旱区水资源的可持续利用 [J]. 冻川冻土，2006，28(2)：283-287.

[175] 李锋瑞. 西北干旱区流域水资源管理研究 [J]. 冻川冻土，2008，30(1)：12-19.

[176] 张振龙，孙慧，苏洋. 新疆干旱区水资源生态足迹与承载力的动态特征与预测 [J]. 环境科学研究，2017，30(12)：1880-1888.

[177] 胡宝华，晁伟鹏，喻晓玲. 干旱区水资源承载力空间布局研究——以新疆为例 [J]. 资源开发与市场，2018，34(8)：1093-1098.

[178] 邓铭江. 破解内陆干旱区水资源紧缺问题的关键举措 [J]. 中国水利，2018(6)：14-17.

[179] 贾润幸，方维萱，田文兵. 新疆乌恰县地质生态旅游资源潜力 [J]. 矿产勘查，2021，12(9)：1985-1991.

[180] 田金梅. 畜产品品牌资产管理研究——以壹号土猪品牌为例 [J]. 中国畜牧杂志，2012(22)：59-62.

后　记

　　本书的工作为新疆乌恰地区开展后续的商业性勘查提供了重要的找矿信息，也为新疆乌恰各级矿产资源管理部门进行科学有效的管理提供了依据。随着该地区矿产资源勘查的不断突破，将有利于提高我国有色金属供应的战略安全，有利于加快南疆"三地州"的脱贫攻坚工作，为边疆地区生态文明建设发挥积极作用。

　　回想起野外工作期间的日日夜夜，我们一起遭遇暴风雪、洪水、泥石流；我们一起夜宿高山雪巅，隔帐闻听野狼的哀嚎；我们一起攀缘峭壁，横渡冰河……那一次次的凶险历历在目，让我们永生难忘。我们在祖国的西部边陲留下了辛勤的汗水，祖国的壮美山河也留下了我们坚实的足迹。岁月如梭，蓦然回首，恍如昨日，谨以本书为记。

贾润幸

2022 年 7 月